직업세계와 직업정보 탐색 지도

한국생애개발상담학회
진로진학상담총서 04

직업세계와 직업정보 탐색 지도

2017년 2월 28일 초판 1쇄 발행
2018년 8월 31일 초판 3쇄 발행

지은이 김영빈 · 김동규 · 김소현 · 박가열 · 오민홍 · 장현진 · 정윤경
펴낸이 윤철호
펴낸곳 ㈜사회평론아카데미

편집 임현규 · 장원정
마케팅 이승필

등록번호 2013-000247(2013년 8월 23일)
전화 02-2191-1131
팩스 02-326-1626
주소 03978 서울특별시 마포구 월드컵북로12길 17(5층)
홈페이지 www.sapyoung.com
이메일 academy@sapyoung.com

ISBN 979-11-88108-08-4

직업세계와 직업정보 탐색 지도

김영빈 · 김동규 · 김소현 · 박가열 · 오민홍 · 장현진 · 정윤경

사회평론아카데미

차례

2부   직업세계와 직업정보의 지도

서문

　자신의 적성과 흥미, 가치관에 맞는 직업을 찾고 일을 통해 자아실현과 사회에 기여하는 것은 모든 사람에게 중요한 삶의 한 부분이다. 이런 이유에서, 초·중·고등학교에서 진로교육이 중요하게 다루어지고 있고, 2011년 진로진학상담교사가 학교에 배치된 이후로 진로진학상담교사에게 거는 기대와 역할도 점점 더 커졌다. 이러한 시대적 흐름에 따라 진로진학상담교사 양성을 보다 체계적이고 안정적으로 하기 위해 교육대학원 석사학위과정을 통한 양성계획이 수립되었고, 2015년 한국직업능력개발원에서 진로진학상담교사 양성 표준교육과정을 개발하여 2017년부터 시행이 된다. 앞으로 진로진학상담교사는 교육대학원에서 교과내용영역, 교과교육(교직)영역, 교육실습을 이수하여야 하며, 진로교육개론, 학교 진로상담 이론과 실제, 진로교육 프로그램 기획 및 운영 등의 기본이수과목을 필수로 이수해야 하는데, '직업세계와 직업정보 탐색 지도'도 필수이수과목 중 하나이다.

　김봉환 등은 청소년 진로교육의 목표를 자기이해, 직업세계의 이해, 합리적인 의사결정능력 함양, 직업정보의 탐색 및 활용, 올바른 가치관 형성의 다섯 가지로 제시한 바 있다. 그런데 지금의 학생들이 직업을 갖고 살아갈 세상은 지금과 많이 다를 것이다. 급속한 과학기술의 발전, 노동시장의 변화, 정치·경제적 흐름과 인간의 가치관 변화 등을 생각하면, 학생들에게 가르칠 직업세계와 직업정보는 과거 우리의 경험 범위를 넘어설 것이다. 더욱이 교사들 중에는 교사양성을 목적으로 하는 교육대학이나 사범대학에 입학하면서부터 일찍 진로를 결정하여, 다른 직업인에 비해 직업세계와 직업정보 탐색의 경험이 많지 않은 경우도 있다. 그렇기 때문에 진로교육의 내용 중에서 직업세계를 다루는 것이 어렵게 느껴질 수 있다.

　진로는 현재와 더불어 미래를, 개인과 함께 사회를 보는 관점에서 다루어야 하는 주제이다. 학생들의 진로선택과 진로발달을 돕기 위해 직업세계에 대한 이해와 안목을 길러주는 것은 매우 중요하다. 이 책은 진로진학상담교사들이 학생들에게 직업세계를 이해할 수 있도록 돕고, 직업정보 탐색 역량을 길러주는 데에 필요한 내용들을 담고 있다. 이 책은 크게 두 부분으로 구성된다. 1부에서는 일과 직업, 노동시장에 대한 이해와 직업인으로서 갖추어야 할 직업윤리, 직업의식 및 가치관을 다루었고, 2부에서는 그 내용을 학생들에게 효과적으로 지도하기 위한 방법을 다루었다. 특히 미래 직업세계를 살아갈 학생들에게 필요한 정보로서 채용시장의 변화, 해외 취업, 창업과 창직, 평생학습의 내용을 포함하였다.

이 책은 한국직업능력개발원 장현진 박사님이 연구한 표준교육과정을 토대로, 한국생애개발상담학회 운영위원들의 논의를 거쳐 목차를 구성하고, 각 분야의 전문가를 집필진으로 구성하였다. 그 결과 한국고용정보원의 김동규 박사님과 박가열 박사님, 한국직업능력개발원의 정윤경 박사님과 장현진 박사님, 동아대학교 경제학과 오민홍 교수님, 한국방송통신대학교 교육학교 김영빈 교수님, Ayers Group Korea의 수석컨설턴트이면서 한국외국어대학교에 계신 김소현 교수님이 집필에 참여하였다. 7명의 집필진이 마음을 모아 집필과 논의를 한 시간들은 정말 값지고 의미 있었다. 각 분야에 종사하는 전문가들이 이같이 한 마음을 모을 수 있었던 것은, 그만큼 중·고등학교에서 직업세계 이해 교육이 중요하다는 공감대가 있었기 때문이다. 모쪼록 집필진의 마음이 이 책을 사용하는 교수님과 선생님, 모든 독자들에게 잘 전달되기를 바란다.

이 책을 포함하여 진로진학상담교사 양성을 위한 총서를 기획하신 생애개발상담학회 임은미 회장님, 책의 제작을 기꺼이 맡아주신 사회평론아카데미 윤철호, 김천희 대표님, 쫓기는 일정 중에도 완성도 높은 책이 나오도록 편집을 해주신 사회평론아카데미의 임현규 선생님과 장원정 선생님께 진심으로 감사를 드린다.

2017년 2월

저자 일동

1부

직업세계와
직업정보의
이해

1장

일과 직업

장현진

이 장은 일과 직업의 개념을 이해하고 청소년에 대한 직업이해 교육의 의미와 방향을 탐색하는 데 초점을 두고 있다. 이를 위하여 구체적으로 일, 직업 및 직무의 개념적 특성을 알아보고, 직업으로서 갖추어야 할 조건과 직업이 개인이나 사회적인 측면에서 어떠한 의미를 갖는지 살펴본다. 또한 직업의 대표적인 분류체계를 살펴보고 직업의 종류와 직업의 변화 원리를 알아본다. 이처럼 직업세계에 대한 기초적인 이해를 토대로 청소년을 대상으로 하는 직업이해 교육의 의미와 학생의 발달 단계에 따른 직업이해 교육의 방향이 어떠해야 하는지를 탐구한다. 이러한 내용을 학습함으로써 직업세계와 직업정보 탐색을 지도하는 데 필요한 기초적인 지식과 태도를 형성할 수 있다.

일과 직업의 개념

여기에서는 일, 직업, 직무의 개념적 정의와 그 쓰임에 대해 살펴본다. 이를 통해 유사한 용어들이 갖는 공통점과 차이점, 용어들 간의 포함관계를 파악한다. 그럼으로써 일, 직업, 직무와 같은 용어들이 우리의 삶에서 어떠한 의미를 갖는지 알 수 있고, 향후 청소년에게 진로 및 직업 이해 교육을 하기 위한 바탕을 마련할 수 있다.

1) 일

우리는 일생을 살아가면서 대부분 일(work)을 하며 보내게 된다. 일은 사람이 살아가면서 해결해야 하는 과제일 수도 있고, 무언가 하고 싶은 대상이기도 하며, 어떤 경험이라고도 할 수 있다. 어떤 사람들은 일을 대신 해 주는 로봇이 있으면 사람이 일을 하지 않고 놀며 지낼 수 있다고 말하기도 한다. 로봇이 인간의 일을 덜어 주거나 편해지도록 도와줄 수는 있지만, 그렇다고 사람이 일을 하지 않아도 되는 것은 아니다. 역사적인 경험을 토대로 생각해 보면, 사람의 일을 편하게 하거나 덜어 주기 위해 발명한 것들은 그 자체로서는 기능을 했는지 몰라도 사람들은 여전히 일생을 일을 하며 지내고 있다. 과거의 사람들이나 현재의 사람들이나 마찬가지이다. 인간은 기계 덕분에 절약된 시간만큼 다른 일을 하거나 빨라진 처리 시간만큼 더 많은 일을 부여받기도 한다. 이처럼 일이란 인간의 삶과 떼려야 뗄 수 없는 것이라고 할 수 있다.

일반적으로 일은 놀이나 휴식을 제외한 모든 생산적인 활동을 통칭한다. 일은 사전적으로 매우 다양하고 포괄적인 의미를 지니고 있다. 표준국어대사전에서는 일이란 "무엇을 이루거나 적절한 대가를 받기 위하여 어떤 장소에서 일정한 시간 동안 몸을 움직이거나 머리를 쓰는 활동. 또는 그 활동의 대상"(국립국어원, 2016)이라고 정의한다. 일은 노동과 같은 의미로 사용되기도 하고, 직업과 같은 말로 쓰이기도 한다. 또 직업현장에서는 직무나 활동을 의미하는 것으로 쓰이기도 한다(강일규 외, 2008; 김동일 외, 1995). 이처럼 일은 생계와 관련한 경제 행위 이외에 정서적, 사회적 의식 등 여러 가지를 포괄한다.

예를 들어 선생님이라는 직업은 학교에서 학생들을 가르치는 것이 주된 일이지만, 이를 위해 학교에 가려고 운전하는 것, 행정적인 문서를 작성하는 것 등 다양한 것들이 일에 포함될 수 있다. 또 다른 예로 무인도에 표류하여 생활한 로빈슨 크루소를 생각해 보자. 로빈슨 크루소가 무인도에서 살아남기 위해 동굴 집을 짓고 사냥을 하는 활동은 일의 범주에 포함될 수 있다(유홍준, 2005). 일이 포괄하는 의미와 범위는 넓고, 우리의 생활과도 밀접하게 관련되어 있다. 일은 사람이 행하는 육체적이거나 정신적인 활동 모두를 의미하고, 어떤 목적을 이루거나 적절한 대가를 위하여 하는 행위라는 특징을 지닌다.

우리는 일이 좋든 싫든 살아가면서 매일 의식적으로 일을 하게 된다. 인간이 왜 일을 하게 되었고 해야만 하는지에 대해서는 명확하게 정해져 있는 것은 아니다. 다만, 일은 인간이 삶의 의미를 갖거나 자아를 실현하는 필연적인 수단이다. 인간은 일을 통해서 만족과 기쁨을 얻기도 하고, 어려움을 겪거나 스트레스를 받기도 한다(김봉환 외, 2006). 인간에게 일은 경제적인 행위이기도 하지만, 사람들 간의 결속이나 귀속감을 갖게 하는 요인이기도 하다. 인간은 자신이 능력을 발휘하여 달성한 일을 중요하게 생각하고, 일할 수 없는 상황을 불행하게 받아들이기도 한다. 삶과 일을 동일하게 생각하는 경향이 있으며, 일은 자기 자신에 대한 의무이자 낙이라는 인식을 갖기도 한다. 일은 한 생명이 살아 움직인다는 의미에서 보람된 가치를 내포하고 있다(강일규 외, 2008; 김병진 외, 1999).

2) 직업

일반적으로 직업이란 "생계를 위하여 사회 구성원이 각자의 역량을 발휘하여 일정한 일에 지속적으로 종사하는 경제 및 사회 활동의 종류"를 말한다(이종성 외, 1999; 이무근, 1999). 이는 특정한 일에 대한 가치와 관점을 공유하면서 공유된 정체감을 갖는 구성원들의 집단적인 경제 활동을 의미한다(유홍준, 2005). 표준국어대사전에서는 직업이란 "생계를 유지하기 위하여 자신의 적성과 능력에 따라 일정한 기간 동안 계속하여 종사하는 일(국립국어원, 2016)"이라고 정의한다.

직업(職業)이라는 말은 한자어로, 공동체의 일원으로서의 직분을 뜻하는 '직(職)'과 생업을 의미하는 '업(業)'의 합성어이다(박순성 외, 2004). 여기에서 '직'은 다시 두 가지 뜻으로 구분해 볼 수 있는데, 하나는 관을 중심으로 행하는 직무라는 뜻이고, 다른 하나는 직분을 맡아 한다는 뜻으로 사회적 역할을 의미한다. '업'은 생계를 유지하기 위하여 전념하는 일이라는 뜻과 자기 능력을 발휘하기 위하여 어느 한 가지 일에 전념한다는 뜻을 가지고 있다. 직업이라는 용어에는 개인이 생계를 유지하거나 과업을 수행하는 노동 행위라는 의미와 사회적인 책무로서 맡아야 하는 직무라는 이중적인 의미가 담겨 있다(이종성 외, 1999; 이무근, 1999). 이와 같이 직업의 의미에 대한 정의는 대체로 경제 활동, 사회 활동, 하는 일, 계속성 등을 공통 사항으로 포함하고 있다. 앞에서 살펴보았듯이 '일'이 매우 포괄적인 개념이라면, '직업'은 경제 및 사회 활동으로 인정받는 일에 지속적으로 종사하는 것으로, 일에 비해서는 다소 한정적인 개념이다.

직업은 영어로 'occupation', 'vocation', 'profession', 'job', 'work', 'career' 등 다양한 용어로 번역된다. 각 용어마다 의미와 쓰임이 조금씩 다를 수 있는데, 일이나 직무와는 구분되는 개념으로 'occupation'이라는 용어가 학문적 또는 일반적으로 사용된다. 실제로 국제노동기구(ILO)의 분류에 따르면, 직업(occupation)은 주어진 업무와 과업이 높은 유사성을 가지는 직무의 집합이다. 직무가 개인마다 수행하는 일련의 일이므로 특정한 직업을 가진 사람들은 유사한 직무를 수행하게 되고, 이런 사람들이 수행하는 직무의 집합체를 직업이라고 한다(ILO, 2012; 통계청, 2007). 예를 들어 외과의사, 인사 사무원, 곡식작물 재배자 등의 직업은 동질적인 업무와 과업을 수행하는 사람들이 행하는 일련의 직무 집합체이다.

직업은 동질적인 직무를 어디까지 포괄적으로 보는지에 따라서 작고 세밀한 단위로 구분되기도 하지만, 좀 더 포괄적으로 분류하기도 한다. 비슷한 면이 있는 직업들을 묶어서 직업군으로 명명하기도 하고, 직종(occupational cluster)으로 표현하기도 한다.

직종은 묶는 단위에 따라서 대분류, 중분류, 소분류 등으로 표현하기도 한다.

일과 직업은 서로 구분될 수 있다. 예를 들어 로빈슨 크루소가 행한 활동, 일반적인 봉사활동, 주부의 가사노동은 모두 일(work)에 해당하지만, 이를 직업(occupation) 또는 직무(job)라고 하지는 않는다. 직업은 일정한 대가를 받는 특정한 일을 말하기 때문이다. 따라서 일이 직업에 비해 좀 더 포괄적인 개념이고, 직업은 넓은 의미의 일에 속하는 활동으로 볼 수 있다(유홍준, 2005).

직업을 나타내는 용어는 나라마다 또는 학문적인 쓰임에 따라 그 내포하는 의미가 다르기도 하다. 직업을 나타내는 용어로 영국의 'occupation'과 독일의 'Beruf'를 비교할 수 있다. 'occupation'은 생계유지를 위하여 노동을 한다는 의미를 가지고 있는데, 직업이 가지는 사회적 지위에 더 중점을 두고 있다. 반면 'Beruf'는 하늘로부터 소명을 받아 수행하는 일이며, 도덕적인 뜻이 함축된 소명으로서의 직업을 의미한다. 학문적으로는 'occupation', 'vocation', 'profession', 'business', 'career'를 비교하기도 한다. 'occupation'은 삶을 위하여 일정한 장소에서 노동 행위를 하는 것으로 직장을 강조하는데, 이에 반해 'vocation'에는 직분이나 소명으로서의 직업관이 반영되어 있다고 볼 수 있다. 'profession'은 전문 기술과 재능을 가진 전문직으로서의 사회적 지위나 위상을 강조하며, 'business'에는 금전을 획득하기 위한 사업이나 영리행위의 뜻이 내포되어 있다. 한편 'career'는 전생애적인 관점에서의 진로를 말하며, 일생을 통해 행해지는 모든 일이라고 할 수 있다. 좁은 의미로는 직업의 의미와 유사하다(김동일 외, 1995; 이종성 외, 1999). 아울러 우리말로 일자리는 보통 'job'으로 해석되는데, 직업에서 요구하는 노동 수요, 즉 노동자의 수를 말한다. 예를 들어 어떤 분야에서 어느 만큼의 노동 수요가 있는 경우에 향후 그 분야에서 필요로 하는 노동자의 수를 의미한다고 할 수 있다(교육부, 2012).

3) 직무

직무는 어떤 직위, 직책, 직업상 책임을 지고 담당해 맡은 일을 말한다. 영어로는 보통 'job', 'duty' 또는 'function' 등으로 사용한다. 국제노동기구에 따르면, 직무(job)는 한 사람에 의해서 수행되는 일련의 업무(duties)와 과업(tasks)으로 정의되며, 고용주(employer)나 자영업(self employment)에 종사하는 사람을 포함한다(ILO, 2012).

직무는 한 사람이 특정한 직업이나 직책에서 맡은 일련의 일을 말한다고 할 수 있다. 직무는 중학교 수학교사, 간호사, 목수, 택시운전사 등 동일한 명칭을 갖는 직업에서 수행하는 공통적인 직무에 초점을 둔 개념이다. 이는 직업 역할(occupational role)과 동일한 개념이라고 할 수 있다. 직무, 즉 직업 역할에는 해당 직업에 대한 유사성이 존재하고 고유한 특성도 있다. 하지만 상황에 따라 편차가 있고 사람들이 동료, 부하, 상사 간의 관계 속에서 새롭게 정의하기도 하므로, 직무의 구체적인 내용은 사람이나 자리에 따라 조금씩 다르다고 할 수 있다(유홍준, 2005).

4) 일-직업-직무의 관계

앞서 살펴본 것과 같이, 일, 직업, 직무는 개념적으로는 서로 다른 특징을 지니고 있다. 일이 가장 포괄적인 개념이라고 할 수 있고, 일 가운데 경제적 또는 사회적이면서 특정한 일로서 계속성과 경제성 등의 속성을 갖는 것을 직업이라 한다. 직업을 나타내는 용어는 다양하게 있지만, 유사한 속성을 가진 직업들의 모임을 직업군 또는 직종으로 표현하기도 한다. 직무는 개개인이 수행하는 직업 역할로서 여러 유사한 직무의 집합이라고 할 수 있다. 즉, 직무가 일반화 된 것이 직업이라고 할 수 있다. 각 직업은 서로 독립성을 가지고 있기 때문에 각 직업은 서로 구별이 된다. 일, 직업, 직무의 개념을 포함 관계로 살펴보면, 일이 가장 포괄적이고, 그 다음으로 직업군(직종), 직업, 직무 등의 순이라고 할 수 있다.

이러한 개념 정의가 있음에도 직업을 나타내는 여러 용어들은 서로 혼용되어 사용하고 있으며, 직무와 직업을 구분하는 것에도 어려움이 있다. 실제로 현실에서 매우 다양한 개념에서 서로 혼용되어 사용하는 경우가 많다. 직무와 직업은 상대적인 개념으로 기업의 규모나 근로형태 등에 따라 직무가 직업이 될 수도 있고, 직업이 직무가 될 수도 있다. 따라서 이를 엄격하게 구분하는 것에 초점을 두기 보다는 어떤 수준의 세밀한 직업 정보를 제공해야 하는지에 초점을 두고 그에 필요한 용어를 사용하는 것이 좋다.

아울러 청소년들에게 직업을 지도하거나, 직업세계를 이해하도록 지원할 때에는 직업을 광의의 개념으로 접근할 필요가 있다. 직업을 지나치게 협의의 개념으로 접근하게 되면, 직업은 다분히 경제적인 목적을 위한 것으로만 해석될 수 있기 때문이다. 직업은 경제적인 목적 뿐 아니라 사회적인 목적, 개인의 자아실현으로서의 목적 등 다양하게 의미 부여를 할 수 있다. 직업을 광의의 개념으로 접근해야 직업이 개인의 정체성, 자존감, 삶의 만족 등 다양하게 영향을 준다는 것이 해석될 수 있다. 따라서 개인이 단순히 경제적인 목적에 의해 직업을 선택하는 것보다 적성, 흥미, 성격 등을 고려하여 적합한 직업을 선택하는 것이 더 중요할 수 있다.

2 직업의 조건과 의미

여기에서는 직업이라고 불리기 위해서 갖추어야 하는 일반적인 조건과 직업이 갖는 개인 및 사회적인 의미에 대해 살펴본다. 이를 통해 직업이 청소년에게 어떠한 의미를 가질 수 있는지 알아보고, 직업에 대한 올바른 이해를 하는 데 기초적인 배경지식을 함양할 수 있다.

1) 직업의 조건

직업의 개념에서 살펴본 바와 같이, 직업이라고 말할 수 있으려면 갖추어야 할 몇 가지 조건이 있다. 여기에서는 국가에서 직업을 분류하고 통계를 작성할 때 사용하는 통계청의 한국표준직업분류에서 직업을 정의하는 조건을 중심으로 살펴본다. 이에 따르면, 직업은 계속성, 경제성, 윤리성, 사회성을 갖추어야 한다(통계청, 2007).

첫째, 직업은 계속성을 가져야 한다. 직업은 노동을 제공할 의사나 활동을 지속적으로 이어 나가는 활동을 말한다. 따라서 직업은 유사성을 갖는 직무를 계속해서 수행해야 하며, 이는 일시적인 것을 제외한 다음에 해당하는 것을 말한다.
- 매일, 매주, 매월 등 주기적으로 행하는 것
- 계절적으로 행하는 것
- 명확한 주기는 없으나 계속적으로 행하는 것
- 현재 하고 있는 일을 계속적으로 행할 의지와 가능성이 있는 것

여기에서 계속성을 결정하는 기준은 개인이 노동력을 계속적으로 제공할 의사가 있는지의 여부이다. 개인의 의사에 반하거나 강제적으로 속박된 상태에서의 활동은 지

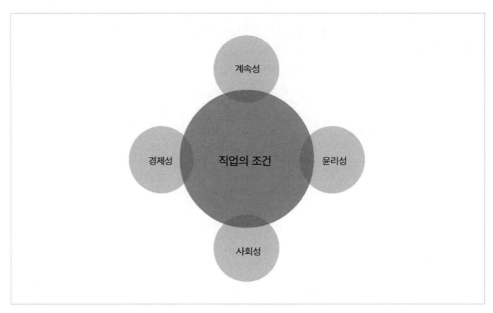

그림 1-1 직업의 조건

속적으로 하는지와 관계없이 직업으로 보지 않는다. 이러한 지속성의 요건에 따라 아래의 활동은 직업으로 보지 않는다.

- 의무로 복무 중인 사병, 단기 부사관, 장교 같은 군인(각각 의무 복무 중인 경우)
- 사회복지시설 수용자의 시설 내 경제 활동
- 수형자의 활동같이 법률에 의한 강제노동을 하는 경우

둘째, 직업은 경제성을 충족해야 한다. 직업은 육체적 및 정신적 노동력을 제공하고 그에 대한 대가로 수입을 얻는 활동이다. 직업은 수입과 노동력의 교환이라는 경제적인 거래 관계가 성립하는 활동을 수행해야 한다. 따라서 무급 자원봉사 활동, 전업 학생의 학습 활동 등은 경제 활동이 아니므로 직업으로 보지 않는다. 다만 부업같이 그 보수가 일상 생계를 유지하기 위한 일부가 되는 경우는 직업으로 본다.

직업의 성립에는 비교적 엄격한 경제성의 기준이 적용되는데, 노동력 제공이 전제되지 않는 자연 발생적인 이득의 수취나 우연하게 발생하는 경제적인 과실에 전적으로 의존하는 활동은 직업으로 보지 않는다. 경제성의 요건에 따라 아래의 활동은 직업으

로 보지 않는다.

- 이자, 주식배당, 임대료(전세금, 월세금) 등과 같은 자산 수입이 있는 경우
- 연금법, 국민기초생활보장법, 국민연금법 및 고용보험법 등의 사회보장이나 민 간보험에 의한 수입이 있는 경우
- 경마, 경륜, 복권 등에 의한 배당금이나 주식투자에 의한 시세 차익이 있는 경우
- 예·적금 인출, 보험금 수취, 차용 또는 토지나 금융자산을 매각하여 수입이 있 는 경우
- 자기 집의 가사 활동에 전념하는 경우
- 교육기관에 재학하며 학습에만 전념하는 경우
- 시민봉사활동 등에 의한 무급 봉사적인 일에 종사하는 경우

셋째, 직업은 윤리성을 갖추어야 한다. 비윤리적인 영리행위나 반사회적인 활동을 통한 경제적인 이윤 추구는 전통적으로 직업 활동으로 인정되지 못했다. 윤리성의 기준에 따르면 다음의 활동은 직업으로 보지 않는다.

- 도박, 강도, 절도, 사기, 매춘, 밀수와 같은 불법적인 활동

넷째, 직업은 사회성을 전제로 한다. 사회성은 모든 직업 활동이 사회 공동체적인 맥락에서 의미 있는 활동으로 사회적인 기여를 하는 것을 전제 조건으로 하고 있다는 점을 강조한다. 직업은 그 사회의 관습, 통념, 제도 등에 반하지 않는 활동으로 사회 발전에 기여해야 한다는 좀 더 적극적 의미를 담고 있다.

2) 직업의 의미

직업의 의미는 직업이 갖는 주요한 기능과 역할이 무엇인지와 관련이 있다. 직업은 생계유지, 자아실현, 사회생활, 사회 유지와 발전의 기능을 한다(이종성 외, 1999 재구성). 직업의 기능과 의미를 구체적으로 살펴보면 다음과 같다.

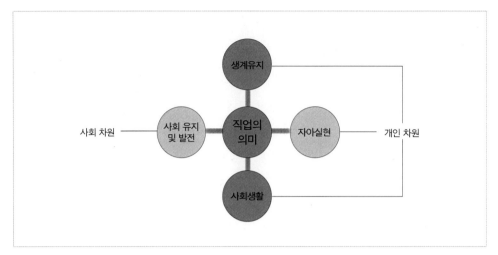

그림 1-2 직업의 의미(기능)

　첫째, 직업은 생계유지를 위한 수단이다. 생존을 위한 욕구는 매슬로우(Maslow)의 욕구 단계 가운데 가장 기본적으로 충족해야 할 욕구이다. 직업이 일반적인 일과 차이가 나는 가장 큰 요소 중 하나가 바로 경제적인 급부를 받는다는 것이다. 일반적인 사람들은 직업이 없이는 생계유지가 곤란하기 때문에 실업이나 실직은 매우 중요한 사회적 이슈가 된다. 따라서 직업은 가장 기본적인 생계유지 수단으로서의 의미를 갖는다.

　둘째, 직업은 개인의 자아실현을 위한 수단이다. 사람은 저마다 소질과 적성, 흥미 등을 갖고 있다. 이를 토대로 자신이 목표로 하는 모습이나 이상적인 생각을 달성하기 위해 노력하게 된다. 직업은 이를 실현할 수 있는 중요한 기회이자 터전이다. 자신이 원하는 일을 통해 목표를 설정하고 달성했을 때 자아에 대한 실현을 느끼게 된다. 직업을 생계유지 수단으로 보던 과거와는 달리, 최근에는 자기가 하고 싶은 일을 하면서 스스로의 발전과 삶의 보람을 느끼는 정신적 만족에 초점을 두고 직업을 선택하는 경향이 증가하고 있다. 이는 경제 발전에 따라 삶의 중요한 이슈가 단순히 먹고사는 문제를 넘어서 개인의 욕구나 다양성 등 정신적인 부분이 좀 더 강조됨에 따른 것으로 보인다.

　셋째, 직업은 사회생활의 기능을 한다. 사람은 사회적인 동물이기 때문에 다른 사람과 교류하면서 인간관계를 맺고 사회생활을 한다. 그런데 요즘은 직업 사회이기 때문에 직업 생활을 통해서 다른 사람과 교류하고 사회적인 역할을 수행하게 된다. 직업이 없는 사람은 사회생활이 거의 불가능하거나 매우 제한적이다. 직업은 사회 활동의 가장 중요한 수단이기 때문에, 비록 직업 없이도 살아가는 데 문제가 없이 풍족한 재산을 가지고 있더라도 직업을 갖기를 원하고 직업을 통해 사회적인 역할을 하기를 바란다.

넷째, 직업은 사회 유지와 발전의 기능을 한다. 앞에서 언급한 3가지는 개인 차원에서의 직업의 의미였다면, 이것은 사회 차원에서의 직업의 의미라고 할 수 있다. 각 개인의 직업 활동은 근본적으로 사회에 필요한 재화나 제품을 생산하거나 서비스를 제공하는 경제 활동이다. 모든 직업은 사회 유지와 발전에 기여하기 때문에 존재하며, 그래서 더욱 가치 있는 것이다. 따라서 개인이 직업을 가지고 각자의 역할에 충실할 때 안정적인 사회 유지와 발전이 가능하다. 사회가 좀 더 건강해지고 발전하기 위해서는 개인이 직업에서 필요한 역량을 충분히 발휘하고 몰입할 수 있도록 해야 한다. 그러기 위해서는 개인이 적합한 직업에 종사할 수 있도록 하고 효율적인 직업 활동이 가능하도록 환경을 조성하는 것이 중요하다.

이와 같이 직업은 개인 차원에서와 사회 차원에서 중요한 기능적 의미를 갖는다. 직업이 갖는 본래의 기능을 제대로 구현할 때 개인의 삶이나 국가 및 사회 발전 차원에서 긍정적인 역할을 하게 된다. 따라서 직업의 기능이 적절하게 구현되도록 계속적인 지원과 모니터링을 할 필요가 있다.

3 직업의 종류와 변화

여기에서는 직업의 종류와 변화가 어떻게 이루어지는지 살펴본다. 이를 통해 우리 사회에 다양한 직업이 있고 이러한 직업이 점차 확대되고 세분화되어 가는 경향을 파악할 수 있다. 아울러 직업이라는 것이 단순히 정해져 있는 상태로 머무는 것이 아니라 지속적으로 변화를 거듭한다는 것을 이해할 수 있다. 이는 청소년이 직업세계의 다양한 모습과 이의 변화를 파악할 필요가 있다는 것을 이해하는 데 기초가 될 수 있다.

1) 직업의 종류

직업의 종류는 직업의 분류체계나 분류단위에 따라 달라질 수 있다. 직업의 분류는 크게 2가지 방법으로 이루어진다. 하나는 직업에 속한 종사자나 그 직업에서 수행하는 직무의 심리적 특성이나 유사성을 기준으로 한 분류이며, 또 다른 하나는 직업에서 수행하는 직무 그 자체를 중심으로 한 분류이다.

먼저 직업 종사자나 직무의 심리적 특성 및 유사성에 따른 대표적인 직업 분류는 로(Roe)와 홀랜드(Holland)의 직업분류체계이다. 로의 직업분류체계는 이원분류체계라고도 하는데, 직업을 8가지 영역(field)과 6가지 수준(level)으로 분류했다. 직업의 영역은 원형 구조를 이루는데, 영역 간의 거리는 심리적인 유사성을 의미한다. 홀랜드의 직업분류체계는 실제적(Realistic), 탐구적(investigative), 예술적(Artistic), 사회적(Social), 설득적(Enterprizing), 관습적(Conventional)의 6가지 직업 유형으로 구성되어 있다. 이는 6각형 구조를 이루며, 직업 유형 간의 물리적 거리가 가까울수록 이들의 심리적인 특성도 매우 유사한 것으로 보고 있다(교육과학기술부, 2010).

다음으로 직무의 특성에 기초한 직업분류체계로 가장 대표적인 것이 국제노동기구에서 사용하는 국제표준직업분류와 미국 노동부의 직업사전(Dictionary of Occupational Titles : DOT)의 직업분류이다. 우리나라에서는 '한국표준직업분류(Korean Standard Classfication of Occupation : KSCO)'와 '한국고용직업분류(Korea Employment Classification of Occupations : KECO)'가 가장 대표적이다. 우리나라의 분류는 국제분류 등을 참고하여 개발되었으므로, 여기에서는 우리나라의 직업분류체계를 중심으로 살펴본다.

우리나라의 한국표준직업분류는 국제노동기구의 국제표준직업분류(ISCO-58)를 근거로 1963년에 제정되었다. 한국표준직업분류는 통계청에서 확정·고시하고 있으며, 현재 제6차로 개정된 버전을 2007년 10월 1일부터 사용하고 있다. 한국표준직업분류는 대분류 10, 중분류 52, 소분류 149, 세분류 426, 세세분류 1,206개로 구성되며, 계층적인 구조이다(표 1-1 참조). 이 분류의 개발 목적은 행정자료 및 인구 총 조사 등 고용 관련 통계조사를 통해 얻어진 직업 정보를 분류하고 집계하기 위한 것으로, 직업 관련 통계를 작성하는 모든 기관이 통일적으로 사용함으로써 통계자료의 일관성과 비교성

표 1-1 한국표준직업분류 분류단계별 항목 수

대분류	직능수준	분류 단계			
		중분류	소분류	세분류	세세분류
1 관리자	제4수준 또는 제3수준	5	15	24	77
2 전문가 및 관련 종사자	제4수준 또는 제3수준	8	41	153	445
3 사무 종사자	제2수준	4	9	26	57
4 서비스 종사자	제2수준	4	10	33	73
5 판매 종사자	제2수준	3	4	13	38
6 농림어업 숙련 종사자	제2수준	3	5	12	29
7 기능원 및 관련 기능 종사자	제2수준	9	20	73	201
8 장치·기계조작 및 조립종사자	제2수준	9	31	65	235
9 단순노무 종사자	제2수준	6	12	24	48
A 군인	직능수준 무관	1	2	3	3
10	–	52	149	426	1,206

출처 : 통계청(2007). **한국표준직업분류** 2007.

을 확보하려고 한다. 여기에서 직업의 분류체계는 직능수준(skill level)과 직능유형(skill specialization)을 고려했다. 직능수준은 직무를 수행하는 데 필요한 특정 업무의 수행능력으로, 국제표준직업분류에 따라 가장 낮은 1수준부터 가장 높은 4수준까지 총 4개의 수준으로 구분했다. 주로 대분류가 직능수준에 따른 분류인데, 관리자, 전문가 및 관련 종사자는 제4직능 또는 제3직능 수준으로 가장 높다. 반면 단순노무 종사자는 제1직능 수준으로 가장 낮다. 군인은 조사의 현실성을 고려하여 직능수준과 무관하게 별도로 분류했다. 중분류 이하는 직능유형에 좀 더 중점을 두어 분류했다(통계청, 2007).

한편 한국표준직업분류는 현재 제7차 개정을 준비 중이며, 2017년 7월 고시를 목표로 하고 있다. 이번 개정은 우리나라 노동시장의 직업구조 변화를 반영하고, 한국표준산업분류 제10차 개정과의 연계성을 고려하는 데 초점을 두고 있다(통계청, 2015)

한국고용직업분류는 2001년에 처음으로 개발되었는데, 직업훈련, 자격, 직업정보, 취업 등 수요자가 원하는 정보를 연계하기 용이하도록 하기 위한 목적으로 개발되었다. 이 분류는 2006년까지는 통계청의 한국표준직업분류와 별도로 운영했지만, 국가 통계정보의 일관성과 통일성을 위하여 2007년부터 세분류 수준에서는 한국표준직업분류와 연계되도록 하고 있다. 한국고용직업분류는 대분류 7개, 중분류 24개, 소분류 139개, 세분류 429개로 구성되어 있다. 하지만 대분류는 거의 사용되지 않고 중분류 중심으로 사용되고 있다. 이 분류는 직능유형을 우선하여 분류하는 방식을 채택했다는 점에서 한국표준직업분류와 차이가 있다(김동규 외, 2015; 한국고용정보원, 2007). 이 외에도 산업현장의 직무수요를 분석하여 체계화한 국가직무능력표준(National Competency Standards : NCS)이 있다. 이는 직업에 대한 분류체계는 아니지만, 직무능력을 표준화하여 분류한다는 점에서 직업분류와도 관련성이 있다. 이에 대해서는 5장에서 좀 더 상세하게 다루므로 참고하기 바란다.

앞에서 살펴본 것과 같이, 우리나라에서는 한국표준직업분류와 한국고용직업분류를 일반적으로 사용하고 있다. 하지만 구체적인 세부 직업의 개수는 공식적으로 한국고용정보원의 한국직업사전에서 제시하고 있다. 한국직업사전은 한국고용직업분류를 따르고 있지만, 세분류 직업 단위에서는 한국표준직업분류와 연계된다. 또한 한국직업사전에서는 각종 직업 분류를 넘어서 좀 더 구체적으로 세부 직업 단위를 분류하고 그

명칭을 공식적으로 부여하는 등 직업 분류 및 등재 작업을 하고 있다. 한국직업사전의 직업 수를 기준으로 우리나라 직업 수의 변화를 살펴보면, 1969년에 3,260개, 1986년에 10,600여 개, 2012년 11,654 개, 2016년 15,537개 등으로 점차 확대되는 추세이다. 가장 최신인 2015년을 기준으로 할 때 유사 직업명 수를 제외하면 총 11,927개 직업이 있는 것으로 확인된다(한국고용정보원, 2016). 이와 같이 우리나라가 발전함에 따라 직업의 종류도 좀 더 다양해진 것으로 볼 수 있다.

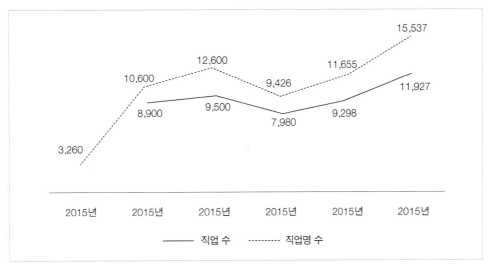

그림 1-3 한국직업사전으로 본 우리나라 직업 수 변화(주: 직업 수는 한국직업사전에서 본 직업과 관련 직업을 합한 것이고, 직업명 수는 본 직업, 관련 직업, 유사 직업을 모두 합한 수치임.)

우리나라의 직업 수와 좀 더 발전된 나라의 직업 수를 비교하면 경제 발전에 따른 직업 변화를 파악할 수 있다. 일본후생노동성의 2011년 '직업명 색인'에 따르면, 일본에는 17,209개 직업이 있는 것으로 보고된다. 미국의 경우 '2010년 조사 직업 목록'에 따르면 30,654개 직업이 있는 것으로 파악된다(김동규, 김중진, 장재호, 2013). 이처럼 우리나라에 비해 발전 정도나 경제 규모가 큰 나라에 좀 더 다양한 직업이 존재한다는 점을 발견할 수 있다. 사회가 발전할수록 직업의 종류가 다양해지고 분화된다고 이해할 수 있다.

2) 직업의 변화

직업은 산업기술이 발달함에 따라 전문화, 다양화 및 세분화 과정을 거친다. 어떤 직업이 생겨나는가 하면, 어떤 직업은 사라지기도 한다. 하지만 직업이 누구에 의해서, 언제, 어떻게, 어떤 목적으로 생겨나거나 사라지는지에 대하여 정확히 규정하는 것은 매우 복잡하면서도 어려운 문제이다. 또한 관점에 따라 서로 다르게 해석될 여지도 있다. 따라서 이러한 혼란을 없애고 직업 변화의 구분을 좀 더 명확히 하기 위하여, 직업의 변화 형태를 다음과 같이 생성, 통합, 분화, 소멸로 규정하고 있다. 이러한 과정을 통해 직업세계는 지속적으로 변화를 거듭한다. 이러한 변화는 직업이 발달하는 과정을 보여주는 주요 모습으로 볼 수 있으며, 이를 직업의 진화라고 보기도 한다. 여기에서는 직업이 변화하는 모습으로서 직업의 생성, 분화, 통합, 소멸의 의미를 살펴본다(장현진, 2016).

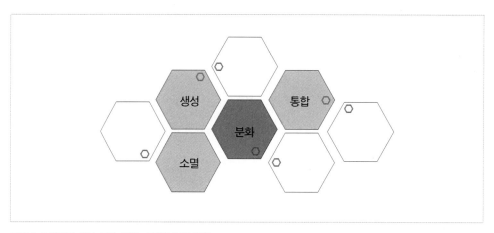

그림 1-4 직업의 생성, 분화, 통합, 소멸을 통한 변화

첫째, 직업의 생성이다. 이는 새로운 직업이 생겨난다는 의미이다. 사회나 노동시장에서 새로운 일에 대한 요구가 생겨나면 새로운 직업이 생겨날 수 있다. 완전히 새로운 업무가 만들어질 수도 있지만, 기존의 몇 가지 직업에서 하던 업무가 융합되어 발생하는 경우도 있다. 주의할 점은 새로운 직업이라고 해서 꼭 전망이 좋은 것이 아니라 해

당 직업에 대한 요구가 일시적이거나 단기적일 수도 있다는 것이다. 따라서 새로운 직업에 대한 요구가 일시적인지 지속적인지 파악할 필요가 있다.

둘째, 직업의 분화이다. 이는 하나의 직업에 대한 수요가 증가하고 범위가 확장되면서 여러 개의 직업으로 세분화되는 직업적 성장을 의미한다. 여기에는 업무의 효율화를 위하여 직무를 세분화하거나 전문화하는 것이 포함될 수 있다. 예를 들어 과거에는 농사를 짓는 사람이 곡식을 재배하고 과일나무도 키우며 가축도 기르는 다양한 활동을 복합적으로 했다면, 최근에는 각각을 특화해 농사를 짓고, 심지어 가축도 한우만 전문으로 키우는 사람, 양계만 전문으로 하는 사람 등으로 분화되었다. 마케팅도 마찬가지로, 중요성이 증가하고 전문화하면서 환경 분야에 특화된 환경 마케팅 전문가, IT 분야에 특화된 정보통신상품 마케팅 전문가, 홈쇼핑 분야에 특화된 홈쇼핑 마케팅 전문가 등으로 세분화하고 있다. 이처럼 직업의 분화는 가장 일반적인 직업의 발달 유형으로 볼 수 있다.

셋째, 직업의 통합이다. 이는 2개 이상의 직업이 직무의 유사성이나 기술 발전으로 인한 공정의 단순화, 다기능화 등으로 수직적 및 수평적인 단일화가 이루어진 경우를 말한다. 예를 들어 과거에는 자동차 생산 공정이 다양하여 그 공정에 해당하는 만큼 다양한 인력이 필요했으나, 최근에는 대부분의 생산 공정이 자동화 및 전산화되면서 직업이 통합되어 기존의 여러 업무를 한 사람이 맡아서 진행상황만 살펴보거나 중앙통제실에서 모니터링하는 업무로 전환되었다. 그러면서 여러 개의 직업이 하나의 직업으로 통합되었다.

넷째, 직업의 소멸이다. 이는 노동시장에서 해당 직업이 사라지는 것을 의미한다. 직업의 소멸은 과학기술의 발달이나 자동화 등으로 인하여 공정이 단순화되거나 대체 직업에 의하여 경쟁력이 약화되는 등 해당 직업에서 하는 일에 대한 수요가 사라지게 되어 발생한다. 단순히 직무의 통합을 넘어서 특정한 직업의 직무 자체가 아예 소용이 없어져서 더 이상 수요가 발생하지 않는 상태를 말한다. 과거에 존재하던 굴뚝청소원, 버스안내원, 타자기수리원 등이 직업 소멸의 대표적인 사례이다.

이러한 직업의 생성, 분화, 통합, 소멸 같은 변화를 일으키는 구체적인 요인은 매우 다양할 수 있다. 먼저 사람들의 생활양식의 변화가 주요한 요인이다. 예를 들어 여가,

문화, 삶의 질, 미용, 애완동물 등에 대한 관심이 증가됨에 따라 이와 관련한 산업이나 직업이 영향을 받는다. 과학기술의 발전도 주요한 요인이다. 특히 제조업에서는 자동화 등이 직업을 통합 또는 소멸시키는 주요한 요인이며, 이와 동시에 새로운 과학기술에 의해 탄생한 산업 분야에 필요한 직업을 발생시키는 주된 요인이기도 하다. 자연환경의 경우, 환경오염과 기후변화, 자원고갈 등이 직업의 변화에 영향을 미친다. 이 외에도 정부의 법과 정책, 제도의 변화, 세계화로 인한 인력 이동, 저출산과 고령화에 따른 인구구조의 변화 등 다양한 요인이 직업의 변화를 일으킨다. 이렇듯 직업은 그 사회의 실제 모습을 보여주는 거울이기도 하다. 직업의 변화 양상을 통해 그 사회의 가치관이나 노동시장의 모습 등 변화 양상을 파악할 수 있다. 미래사회의 변화에 대한 혜안이 있다면 직업의 변화에 대해서도 대략적인 전망을 할 수 있다(김중진, 박상철, 이윤선, 2009).

　이와 같이 직업의 생성 및 분화를 통해 직업의 종류가 늘어나고, 직업의 통합 및 소멸을 통해 직업의 종류가 줄어든다. 여기에 영향을 미치는 요인은 매우 다양하며, 이 요인들이 직업을 통합하거나 소멸시키는가 하면, 동시에 어떤 직업을 생성하거나 분화하기도 한다. 사회나 산업의 발전은 다양한 방식으로 직업의 생성, 분화, 통합, 소멸을 가져오지만, 전체적인 직업의 종류는 더 증가하는 경향을 보인다.

　학생들을 지도할 때는 학생들이 아는 직업을 구체적인 직업 단위에서 적어 보도록 하고, 과거와 현재, 미래를 생각하면서 직업의 생성, 분화, 통합, 소멸이 이루어진 사례를 찾아보도록 하며, 주변의 사회, 경제, 자연 등 다양한 부문의 변화가 직업세계에 어떠한 변화를 만들게 될 것인지 생각하고 예측해 보는 활동을 해 보는 것이 좋다. 이러한 활동을 통해 직업에 대해 좀 더 많이 이해하도록 하고, 직업의 변화가 흔히 일어날 수 있는 일이라는 점을 이해하게 할 필요가 있다. 또한 주변의 변화가 직업에도 변화를 미친다는 점을 알고 사회나 기술의 발전 같은 변화 요인을 의식하여 우리의 삶과 직업에 미치는 영향을 전망할 수 있는 능력을 길러 줄 수 있다.

4 | 직업이해 교육의 의미와 방향

여기에서는 청소년에 대한 직업이해 교육의 의미가 무엇인지 살펴본다. 이를 토대로 학교급별로 진로교육의 목표와 방향을 기초로 할 때 초등학교, 중학교, 고등학교 단계에서 직업이해 교육의 방향이 어떠해야 하는지에 대해 검토한다. 이는 궁극적으로 이 책 전반에서 청소년에 대한 직업세계 이해 교육이 어떠한 관점과 방향에서 이루어져야 하는지에 대한 공감대를 형성하는 데 도움을 줄 수 있다.

1) 직업이해 교육의 의미

청소년에 대한 직업이해 교육은 일과 직업세계의 모습을 보여주고, 직업세계의 변화와 그 요인, 직업세계의 변화 전망 등을 파악하고 이해하는 능력을 길러 주는 활동이다. 직업이해 교육은 청소년에게 몇 가지 중요한 직접적인 의의를 지닌다. 먼저 일과 직업의 중요성과 가치를 이해하고 건강한 직업의식을 갖도록 한다. 둘째, 직업세계의 다양성과 변화를 이해하고 이에 대비하는 역량을 기르도록 한다. 셋째, 자신의 진로와 관련한 직업정보를 적극적이고 체계적으로 탐색하기 위한 의지를 높인다. 이처럼 청소년에 대한 직업이해 교육은 청소년이 직업명 자체를 많이 알아 가도록 할 뿐만 아니라 청소년의 직업가치관, 직업의식, 사회 변화에 대한 관심, 진로탐색에 대한 의지 등을 높이고 체계적이고 논리적인 사고력을 기르는 데도 도움이 된다. 이 외에도 직업세계 이해와 탐색은 청소년이 자기를 이해하는 데 간접적으로 도움을 주고, 자신의 진로를 창의적으로 설계하고 계획을 수립해 준비하는 역량을 기르는 데에도 도움을 준다.

한편 청소년기는 매우 빠른 변화와 발달의 시기이기 때문에, 어느 시기에 놓여 있는지에 따라서 직업이해 교육을 통해 추구하는 방향이나 주된 목적이 다를 수 있다. 초등학생에 대한 직업이해 교육과 중학생, 고등학생, 대학생에 대한 직업이해 교육은 다를 수 있다. 즉, 사람의 발달 단계에 따라서 직업이해 교육이 갖는 중요성과 의의의 초점이 조금씩 다를 수 있다.

2) 학교급별 직업이해 교육의 방향

앞에서 살펴본 것과 같이, 직업이해 교육이 학생의 발달 단계에 따라서 달라질 수 있고 또 그래야 함을 알게 되었다. '학교 진로교육 목표와 성취기준'(교육부, 2015)에서는 초등학교, 중학교, 일반고등학교, 특성화고등학교의 진로교육 목표와 성취기준을 제시한다. 여기에서 학교 진로교육의 영역 가운데 두 번째 영역인 '일과 직업세계 이해'에 대한 교육 목표들을 살펴보면 학교급별 발달 단계에 따른 직업이해 교육의 방향을 어

표 1-2 학교급별 '일과 직업세계 이해' 교육의 목표 비교

구분	초등학교	중학교	고등학교(일반고, 특성화고)
성취 목표	일과 직업의 의미와 역할 이해	–	–
	일과 직업의 다양한 종류와 변화 이해	직업의 역할을 알고 다양한 종류의 직업 탐색	–
	–	사회 변화에 따른 직업세계 변화 탐색	미래 직업세계 변화와 인재상 탐색
	–	–	직업세계 변화가 자신의 진로에 미치는 영향을 파악
	–	창업과 창직의 의미를 이해하고 관련 모의활동 실시	창업과 창직의 필요성을 이해하고 관련 계획 수립
	긍정적인 직업 태도 형성	다양한 직업가치관 탐색	바람직한 직업가치관 형성
	맡은 일에 최선을 다하는 태도 함양	–	–
	–	직업윤리 및 권리 이해	직업윤리 및 관련 법규 파악
	직업에 대한 편견과 고정관념 극복	직업에 대한 편견과 고정관념 성찰 및 개선방법 찾기	–

출처 : 교육부(2015). 학교 진로교육 목표와 성취기준. 재구성.

느 정도 파악할 수 있다. 여기에서는 핵심 키워드를 중심으로 비교하여 제시한다.

여기서 학교 진로교육 목표와 성취기준의 분석을 토대로 할 때, 학교급별로 '일과 직업세계 이해' 교육의 방향은 다음과 같다. 초등학교는 진로에 대한 인식 단계로, 일과 직업에 대한 인식과 태도를 갖추어 가는 초기 단계이다. 초등학생의 진로발달 수준에 걸맞게 학생들에게 일과 직업의 의미와 중요성, 다양한 직업세계와 진로에 대한 인식, 일과 직업에 대한 건강한 태도 형성, 직업세계 변화에 대한 관심 제고 등에 초점을 두고, 아울러 초등학교 내에서의 학년 군에 따른 학생의 발달 단계를 고려할 필요가 있다. 초등학생에게는 구체적인 직무의 내용이나 지식을 지도하기보다는 직업세계가 어떤 모습인지에 대한 감을 잡고, 편견이나 고정관념을 갖지 않는 유연한 사고를 갖도록 지도하는 것이 적합하다. 세상에는 다양한 직업이 있고, 각 직업에는 사회 구성에서 나름대로의 역할과 가치가 있으며, 그 직업을 가지고 일하며 스스로의 삶을 유지하는 사람들이 있다는 점을 이해하도록 지도할 필요가 있다. 직업세계는 고정된 것이 아니라 계속 변화하고 있으며 앞으로의 미래 사회와 직업도 크게 변화할 수 있으므로, 이에 관심을 갖도록 흥미롭게 지도하는 것이 중요하다.

중학교 시기에는 일반적으로 진로탐색에 주안점을 둔다. 중학생의 진로발달 단계를 고려해, 다양한 직업의 역할과 종류를 알고, 현재와 미래의 직업세계 변화 모습을 파악하며, 창업과 창직의 길이 있다는 것을 알고 도전정신을 함양하며, 직업을 선택해 나갈 때 자신의 가치관과 특성을 이해하고, 직업인으로서의 윤리와 권리가 있다는 것을 알며, 직업에 대한 편견과 고정관념을 해소하기 위한 방법을 생각해 보도록 하는 데 초점을 둘 필요가 있다. 이는 초등학교 단계에서의 일과 직업에 대한 의식과 태도를 좀 더 발전시켜 형성하고, 직업세계의 다양한 모습을 체험하거나 탐색하고 변화를 알아보고자 한다는 점에서 좀 더 구체성을 띤다. 이 시기에는 학교에서 자유학기제를 운영하고 좀 더 활성화된 진로교육을 하는 경우에는 진로교육 집중학년·학기제를 운영하기도 하므로, 이러한 제도들과 함께 시너지 효과를 발휘할 수 있는 '일과 직업세계 이해' 교육을 할 수 있다. 자유학기제나 진로교육 집중학년·학기제를 전후하여 학교 전체적인 진로교육 로드맵 하에서 직업세계 이해 교육도 좀 더 체계적으로 추진할 필요가 있다.

고등학교는 진로를 설계하거나 준비하는 단계로, 이에 필요한 좀 더 구체적이고 직접적인 직업세계 이해 교육을 할 필요가 있다. 이에 따라 왜곡되지 않은 바람직한 직업 가치관을 형성하고, 직업인이 갖추어야 할 직업윤리와 관련 법규를 실제 직업세계의 사례로 숙지하고, 직업세계의 변화와 직업에서 요구하는 인재상을 갖추며, 직업세계의 변화를 고려한 진로설계, 창업과 창직을 위한 계획을 수립하는 활동을 해 보는 데 초점을 둘 필요가 있다. 물론 고등학교의 유형에 따라 추구하는 목적이 다르기 때문에, 진학을 목적으로 하는 학생과 취업 또는 창업을 목적으로 하는 학생에 따라 직업세계 이해 교육의 구체성 및 현장성은 다소 차이가 날 수 있다. 하지만 고등학교 단계에서 기본적으로 이해해야 할 직업세계의 모습과 그에 대한 준비가 무엇이 필요한지를 알아 가도록 설계하는 것이 중요하다.

참고문헌

강일규, 고혜원, 기영화, 조은영, 한우섭(2008). 직업의 이해. 북코리아.

교육과학기술부(2010). 진로교육개론. 진로진학상담교사 자격연수교재.

교육부(2015). 학교 진로교육 목표와 성취기준.

국립국어원(2016a). 표준국어대사전 검색 '일'. URL: http://stdweb2.korean.go.kr/search/List_dic.jsp
　　(검색날짜: 2016. 10. 12)

국립국어원(2016b). 표준국어대사전 검색 '직업'. URL: http://stdweb2.korean.go.kr/search/List_dic.
　　jsp (검색날짜: 2016. 10. 12)

김동규, 김중진, 장재호(2013). 직업사전 비교를 통한 국내외 직업구조 분석 : 한·미·일 3국을 중심으로. 한국고
　　용정보원. p.59

김동규, 김중진, 장재호(2015). 고용정보 활용성 제고를 위한 KECO-NCS 연계 및 개편방안. 한국고용정보원.

김동일, 김원웅, 이주향(1995). 현대인의 직업윤리. 문음사.

김병진, 김훈기(1999). 생활과 직업윤리. 학문사.

김봉환, 정철영, 김병석(2006). 학교진로상담. 학지사.

김중진, 박상철, 이윤선(2009). 2008-2018 직업별 정성적 전망 및 고용변동 요인분석. 한국고용정보원.

박순성, 정원섭, 황경식, 이홍균, 김종걸, 이근식(2004). 전환기 한국사회의 새로운 직업윤리 모색: 철학적 기초
　　와 사회적 제도. 한국직업능력개발원.

유홍준(2005). 현대사회와 직업. 도서출판 그린.

이무근(1999). 직업교육학 원론(개정판). 교육과학사.

이종성, 강경종, 정향진(1999). 직업교육훈련 대사전. 한국직업능력개발원

장현진(2016). 직업세계 이해와 교육 방향(02차시). 2016년 초등학교 담임교사 진로교육 원격연수 개발.
　　교육부·한국직업능력개발원.

통계청(2007). 한국표준직업분류 제6차 개정(총론).

통계청(2015). 통계청, 한국표준직업분류 제7차 개정 착수!(보도자료, 2015. 6. 26).

한국고용정보원(2007). 2007 한국고용직업분류 설명집(안).

한국고용정보원(2016). 워크넷 – 한국직업사전. URL: http://www.work.go.kr/consltJobCarpa/
　　srch/jobDic/jobDicIntro.do. (검색날짜: 2016. 10. 10).

International Labour Organization (2012). *International Standard Classification of Occuap-
　　tions: ISCO-08*. Volume 1. Structure, group definitions, and correspondence tables.

2장

직업의식과 가치관

정윤경

이 장에서는 직업의식과 가치관의 개념을 제시하고, 우리나라의 직업의식 변화와 주요국의 직업의식 및 가치관을 비교하여 살펴본다. 직업의식의 개념에 대해서는 학자마다 다양하게 정의하고 있으나, 사회 구성원이 일이나 직업에 대해서 갖고 있는 일반적인 생각이나 형성된 의식이라고 정의할 수 있다. 우리나라 국민의 직업의식의 변화를 살펴볼 수 있는 조사에는 한국직업능력개발원의 「한국인의 직업의식 조사」, 통계청의 「사회조사」 등이 있다. 또한 주요국의 직업의식은 「세계가치관조사」를 토대로 한국, 중국, 일본, 미국, 독일, 스웨덴, 인도, 브라질 등 8개 국가의 조사 결과를 통해 살펴본다. 그리고 건강한 직업의식과 가치관의 지도 방법으로 '학교 진로교육 목표 및 성취기준'의 직업의식과 가치관 관련 내용, 커리어넷과 워크넷의 직업가치관검사 등을 제시한다.

1 직업의식의 개념과 변화

1) 직업의식의 개념

직업의식은 개인의 직업에 대한 태도와 행동에 영향을 미치는 중요한 요인이다. 직업의식은 일생 동안 개인의 직업 선택, 적응, 유지 및 전환 등에 직·간접적으로 영향을 미치며, 더 나아가 개인이 모인 조직이나 기업체뿐만 아니라 삶의 만족, 노동 생산성, 안전과 제도 등 사회의 의식구조와 형태 형성과도 관련이 있다(정윤경 외, 2014. pp.3~4).

직업의식의 개념에 대해서는 학자마다 다양한 견해와 정의를 제시하고 있다. 우리나라에서는 직업의식이 직업관, 직업가치관, 진로의식, 취업의식 등 다양한 용어와 함께 혼재된 상태로 사용되고 있다(한상근 외, 2002. p.13).

직업의식에 대한 몇 가지 정의를 살펴보면 다음 표 2-1과 같다. 곽유석(2001)과 홍기형, 이승우(1987)는 직업의식이란 사회 구성원이 일이나 직업에 대해서 가지고 있는 일반적인 생각이나 형성된 의식이라고 정의했다. 한정자(1987)는 직업에 대한 생각과 태도라고 정의했으며, 한국국방연구원(1994)에서는 직업에 대해 개인이 갖는 일련의 태도로, 직업에 대한 태도, 직업 적응, 직업윤리, 직무 만족, 조직 몰입 등을 포함하는 개념이라고 정의했다.

한편 충청북도교육연구원(1991)에서는 직업의식이란 직업에 대한 가치관 또는 가치기준으로, 개인이 직업을 정할 때 자기를 알고 무엇을 중요시하며 무엇을 해야 하는지와 관련된 의식이라고 정의했다. 한국직업능력개발원에서는 직업 가치나 직업에 대한 태도 등 직업 일반에 대한 사고와 태도, 직업 준비, 취업, 직업 생활, 직업 전환, 은퇴 등 직업 활동의 각 단계에서 개인이 갖는 사고와 태도를 포함하는 개념으로 정의했다(한상근 외, 2002. p.18). 또한 이 기관에서는 1998년부터 4년 주기로 한국인의 직업의식 조사를 실시하고 있다.

표 2-1 직업의식에 대한 정의

학자	정의
곽유석(2001)	사회 구성원이 직업에 대해서 갖고 있는 일반적인 생각
김병숙 외(1997)	주어진 시점에서의 일에 대하여 지각, 사고, 느낌을 통해 정확한 표상의 신념 체계를 가지고 가치를 형성하는 한편, 다양한 신념체계에 의하여 행동적인 표상인 태도를 가지며, 태도, 가치, 신념 등에 의해 복합적으로 표상하여 언어적인 의견으로 표현하고, 일에서 빈번히 반복되는 행동인 습관을 갖는 것
안치민, 최경구 (1992)	직업에 대한 자신의 의지, 사상, 감정, 견해 등 잠재적 의식까지를 통칭하는 것
충청북도교육연구원 (1991)	직업에 대한 가치기준이며 동시에 직업에 대한 사회 구성원의 태도, 직업의식은 개인이 직업을 정할 때 자기를 알고 무엇을 중요시하며 누구의 영향을 받아 어떻게 무엇을 해야 하는지와 관련된 의식의 정립.
한국국방연구원 (1994)	직업에 대한 태도, 직업 적응, 직업윤리, 직무 만족, 조직 몰입 등 직업에 대해 개인이 갖는 일련의 태도를 포함하는 것은 물론, 군이라는 조직 자체가 요구하는 당위적 측면의 직업의식을 포함하는 개념
한국직업능력개발원 (2002)	직업 가치나 직업에 대한 태도 등 직업 일반에 대한 사고와 태도를 의미함. 직업에 대한 의식과 직업 준비, 취업, 직업 생활, 직업 전환, 은퇴 등 직업 활동의 각 단계에서 개인이 갖는 사고와 태도를 포함하는 개념
한정자(1987)	직업에 대한 가치관, 즉 직업에 대한 생각, 직업을 보는 눈, 직업에 대한 태도
홍기형, 이승우 (1987)	한 개인이나 한 사회가 갖고 있는 일(work) 또는 자리(status)에 의해 형성된 의식

출처 : 한상근 외(2002). **한국인의 직업의식 조사**(II). 한국직업능력개발원. p. 17. 재편집.

2) 우리나라 직업의식의 변화

(1) 우리나라 직업의식 조사

직업의식은 앞에서 살펴본 바와 같이 개인과 사회 구성원이 일이나 직업에 대해서 갖고 있는 일반적인 생각이나 의식으로, 사회·경제적 환경과 시대의 흐름에 따라 변화한다. 우리나라 사람들의 직업의식을 살펴봄으로써, 학생들이 현재 가지고 있는 직업의식을 이해하고 향후 직업의식의 형성 과정과 변화를 이해하는 데 기초자료로 활용할 수 있다.

우리나라 국민의 직업의식의 변화를 살펴볼 수 있는 조사에는 한국직업능력개발원의 「한국인의 직업의식 조사」와 「한국교육고용패널조사」, 통계청의 「사회조사」, 한국고용정보원의 「청년패널조사」와 「대졸자직업이동경로조사」, 한국청소년정책연구원의 「한국아동청소년패널조사」 등이 있다. 이들 기관에서는 주기적으로 조사를 실시하여 최신의 조사 결과를 해당 기관이나 사이트에서 제공하고 있다. 이 중에서 「한국인의 직업의식 조사」와 「사회조사」가 우리나라 직업의식의 변화를 살펴볼 수 있는 대표적인 조사라고 말할 수 있다(표 2-2 참조).

표 2-2 우리나라 직업의식 관련 조사 현황

기관명	조사명	조사 개요	직업의식 관련 조사 항목
한국직업능력개발원	한국인의 직업의식 조사[1]	• 목적 : 한국인의 직업의식의 현 수준과 변화 양태를 파악하여 진로지도 및 취업 지원 등 한국인의 진로개발 지원 • 대상 : 전국 만 15세 이상~64세 이하 국민 1,500명 • 특징 : 1998년 제1차 조사를 시작으로 4년마다 직업의식조사를 실시하고 있으며, 2014년 제5차 조사를 실시함. 2018년 제6차 조사 실시 예정	일의 중요성, 직업 가치관, 전문 직업성과 직업 위세, 직업윤리, 일 적합성 및 이직 의도 등
	한국교육고용 패널조사(II)[2]	• 목적 : 청소년의 교육 경험과 진학, 진로, 직업세계로의 이행 등을 파악하여 교육 실태, 교육 효과, 교육과 노동시장의 연관성 등에 대한 심층 연구와 정책 수립 지원 • 대상 : 2016년 기준 고등학교 2학년 10,250명의 학생, 학부모, 담임교사 및 학교(교감 또는 교무담당 교사) • 특징 : 2004년 기준 중학교 3학년, 일반고 3학년, 특성화고 3학년 각 2,000명 총 6,000명의 패널을 구축하여 2004년 1차 조사를 시작으로 2015년 12차 조사 실시, 2016년~2029년(13년)의 한국교육고용패널조사(II)가 시작됨	진로계획 및 직업의식, 재학 중 근로경험 및 현장실습
통계청	사회조사[3]	• 목적 : 사회적 관심사항, 삶의 질에 관한 사항 등 사회 구성원의 주관적 관심사를 파악하여 사회개발정책의 기초 자료로 제공 • 대상 : 13세 이상 인구(일부 문항은 19세 이상 인구) • 특징 : 1977년 한국의 사회지표로 최초 조사 실시, 온라인 데이터는 1996년 전국 15세 이상 가구원 약 34,000명 대상 데이터부터 2016년 현재 사회조사까지 제공. 현재 사회조사는 2년 주기로 5개 부문씩 선정하여 조사(노동은 홀수년에 실시).[4]	직업 선택 요인, 청년이 선호하는 직장, 여성 취업 장애 요인, 일과 가정생활 우선도, 고용의 안정성, 일·가정 양립제도 인지도, 근로여건 만족도

1   한국직업능력개발원(http://www.krivet.re.kr)의 발간물 중 연구보고서에 직업의식 연구보고서(pdf) 탑재
2   한국직업능력개발원(http://www.krivet.re.kr)의 한국교육고용패널 및 유한구 외(2016). 한국교육고용패널조사Ⅱ. 한국직업능력개발원.

한국고용 정보원	청년패널조사	• 목적 : 청년층의 학교생활, 사회·경제 활동, 가계 배경 등의 　　기초자료를 수집하여 청년실업 해소를 위한 고용정책 　　수립 및 연구 발전에 기여 • 대상 : 만 15~29세 청년을 대상으로 표본 구성 • 특징 : 2001년 예비조사를 시작으로 1차 프로젝트(Youth 　　Panel 2001)를 2006년까지 6차례 조사 실시, 　　2007년 기점으로 새롭게 2차 프로젝트(Youth Panel 　　2007)를 구축하여 조사 진행[5]	장래 희망직업 여부, 직업 분야, 희망산업 및 선택 이유, 취업희망기업 및 선택 이유, 직업 선택시 중요도, 현직장 만족도, 첫직장 직업 선택시 중요도, 구직 동기
	대졸자 직업이동경로 조사	• 목적 : 대졸자들의 노동시장 진입과 정착 과정에 대한 실증적 　　자료 수집으로, 고학력 청년실업 문제 해소 정책 　　수립에 기여 • 대상 : 2~3년제, 4년제, 교육대 대졸자 18,000명 대상 표본 　　추출, 1회 횡단면 조사 • 특징 : 2006년 조사 시작시 매년 패널조사로 설계되었으나 　　2012년 이후 횡단면조사만 실시[6]	현 직장 만족도, 현 일(업무) 만족도
한국청소년 정책연구원	한국아동청소년 패널조사[7]	• 목적 : 아동과 청소년의 성장·발달에 관한 경험적 　　조사연구를 통해 청소년들이 주어진 발달과업을 　　성공적으로 완수하도록 지원 • 대상 : 2010년 표집된 전국 초등학교 1학년과 4학년, 중학교 　　1학년 재학생을 모집해 3개 패널 총 7,071명의 　　청소년을 대상으로 2016년까지 추적 조사 • 특징 : 한국청소년패널조사(2003~2008)의 후속 연구	진로정체감, 삶의 목표

(2) 우리나라 직업의식의 변화

　　한국직업능력개발원의 「한국인의 직업의식 조사」 결과와 통계청의 「사회조사」 결과를 바탕으로 우리나라 국민의 직업의식 현황을 살펴보고자 한다. 「한국인의 직업의식 조사(2006, 2010, 2014)」에서는 일의 중요성과 삶의 영역별 중요성에 대한 인식 변화를 살펴보고, 「사회조사(2002, 2006, 2009, 2011, 2013, 2015)」에서는 직업 선택 요인을 알아본다.

3　국가통계포털(http://kosis.kr/statisticsList/statisticsList_01List.jsp?vwcd=MT_ZTITLE&parentId=D)의 사회조사 중 노동

4　출처 : 국가통계포털 통계설명자료(http://meta.narastat.kr/)

5　한국고용정보원 고용조사분석시스템(http://survey.keis.or.kr/yp/yp01.jsp 방문일자 2016.11.30)의 청년패널조사

6　한국고용정보원 고용조사분석시스템(http://survey.keis.or.kr/goms/goms01.jsp 방문일자 2016.11.30)의 대졸자직업이동경로조사

7　한국 아동·청소년 데이터 아카이브(http://archive.nypi.re.kr)

① 일의 중요성

우리나라 국민의 일의 중요성에 대한 인식은 다음 표 2-3과 같다. 우리나라 국민은 노동은 사회적 의무이고 일하지 않고 돈을 받는 것은 창피한 일이라는 인식, 즉 일을 우선으로 생각하고 직업을 가져야 한다는 인식을 갖고 있다고 볼 수 있다. 또한 직업 생활에서 성공하기 위해서는 능력보다 학연이나 지연 등이 있어야 한다는 인식은 낮아지고 있다고 볼 수 있다. 이러한 직업의식 변화는 직업 생활에서 능력이 중요하다는 인식이 높아졌음을 의미한다.

한편 급변하는 노동시장 속에서 한 직장에서 평생 일하고 싶은 소망이 증가하고 있

표 2-3 우리나라 국민의 일의 중요성에 대한 인식 변화(2006~2014년)

구분	중요도 수준 평균			유의도	평균차(유의확률)		
	2006	2010	2014		2006-2010	2010-2014	2006-2014
일하지 않고 돈을 받는 것은 창피한 일이다.	3.95	3.74	3.73	F=31.610 p=0.000	0.212 (0.000)	0.005 (0.993)	0.217 (0.000)
노동은 사회에 대한 의무이다.	3.68	3.76	3.76	F=5.072 p=0.006	-0.078 (0.051)	0.000 (1.000)	-0.078 (0.045)
자유시간이 줄어들더라도 일하는 것이 우선이다.	3.47	3.63	3.55	F=12.460 p=0.000	-0.165 (0.000)	0.081 (0.174)	-0.083 (0.050)
돈을 벌 필요가 없어도 직업을 가져야 한다.	3.56	3.73	3.65	F=12.415 p=0.000	-0.171 (0.000)	0.088 (0.146)	-0.083 (0.062)
직업 생활에서 성공하기 위해서는 능력보다 학연이나 지연 등이 있어야 한다.	3.32	3.41	3.29	F=3.636 p=0.026	-0.092 (0.060)	0.122 (0.043)	0.030 (0.734)
가능하다면 한 직장에서 평생 동안 일하고 싶다.	3.38	3.61	3.65	F=34.302 p=0.000	-0.224 (0.000)	-0.039 (0.724)	-0.263 (0.000)
경제적 여유가 있다면 직업을 갖지 않고 취미생활 등을 하면서 지내고 싶다.	3.59	3.50	3.56	F=2.533 p=0.079	0.089 (0.082)	-0.063 (0.454)	0.026 (0.796)
N	3686[2]	897[1]	939[1]				

주 : 1) 전국 만 15세 이상~64세 이하 취업자 대상 조사이며, 5점 척도임.
 2) 만 18세 이상~64세 이하 취업자 대상 조사, 취업자와 미취업자의 비중을 8:2로 가중표집하여 최종 조사 결과물에 가중치를 줌(출처: 한국직업능력개발원(2006), **한국인의 직업의식과 직업윤리**, pp.28-29)
자료: 한국인의 직업의식 및 직업윤리 설문조사(2006, 2010, 2014)
출처: 정윤경 외(2014), p.87.

으며, 경제적 여유가 있다면 직업을 갖지 않고 취미생활을 하면서 지내고 싶다는 욕구가 증가하고 있음을 알 수 있다. 가능하다면 한 직장에서 평생 동안 일하고 싶다는 생각은 취업자, 남성, 높은 연령대에서 더 많이 갖고 있으며, 경제적 여유가 있으면 직업을 갖지 않고 취미생활 등을 하면서 지내고 싶다는 생각은 미취업자, 여성 등이 더 많이 갖고 있었다. 연령에 대해서는 통계적으로 유의미한 차이가 없었다(정윤경 외, 2014:89.)

② 삶의 영역별 중요도 변화

직업의식은 삶의 여러 영역과도 밀접한 관련이 있다. 「한국인의 직업의식 조사」에서는 삶의 영역을 가족생활, 사회활동(봉사, 동창회 등), 여가생활, 일, 종교, 학업 또는 능력개발 등 6가지로 구분하여 조사하였다. 조사 결과는 다음 표 2-4와 같다. 여기에서 우

표 2-4 우리나라 국민의 삶의 영역별 중요도 변화(2006~2014년)

구분	중요도 수준 평균 (긍정 답변 응답 비율)			유의도	평균차(유의확률)		
	2006	2010	2014		2006-2010	2010-2014	2006-2014
가족생활	6.73	6.20	6.31	F=258.195 p=0.000	0.529 (0.000)	−0.116 (0.003)	0.413 (0.000)
사회활동 (봉사, 동창회 등)[1]	–	5.07	5.22	F=6.498 p=0.011	–	−0.144 (0.011)	–
여가생활	5.60	5.53	5.52	F=2.969 p=0.051	0.073 (0.209)	0.008 (0.989)	0.081 (0.137)
일	6.12	5.80	5.93	F=44.335 p=0.000	0.314 (0.000)	−0.126 (0.021)	0.188 (0.000)
종교	4.32	4.16	4.07	F=8.452 p=0.000	0.166 (0.056)	0.088 (0.597)	0.254 (0.001)
학업 또는 능력개발	5.55	5.23	5.21	F=44.608 p=0.000	0.318 (0.000)	0.019 (0.947)	0.337 (0.000)
N[2]	3686	897	939				

주: 1) 사회활동은 2006년에 없던 영역으로, 2010년과 2014년에 삶의 영역으로 포함되어 조사되었음.
    2) 전국 만 15세 이상 ~ 64세 이하 취업자 대상 조사이며, 7점 척도로 조사됨.
자료: 한국인의 직업의식 및 직업윤리 설문조사(2006, 2010, 2014)
출처: 정윤경 외(2014). p.93.

리나라 국민은 삶의 여러 영역 중에서 가족생활을 가장 중요하게 생각하고 그 다음으로 일을 삶의 중요한 영역으로 인식하고 있음을 알 수 있다.

2006년, 2010년, 2014년 사이의 변화를 살펴보면, 가족생활이 삶의 여러 영역 중에서 중요함에도 중요도가 최근에 감소했고, 학업 또는 능력개발의 중요도도 감소하는 경향을 보였다. 즉, 전반적으로 삶의 영역 중에서 가족생활과 일의 중요도가 높음에도 2006년과 비교하여 가족생활, 일, 종교, 학업 또는 능력개발 등의 중요도가 감소한 경향을 보인 반면에, 사회생활과 여가생활의 중요도는 증가하거나 연도 간 차이가 없는 것으로 나타났다(정윤경 외, 2014:92-93).

③ 직업 선택 요인

통계청의 「사회조사」에서는 직업 선택 요인을 '명예·명성', '안정성', '수입', '적성·흥미', '보람·자아성취', '발전성·장래성', '기타' 등으로 구분하여 만 13세 이상의 국민을 대상으로 조사했다. 2002년부터 2년 또는 3년 주기로 조사한 직업 선택 요인은 다음 그림 2-1과 같다. 우리나라 국민은 직업 선택 요인으로 안정성과 수입을 가장 중요하게 생각하고 있으며, 그 다음으로 적성·흥미, 발전성·장래성, 보람·자아성취, 명예·명성 등의 순으로 중요하게 생각하고 있음을 알 수 있다.

한편 2002년도에 직업 선택 요인으로 가장 중요하게 인식한 '안정성'은 연도에 따라 최근에는 직업 선택 요인으로서의 중요도가 감소한 반면에, '수입'은 2002년과 비교하여 2006년에 중요도가 급증했다. 연도에 따라 직업 선택 요인으로서의 중요도가 크게 증가했음을 알 수 있다. 또한 보람·자아성취와 발전성·장래성의 중요도는 연도에 따라 직업 선택 요인으로서의 중요도가 감소하는 경향을 보였다. 즉, 우리나라 국민이 직업을 선택할 때 수입이라는 경제적 보상을 중요한 요인으로 인식하는 경향이 크게 증가했음을 알 수 있다. 이러한 국민의 인식은 자라나는 청소년에게도 영향을 미쳐 학생들도 장래 직업을 선택할 때 수입(임금 수준)을 중요하게 인식하고 고려할 것임을 예상할 수 있다.

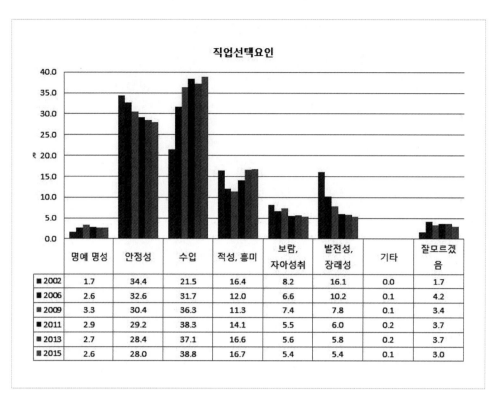

그림 2-1 우리나라 국민의 직업 선택 요인

자료 : 통계청 국내통계 사회조사 중 노동 관련 데이터(http://kosis.kr/statisticsList/statisticsList_01List.jsp?vwcd=MT_ZTITLE&parentId=D
#SubCont 방문일자 2016.11.30.)

3) 주요국의 직업의식 비교

세계 각국의 직업의식을 살펴볼 수 있는 조사에는 「세계가치관조사(World Value Survey : WVS)」가 있다. 「세계가치관조사」는 전세계 80여 개 국가에서 가치관에 관한 문항을 약 5년 주기로 조사하여 제공하는 국제적인 조사이다. 모든 국가의 조사 시점이 동일하지는 않지만, 일관된 가치관 문항에 대하여 여러 국가의 조사 결과를 비교해 볼 수 있는 조사가 많지 않기 때문에, 각국의 가치관을 비교할 때 사용되는 주된 조사 자료이다.

최근의 조사는 2010년부터 2014년까지 34개 국가를 대상으로 국가당 약 800~3,000명의 국민을 조사한 제6차 조사이다. 「세계가치관조사」의 문항 중에서 직업의식과 관련 있는 문항은 삶의 요인별 중요도(가족, 친구, 여가시간, 정치, 일, 종교)를 꼽을 수 있다.[8] 여기에서는 여러 국가 중에서 한국, 중국, 일본, 미국, 독일, 스웨덴, 인도, 브라질 등 8개 국가의 조사 결과를 중심으로 살펴본다.

(1) 삶의 요인별 중요성

일이 삶에서 얼마나 중요한지는 삶의 요인별 중요성을 통해 알 수 있다. 「세계가치관조사」에서는 삶의 요인으로 '가족', '친구', '여가시간', '정치', '일', '종교' 등 6가지 요인의 중요성을 조사했다. 한국, 중국, 일본, 미국, 독일, 스웨덴, 인도, 브라질 등 8개 국가의 삶의 요인별 중요성을 조사한 결과는 다음 그림 2-2~2-7과 같다.

삶에서 가족의 중요성('매우 중요'와 '상당히 중요' 응답 비율%)은 8개국 모두 높은 가

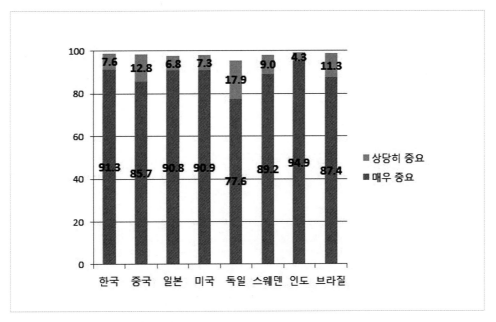

그림 2-2 삶에서 가족의 중요성 국제 비교
주 : 4점 척도(very important, rather important, not very important, not at all important)이며, 매우 중요(very important)와 상당히
　　중요(rather important)의 응답률(%)로 그래프를 작성함.
자료 : 세계가치관조사(2010~2014) www.worldvaluessurvey.org.

8　URL: www.worldvaluessurvey.org, 접속일자 2016.11.18.

운데 인도(99.2%)가 가장 높고, 그 다음은 한국(98.9%), 브라질(98.7%), 중국(98.5%), 미국(98.2%)과 스웨덴(98.2%), 일본(97.6%), 독일(95.5%) 순이다. 삶에서 가족의 중요성은 동양과 서양 간에 큰 차이가 없다고 말할 수 있다(그림 2-2 참조). 또한 한국 사람들이 가족에 대해 매우 중요하게 인식하고 있음을 알 수 있다.

삶에서 친구의 중요성('매우 중요'와 '상당히 중요' 응답 비율%)은 8개 국가 가운데 스웨덴(97.3%)이 가장 높고, 그 다음으로 한국(95.3%), 독일(93.5%), 미국(93.3%), 일본(92.0%), 중국(91.0%), 인도(85.3%), 브라질(83.0%) 등의 순이다. 스웨덴 사람들이 친구를 매우 중요한 삶의 요인으로 인식하고 있음을 알 수 있다. 또한 중국은 친구를 매우 중요하게 생각하는 국가로 알려져 있으나 다른 국가들과 비교하여 큰 차이가 없으며, 오히려 삶에서 친구를 중요하게 인식하는 다른 국가들이 더 존재함을 알 수 있다. 삶에서 친구의 중요성도 가족의 중요성과 마찬가지로 동양 국가와 서양 국가 간 차이는 없다고 말할 수 있다(그림 2-3 참조).

삶에서 여가시간의 중요성('매우 중요'와 '상당히 중요' 응답 비율%)은 8개 국가 가운데 스웨덴(94.9%)이 가장 높고, 그 다음으로 미국(90.5%), 일본(88.4%), 브라질(87.4%)

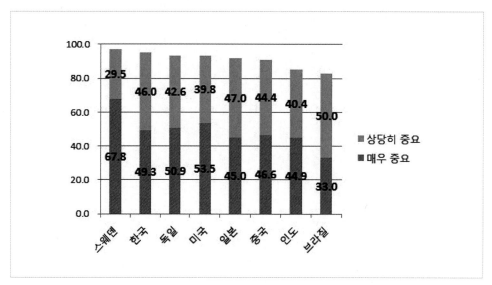

그림 2-3 삶에서 친구의 중요성 국제 비교

주: 4점 척도(very important, rather important, not very important, not at all important)이며, 매우 중요(very important)와 상당히 중요(rather important)의 응답률(%)로 그래프를 작성함.

자료: 세계가치관조사(2010~2014) www.worldvaluessurvey.org.

과 독일(87.4%), 한국(86.6%), 인도(70.1%), 중국(69.8%) 등의 순이다. 스웨덴, 미국, 일본 등 국민소득 수준이 높은 편인 국가의 국민이 삶에서 여가시간을 중요하게 인식하고 있다고 말할 수 있다(그림 2-4 참조).

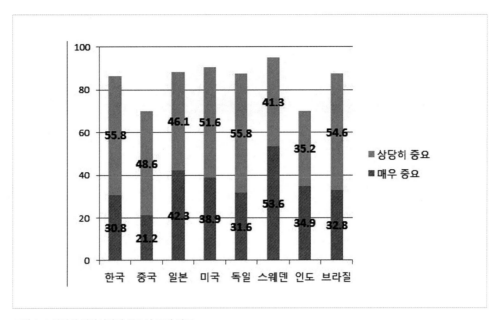

그림 2-4 삶에서 여가시간의 중요성 국제 비교
주: 4점 척도(very important, rather important, not very important, not at all important)이며, 매우 중요(very important)와 상당히 중요(rather important)의 응답률(%)로 그래프를 작성함.
자료: 세계가치관조사(2010~2014) www.worldvaluessurvey.org.

삶에서 정치의 중요성은 삶의 다른 요인과 비교하여 전반적으로 중요성이 낮은 것으로 나타났다(그림 2-5 참조). 삶에서 정치의 중요성('매우 중요'와 '상당히 중요' 응답 비율%)은 8개 국가 가운데 일본(66.1%)이 가장 높고, 그 다음으로 스웨덴(62.6%), 한국(55.2%), 미국(53.0%), 독일(44.3%), 인도(43.2%), 브라질(41.3%), 중국(38.7%) 등의 순이다. 일본 사람들이 삶에서 정치를 중요하게 인식하고 있는 반면에 중국 사람들의 정치의 중요성 인식이 낮은 점이 특이하다. 중국의 경우 여전히 사회주의 국가로서 정치에 대한 관심과 자유의 제한으로 인해 삶에서 정치의 중요성을 낮게 인식하고 있다고 볼 수 있다.

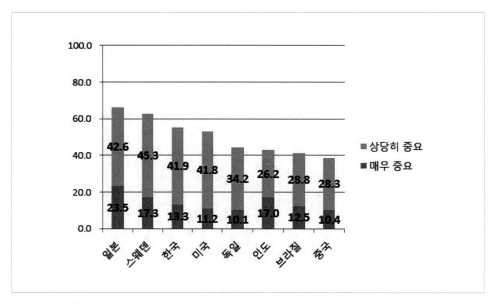

그림 2-5 삶에서 정치의 중요성 국제 비교

주: 4점 척도(very important, rather important, not very important, not at all important)이며, 매우 중요(very important)와 상당히
　　중요(rather important)의 응답률(%)로 그래프를 작성함.

자료: 세계가치관조사(2010~2014) www.worldvaluessurvey.org.

　삶에서 일의 중요성('매우 중요'와 '상당히 중요' 응답 비율%)은 8개 국가 가운데 브라질(97.8%)이 가장 높고, 그 다음으로 인도(94.1%), 한국(90.6%), 스웨덴(84.9%), 일본(84.2%), 독일(79.9%)과 미국(79.9%), 중국(79.6%) 등의 순이다(그림 2-6 참조). 이 결과는 브라질, 인도 사람들과 우리나라 사람들이 삶에서 일을 얼마나 중요하게 인식하고 있는지를 나타낸다.

　삶에서 종교의 중요성은 삶의 여러 요인 가운데 그 중요성의 국가 간 차이가 가장 크다는 특징을 보인다. 삶에서 종교의 중요성('매우 중요'와 '상당히 중요' 응답 비율%)은 8개 국가 가운데 인도(91.3%)가 가장 높고, 그 다음으로 브라질(89.4%), 미국(68.4%), 한국(54.2%), 독일(38.0%), 스웨덴(26.2%), 일본(19.0%), 중국(10.6%) 등의 순이다(그림 2-7 참조).

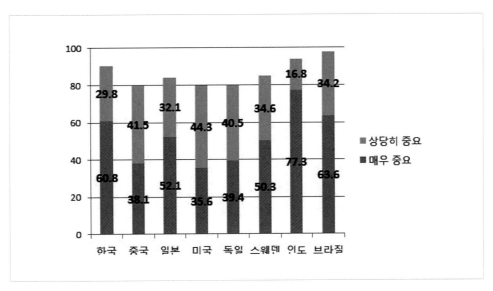

그림 2-6 삶에서 일의 중요성 국제 비교

주: 4점 척도(very important, rather important, not very important, not at all important)이며, 매우 중요(very important)와 상당히
　　중요(rather important)의 응답률(%)로 그래프를 작성함.

자료: 세계가치관조사(2010~2014) www.worldvaluessurvey.org.

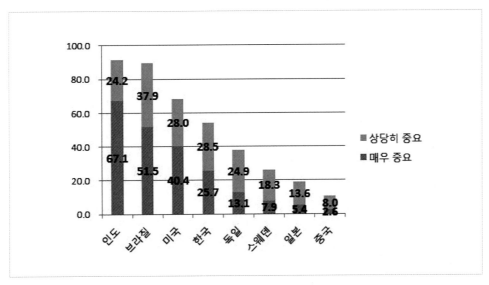

그림 2-7 삶에서 종교의 중요성 국제 비교

주: 4점 척도(very important, rather important, not very important, not at all important)이며, 매우 중요(very important)와 상당히
　　중요(rather important)의 응답률(%)로 그래프를 작성함.

자료: 세계가치관조사(2010~2014) www.worldvaluessurvey.org.

1) 가치관의 의미

직업의식과 관련된 가치관은 직업가치관, 직업관 등의 용어로 사용되고 있으며, 학자나 연구자마다 개념 정의에 차이가 있다(표 2-5 참조). 강재태(1987)는 직업가치관이란 개인이 갖고 있는 일에 대한 관념 및 태도, 일에 부여하는 가치뿐만 아니라 가족, 학교, 직업 환경, 사회화 매체와의 상호작용을 통해 형성하게 되는 특정 직업이 아닌 일반

표 2-5 직업의식 관련 가치관의 개념

개념	학자	정의
직업가치관	강재태(1987)	개인이 갖고 있는 일에 대한 관념 및 태도, 일에 부여하는 가치뿐만 아니라 가족, 학교, 직업 환경, 사회화 매체와의 상호작용을 통해 형성하게 되는 특정 직업이 아닌 일반화된 개념으로서의 직업에 대한 개인의 관점 또는 의견
	정수현 외 2인 (1989)	직무에 종사하고 직업 생활을 영위하는 데서 생겨나는 갖가지 사태에 대하여 개인이 갖는 가치의식
	임언 외(2001)	개인이 직업을 통하여 충족하고자 하는 욕구 또는 실현하고자 하는 목표
	김영애(1999)	개인이 직업에 대하여 지닌 사고방식 또는 직업적 신념으로 가치 판단이 함축된 가치 부여를 뜻하며 개인 또는 사회가 일과 자리에 따라 갖는 가치관을 의미
	유홍준(2005)	개인이 직업 생활을 통해 추구하고자 하는 가치지향으로서 내재적 가치지향과 외재적 가치지향으로 구분
직업관	충청북도교육 연구원(1991)	개인과 사회 구성원이 직업에 대해 갖고 있는 태도와 가치관
	강맹현(1994)	직업에 대한 가치관으로, 개인이 직업에 대하여 지닌 사고방식 또는 직업적 신념으로 가치 판단이 함축된 가치 부여를 의미
	진인권(1974; 양한주, 1998)	직업과 계급의 관계로 고착된 것 또는 개인이 그것을 바탕으로 천직으로 삼을 만한 것을 선택해야 한다는 사고방식
	홍기형, 이승우 (1985)	자기가 소속되어 있는 또는 앞으로 종사하려는 직업에 대하여 어떠한 가치를 부여하는 것

출처 : 한상근 외(2002). **한국인의 직업의식 조사(II)**. 한국직업능력개발원. p.17.

화된 개념으로서의 직업에 대한 개인의 관점 또는 의견이라고 정의했다. 김영애(1999)도 개인이 직업에 대하여 지닌 사고방식 또는 직업적 신념으로 가치 판단이 함축된 가치 부여를 뜻한다고 정의했다.

임언 외(2001)는 직업가치관이란 개인이 직업을 통하여 충족하고자 하는 욕구 또는 실현하고자 하는 목표라고 정의했는데, 이는 유홍준(2005)의 직업가치관에 대한 정의와 유사하다. 유홍준(2005)은 직업가치관을 외재적 가치지향과 내재적 가치지향으로 구분할 수 있다고 보았다. 여기에서 내재적 가치지향은 직업 생활을 통해 자신의 능력을 발휘하고 사회에 헌신하며 인간관계를 중시하고 이상을 추구하며 자기를 표현하고자 하는 의식의 표현으로서 직업 그 자체에 가치를 두는 것을 의미한다. 반면에 외재적 가치지향은 경제적인 측면과 권력 추구, 사회적 위세에 대한 인식을 중시하는 등 직업을 도구적 가치로 보는 것을 의미한다(유홍준, 2005).

표 2-6 직업가치관의 내재적 가치지향과 외재적 가치지향의 예

구분	가치지향	특징 및 직업 선택
내재적 가치지향	능력 발휘	자신의 능력을 충분히 발휘할 수 있을 때 보람과 만족을 느끼며, 자신의 능력을 충분히 발휘할 수 있는 기회와 가능성이 주어지는 직업을 선택하고자 함.
	자율성	어떤 일을 할 때 규칙, 절차, 시간 등을 스스로 결정하기를 원하며, 다른 것보다 일하는 방식과 스타일이 자유로운 직업을 선택하고자 함.
	자기계발	새로운 것을 배우고 스스로 발전해 나갈 때 만족을 느끼며, 자신의 능력과 소질을 지속적으로 발전시킬 수 있는 직업을 선택하고자 함.
	창의성	예전부터 해 오던 것보다는 새로운 것을 만들어내는 것을 좋아하며, 늘 변화하고 혁신적인 아이디어를 내며, 창조적인 시도를 하는 직업을 선택하고자 함.
외재적 가치지향	보수	경제적 보상이 매우 중요하다고 생각하며, 자신의 노력과 성과에 대해 충분한 경제적 보상이 주어지는 직업을 선택하고자 함.
	안정성	매사가 계획한 대로 안정적으로 유지되는 것을 좋아하며, 쉽게 해고되지 않고 오랫동안 일할 수 있는 직업을 선택하고자 함.
	사회적 인정	다른 사람들로부터 자신의 능력과 성취를 충분히 인정받고 싶어 하며, 많은 사람들로부터 주목받고 인정받을 수 있는 직업을 선택하고자 함.
	사회봉사	다른 사람을 돕고 더 나은 세상을 만들고 싶어 하며, 사람, 조직, 국가, 인류에 대한 봉사와 기여가 가능한 직업을 선택하고자 함.

출처 : 커리어넷(www.career.go.kr) 직업가치관검사 검사결과예시

한편 강맹현(1994)에 따르면, 직업관이란 직업에 대한 가치관으로, 개인이 직업에 대하여 지닌 사고방식 또는 직업적 신념으로 가치 판단이 함축된 가치 부여를 의미한다고 정의했으며, 홍기형, 이승우(1985)는 자기가 소속되어 있는 또는 앞으로 종사하려는 직업에 대하여 어떠한 가치를 부여하는 것이라고 정의했다.

한편 내재적 가치지향에는 능력 발휘, 자율성, 자기계발, 창의성 등이 있으며, 외재적 가치지향에는 보수, 안정성, 사회적 인정, 사회봉사 등이 있다.

2) 우리나라와 주요국의 가치관 비교

「세계가치관조사」의 결과를 기초로 우리나라와 중국, 일본, 미국, 독일, 스웨덴, 인도, 브라질 등의 행복 정도와 삶의 방식과 의미의 중요도를 비교했다.

삶의 방식과 의미의 중요도에 관한 질문은 '창조적 생각을 갖고 자기 방법대로 행동하는 것', '돈이 많아 값비싼 물건을 많이 소유하는 것', '많은 시간을 갖고 자신을 즐기는 것', '사회를 위해 어떤 일을 하는 것', '성공해서 다른 사람에게 인정을 받는 것', '새로운 도전을 하는 것' 등의 삶과 행동을 얼마나 중요하게 생각하는지에 관한 것이다.

(1) 삶의 방식과 의미의 중요성

새로운 아이디어를 생각해내고 창조적인 생각을 갖고 자기 방법대로 행동하는 것이 중요하다는 항목은 스웨덴, 브라질, 독일, 미국 등의 유럽과 북미 국가 사람들이 중요하게 생각하고 있는 반면에 한국, 인도, 중국, 일본 등의 동아시아 국가에서는 상대적으로 덜 중요하게 생각하고 있다고 볼 수 있다(그림 2-8 참조).

부유하게 살고 돈이 많아 값비싼 물건을 많이 소유하는 것이 중요하다는 항목은 중국(71.7%) 사람들이 가장 중요하게 생각하고 있으며, 그 다음으로 독일(63.0%), 인도(46.9%), 한국(38.4%) 등의 순임을 알 수 있다(그림 2-9 참조).

많은 시간을 갖고 자신을 즐기는 것이 중요하다는 항목은 브라질(85.1%) 사람들이 가장 중요하게 생각하고 있으며, 그 다음으로 독일(84.4%), 스웨덴(78.6%), 한국

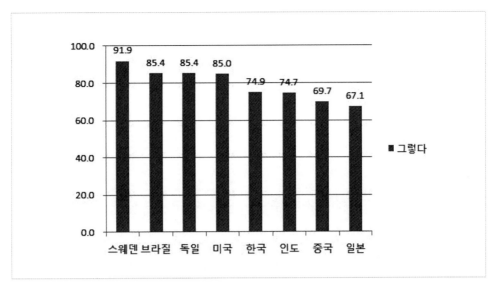

그림 2-8 새로운 아이디어를 생각해내고 창조적인 생각을 갖고 자기 방법대로 행동하는 것이 중요함

주 : 6점 척도(very much like me, like me, somewhat like me, a little like me, not like me, not at all like me)이며, 동의하는 4개 척도(very much like me, like me, somewhat like me, a little like me)의 응답률(%)로 그래프를 작성함.

자료 : 세계가치관조사(2010~2014) www.worldvaluessurvey.org.

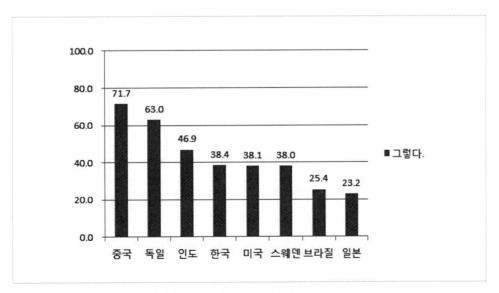

그림 2-9 부유하게 살고 돈이 많아 값비싼 물건을 많이 소유하는 것이 중요함

주: 6점 척도(very much like me, like me, somewhat like me, a little like me, not like me, not at all like me)이며, 동의하는 4개 척도(very much like me, like me, somewhat like me, a little like me)의 응답률(%)로 그래프를 작성함.

자료: 세계가치관조사(2010~2014) www.worldvaluessurvey.org.

(78.1%), 미국(59.6%), 일본(57.2%), 중국(56.3%), 인도(47.1%) 등의 순으로 나타났다. 인도의 경우 많은 시간을 갖고 자신을 즐기는 것이 중요하다는 인식은 응답자의 절반 미만으로 낮은 수준을 보였다(그림 2-10 참조).

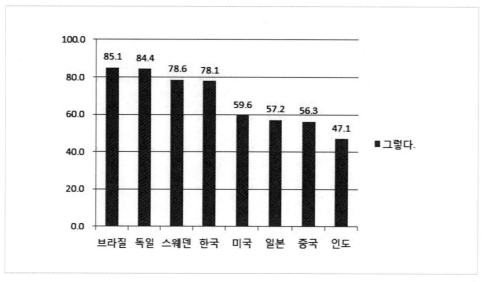

그림 2-10 많은 시간을 갖고 자신을 즐기는 것이 중요함

주: 6점 척도(very much like me, like me, somewhat like me, a little like me, not like me, not at all like me)이며, 동의하는 4개 척도(very much like me, like me, somewhat like me, a little like me)의 응답률(%)로 그래프를 작성함.

자료: 세계가치관조사(2010~2014) www.worldvaluessurvey.org.

사회를 위해 어떤 일을 하는 것이 중요하다는 항목은 브라질(97.2%) 사람들이 가장 중요하게 생각하고 있으며, 그 다음으로 미국(91.4%), 중국(90.4%), 스웨덴(86.6%) 등의 순으로 나타났다(그림 2-11 참조). 사회를 위해 어떤 일을 하는 것이 중요하다는 가치는 동양과 서양 국가들 간에 큰 차이를 보이지 않았다고 말할 수 있다

성공해서 다른 사람에게 인정받는 것이 중요하다는 항목은 독일(86.2%), 한국(81.0%), 중국(77.7%), 브라질(74.4%) 등의 순으로 중요하게 생각하는 것으로 나타났다(그림 2-12 참조). 8개 국가 중에서 일본(48.6%) 사람들의 경우 성공해서 다른 사람에게 인정받는 것이 중요하다는 인식이 가장 낮게 나타났다.

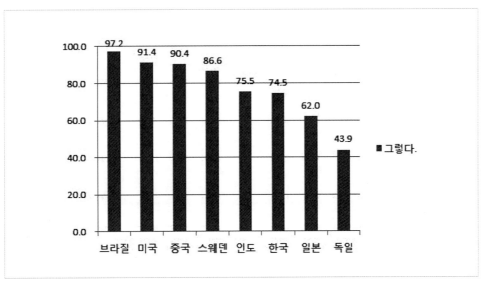

그림 2-11 사회를 위해 어떤 일을 하는 것이 중요함

주: 6점 척도(very much like me, like me, somewhat like me, a little like me, not like me, not at all like me)이며, 동의하는 4개 척도(very much like me, like me, somewhat like me, a little like me)의 응답률(%)로 그래프를 작성함.

자료: 세계가치관조사(2010~2014) www.worldvaluessurvey.org.

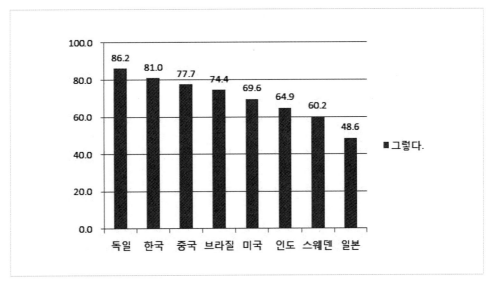

그림 2-12 성공해서 다른 사람에게 인정받는 것이 중요함

주: 6점 척도(very much like me, like me, somewhat like me, a little like me, not like me, not at all like me)이며, 동의하는 4개 척도(very much like me, like me, somewhat like me, a little like me)의 응답률(%)로 그래프를 작성함.

자료: 세계가치관조사(2010~2014) www.worldvaluessurvey.org

모험심과 새로운 도전을 하는 것이 중요하다는 항목은 한국(71.9%), 미국(59.8%), 스웨덴(56.6%), 인도(52.0%) 등의 순으로 중요하게 생각하는 것으로 나타났다(그림 2-13 참조). 8개 국가 가운데 한국 사람들이 모험심과 새로운 도전을 하는 것이 중요하다고 동의하는 비율이 가장 높게 나타났는데, 청소년과 학부모가 행정직 공무원, 교사 등의 안정적인 직업이나 의사, 변호사 등의 전문직을 선호하는 것과는 상반된 결과라고 볼 수 있다.

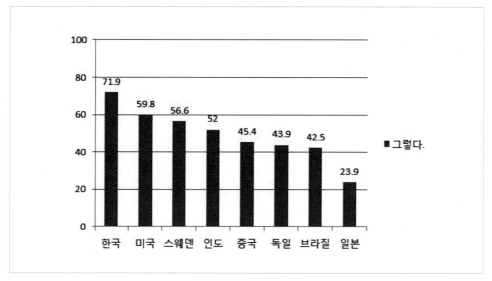

그림 2-13 모험심과 새로운 도전을 하는 것이 중요함

주: 6점 척도(very much like me, like me, somewhat like me, a little like me, not like me, not at all like me)이며, 동의하는 4개 척도(very much like me, like me, somewhat like me, a little like me)의 응답률(%)로 그래프를 작성함.

자료: 세계가치관조사(2010~2014) www.worldvaluessurvey.org.

(2) 행복 정도

한국 등 8개 국가의 행복 정도('매우 행복'과 '상당히 행복' 응답 비율%)는 스웨덴(94.6%)이 가장 높고, 그 다음으로 브라질(92.0%), 한국(90.0%), 미국(89.6%), 일본(86.5%), 중국(84.5%), 독일(84.0%), 인도(80.8%) 등의 순이다(그림 2-14 참조). 8개 국가의 행복 정도를 '매우 행복'의 비율로 살펴보면 우리나라가 가장 낮은 수준이다. 우리나라 사람들이 매우 행복하다고 느끼는 비율이 매우 낮고, '상당히 행복'의 비율이 커서, 전반적인 행복을 느끼고 있음을 알 수 있다.

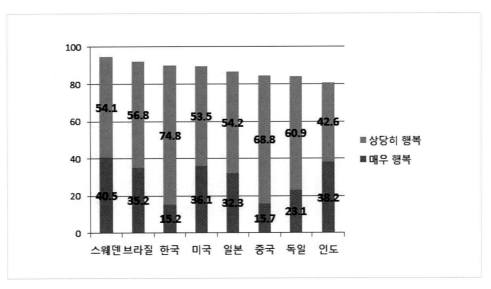

그림 2-14 행복 정도 국제 비교

주 : 행복 정도는 4점 척도(very happy, rather happy, not very happy, not at all happy)이며, 매우 행복(very happy)과 상당히 행복(rather happy) 응답률(%)로 그래프를 작성함.

자료 : 세계가치관조사(2010~2014) www.worldvaluessurvey.org.

건강한 직업의식과 가치관에 대해서는 학교 진로교육 시간인 선택교과 '진로와 직업'(중·고) 수업 시간과 비교과인 창의적 체험활동의 진로활동 시간에 지도할 수 있다. 이를 위해서는 건강한 직업의식과 가치관에 관련된 학교 진로교육 목표 및 성취기준 또는 '진로와 직업'의 성취기준을 이해하고 지도할 필요가 있다.

1) 학교 진로교육 목표 및 성취기준의 직업의식과 가치관 관련 내용

학교 진로교육 목표와 성취기준에 대해서는 교육부가 2011년의 연구(진미석 외, 2011)를 통해 2012년에 발표했고, 2015년에 개정 연구(정윤경 외, 2015)를 통해 2016년 1월에 「2015 학교 진로교육 목표 및 성취기준」을 발표했다. 「2015 학교 진로교육 목표 및 성취기준」 중 직업의식과 가치관에 관련된 내용을 살펴보면 다음 표 2-7~2-9와 같다.

직업의식 및 가치관과 관련된 초등학교 진로교육 목표는 일과 직업의 의미와 역할을 이해하고 일과 직업의 다양한 종류와 변화를 이해하며 직업에 대한 긍정적인 태도를 형성하는 것이다(표 2-7 참조).

직업의식 및 가치관과 관련된 중학교 진로교육 목표는 직업의 역할을 알고 다양한 종류의 직업을 탐색하며 사회 변화에 따른 직업세계의 변화를 탐색하고 창업과 창직의 의미를 이해하고 관련 모의활동을 해보는 등 변화하는 직업세계를 이해하는 것과 관련 있다. 또한 직업 선택에 영향을 주는 다양한 가치를 탐색하여 건강한 직업의식을 형성하는 것을 포함한다(표 2-8 참조).

직업의식 및 가치관과 관련된 고등학교 진로교육 목표는 미래 직업세계의 변화와 인재상을 탐색하고 직업세계의 변화가 자신의 진로에 미치는 영향을 파악하며 창업과

표 2-7 직업의식 및 가치관 관련 초등학교 진로교육 목표 및 성취기준(2015)

대영역	중영역	세부목표	성취기준
II. 일과 직업 세계 이해	1. 변화하는 직업세계 이해	일과 직업의 의미와 역할을 이해한다.	주변의 직업들이 없는 자신의 생활을 상상해 보고 모든 일과 직업의 소중함을 이해할 수 있다.
			일과 직업의 다양한 역할과 기능을 설명할 수 있다.
		일과 직업의 다양한 종류와 변화를 이해한다.	생활 속의 다양한 직업을 찾아보고 각 직업이 하는 일을 설명할 수 있다.
			현재의 직업들이 변화해 온 모습을 이해할 수 있다.
	2. 건강한 직업의식 형성	직업에 대한 긍정적인 태도를 형성한다.	자신의 일을 즐기는 직업인의 사례를 통해 좋아하는 일을 하는 것의 기쁨과 보람을 이해할 수 있다.
			자신이 직업을 가져야 하는 이유와 이를 통해 얻을 수 있는 긍정적 가치를 말할 수 있다.

출처: 정윤경 외(2015). **학교 진로교육 목표 및 성취기준 개정 연구**. 교육부·한국직업능력개발원. p.151.

표 2-8 직업의식 및 가치관 관련 중학교 진로교육 목표 및 성취기준(2015)

대영역	중영역	세부목표	성취기준
II. 일과 직업 세계 이해	1. 변화하는 직업세계 이해	직업의 역할을 알고 다양한 종류의 직업을 탐색한다.	직업의 개인적·사회적 역할을 설명할 수 있다.
			다양한 직업을 분야별로 분류하고 각 직업이 하는 일을 설명할 수 있다.
		사회 변화에 따른 직업세계의 변화를 탐색한다.	다양한 사회 변화가 직업세계에 미치는 영향을 이해할 수 있다.
			사회적 변화에 따라 새롭게 등장한 직업과 사라진 직업에 대해 설명할 수 있다.
			10년 후에 나타날 새로운 직업이나 일의 유형을 상상할 수 있다.
		창업과 창직의 의미를 이해하고 관련 모의활동을 해 본다.	다양한 진취적 역량(창의성, 협업 능력, 창업가 정신 및 리더십 등)들을 이해할 수 있다.
			다양한 창업과 창직 사례를 탐색할 수 있다.
			새로운 종류의 직업이나 사업을 상상하고 만드는 모의활동을 할 수 있다.
	2. 건강한 직업의식 형성	직업 선택에 영향을 주는 다양한 가치를 탐색한다.	직업이 자신에게 주는 긍정적 가치(자아실현, 보람 등)를 이해할 수 있다.
			자신이 어떠한 삶을 살고 싶은지를 관심 직업과 연결 지어 그려 볼 수 있다.

출처: 정윤경 외(2015). **학교 진로교육 목표 및 성취기준 개정 연구**. 교육부·한국직업능력개발원. p.153.

창직의 필요성을 이해하고 관련 계획을 세워 봄으로써 변화하는 직업세계를 이해하는 것과 관련이 있다(표 2-9 참조).

표 2-9 직업의식 및 가치관 관련 고등학교 목표 및 성취기준(2015)

대영역	중영역	세부목표	성취기준
II. 일과 직업 세계 이해	1. 변화하는 직업세계 이해	미래 직업세계의 변화와 인재상을 탐색한다.	미래 사회의 모습과 변화를 상상하여 설명할 수 있다.
			미래 직업세계의 변화에 따른 새로운 직업과 인재상을 탐색한다.
		직업세계의 변화가 자신의 진로에 미치는 영향을 파악한다.	직업세계의 변화가 자신의 진로선택에 미치는 영향을 설명할 수 있다.
			직업세계의 변화에 맞추어 자신과 관련된 학과, 전공 및 자격의 변화를 예측하고 탐색할 수 있다.
		창업과 창직의 필요성을 이해하고 관련 계획을 세워 본다.	다양한 진취적 역량(창의성, 협업 능력, 창업가 정신 및 리더십 등)의 의미와 중요성을 설명할 수 있다.
			관심 분야의 동향 및 전망을 파악하고 관련 창업과 창직 사례를 탐색할 수 있다.
			관심 있는 분야의 직업이나 사업을 구상하고 계획하는 모의활동을 할 수 있다.

출처: 정윤경 외(2015). **학교 진로교육 목표 및 성취기준 개정 연구**. 교육부·한국직업능력개발원. p.156.

2) '진로와 직업'(중·고)의 직업의식과 가치관 관련 내용

교육부는 2015년에 2015 개정교육과정을 발표했다. 선택교과인 '진로와 직업'(중·고)에 대해서도 2015 개정교육과정이 발표되었다(교육부 2015a; 교육부 2015b; 교육부 2015c). 2015 개정 '진로와 직업' 교육과정에서는 중학교 18개, 일반고 및 특성화고 각각 19개의 교육과정 성취기준을 제시하고 있다. '진로와 직업'의 교육과정 성취기준 중에서 직업의식 및 가치관과 관련된 내용은 다음 표 2-10 및 표 2-11과 같다.

직업의식 및 가치관과 관련된 중학교 '진로와 직업'의 교육과정 성취기준은 II 단원. '일과 직업세계 이해'에 속한 4개의 교육과정 성취기준이다. 즉, "다양한 직업을 분야별로 분류하고 각 직업이 하는 일을 설명할 수 있다", "사회적 변화에 따라 새롭게 등장한 직업과 사라진 직업에 대해 설명할 수 있다", "새로운 종류의 직업이나 사업을 상상하고 만드는 모의활동을 할 수 있다", "직업이 자신에게 주는 긍정적 가치(자아실현, 보람 등)를 이해할 수 있다"이다. 특히 "직업이 자신에게 주는 긍정적 가치(자아실현, 보람 등)를 이해할 수 있다"는 학생들의 직업의식과 가치관 함양과 직접적으로 관련된 교육과정 성취기준이다(표 2-10 참조).

표 2-10 직업의식 및 가치관 관련 중학교 '진로와 직업' 교육과정 성취기준(2015)

단원/영역	교육과정 성취기준
II. 일과 직업 세계 이해	[9진02-01-00] 다양한 직업을 분야별로 분류하고 각 직업이 하는 일을 설명할 수 있다.
	[9진02-02-00] 사회적 변화에 따라 새롭게 등장한 직업과 사라진 직업에 대해 설명할 수 있다.
	[9진02-03-00] 새로운 종류의 직업이나 사업을 상상하고 만드는 모의활동을 할 수 있다.
	[9진02-04-00] 직업이 자신에게 주는 긍정적 가치(자아실현, 보람 등)를 이해할 수 있다.

출처 : 정윤경 외(2016). **2015 개정교육과정에 따른 진로와 직업 평가기준 개발 연구**. 교육부. pp.21~22.

직업의식 및 가치관과 관련된 고등학교 '진로와 직업'의 교육과정 성취기준은 II단원. '일과 직업세계 이해'에 속한 4개의 교육과정 성취기준이다. 첫째는 "미래 직업세계의 변화에 따른 새로운 직업과 인재상을 탐색할 수 있다"이고, 둘째는 "직업세계의 변화에 맞추어 자신과 관련된 학과, 전공 및 자격의 변화를 예측하고 탐색할 수 있다"이며, 셋째는 일반계 고교의 경우 "관심 분야의 동향 및 전망을 파악하고 관련 창업·창직 사례를 탐색할 수 있다"이고 특성화고의 경우 "관심 있는 분야의 직업이나 사업을 구상하고 계획하는 모의활동을 할 수 있다"이다. 넷째는 "직업이 자신에게 주는 긍정적 가치(자아실현, 보람, 경제적 독립 등)를 우선순위에 따라 설명할 수 있다"이다(표 2-11 참조). 첫째, 둘째, 넷째 교육과정 성취기준은 일반계 고교와 특성화고에 공통적으로 적용된다.

표 2-11 직업의식 및 가치관 관련 고등학교 '진로와 직업' 교육과정 성취기준(2015)

단원/영역	교육과정 성취기준
II. 일과 직업 세계 이해	[12진로02-01-00], [12진로12-01-00] 미래 직업세계의 변화에 따른 새로운 직업과 인재상을 탐색할 수 있다.
	[12진로02-02-00], [12진로12-02-00] 직업세계의 변화에 맞추어 자신과 관련된 학과, 전공 및 자격의 변화를 예측하고 탐색할 수 있다.
	[12진로02-03-00] 관심 분야의 동향 및 전망을 파악하고 관련 창업·창직 사례를 탐색할 수 있다. [12진로12-03-00] 관심 있는 분야의 직업이나 사업을 구상하고 계획하는 모의활동을 할 수 있다.
	[12진로02-04-00], [12진로12-04-00] 직업이 자신에게 주는 긍정적 가치(자아실현, 보람, 경제적 독립 등)를 우선순위에 따라 설명할 수 있다.

주 : [12진로02-03-00]은 일반계 고교의 교육과정 성취기준을, [12진로12-03-00]은 특성화고의 교육과정 성취기준을 의미함.

출처 : 정윤경 외(2016). **2015 개정교육과정에 따른 진로와 직업 평가기준 개발 연구**. 교육부. p.29.

3) 커리어넷과 워크넷의 직업가치관검사 소개

직업가치관검사는 학생들의 직업가치관을 파악하고 지도하는 데 유용한 도구이다. 공공기관과 민간기관에서 개발한 여러 종류의 직업가치관검사가 있으나, 여기에서는 무료로 사용할 수 있는 커리어넷(www.career.go.kr)과 워크넷(www.work.go.kr)의 직업가치관검사를 소개한다.

(1) 커리어넷의 직업가치관검사 소개

직업가치관검사란 직업과 관련된 다양한 욕구 및 가치에 대해 상대적으로 무엇을 얼마나 더 중요하게 여기는지를 살펴보고 그 가치가 충족될 가능성이 높은 직업을 탐색할 수 있도록 도움을 주는 검사이다. 검사 대상은 중·고등학생(중학교 1학년 이상)과 대학생·성인이다. 검사 항목으로는 능력 발휘, 자율성, 보수, 안정성, 사회적 인정, 사회봉사, 자기계발, 창의성이 있다. 검사 결과로 각 개인별로 중요시하는 가치의 순서가 그래프로 제시되며, 가장 중요하게 평가한 상위 2개의 가치와 관련된 직업이 학력별, 계열별로 나뉘어 추천된다.[9]

(2) 워크넷의 직업가치관검사 소개

워크넷의 직업가치관검사는 직업 선택을 할 때 중요하게 생각하는 직업가치관을 측정하여 자신의 직업 가치를 확인하도록 하고 그에 적합한 직업 분야를 안내해 준다. 검사 대상은 중·고등학생(중학생 3학년 이상)과 만 18세 이상의 성인이다. 검사의 주요 내용은 13개의 직업 가치로, 성취, 봉사, 개별 활동, 직업 안정, 변화지향, 몸과 마음의 여유, 영향력 발휘, 지식 추구, 애국, 자율성, 금전적 보상, 인정, 실내활동이다.[10]

직업의식 및 가치관에 대해 지도할 때는 학생들이 우리나라 또는 세계 각국의 직업의식 및 가치관 현황을 살펴보고 직업의식 및 가치관 형성에 영향을 미치는 사회·경제·문화적인 특성을 생각해 보도록 하는 한편, 어떠한 직업의식 및 가치관이 변화하는 미래 직업세계에서 의미 있는지를 탐색하는 과정을 갖도록 할 필요가 있다. 또한 직업의식 및 가치관은 옳고 그름이라는 규범적 판단을 적용하는 직업윤리와는 다소 구별되는 개념이므로, 학생들이 개인과 사회의 직업의식 및 가치관을 탐색하고 생각하는 데 자유롭고 유연한 인식을 갖도록 허용함으로써 창의적이고 주도적인 직업의식 및 가치관을 함양할 수 있도록 지도하는 것이 중요하다.

---

9   커리어넷 http://www.career.go.kr/cnet/front/inspect/intro.do?isFullsize=N&direct=Y&QESTNR_
     SEQ=6&VALUE_PART=A 방문일자 2016.11.28

10   워크넷 http://www.work.go.kr/consltJobCarpa/jobPsyExam/youthValDetail.do 방문일자 2016.11.28

참고문헌

교육부(2015a). 2015 개정교육과정 총론 및 각론 확정·발표. 교육부 2015년 9월 23일자 보도자료.

교육부(2015b). 제2015-74호[별책 18]. 중학교 선택교과 교육과정. 교육부.

교육부(2015c). 제2015-74호[별책 19]. 고등학교 교양교과 교육과정. 교육부.

유한구, 김영식, 류지영, 신동준, 이은혜(2016). 한국교육고용패널조사II. 한국직업능력개발원.

유홍준(2005). 현대사회와 직업. 그린.

정윤경, 박천수, 윤수린(2014). 한국인의 직업의식 및 직업윤리. 한국직업능력개발원.

정윤경, 김가연, 김나라, 방혜진, 이윤진, 김진숙(2015). 학교 진로교육 목표 및 성취기준 개정 연구. 교육부·한국직업능력개발원.

정윤경, 김진숙, 정동순, 이승아, 김가연(2016). 2015 개정교육과정에 따른 진로와 직업 평가기준 개발 연구. 교육부·한국직업능력개발원.

진미석, 서유정, 이현경(2011). 학교급별 진로교육 목표 체계화 및 성과지표 개발. 교육부·한국직업능력개발원.

한상근, 임언, 이지연, 이경상, 정윤경(2002). 한국인의 직업의식 조사(II). 한국직업능력개발원.

Super, D. E.(1980). A life-span, life-space, approach to career development. *Journal of Vocational Behavior, 13*. 282-298.

Brown, D.(1996). A values-based, holistic model of career and life-role decision making. In D. Brown, L. Brooks, & Associates, *Career choice and development* (3rd ed., pp. 337-332), San Francisco: Jossey-Bass.

커리어넷 사이트. http://www.career.go.kr

국가통계포털 사이트. http://kosis.kr

워크넷 사이트. http://work.go.kr

한국고용정보원 고용조사분석시스템 사이트. http://survey.keis.or.kr

한국 아동·청소년 데이터 아카이브. http://archive.nypi.re.kr

한국직업능력개발원 홈페이지. http://www.krivet.re.kr

3장

직업윤리와 직업인의 권리

정윤경

이 장에서는 직업윤리의 개념과 특징을 제시하고, 우리나라 사람들의 직업윤리 수준과 변화, 국가별 직업위세 등에 대해 살펴본다. 직업윤리는 학자나 연구자에 따라 다양하게 정의하고 있으나, 직업인으로서 지켜야 할 도리, 개인적·사회적 행위의 규범, 바람직한 행위규범을 의미한다고 볼 수 있다. 이 장에서는 전반적인 직업윤리와 직업별 윤리의 개념 및 특징에 대해 설명한다. 또한 직업인의 권리 및 제도로 직업인의 권리에 관한 법과 최저임금제, 근로계약, 기간제 및 단시간근로자, 노사관계의 개념과 주요 특징을 제시한다. 그리고 직업윤리와 직업인의 권리 및 제도를 지도하는 방법으로 '학교 진로교육 목표 및 성취기준'(2015)과 중·고 선택교과인 '진로와 직업' 교육과정 성취기준(2015)의 직업윤리 관련 내용과 지도에 대해 살펴본다.

1 직업윤리의 개념과 특징

1) 직업윤리의 개념

직업윤리(Work Ethic)란 직업인으로서 지켜야 할 도리, 개인적·사회적 행위의 규범, 바람직한 행위규범을 의미한다(장홍근 외, 2007:160). 직업윤리의 개념에 대해서는 학자나 연구자에 따라 다양한 견해와 정의를 제시하고 있다(표 3-1 참조).

직업윤리의 개념은 독일 등 서구사회의 기독교적인 직업윤리에서 시작되었다고 볼 수 있다. 베버(Weber, 1958)는 기독교적 직업윤리는 직업을 통한 신에의 봉사를 목표로 한다고 했으며, 근면 성실성, 신뢰성, 정확성, 절약성 등을 기본적 행동양식으로 제시했다. 또한 직업에 대한 헌신은 직업에서 최선의 성과를 얻도록 노력하는 것을 의미한다고 보았다.

조경순(2003)은 동양의 유교적 직업윤리는 사회적 계층 또는 구조에서의 질서를 강조하며 체면 또는 품위를 지키고자 하는 강한 욕구를 존중하는 것이라고 정의했으며, 김병숙, 최병훈, 김소영(2007)은 직업윤리를 개인이 갖는 사회적 규준과 노동에 대한 가치라고 정의했다. 박순성 등(2005)은 직업윤리를 생활에 필요한 경제력을 얻기 위해 인간이 행하는 직업 활동에서 인간이 지켜야 할 행위규범이라고 정의했다. 한편 박상호, 유영동(1993)은 직업윤리를 직업 일반의 윤리와 직업별 윤리로 구분했는데, 직업 일반의 윤리는 어떠한 직업에서도 요구되는 행동규범을 의미하고 직업별 윤리는 특정한 직종이 사회의 역할 분담자로서 가져야 할 행동기준을 의미한다고 제시했다(장홍근 외, 2007:160~162).

교육과학기술부(2010)의 연수교재에서는 직업윤리란 급료를 받고 생활을 유지하기 위하여 자신의 적성과 능력에 따라 한 가지 일에 종사하는 지속적인 사회활동 속에서 마땅히 행해야 할 도덕적 의리라고 정의했다(교육과학기술부, 2010:13).

직업별 윤리에 대한 개념은 학자나 연구자에 따라 다양할 수 있다. 주요 직업별 윤

표 3-1 직업윤리의 개념 정의

학자	정의
베버(1958)	기독교적 직업윤리는 직업을 통한 신에의 봉사를 목표로 하고, 직업에 대한 헌신은 직업에서 최선의 성과를 얻도록 노력하는 것을 의미하며, 근면 성실성, 신뢰성, 정확성, 절약성 등이 기본적 행동양식.
박상호, 유영동(1993)	'직업 일반의 윤리'는 어떠한 직업에서도 요구되는 행동규범, '직업별 윤리'는 특정한 직종이 사회의 역할 분담적 입장에서 가져야 할 행동기준
조경순(2003)	유교적 직업윤리는 사회적 계층 또는 구조에서의 질서를 강조하며 체면 또는 품위를 지키고자 하는 강한 욕구를 존중하는 것
박순성 등(2005)	생활에 필요한 경제력을 얻기 위해 인간이 행하는 직업 활동에서 인간이 지켜야 할 행위규범
김병숙, 최병훈, 김소영(2007)	개인이 갖는 사회적 규준과 노동에 대한 가치
교육과학기술부(2010)	급료를 받고 생활을 유지하기 위하여 자신의 적성과 능력에 따라 한 가지 일에 종사하는 지속적인 사회활동 속에서 마땅히 행해야 할 도덕적 의리

출처: 장홍근 외(2007). **한국인의 직업의식과 직업윤리**. 한국직업능력개발원. pp. 160~162. 재구성.
　　교육과학기술부(2010). **직업윤리**. 진로진학상담교사 자격연수교재. p.13.

리의 개념과 특징을 살펴보면 다음 표 3-2와 같다.

　　캐플로우(Caplow, 1954)는 전문직이란 이론의 실체(a body of theory)라고 불리는 체계를 구성하는 풍부한 지식에 의해 지지되는 기술을 활용하는 직업이라고 제시했다. 설리번(Sullivan, 2005)은 전문직의 직업윤리에 대해 말하면서 전문직의 위상과 역할과 관련하여 기술적 전문 직업성(technical professionalism)과 시민적 전문 직업성(civic professionalism)을 제시했다. 기술적 전문 직업성은 전문직의 위상과 역할이 전문화된 이론과 지식, 기술에서 비롯된 것을 의미하고, 시민적 전문 직업성은 전문직의 위상과 역할이 사회적 책임과 의무에서 비롯된 것을 뜻한다. 즉, 시민적 전문 직업성은 전문직의 직업윤리와 밀접하게 관련되어 있다. 의사의 윤리적 덕목을 연구한 코놀드(Konold, 1978)는 의사는 의료적 기도, 선서 및 강령에 대한 서약이라는 3가지의 도덕적 헌신을 해야 한다고 제시했다(이영현 외, 2008. pp.16~17).

　　종교인의 직업윤리는 종교의 교의에 바탕을 둔 개인의 일상생활에서의 행위나 인간관계의 본연에 관한 규범을 의미하며, 공직자의 직업윤리는 모든 공직자가 직무를 수행할 때 마땅히 지켜야 할 것으로, 사회적으로 기대되는 마음가짐, 직무수행 정신과 기질을 말한다.

언론인의 직업윤리는 사회공기로서의 언론이 공적 과업을 수행할 때 준수해야 할 규범체계라고 할 수 있으며, 조직으로서의 언론매체가 준수해야 할 규범인 동시에 전문적인 직업인으로서 언론인 개개인의 직무수행상의 규범을 의미한다. 간호사의 직업윤리는 모성애적 본능에 의한 보살핌과 보호, 양육이라는 기본적인 간호 개념에 기초한다(교육과학기술부, 2010. pp.143~162).

표 3-2 직업별 윤리의 개념 및 특징

구분	정의
전문직의 직업윤리	전문직은 직업의 특성상 사회적으로 일반 직업에 비해 높은 수준의 윤리 기준이 요구됨. 즉, 전문직의 사회적 책임과 의무를 의미함
종교인의 직업윤리	종교의 교의에 바탕을 둔 개인의 일상생활에서의 행위나 인간관계의 본연에 관한 규범
공직자의 직업윤리	협의로는 공직자의 직무수행에 부정부패가 없는 상태를 의미하고, 광의로는 공직자가 직무를 수행할 때 마땅히 지켜야 할 도리를 뜻함. 즉, 모든 공직자가 직무를 수행할 때 마땅히 지켜야 할 것으로, 사회적으로 기대되는 마음가짐, 직무수행 정신과 기질을 말함
언론인의 직업윤리	사회공기로서의 언론이 공적 과업을 수행할 때 준수해야 할 규범체계이며, 조직으로서의 언론매체가 준수해야 할 규범인 동시에 전문적인 직업인으로서의 언론인 개개인의 직무수행상의 규범을 의미함
간호사의 직업윤리	간호란 모든 개인, 가정, 지역사회를 대상으로 하여 건강의 회복, 질병 예방, 건강유지와 증진에 필요한 지식, 기력, 의지와 자원을 갖추도록 직접 도와주는 활동으로, 간호사의 직업윤리는 모성애적 본능에 의한 보살핌과 보호, 양육이라는 기본적인 간호 개념에 기초함

출처 : 이영현 외(2008). 한국인의 직업의식 및 직업윤리 실태. 한국직업능력개발원. pp.16~17. 재구성.
　　　교육과학기술부(2010). 직업윤리. 진로진학상담교사 자격 연수교재. pp.143~162. 재구성.

2) 우리나라 직업윤리 수준의 변화

(1) 한국인의 전반적인 직업윤리 수준

한국직업능력개발원에서 실시한 '한국인의 직업의식 및 직업윤리 조사'(정윤경 외, 2014)[1]에 따르면, 우리나라의 전반적인 직업윤리 수준은 5점 만점의 3점 내외로 보통 수준이라고 말할 수 있다. 연도에 따른 변화를 보면, 2006년에 비하여 2010년에 직업윤리 수준이 높아졌으나 2010년에 비하여 2014년에는 다시 감소하는 경향을 보였다 (표 3-3 참조).

표 3-3 2006~2014년 한국인의 전반적인 직업윤리 수준

구분	직업윤리 수준 평균(점)			유의도	유의확률		
	2006	2010	2014		2006-2010	2010-2014	2006-2014
전반적인 직업윤리 수준	2.81	3.10	3.04*	F=2542.375 p=0.000	0.000	0.000	0.000
N	9041[1]	1500	1500				

주 : 1) 전국 만 15세 이상~64세 이하 국민 대상 조사, 취업자와 미취업자의 비중을 8:2로 가중표집하여 최종 조사 결과물에 가중치를 줌(출처 : 한국직업능력개발원(2006), **한국인의 직업의식 및 직업윤리**, pp.28~29.).
　2) 한국인의 직업의식 및 직업윤리 설문조사(2006, 2010, 2014)(*7점 척도로 4.26에서 보정)
출처 : 정윤경 외(2014). **한국인의 직업의식 및 직업윤리**. 한국직업능력개발원. p.121.

　'한국인의 직업의식 및 직업윤리 조사'(정윤경 외, 2014)에서는 의사, 대학교수, 초등학교 교사, 법조인 등 15개 직업에 대해 2006년, 2010년, 2014년에 직업별 직업윤리 수준을 조사했다. 또한 2014년에는 항공기조종사, 건축업자, 선장 등 3개 직업을 추가하여 조사했다(표 3-4 참조).

　3개년에 따른 종합적인 직업별 직업윤리 수준은 의사, 대학교수, 초등학교 교사, 프로운동선수, 직업군인, 언론인, 시민사회운동가, 고위공무원, 연계인, 기업경영자, 노조간부, 공장근로자, 택시운전기사, 국회의원 등의 순으로 높게 나타났다. 우리나라 국민이 의사의 직업윤리 수준을 높다고 생각하는 반면, 국회의원의 직업윤리 수준은 낮다고 인식하고 있음을 알 수 있다. 한편 2014년에 추가된 3개 직업 중에는 항공기조종사의 직업윤리 수준이 높고 그 다음으로 건축업자, 선장 등의 순으로 나타났는데, 이는 2014년의 세월호 참사의 영향을 받아 국민이 선장의 직업윤리 수준이 낮다고 인식하

1　한국직업능력개발원에서는 1998년부터 4년 주기로 한국인의 직업의식 조사를 실시하고 있으며, 2006년부터는 한국인의 직업의식과 함께 직업윤리에 관한 문항을 포함하여 전국 만 15세 이상~64세 이하 국민을 대상으로 조사를 실시하고 있다. 가장 최근의 조사는 '2014년도 한국인의 직업의식 및 직업윤리 조사'이며 추후 2018년에 조사가 실시될 예정이다.

게 된 결과로 설명할 수 있다(그림 3-1 참조).

표 3-4 2006~2014년 직업별 직업윤리 차이(5점 척도)

구분	직업윤리 수준 평균(점)			유의도	평균차(유의확률)		
	2006	2010	2014		2006-2010	2010-2014	2006-2014
법조인	3.56	3.80	3.34	F=83.838 p=0.000	-0.232(0.000)	0.454(0.000)	0.222(0.000)
직업군인	3.47	3.65	3.38	F=45.321 p=0.000	-0.183(0.000)	0.273(0.000)	0.090(0.000)
고위공무원	3.12	3.66	3.29	F=171.181 p=0.000	-0.543(0.000)	0.371(0.000)	-0.172(0.000)
국회의원	2.60	3.39	2.71	F=248.863 p=0.000	-0.795(0.000)	0.684(0.000)	-0.111(0.008)
기업경영자	3.18	3.63	3.09	F=133.259 p=0.000	-0.451(0.000)	0.544(0.000)	0.093(0.007)
언론인	3.32	3.77	3.37	F=143.626 p=0.000	-0.447(0.000)	0.399(0.000)	-0.047(0.200)
대학교수	3.62	3.93	3.78	F=88.682 p=0.000	-0.310(0.000)	0.145(0.000)	-0.165(0.000)
노조 간부	3.14	3.38	3.15	F=43.812 p=0.000	-0.241(0.000)	0.231(0.000)	-0.010(0.927)
의사	3.61	3.90	3.84	F=87.605 p=0.000	-0.288(0.000)	0.062(0.188)	-0.226(0.000)
연예인	3.15	3.46	3.34	F=72.064 p=0.000	-0.309(0.000)	0.115(0.009)	-0.193(0.000)
프로운동선수	3.68	3.48	3.48	F=56.021 p=0.000	0.195(0.000)	0.006(0.983)	0.201(0.000)
택시운전기사	2.97	2.94	2.89	F=6.045 p=0.002	0.029(0.511)	0.056(0.228)	0.085(0.003)
초등학교 교사	3.58	3.68	3.72	F=24.470 p=0.000	-0.096(0.000)	-0.043(0.347)	-0.139(0.000)
공장근로자	3.04	3.03	3.13	F=6.149 p=0.002	0.009(0.944)	-0.096(0.017)	-0.087(0.003)
시민사회운동가	3.40	3.61	3.41	F=30.224 p=0.000	-0.208(0.000)	0.199(0.000)	-0.009(0.949)
선장[1]	-	-	2.45	-	-	-	-
항공기조종사[1]	-	-	3.61	-	-	-	-
건축업자[1]	-	-	3.06	-	-	-	-
N	9041	1500	1500				

주 : 1) 2014년에 새롭게 추가하여 조사한 직업임.
　　2) 한국인의 직업의식 및 직업윤리 설문조사(2006, 2010, 2014)
출처 : 정윤경 외(2014). **한국인의 직업의식 및 직업윤리**. 한국직업능력개발원. p.123.

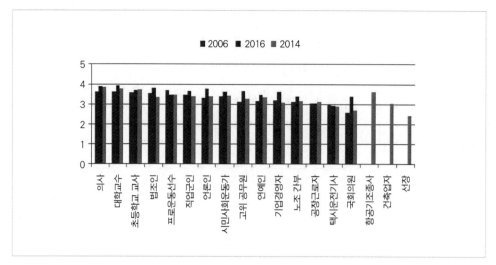

그림 3-1 우리나라 직업별 직업윤리 수준의 변화

자료 : 한국인의 직업의식 및 직업윤리 설문조사(2006, 2010, 2014)

출처 : 정윤경 외(2014). **한국인의 직업의식 및 직업윤리**. 한국직업능력개발원. p.123. 재구성.

(2) 업무 외 사적 활동에 대한 인식

'한국인의 직업의식 및 직업윤리 조사'(정윤경 외, 2014)에서는 우리나라 취업자들을 대상으로 직장인이 업무시간에 업무가 아닌 SNS, 주식, 게임, 인터넷 쇼핑, 신문 읽기 등의 개인적인 활동을 어느 정도 해도 된다고 생각하는지를 조사했다. 조사 결과를 보면, 우리나라 사람들은 10분에서 1시간 정도는 개인적인 활동을 해도 된다고 생각하는 비율이 높게 나타났다. 이는 우리나라 사람들이 직장에서 사적인 활동으로 사용해도 되는 시간을 1시간 정도라고 인식하고 있다는 것을 의미한다. 또한 2006년, 2010년, 2014년을 비교해 보면, 해를 거듭할수록 업무시간에 개인적인 활동을 해도 된다는 시간이 줄어드는 경향을 보였다. 이는 업무시간의 사적 활동에 대한 인식이 개선되고 있다는 것을 의미한다(표 3-5 참조)

(3) 직무 관련 선물 수수에 대한 인식

우리나라 국민을 대상으로 업무 관계로 아는 사람에게서 선물을 받을 수 있다고 생각하는지에 대해서 2006년, 2010년, 2014년에 조사했다(정윤경 외, 2014). 응답 결과를 보면, 절대 받을 수 없다는 응답률이 증가하고 받을 수 있다는 응답률은 감소했다(표

표 3-5 2006~2014년 업무시간 준수 차이

(단위: %)

구분	응답 비율			유의도		
	2006	2010	2014	2006, 2010	2010, 2014	2006, 2014
하지 않음	15.2	8.5	8.1	χ^2=160.319 p=0.000	χ^2=231.913 p=0.000	χ^2=214.121 p=0.000
10분	10.2	3.5	10.1	χ^2=160.319 p=0.000	χ^2=231.913 p=0.000	χ^2=214.121 p=0.000
10~30분	19.1	19.5	32.9	χ^2=160.319 p=0.000	χ^2=231.913 p=0.000	χ^2=214.121 p=0.000
30분~1시간	19.1	25.0	28.6	χ^2=160.319 p=0.000	χ^2=231.913 p=0.000	χ^2=214.121 p=0.000
1~2시간	20.0	32.3	13.7	χ^2=160.319 p=0.000	χ^2=231.913 p=0.000	χ^2=214.121 p=0.000
2시간 이상	16.4	11.1	6.6	χ^2=160.319 p=0.000 χ^2=160.319 p=0.000	χ^2=231.913 p=0.000 χ^2=231.913 p=0.000	χ^2=214.121 p=0.000 χ^2=214.121 p=0.000
N	1848[1]	1500	1500			

주: 1) 2006년에는 업무수행에 PC를 활용하는 취업자를 대상으로 조사함.
　　2) 한국인의 직업의식 및 직업윤리 설문조사(2006, 2010, 2014)
출처: 정윤경 외(2014). **한국인의 직업의식 및 직업윤리**. 한국직업능력개발원. p.127.

3-6 참조). 즉 우리나라 국민의 직무 관련 선물 수수에 대한 인식이 개선되고 있음을 알 수 있다. 특히 2015년 3월 27일 제정·공포된 '부정청탁 및 금품 등 수수의 금지에 관한 법률(약칭 청탁금지법)'이 2016년 9월 28일부터 시행되었다. 이 법으로 인해 직무 관련 선물 수수는 불법이라는 인식이 확산되고 개선될 것으로 보인다.

표 3-6 2006~2014년 직무 관련 선물 수수

(단위: %)

구분	응답 비율			유의도		
	2006	2010	2014	2006, 2010	2010, 2014	2006, 2014
받을 수 있다	52.8	32.7	41.4	χ^2=206.390 p=0.000	χ^2=24.149 p=0.000	χ^2=66.442 p=0.000
절대 받을 수 없다	47.2	67.3	58.6	χ^2=206.390 p=0.000	χ^2=24.149 p=0.000	χ^2=66.442 p=0.000
N	9041	1500	1500			

주 : 1) 한국인의 직업의식 및 직업윤리 설문조사(2006, 2010, 2014)
출처 : 정윤경 외(2014). **한국인의 직업의식 및 직업윤리**. 한국직업능력개발원. p.129.

(4) 지식 및 기술 유출

'한국인의 직업의식 및 직업윤리 조사'(2010, 2014) 결과에 따르면, 우리나라 사람들은 '이직할 때 자신이 개발한 지식 또는 기술을 갖고 나가는 행위'에 대해 2010년에 비해 2014년에는 허용한다는 응답이 약간 증가했다(표 3-7 참조). 이는 우리나라 사람들이 조직보다 개인의 지식과 기술에 대한 권리를 인정해야 한다는 의식이 높아진 것과 관련이 있다고 볼 수 있다(정윤경 외, 2014. p.134).

표 3-7 2010~2014년 지식 기술 유출 동의도 차이(5점 척도)

구분	유출 동의도 평균		유의도	평균차(유의확률)
	2010	2014		2010-2014
지식 기술 유출 동의도	3.13	3.32	F=30.762 p=0.000	−0.192 (0.000)
N	1500	1500		

주 : 1) 한국인의 직업의식 및 직업윤리 설문조사(2010, 2014)
출처 : 정윤경 외(2014). **한국인의 직업의식 및 직업윤리**. 한국직업능력개발원. p.134.

(5) 고용주 및 사용자의 직업윤리

'한국인의 직업의식 및 직업윤리 조사'(2014)에서는 고용주나 사업주의 기업윤리에 대한 국민들의 인식을 7점 척도로 조사하고, 일반적인 국민의 직업윤리 수준과 비교했다. 그 결과 고용주나 사업주의 기업윤리 수준은 3.87로 보통(4)보다 낮은 수준을 나타냈다.

응답자의 절반 정도(50.8%)가 고용주나 사업주의 기업윤리 수준과 일반 국민의 직업윤리 수준이 동일한 것으로 판단했다. 가장 많은 응답은 기업주의 기업윤리와 국민의 직업윤리가 모두 '보통'(19.5%)이라는 것이다. 또한 모두 '높은 편'(15.7%)이라는 응답도 많았다. 이에 비하여 국민의 39.9%는 일반 국민의 직업윤리가 고용주의 기업윤리보다 높은 수준이라고 응답했다(표 3-8 참조). 즉, 우리나라 국민은 평균적으로 일반적인 직업윤리 수준보다 고용주나 사업주의 기업윤리 수준이 낮다고 인식하고 있음을 알 수있다(정윤경 외, 2014. p.137).

표 3-8 일반 국민 및 고용주의 윤리에 대한 인식

(단위: %)

2014		사용주 기업윤리							전체	유의도
		1	2	3	4	5	6	7		
일반 국민 직업 윤리	매우 낮다(1)	0.6	0.1	0.1	0.0	0.0	0.0	0.0	0.7	
	낮다(2)	1.9	2.1	0.7	0.3	0.0	0.0	0.0	5.0	
	낮은 편이다(3)	1.2	2.3	8.7	2.6	0.3	0.1	0.0	15.2	
	보통이다(4)	0.5	2.9	11.0	19.5	3.1	0.1	0.0	37.1	χ^2=1582 p=0.000
	높은 편이다(5)	0.1	0.1	2.4	10.2	15.7	2.1	0.0	30.5	
	높다(6)	0.1	0.1	0.2	0.8	5.9	4.1	0.1	11.2	
	매우 높다(7)	0.0	0.0	0.0	0.0	0.0	0.3	0.0	0.3	
전체		4.4	7.5	23.1	33.4	24.9	6.7	0.1	100.0	

출처 : 정윤경 외(2014). **한국인의 직업의식 및 직업윤리**. 한국직업능력개발원. p.137.

3) 직업별 직업윤리의 특징

2008년에 실시된 '한국인의 직업의식 및 직업윤리 조사'에서는 의사(전공·일반의), 변호사, 교수, 기자 등 4개 전문직의 직업윤리 수준을 5점 척도로 조사했다(이영현 외, 2008). 조사 결과를 보면, 변호사(3.46), 의사(3.23), 교수(3.19) 등의 직업윤리 수준은 3점대로 보통 수준을 약간 넘으며, 기자(2.92)의 직업윤리 수준은 보통 이하로 나타났다(표3-9 참조).

표 3-9 4개 전문직의 직업윤리 수준(2008)

(단위: 점)

구분	평균
의사(전공·일반의)	3.23
변호사	3.46
교수	3.19
기자	2.92

출처 : 이영현 외(2008). **한국인의 직업의식 및 직업윤리 실태 : 전문직의 전문 직업성과 직업윤리**. 한국직업능력개발원. p.136, p.153, p.164, p.181. 재구성.

또한 성실성, 공정성 등 10가지 공통 덕목을 중심으로 직업별 직업윤리 덕목의 중요성을 조사했다(표 3-10 참조).

표 3-10 직업별 직업윤리 덕목의 중요성(평균)

(단위: 점)

	내용	의사	변호사	교수	기자
직장근로 윤리덕목	성실성	4.44	4.42	4.45	4.09
	공정성	4.22	4.27	4.58	4.42
	친절성	4.08	4.11	3.87	3.56
	청렴성	4.03	4.08	4.34	4.25
	책임성	4.57	4.54	4.58	4.42
	전문성	4.58	4.54	4.78	4.21
	창의성	3.7	3.82	4.36	4.09
	소명의식	4.21	4.14	4.40	4.14
	자부심	4.07	3.98	4.14	3.97
	기밀보장	4.33	4.45	3.96	4.26

주 1) 5점 만점 척도임.
　 2) 의사는 전문의와 전공·일반의의 직업윤리 덕목 중요성의 평균값임.
출처: 이영현 외(2008). **한국인의 직업의식 및 직업윤리 실태 : 전문직의 전문 직업성과 직업윤리**. 한국직업능력개발원. p.135, p.152, p.163,
　　 p.180. 재구성.

의사의 직업윤리 덕목으로 중요성이 가장 높은 항목은 전문성(4.58)이며, 그 다음으로 책임성(4.57), 성실성(4.44), 기밀보장(4.33), 공정성(4.22), 소명의식(4.21), 친절성(4.08), 자부심(4.07), 청렴성(4.03), 창의성(3.7) 등의 순이다(그림 3-2 참조).

변호사의 직업윤리 덕목으로 중요성이 가장 높은 항목은 의사와 마찬가지로 전문성(4.54)과 책임성(4.54)이며, 그 다음으로 기밀보장(4.45), 성실성(4.42), 공정성(4.27), 소명의식(4.14), 친절성(4.11), 청렴성(4.08), 자부심(3.98), 창의성(3.82) 등의 순이다(그림 3-3 참조).

교수의 직업윤리 덕목으로 중요성이 가장 높은 항목은 의사나 변호사와 마찬가지로 전문성(4.78)이며, 그 다음으로 책임성(4.58), 공정성(4.58), 성실성(4.45), 소명의식

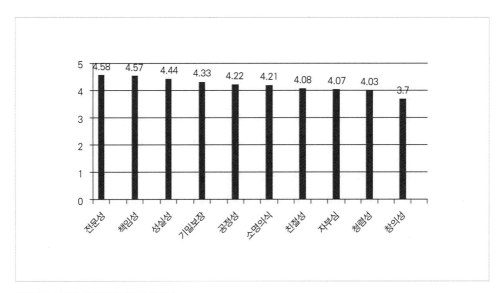

그림 3-2 의사의 직업윤리 덕목의 중요성

출처 : 이영현 외(2008). **한국인의 직업의식 및 직업윤리 실태 : 전문직의 전문 직업성과 직업윤리**. 한국직업능력개발원. p.135. 재구성

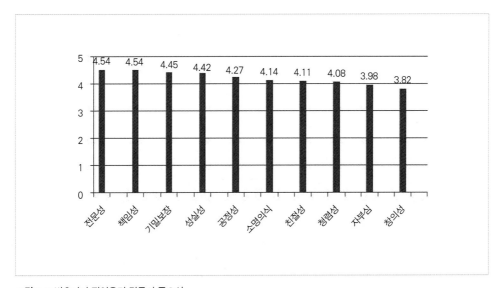

그림 3-3 변호사의 직업윤리 덕목의 중요성

출처: 이영현 외(2008). **한국인의 직업의식 및 직업윤리 실태 : 전문직의 전문 직업성과 직업윤리**. 한국직업능력개발원. p.152. 재구성.

(4.4), 창의성(4.36), 청렴성(4.34), 자부심(4.14), 기밀보장(3.96), 친절성(3.87) 등의 순이다(그림 3-4 참조).

　기자의 직업윤리 덕목으로 중요성이 가장 높은 항목은 다른 3개 직업과 달리 책임

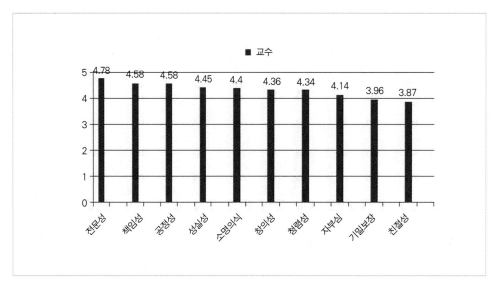

그림 3-4 교수의 직업윤리 덕목의 중요성

출처 : 이영현 외(2008). **한국인의 직업의식 및 직업윤리 실태 : 전문직의 전문 직업성과 직업윤리**. 한국직업능력개발원. p.163. 재구성.

성(4.42)과 공정성(4.42)이며, 그 다음으로 기밀보장(4.26), 청렴성(4.25), 전문성(4.21), 소명의식(4.14), 성실성(4.09), 창의성(4.09), 자부심(3.97), 친절성(3.56) 등의 순이다(그림 3-5 참조).

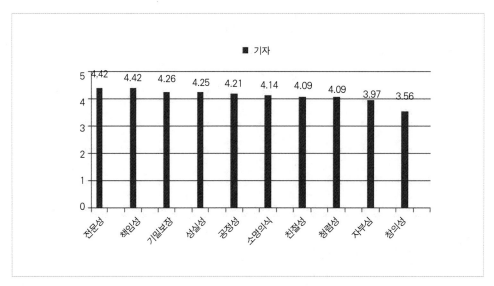

그림 3-5 기자의 직업윤리 덕목의 중요성

출처: 이영현 외(2008). **한국인의 직업의식 및 직업윤리 실태 : 전문직의 전문 직업성과 직업윤리**. 한국직업능력개발원. p.180. 재구성.

직업윤리 덕목 10개 중에서 의사, 변호사 및 교수의 경우 전문성이 가장 중요한 덕목으로 꼽혔으며, 기자의 경우 책임성이 꼽혔다. 의사와 변호사의 경우 10개 덕목 중에서 성실성과 기밀보장이 중요한 덕목으로 상위 순위에 위치하고, 교수의 경우 소명의식과 창의성이 다른 3개 직업에 비해 상위 순위에 위치한 것이 특징이다. 또한 기자의 경우 청렴성이 다른 3개 직업에 비해 상위 순위에 위치해 있다. 이러한 결과를 종합하면, 직업별로 중요한 직업윤리의 덕목에는 차이가 있음을 알 수 있다.

4) 국가별 직업위세 비교

2007년에 실시한 '한국인의 직업의식 및 직업윤리 조사'에서는 한국, 일본, 미국, 독일 4개국을 대상으로 10개 직업에 대한 직업위세를 조사했다. 한국과 일본은 동양 국가로 포함되었으며 미국과 독일은 서구 국가로 포함되었다. 직업위세란 한 직업이 한 사회에서 가지게 되는 지위이다. 교육이나 수입 등과 같은 객관적인 지표로 측정되기도 하지만, 사회 구성원이 어떻게 그 직업을 평가하느냐에 따라 크게 좌우된다(김경동, 1979:64, 장홍근 외, 2007: 132 재인용).

4개국의 10개 직업에 대한 직업위세를 분석한 결과는 직업별로 국가마다 또는 동양 국가와 서구 국가 간에 차이를 보였다. 조사 대상 직업은 국회의원, 약사, 중·고 교사, 중소기업 간부, 기계공학엔지니어, 소프트웨어개발자, 은행사무직원, 공장근로자, 음식점종업원, 건설 일용근로자 등이다.

4개국 전체적으로 직업위세 점수가 가장 높은 직업은 국회의원이며, 그 다음으로 약사, 소프트웨어개발자, 기계공학엔지니어, 중소기업 간부, 중·고 교사, 은행사무직원, 공장근로자, 음식점종업원, 건설 일용근로자 등의 순이다(표 3-11 참조).

한국의 10개 직업의 직업위세 점수는 국회의원이 가장 높고, 그 다음으로 약사, 중·고 교사, 소프트웨어개발자, 중소기업 간부, 은행사무직원, 기계공학엔지니어, 공장근로자, 음식점종업원, 건설 일용근로자 등의 순이다. '한국인의 직업의식 및 직업윤리 조사'(정윤경 외, 2014)에 따르면 국회의원의 직업윤리 수준이 낮은 편인데, 우리나라에서 국회의원은 직업위세가 높고 직업윤리는 낮은 편으로 인식되고 있음을 알 수 있다.

일본의 10개 직업의 직업위세 점수는 국회의원이 가장 높고, 그 다음으로 약사, 소프트웨어개발자, 기계공학엔지니어, 중·고 교사, 중소기업 간부, 은행사무직원, 공장근로자, 음식점종업원, 건설 일용근로자 등의 순이다.

미국의 10개 직업의 직업위세 점수는 소프트웨어개발자가 가장 높고, 그 다음으로 기계공학엔지니어, 약사, 중소기업 간부, 중·고 교사, 국회의원, 은행사무직원, 건설 일용근로자, 공장근로자, 음식점종업원 등의 순이다.

독일의 10개 직업의 직업위세 점수는 미국과 마찬가지로 소프트웨어개발자가 가장 높고, 그 다음으로 약사, 중소기업 간부, 국회의원, 기계공학엔지니어, 은행사무직원, 중·고 교사, 음식점종업원, 공장근로자, 건설 일용근로자 등의 순이다.

직업위세 점수가 하위인 직업들은 4개 국가 모두 비슷한 것으로 나타난 반면, 직업위세 점수가 상위인 직업들은 동양 국가와 서구 국가 간에 차이가 있음을 알 수 있다.

표 3-11 국가별 직업위세에 대한 평가

구분	전체		한국		일본		미국		독일	
	점수	순위	점수	순위	점수	순위	점수	순위	점수	순위
국회의원	3.70	①	4.21	①	3.88	①	3.15	⑥	3.54	④
약사	3.68	②	3.76	②	3.57	②	3.70	③	3.71	②
중·고 교사	3.39	⑥	3.67	③	3.17	⑤	3.50	⑤	3.24	⑦
중소기업 간부	3.40	⑤	3.35	⑤	3.09	⑥	3.57	④	3.60	③
기계공학엔지니어	3.44	④	3.18	⑦	3.38	④	3.72	②	3.49	⑤
소프트웨어개발자	3.62	③	3.39	④	3.49	③	3.82	①	3.77	①
은행사무직원	3.17	⑦	3.30	⑥	2.99	⑦	2.99	⑦	3.39	⑥
공장근로자	2.33	⑧	2.03	⑧	2.32	⑧	2.79	⑨	2.17	⑨
음식점종업원	2.21	⑨	1.77	⑨	2.17	⑨	2.72	⑩	2.18	⑧
건설 일용근로자	1.96	⑩	1.56	⑩	1.77	⑩	2.91	⑧	1.61	⑩
평균	3.09	-	3.02	-	2.98	-	3.29	-	3.07	-

주 : 점수는 매우 낮음=1, 매우 높음=5로 환산하여 분석한 결과임.
출처 : 장홍근 외(2007). **한국인의 직업의식과 직업윤리**. 한국직업능력개발원. p.138.

특히 한국은 중·고 교사의 직업위세 순위가 일본보다 높은 반면, 일본은 소프트웨어개발자의 직업위세 순위가 한국보다 높다. 한국은 중·고 교사의 직업위세가 다른 국가들보다 높다고 말할 수 있다.

한편 미국과 독일은 소프트웨어개발자의 직업위세 순위가 가장 높고 기계공학엔지니어의 직업위세 순위도 한국보다 높아, 과학기술산업이 발전한 국가의 면모를 드러낸 것이라고 볼 수 있다. 또한 약사는 4개 국가 모두 상위권의 직업위세를 보였는데, 평균수명의 연장과 건강의 중요성이 증대되면서 약사의 직업위세가 높아졌다고 볼 수 있다(표 3-12 참조).

표 3-12 국가별 직업위세 범주별 분포

구분	순위	한국	일본	미국	독일
상위권	①	국회의원	중의원의원	소프트웨어개발자	소프트웨어개발자
	②	약사	약사	기계공학엔지니어	약사
	③	중·고 교사	소프트웨어개발자	약사	중소기업 간부
중위권	④	소프트웨어개발자	기계공학엔지니어	중소기업 간부	연방의회의원
	⑤	중소기업 간부	중·고 교사	중·고 교사	기계공학엔지니어
	⑥	은행사무직원	중소기업 간부	연방의회의원	은행사무직원
	⑦	기계공학엔지니어	은행사무직원	은행사무직원	중·고 교사
하위권	⑧	공장근로자	공장근로자	건설 일용근로자	음식점종업원
	⑨	음식점종업원	음식점종업원	공장근로자	공장근로자
	⑩	건설 일용근로자	건설 일용근로자	음식점종업원	건설 일용근로자

출처 : 장홍근 외(2007). **한국인의 직업의식과 직업윤리**. 한국직업능력개발원. p.139.

1) 법에 따른 직업인의 권리

우리나라의 직업인의 권리 및 관련 제도에 관한 법에는 최저임금법, 고용보험법, 근로기준법, 근로복지기준법, 근로자직업능력개발법, 남녀고용평등과 일·가정 양립 지원에 관한 법률, 장애인고용촉진 및 직업재활법 등이 있다. 법제처는 홈페이지(http://www.moleg.go.kr)를 통해 법, 생활법령 검색, 해석, 국내외 법제정보 등을 제공하고 있다. 법제처 홈페이지에서 제정된 법령을 검색하고 직업인의 권리 및 제도에 관한 법 조항을 찾아볼 수 있다. 법의 제정과 개정은 수시로 일어날 수 있으므로, 법제처 홈페이지를 통해 필요한 경우 최신의 현행 법령 내용을 찾아볼 수 있다.

직업인의 고용, 근로 및 복지와 관련된 법의 주요 내용은 〈부록〉에 제시했다. 이들 법은 학생들이 직업인의 권익을 위한 법과 제도에는 어떤 내용(측면)들이 있는지를 이해하고 향후 경력 개발과 직업 생활에 활용할 수 있도록 지도하는 데 의미가 있다.

최저임금법[2]은 근로자에 대하여 임금의 최저수준을 보장하여 근로자의 생활 안정과 노동력의 질적 향상을 꾀함으로써 국민 경제의 건전한 발전에 이바지하는 것을 목적으로 한다. 구체적으로 최저임금법 제2장 최저임금의 제4조(최저임금의 결정기준과 구분), 제5조(최저임금액) 등이 제시되어 있다.

고용보험법[3]은 고용보험의 시행을 통하여 실업의 예방, 고용의 촉진 및 근로자의 직업능력의 개발과 향상을 꾀하고, 국가의 직업지도와 직업소개 기능을 강화하며, 근로자가 실업한 경우에 생활에 필요한 급여를 실시하여 근로자의 생활 안정과 구직 활동

---

[2]   법제처, 최저임금법 URL : http://www.law.go.kr/lsSc.do?menuId=0&subMenu=1&query=%EC%96%91%EB%A6%BD#undefined 방문날짜 2016.12.7.

[3]   법제처, 고용보험법 URL : http://www.law.go.kr/lsSc.do?menuId=0&subMenu=1&query=%EA%B3%A0%EC%9A%A9%EB%B3%B4%ED%97%98%EB%B2%95#undefined, 방문날짜 2016.12.07.

을 촉진함으로써 경제·사회 발전에 이바지하는 것을 목적으로 한다. 제4조(고용보험사업)가 직업인의 권익을 위한 내용이라고 볼 수 있으며, 제8조에 적용 범위, 제10조에 적용 제외 등이 제시되어 있다. 그 밖의 조항은 법제처 홈페이지에 제시된 고용보험법을 통해 살펴볼 수 있다.

근로기준법[4]은 헌법에 따라 근로조건의 기준을 정함으로써 근로자의 기본적 생활을 보장, 향상시키며 균형 있는 국민 경제의 발전을 꾀하는 것을 목적으로 한다. 제3장 임금, 제4장 근로시간과 휴식, 제8장 재해보상 등이 직업인의 권리와 권익을 위한 법 조항이라고 볼 수 있다.

근로복지기본법[5]은 근로복지정책의 수립 및 복지사업의 수행에 필요한 사항을 규정함으로써 근로자의 삶의 질을 향상시키고 국민 경제의 균형 있는 발전에 이바지함을 목적으로 한다. 직업인의 권익에 관한 법 조항은 제2장 공공근로복지의 제15조(근로자 주택공급제도의 운영), 제19조(생활안정자금의 지원), 제22조(신용보증 지원 및 대상), 제28조(근로복지시설 설치 등의 지원), 제3장 기업근로복지의 제1절 우리사주제도, 제2절의 사내근로복지기금제도, 제3절 선택적 복지제도 및 근로자지원프로그램, 제4절 공동근로복지기금 제도이다. 제4장 근로복지진흥기금 등도 포함될 수 있다.

근로자직업능력개발법[6]은 근로자의 생애에 걸친 직업능력 개발을 촉진·지원하고 산업현장에서 필요로 하는 기술·기능 인력을 양성하며 산학협력 등에 관한 사업을 수행함으로써 근로자의 고용 촉진·고용 안정 및 사회·경제적 지위 향상과 기업의 생산성 향상을 도모하고 능력중심사회의 구현 및 사회·경제의 발전에 이바지함을 목적으로 한다. 직업인의 권익에 관한 조항은 제2장 근로자의 자율적인 직업능력 개발 지원

4　법제처, 근로기준법 URL : http://www.law.go.kr/lsSc.do?menuId=0&subMenu=1&query=%EA%B7%BC%EB%A1%9C%EA%B8% B0%EC%A4%80%EB%B2%95#undefined, 방문날짜 2016.12.07.

5　법제처, 근로복지기본법 URL : http://www.law.go.kr/lsSc.do?menuId=0&subMenu=1&query=%EA%B7%B-C%EB%A1%9C%EB% B3%B5%EC%A7%80%EA%B8%B0%EB%B3%B8%EB%B2%95#liBgcolor0, 방문날짜 2016.12.07.

6　법제처, 근로자직업능력개발법 URL : http://www.law.go.kr/lsSc.do?menuId=0&subMenu=1&query=%EA%B1%B4%EC%84%A4%EA%B7%BC%EB%A1%9C%EC%9E%90%EC%9D%98%20%EA%B3%A0%EC%9A%A9%20%EA%B0%9C%EC%84% A0%20%EB%93%B1%EC%97%90%20%EA%B4%80%ED%95%9C%20%EB%B2%95%EB%A5%A0#liBgcolor0, 방문날짜 2016.12.07.

등의 제12조(실업자 등에 대한 직업능력개발훈련 지원 등), 제17조(근로자의 자율적 직업능력 개발 지원), 제22조(산업부문별 직업능력개발사업 지원) 등이다.

남녀고용평등과 일·가정 양립 지원에 관한 법률(약칭: 남녀고용평등법)[7]은 고용에서 남녀의 평등한 기회와 대우를 보장하고 모성 보호와 여성 고용을 촉진하여 남녀고용평등을 실현함과 아울러 근로자의 일과 가정의 양립을 지원함으로써 모든 국민의 삶의 질 향상에 이바지하는 것을 목적으로 한다. 직업인의 권리와 권익에 관한 조항은 제2장 고용에 있어서 남녀의 평등한 기회보장 및 대우 등의 제7조(모집과 채용), 제8조(임금), 제10조(교육·배치 및 승진), 제11조(정년·퇴직 및 해고), 제12조(직장 내 성희롱의 금지), 제13조(직장 내 성희롱 예방 교육) 등이다. 제3절 여성의 직업능력 개발 및 고용 촉진의 제15조(직업 지도), 제16조(직업능력 개발), 제17조(여성 고용 촉진) 등도 포함된다.

또한 제3장 모성 보호의 제18조(출산전후휴가에 대한 지원), 제18조의 2(배우자 출산휴가), 제3장의 2 일·가정의 양립 지원의 제19조(육아휴직), 제19조의 2(육아기 근로시간 단축), 제20조(일·가정의 양립을 위한 지원), 제21조(직장어린이집 설치 및 지원 등), 제22조(공공복지시설의 설치), 제22조의 2(근로자의 가족 돌봄 등을 위한 지원) 등도 포함될 수 있다. 그리고 제4장 분쟁의 예방과 해결의 제23조(상담 지원), 제24조(명예고용평등 감독관), 제25조(분쟁의 자율적 해결) 등도 직업인의 권리와 권익을 위한 법 조항에 해당된다.

장애인고용촉진 및 직업재활법(약칭: 장애인고용법)[8]은 장애인이 그 능력에 맞는 직업 생활을 통하여 인간다운 생활을 할 수 있도록 장애인의 고용 촉진 및 직업재활을 꾀하는 것을 목적으로 한다. 장애인고용법은 장애인이 직업인이 되기 이전과 이후의 권리와 권익에 관한 내용을 담고 있다. 특히 제2장 장애인 고용촉진 및 직업재활에는 제9조(장애인 직업재활 실시 기관), 제10조(직업 지도), 제11조(직업적응훈련), 제12조(직업능력개발훈련), 제13조(지원고용), 제14조(보호고용), 제15조(취업알선 등), 제16조(취업알선

---

7   법제처, 남녀고용평등과 일·가정 양립 지원에 관한 법률 URL : http://www.law.go.kr/lsSc.do?menuId=0&sub-Menu=1&query=%EC%96%91%EB%A6%BD#undefined, 방문날짜 2016.12.07.

8   법제처, 장애인고용촉진 및 직업재활법 URL : http://www.law.go.kr/lsSc.do?menuId=0&subMenu=1&query=%EC%96%91%EB%A6%BD#undefined, 방문날짜 2016.2.07.

기관 간의 연계 등), 제18조(장애인 근로자 지원), 제19조(취업 후 적응 지도), 제19조의 2(근로지원인 서비스의 제공) 등이 있다. 제3장 장애인 고용 의무 및 부담금의 제27조(국가와 지방자치단체의 장애인 고용 의무), 제28조(사업주의 장애인 고용 의무), 제6장 보칙의 제75조(장애인 직업생활 상담원 등) 등도 포함된다.

2) 직업인 관련 제도

여기에서는 앞에서 살펴본 직업인의 권리 및 권익에 관한 법 조항과 관련하여 최저임금제, 근로계약, 기간제 및 단시간근로자 등에 대해 살펴본다.

(1) 최저임금제

최저임금제[9]는 국가가 노·사간의 임금결정 과정에 개입하여 임금의 최저수준을 정하고, 사용자에게 이 수준 이상의 임금을 지급하도록 법으로 강제함으로써 저임금 근로자를 보호하는 제도이다. 2016년(적용 연도)의 최저임금은 시간급 6,030원이며, 일급(8시간) 48,240원이다.

고용노동부는 2017년도 적용 최저임금을 시간급 6,470원(인상률 7.3%, 증 440원)으로 최종 결정하고, 8월 5일(금)에 고시했다. 이는 일급으로 환산하면(8시간 기준) 51,760원이며, 월급으로 환산하면 주 40시간제의 경우(유급 주휴 포함, 월 209시간 기준) 1,352,230원이다(고용노동부, 2016).

2009년부터 2016년까지 우리나라의 연도별 최저임금 결정 현황은 다음 그림 3-6과 같다. 최저임금은 매년 변동(인상 등)이 있을 수 있으므로 최저임금위원회 홈페이지를 통해 해당년도의 최저임금을 확인할 필요가 있다.

---

9   최저임금위원회 URL : http://www.minimumwage.go.kr/info/infoSigni.jsp 방문날짜 2016.12.7.

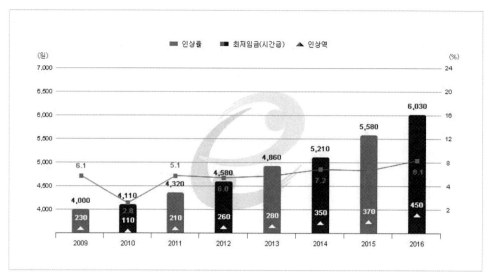

그림 3-6 우리나라의 연도별 최저임금 현황(2009-2016)

출처 : 최저임금위원회 URL : http://www.minimumwage.go.kr/stat/statMiniStat.jsp 방문날짜 2016.12.7.

(2) 근로계약

근로기준법 제2조에 따르면, 근로계약이란 근로자가 사용자에게 근로를 제공하고 사용자는 이에 대하여 임금을 지급하는 것을 목적으로 체결된 계약을 말한다. 동법 제5조(근로조건의 준수)는 "근로자와 사용자는 각자가 단체협약, 취업규칙, 근로계약을 지키고 성실하게 이행할 의무가 있다"고 명시하고 있다.[10]

근로기준법 제2장에는 근로계약에 관한 좀 더 상세한 조항이 제시되어 있는데, 제15조(이 법을 위반한 근로계약) ①항에서는 이 법에서 정하는 기준에 미치지 못하는 근로조건을 정한 근로계약은 그 부분에 한하여 무효로 한다는 내용을 제시하고 있다. 또한 제16조(계약기간)에서는 근로계약은 기간을 정하지 아니한 것과 일정한 사업의 완료에 필요한 기간을 정한 것 외에는 그 기간은 1년을 초과하지 못한다고 명시하고 있다. 근로기준법 제17조(근로조건의 명시)에 따르면, 근로계약을 체결할 때에는 임금, 소정근로시간, 휴일, 연차 유급휴가, 그 밖에 대통령령으로 정하는 근로조건을 명시해야 한다.

---

10 출처 : 법제처 근로기준법 : http://www.law.go.kr/lsSc.do?menuId=0&subMenu=1&query=%EA%B7%BC%EB%A1%9C%EA%B3%84%EC%95%BD#undefined 방문날짜 2016.12.7.

즉, 직업인으로서 근로자는 사용자와 근로계약을 맺고 이행할 의무가 있고, 근로계약은 의무이자 부당해고, 임금체불 등으로부터 근로자를 보호할 수 있는 근거라고 말할 수 있으며, 근로계약서는 근로계약에 대한 매우 중요한 서류이다. 따라서 학생들이 근로계약의 중요성을 이해하고 직업 생활(아르바이트를 포함한 취업)을 할 때 근로계약서를 작성하도록 지도할 필요가 있다.

(3) 기간제 및 단시간근로자[11]

기간제 및 단시간근로자 보호 등에 관한 법률은 기간제근로자 및 단시간근로자에 대한 불합리한 차별을 시정하고 기간제근로자 및 단시간근로자의 근로조건 보호를 강화함으로써 노동시장의 건전한 발전에 이바지함을 목적으로 한다.

기간제 및 단시간근로자 보호 등에 관한 법률에 따르면, 기간제근로자는 기간의 정함이 있는 근로계약을 체결한 근로자를 의미하며 단시간근로자에 해당된다. 근로기준법에 따르면, 단시간근로자는 1주 동안의 소정근로시간이 그 사업장에서 같은 종류의 업무에 종사하는 통상 근로자의 1주 동안의 소정근로시간에 비하여 짧은 근로자를 말한다.

기간제 및 단시간근로자 보호 등에 관한 법률에서는 단시간근로자와 기간제근로자를 보호하기 위한 법 조항을 명시하고 있다. 구체적으로 살펴보면, 제3장 단시간근로자에서는 제6조(단시간근로자의 초과근로 제한) ①항에서 "사용자는 단시간근로자에 대하여 근로기준법 제2조의 소정근로시간을 초과하여 근로하게 하는 경우에는 당해 근로자의 동의를 얻어야 한다"고 명시했다. 이 경우 "1주간에 12시간을 초과하여 근로하게 할 수 없다."고 명시하고 있다. ②항에서는 "단시간근로자는 사용자가 제1항의 규정에 따른 동의를 얻지 아니하고 초과근로를 하게 하는 경우에는 이를 거부할 수 있다"

---

11 출처 : 법제처, 기간제 및 단시간근로자 보호 등에 관한 법률 URL : http://www.law.go.kr/lsSc.do?menuId=0
&p1=&subMenu=1&nwYn=1&section=&tabNo=&query=%EA%B8%B0%EA%B0%84%EC%A0%9C%20
%EB%B0%8F%20%EB%8B%A8%EC%8B%9C%EA%B0%84%EA%B7%BC%EB%A1%9C%EC%9E%90%20
%EB%B3%B4%ED%98%B8%20%EB%93%B1%EC%97%90%20%EA%B4%80%ED%95%9C%20
%EB%B2%95%EB%A5%A0#undefined, 방문날짜 2016.09.07.

고, ③항에서는 "사용자는 제1항에 따른 초과근로에 대하여 통상임금의 100분의 50 이상을 가산하여 지급해야 한다"고 명시하고 있다.

동법 제4장 차별적 처우의 금지 및 시정에서는 차별적 처우를 금지하는 조항을 제시하고 있다. 즉, 제8조(차별적 처우의 금지) ①항에서 "사용자는 기간제근로자임을 이유로 당해 사업 또는 사업장에서 동종 또는 유사한 업무에 종사하는 기간의 정함이 없는 근로계약을 체결한 근로자에 비하여 차별적 처우를 해서는 아니 된다"고 명시하고 있으며, ②항에서 "사용자는 단시간근로자임을 이유로 당해 사업 또는 사업장의 동종 또는 유사한 업무에 종사하는 통상근로자에 비하여 차별적 처우를 해서는 아니 된다"고 명시하고 있다.

제9조(차별적 처우의 시정신청)의 ①항에서는 "기간제근로자 또는 단시간근로자는 차별적 처우를 받은 경우 노동위원회법 제1조의 규정에 따른 노동위원회(이하 "노동위원회"라 한다)에 그 시정을 신청할 수 있다. 다만, 차별적 처우가 있은 날(계속되는 차별적 처우는 그 종료일)부터 6개월이 경과한 때에는 그러하지 아니하다"고 명시하고 있다. 그 밖의 사항은 법제처의 기간제 및 단시간근로자 보호 등에 관한 법률을 검색하여 파악할 수 있다.

노동시장과 직업세계가 급변하는 가운데 기간제 및 단시간근로자의 비중이 증가하고 있으므로, 학생들에게 기간제근로자 또는 단시간근로자를 보호하는 법률과 관련 제도를 이해하고 직업 생활에 적용할 수 있도록 지도할 필요가 있다.

3) 노사관계의 개념과 주요 특징

노동조합 및 노동관계조정법[12]은 헌법에 의한 근로자의 단결권, 단체교섭권 및 단체행동권을 보장하여 근로조건의 유지·개선과 근로자의 경제적·사회적 지위의 향상

---

12 출처 : 법제처, 노동조합 및 노사관계조정법 URL : http://www.law.go.kr/lsSc.do?menuId=0&subMenu=1&query=%EB%85%B8%EB%8F%99%EC%A1%B0%ED%95%9#undefined 방문날짜 2016.12.7.

을 도모하고, 노동관계를 공정하게 조정하여 노동쟁의를 예방·해결함으로써 산업평화의 유지와 국민 경제의 발전에 이바지함을 목적으로 한다.

노사관계는 노동조합과 사용자 간의 노동관계를 의미하는데, 노동조합은 근로자가 주체가 되어 자주적으로 단결하여 근로조건의 유지·개선, 기타 근로자의 경제적·사회적 지위의 향상을 도모함을 목적으로 조직하는 단체 또는 그 연합단체를 말한다. 사용자는 사업주, 사업의 경영담당자 또는 그 사업의 근로자에 관한 사항에 대하여 사업주를 위하여 행동하는 자를 말한다. 또한 사용자단체는 노동관계에 관하여 그 구성원인 사용자에 대하여 조정 또는 규제할 수 있는 권한을 가진 사용자의 단체를 말한다.

노사관계에서는 노동쟁의가 발생할 수 있는데, 노동쟁의는 노동조합과 사용자 또는 사용자단체(이하 "노동관계 당사자"라 한다) 간에 임금·근로시간·복지·해고, 기타 대우 등 근로조건의 결정에 관한 주장의 불일치로 인하여 발생한 분쟁 상태를 말하며, 이 경우 주장의 불일치는 노동조합과 사용자 간에 합의를 위한 노력을 계속해도 더 이상 자주적 교섭에 의한 합의의 여지가 없는 경우를 말한다. 또한 쟁의행위는 파업·태업·직장폐쇄, 기타 노동관계 당사자가 그 주장을 관철할 목적으로 행하는 행위와 이에 대항하는 행위로, 업무의 정상적인 운영을 저해하는 행위를 말한다.

노동조합 및 노동관계조정법에서는 제4조(정당행위)에서 노동조합이 단체교섭, 쟁의행위, 기타의 행위로 자주적으로 단결하여 근로조건의 유지·개선, 기타 근로자의 경제적·사회적 지위의 향상을 도모하는 것을 정당한 행위로 제시하고 있다. 단, 어떠한 경우에도 폭력이나 파괴행위는 정당한 행위로 해석되어서는 아니 된다고 명시하고 있다.

우리나라의 노동조합은 양극화를 극복하기 위해 취약계층과 노동자층을 대변하는 노동자 조직이지만, 우리나라의 노조 조직률은 10% 내외에 불과하다. 우리나라의 노사관계는 일본과 같이 기업별 노사관계 시스템이나 일본과 달리 정부가 노사관계에 미치는 영향이 매우 큰 편이다. 우리나라는 한국노총과 민주노총이 노동운영의 양 진영을 구축하고 상호 경합하면서 보이지 않게 협력하고 있다. 최근에는 한국노총과 민주노총에 속하지 않은 미가맹 조합들이 증가했다. 우리나라에서는 변혁운동 세력이 자주적 노동운동을 이끌었지만, 산업별 노조에 대한 전망과 전략 부족, 그리고 사용자의 노조

기피 전략 등으로 인해 기업의 경계를 넘어선 연대에서 큰 진전을 보지 못하고 기업 단위의 협소한 임금인상과 복지 확충에 주력하는 경향을 보였다(조성재 외, 2013:238, 241, 242).

3 직업윤리와 직업인의 권리 및 제도 지도방법

직업윤리와 직업인의 권리 및 제도는 학교 진로교육 시간인 선택교과 '진로와 직업'(중·고) 수업 시간과 비교과인 창의적 체험활동의 진로활동 시간에 지도할 수 있다. 이를 위해서는 직업윤리와 직업인의 권리 및 제도와 관련된 학교 진로교육 목표 및 성취기준 또는 '진로와 직업'의 성취기준을 이해하고 지도할 필요가 있다.

1) 학교 진로교육 목표 및 성취기준(2015)의 직업윤리 관련 내용

학교 진로교육 목표와 성취기준은 교육부가 2011년의 연구(진미석 외, 2011)를 통해 2012년에 발표했고, 2015년에 개정 연구(정윤경 외, 2015)를 통해 2016년 1월에 「2015 학교 진로교육 목표 및 성취기준」을 발표했다. 「2015 학교 진로교육 목표 및 성취기준」 중 직업윤리와 관련된 목표와 성취기준은 다음 표 3-13~3-15와 같다.

직업윤리와 관련된 초등학교의 진로교육 목표는 대영역 II. '일과 직업세계 이해'의 중영역 2. '건강한 직업의식 형성'에 속하는 "맡은 일에 최선을 다하는 태도를 기른다"와 "직업에 대한 편견과 고정관념을 극복하여 개방적인 인식을 형성한다" 등이다(표 3-13 참조).

직업윤리와 관련된 중학교의 진로교육 목표는 대영역 II. '일과 직업세계 이해'의 중영역 2. '건강한 직업의식 형성'에 속하는 "직업인으로서 가져야 할 직업윤리 및 권리를 이해한다"와 "직업에 대한 편견과 고정관념을 성찰하고 개선방법을 찾아본다" 등이다(표 3-14 참조).

직업윤리와 관련된 고등학교의 진로교육 목표는 대영역 II. '일과 직업세계 이해'의 중영역 2. '건강한 직업의식 형성'에 속하는 "직업 선택을 위한 바람직한 가치관을 형성한다"와 "직업생활에 필요한 직업윤리 및 관련 법규를 파악한다" 등이다(표 3-15 참조).

표 3-13 직업윤리 관련 초등학교 진로교육 목표 및 성취기준(2015)

대영역	중영역	세부목표	성취기준
II. 일과 직업 세계 이해	2. 건강한 직업의식 형성	맡은 일에 최선을 다하는 태도를 기른다.	자신이 맡은 일에 최선을 다한 사람의 사례를 탐색할 수 있다.
			가정과 학교에서의 자신의 역할과 책임을 알아보고 최선을 다하는 태도를 기를 수 있다.
		직업에 대한 편견과 고정관념을 극복하여 개방적인 인식을 형성한다.	직업에 대해 떠오르는 생각을 통해 자신이 지닌 고정관념이나 편견이 무엇인지 설명할 수 있다.
			직업에 대한 편견과 고정관념을 극복한 사례를 통해 직업에 대한 개방적인 태도를 기를 수 있다.

출처: 정윤경 외(2015). **학교 진로교육 목표 및 성취기준 개정 연구.** 교육부·한국직업능력개발원. p.151.

표 3-14 직업윤리 관련 중학교 진로교육 목표 및 성취기준(2015)

대영역	중영역	세부목표	성취기준
II. 일과 직업 세계 이해	2. 건강한 직업의식 형성	직업인으로서 가져야 할 직업윤리 및 권리를 이해한다.	직업인이 공통적으로 갖추어야 할 직업윤리를 이해할 수 있다.
			직업인의 기본적인 권리를 이해할 수 있다.
		직업에 대한 편견과 고정관념을 성찰하고 개선방법을 찾아본다.	직업에 대한 사회의 여러 가지 편견과 고정관념을 제시하고 이에 대한 문제점을 설명할 수 있다.
			직업에 대한 편견과 고정관념을 개선하기 위한 여러 가지 노력과 방법을 탐색해 볼 수 있다.

출처: 정윤경 외(2015). **학교 진로교육 목표 및 성취기준 개정 연구.** 교육부·한국직업능력개발원. p.153.

표 3-15 직업윤리 관련 고등학교 진로교육 목표 및 성취기준(2015)

대영역	중영역	세부목표	성취기준
II. 일과 직업 세계 이해	2. 건강한 직업의식 형성	직업 선택을 위한 바람직한 가치관을 형성한다.	직업이 자신에게 주는 긍정적 가치(자아실현, 보람, 경제적 독립 등)를 우선순위를 두어 설명할 수 있다.
			직업생활을 통한 개인적 독립의 중요성을 인식하고 주체적인 삶의 자세를 가질 수 있다.
		직업생활에 필요한 직업윤리 및 관련 법규를 파악한다.	자신이 관심을 가지고 있는 분야에서 갖추어야 할 직업윤리와 중요성을 설명할 수 있다.
			근로자의 법적 권리와 관련 제도 및 기관을 알아보고 활용할 수 있다.

출처: 정윤경 외(2015). **학교 진로교육 목표 및 성취기준 개정 연구.** 교육부·한국직업능력개발원. p.156.

2) '진로와 직업'(중·고) 교육과정 성취기준(2015)의 직업윤리 관련 내용

2015년에 교육부는 2015 개정교육과정을 발표했다. 선택교과인 '진로와 직업'(중·고)에 대해서도 2015 개정교육과정이 발표되었다(교육부 2015a; 교육부 2015b; 교육부 2015c). 2015 개정 '진로와 직업' 교육과정에서는 중학교 18개, 일반고 및 특성화고 각각 19개의 교육과정 성취기준을 제시하고 있다. '진로와 직업'의 교육과정 성취기준 중에서 직업윤리와 관련된 내용은 다음 표 3-16 및 표 3-17과 같다.

직업윤리와 관련된 중학교 '진로와 직업'의 교육과정 성취기준은 II 단원 '일과 직업세계 이해'에 속한 2개의 교육과정 성취기준이다. 즉, "직업인이 공통적으로 갖추어야 할 직업윤리를 이해할 수 있다"와 "직업에 대한 사회의 여러 가지 편견과 고정관념을 제시하고 이에 대한 문제점을 설명할 수 있다"이다.

표 3-16 직업윤리 관련 중학교 진로와 직업 교육과정 성취기준(2015)

단원/영역	교육과정 성취기준
II. 일과 직업 세계 이해	[9진02-05-00] 직업인이 공통적으로 갖추어야 할 직업윤리를 이해할 수 있다.
	[9진02-06-00] 직업에 대한 사회의 여러 가지 편견과 고정관념을 제시하고 이에 대한 문제점을 설명할 수 있다.

출처: 정윤경 외(2016). 2015 개정교육과정에 따른 진로와 직업 평가기준 개발 연구. 교육부. pp.21~22.

직업윤리와 관련된 고등학교 '진로와 직업'의 교육과정 성취기준은 II 단원 '일과 직업세계 이해'에 속한 2개의 교육과정 성취기준이다. 즉 "자신이 관심을 가지고 있는 분야에서 갖추어야 할 직업윤리와 중요성을 설명할 수 있다"와 "근로자의 법적 권리와 관련 제도 및 기관을 알아보고 활용할 수 있다"이다.

표 3-17 직업윤리 관련 고등학교 진로와 직업 교육과정 성취기준(2015)

단원/영역	교육과정 성취기준
Ⅱ. 일과 직업 세계 이해	[12진로02-05-00] 자신이 관심을 가지고 있는 분야에서 갖추어야 할 직업윤리와 중요성을 설명할 수 있다. [12진로12-05-00] 근로자의 법적 권리와 관련 제도 및 기관을 알아보고 활용할 수 있다.

출처: 정윤경 외(2016). **2015 개정교육과정에 따른 진로와 직업 평가기준 개발 연구**. 교육부. p.29.

직업윤리 및 직업인의 권리와 제도에 관한 지도 내용과 방법은 학교급별로 학생들의 진로발달 단계의 특성을 고려하여 차별화될 필요가 있다. 직업윤리에 대해서는 초등학교부터 고등학교까지 가르칠 필요가 있으나, 초등학교 단계에서는 성실성, 책임감, 창의성 등과 관련하여 맡은 일에 최선을 다하는 태도를 기르고 직업에 대한 편견과 고정관념을 극복하여 개방적인 인식을 형성할 수 있도록 지도해야 한다.

반면에 중학교와 고등학교 단계에서는 학생들이 아르바이트 등 직업 생활을 시작하거나 직업체험이나 현장실습 등을 통해 직장(생활)을 경험하므로, 직업인으로서 가져야 할 직업윤리와 함께 직업인으로서의 권리도 이해할 수 있도록 지도할 필요가 있다. 또한 급변하는 미래 사회에서는 직업의 생성과 소멸이 가속화되고 여러 근로 형태의 다양한 근로자들이 직업생활을 하게 될 것으로 예상된다. 따라서 직업에 대한 편견이나 고정관념을 개선할 수 있도록 자신을 성찰하고 개선하도록 지도할 필요가 있다.

초등학교와 중학교에서는 일반적인 직업윤리에 대해 이해할 수 있도록 지도하는 것이 중요하고, 고등학교에서는 일반적인 직업윤리와 함께 학생의 진로목표와 관련된 직업에 대한 직업별 직업윤리를 탐색하고 이해할 수 있도록 지도할 필요가 있다. 또한 특성화고등학교에서는 졸업 후 바로 취업하는 학생들을 위해 근로자의 법적 권리와 관련 제도 및 기관을 알아보고 활용할 수 있도록 지도할 필요가 있다.

직업인의 권리 및 제도 관련 법

구분		내용
최저임금법	구성	6장 31조
	목적	근로자에 대하여 임금의 최저수준을 보장하여 근로자의 생활안정과 노동력의 질적 향상을 꾀함으로써 국민경제의 건전한 발전에 이바지함
고용보험법	구성	총 9장 118조
	목적	고용보험의 시행을 통하여 실업의 예방, 고용의 촉진 및 근로자의 직업능력의 개발과 향상을 꾀하고, 국가의 직업지도와 직업소개 기능을 강화하며, 근로자가 실업한 경우에 생활에 필요한 급여를 실시하여 근로자의 생활안정과 구직 활동을 촉진함으로써 경제·사회 발전에 이바지함
	관련 조항	제4조(고용보험사업) ① 보험은 제1조의 목적을 이루기 위하여 고용보험사업(이하 "보험사업"이라 한다)으로 고용안정·직업능력개발 사업, 실업 급여, 육아휴직 급여 및 출산전후휴가 급여 등을 실시한다.
근로기준법	구성	12장 116조
	목적	헌법에 따라 근로조건의 기준을 정함으로써 근로자의 기본적 생활을 보장, 향상시키며 균형 있는 국민경제의 발전을 꾀함
	관련 조항	제3장 임금 제43조(임금 지급) ① 임금은 통화(通貨)로 직접 근로자에게 그 전액을 지급하여야 한다. 다만, 법령 또는 단체협약에 특별한 규정이 있는 경우에는 임금의 일부를 공제하거나 통화 이외의 것으로 지급할 수 있다. ② 임금은 매월 1회 이상 일정한 날짜를 정하여 지급하여야 한다. 다만, 임시로 지급하는 임금, 수당, 그 밖에 이에 준하는 것 또는 대통령령으로 정하는 임금에 대하여는 그러하지 아니하다. 제4장 근로시간과 휴식 제50조(근로시간) ① 1주 간의 근로시간은 휴게시간을 제외하고 40시간을 초과할 수 없다. ② 1일의 근로시간은 휴게시간을 제외하고 8시간을 초과할 수 없다. 제54조(휴게) ① 사용자는 근로시간이 4시간인 경우에는 30분 이상, 8시간인 경우에는 1시간 이상의 휴게시간을 근로시간 도중에 주어야 한다. 제55조(휴일) 사용자는 근로자에게 1주일에 평균 1회 이상의 유급휴일을 주어야 한다. 제56조(연장·야간 및 휴일 근로) 사용자는 연장근로(제53조·제59조 및 제69조 단서에 따라 연장된 시간의 근로)와 야간근로(오후 10시부터 오전 6시까지 사이의 근로) 또는 휴일근로에 대하여는 통상임금의 100분의 50 이상을 가산하여 지급하여야 한다. 제57조(보상 휴가제) 사용자는 근로자대표와의 서면 합의에 따라 제56조에 따른 연장근로·야간근로 및 휴일근로에 대하여 임금을 지급하는 것을 갈음하여 휴가를 줄 수 있다. 제60조(연차 유급휴가) ① 사용자는 1년 간 80퍼센트 이상 출근한 근로자에게 15일의 유급휴가를 주어야 한다. ② 사용자는 계속하여 근로한 기간이 1년 미만인 근로자 또는 1년간 80퍼센트 미만 출근한 근로자에게 1개월 개근시 1일의 유급휴가를 주어야 한다. 제8장 재해보상 제78조(요양보상) ① 근로자가 업무상 부상 또는 질병에 걸리면 사용자는 그 비용으로 필요한 요양을 행하거나 필요한 요양비를 부담하여야 한다. 제79조(휴업보상) ① 사용자는 제78조에 따라 요양 중에 있는 근로자에게 그 근로자의 요양 중 평균임금의 100분의 60의 휴업보상을 하여야 한다. 제80조(장해보상) ① 근로자가 업무상 부상 또는 질병에 걸리고, 완치된 후 신체에 장해가 있으면 사용자는 그 장해 정도에 따라 평균임금에 별표에서 정한 일수를 곱한 금액의 장해보상을 하여야 한다.

구성	6장 99조
목적	근로복지정책의 수립 및 복지사업의 수행에 필요한 사항을 규정함으로써 근로자의 삶의 질을 향상시키고 국민경제의 균형 있는 발전에 이바지함

근로복지기본법

관련 조항

제2장 공공근로복지
제1절 근로자의 주거안정 제15조(근로자주택공급제도의 운영) ① 국가 또는 지방자치단체는 근로자의 주택취득 또는 임차 등을 지원하기 위하여 주택사업자가 근로자에게 주택을 우선하여 분양 또는 임대(이하 "공급"이라 한다)하도록 하는 제도를 운영할 수 있다.
제2절 근로자의 생활안정 및 재산형성
제19조(생활안정자금의 지원) ① 국가는 근로자의 생활안정을 지원하기 위하여 근로자 및 그 가족의 의료비·혼례비·장례비 등의 융자 등 필요한 지원을 하여야 한다.
제3절 근로자 신용보증 지원
제22조(신용보증 지원 및 대상) ① 「산업재해보상보험법」에 따른 근로복지공단(이하 "공단"이라 한다)은 담보능력이 미약한 근로자(구직신청한 실업자 및 「산업재해보상보험법」에 따른 재해근로자를 포함한다. 이하 이 장에서 같다)가 금융회사 등에서 생활안정자금 및 학자금 등의 융자를 받음으로써 부담하는 금전채무에 대하여 해당 금융회사 등과의 계약에 따라 그 금전채무를 보증할 수 있다. 이 경우 보증대상 융자사업 및 보증대상 근로자는 고용노동부령으로 정한다.
제4절 근로복지시설 등에 대한 지원
제28조(근로복지시설 설치 등의 지원) ① 국가 또는 지방자치단체는 근로자를 위한 복지시설(이하 "근로복지시설"이라 한다)의 설치·운영을 위하여 노력하여야 한다.

제3장 기업근로복지
제1절 우리사주제도
제32조(우리사주제도의 목적) 우리사주제도는 근로자로 하여금 우리사주조합을 통하여 해당 우리사주조합이 설립된 주식회사(이하 "우리사주제도 실시회사"라 한다)의 주식을 취득·보유하게 함으로써 근로자의 경제·사회적 지위향상과 노사협력 증진을 도모함을 목적으로 한다.
제2절 사내근로복지기금제도
제50조(사내근로복지기금제도의 목적) 사내근로복지기금제도는 사업주로 하여금 사업 이익의 일부를 재원으로 사내근로복지기금을 설치하여 효율적으로 관리·운영하게 함으로써 근로자의 생활안정과 복지증진에 이바지하게 함을 목적으로 한다.
제3절 선택적 복지제도 및 근로자지원프로그램 등
제81조(선택적 복지제도 실시) ① 사업주는 근로자가 여러 가지 복지항목 중에서 자신의 선호와 필요에 따라 자율적으로 선택하여 복지혜택을 받는 제도(이하 "선택적 복지제도"라 한다)를 설정하여 실시할 수 있다.
제83조(근로자지원프로그램) ① 사업주는 근로자의 업무수행 또는 일상생활에서 발생하는 스트레스, 개인의 고충 등 업무저해요인의 해결을 지원하여 근로자를 보호하고, 생산성 향상을 위한 전문가 상담 등 일련의 서비스를 제공하는 근로자지원프로그램을 시행하도록 노력하여야 한다.
제4절 공동근로복지기금 제도
제86조의2(공동근로복지기금의 조성) ① 둘 이상의 사업주는 제62조제1항에 따른 사업을 시행하기 위하여 공동으로 이익금의 일부를 출연하여 공동근로복지기금(이하 "공동기금"이라 한다)을 조성할 수 있다.

제4장 근로복지진흥기금
제87조(근로복지진흥기금의 설치) 고용노동부장관은 근로복지사업에 필요한 재원을 확보하기 위하여 근로복지진흥기금을 설치한다.

	구성	7장 63조
근로자직업능력개발법	목적	근로자의 생애에 걸친 직업능력개발을 촉진·지원하고 산업현장에서 필요로 하는 기술·기능 인력을 양성하며 산학협력 등에 관한 사업을 수행함으로써 근로자의 고용촉진·고용안정 및 사회·경제적 지위 향상과 기업의 생산성 향상을 도모하고 능력중심사회의 구현 및 사회·경제의 발전에 이바지함
	관련 조항	제2장 근로자의 자율적인 직업능력개발 지원 등 　제12조(실업자 등에 대한 직업능력개발훈련 지원 등) ① 국가와 지방자치단체는 다음 각 호의 어느 하나에 해당하는 사람(이하 "실업자 등"이라 한다)의 고용촉진 및 고용안정을 위하여 직업능력개발훈련을 실시하거나 직업능력개발훈련을 받는 사람에게 비용을 지원할 수 있다. 1. 실업자 2. 「국민기초생활 보장법」에 따른 수급권자, 여성가장 또는 청소년으로서 대통령령으로 정하는 요건에 해당하는 사람 3. 삭제 〈2010.5.31.〉 4. 삭제 〈2010.5.31.〉 5. 삭제 〈2010.5.31.〉 6. 그 밖에 대통령령으로 정하는 사람 　제17조(근로자의 자율적 직업능력개발 지원) ① 고용노동부장관은 근로자(실업자 등은 제외한다. 이하 이 조에서 같다)의 자율적 직업능력개발을 지원하기 위하여 근로자에게 다음 각 호의 비용을 지원하거나 융자할 수 있다. 　제22조(산업부문별 직업능력개발사업 지원) ① 고용노동부장관은 산업부문별 직업능력개발사업을 촉진하기 위하여 산업부문별 인적자원개발협의체, 근로자단체 및 사업주단체 등이 다음 각 호의 어느 하나에 해당하는 사업을 실시하는 경우 필요한 비용을 지원하거나 융자할 수 있다.
	구성	6장 39조
남녀고용평등과 일·가정양립지원에 관한 법률	목적	「대한민국헌법」의 평등이념에 따라 고용에서 남녀의 평등한 기회와 대우를 보장하고 모성 보호와 여성 고용을 촉진하여 남녀고용평등을 실현함과 아울러 근로자의 일과 가정의 양립을 지원함으로써 모든 국민의 삶의 질 향상에 이바지함
	관련 조항	제2장 고용에 있어서 남녀의 평등한 기회보장 및 대우 등 　제1절 남녀의 평등한 기회보장 및 대우 　제7조(모집과 채용) ① 사업주는 근로자를 모집하거나 채용할 때 남녀를 차별하여서는 아니 된다. ② 사업주는 여성 근로자를 모집·채용할 때 그 직무의 수행에 필요하지 아니한 용모·키·체중 등의 신체적 조건, 미혼 조건, 그 밖에 고용노동부령으로 정하는 조건을 제시하거나 요구하여서는 아니 된다. 　제8조(임금) ① 사업주는 동일한 사업 내의 동일 가치 노동에 대하여는 동일한 임금을 지급하여야 한다. 　제10조(교육·배치 및 승진) 사업주는 근로자의 교육·배치 및 승진에서 남녀를 차별하여서는 아니 된다. 　제11조(정년·퇴직 및 해고) ① 사업주는 근로자의 정년·퇴직 및 해고에서 남녀를 차별하여서는 아니 된다. ② 사업주는 여성 근로자의 혼인, 임신 또는 출산을 퇴직 사유로 예정하는 근로계약을 체결하여서는 아니 된다. 　제2절 직장 내 성희롱의 금지 및 예방 　제12조(직장 내 성희롱의 금지) 사업주, 상급자 또는 근로자는 직장 내 성희롱을 하여서는 아니 된다. 　제13조(직장 내 성희롱 예방 교육) ① 사업주는 직장 내 성희롱을 예방하고 근로자가 안전한 근로환경에서 일할 수 있는 여건을 조성하기 위하여 직장 내 성희롱의 예방을 위한 교육(이하 "성희롱 예방 교육"이라 한다)을 실시하여야 한다. 　제3절 여성의 직업능력 개발 및 고용 촉진 　제15조(직업 지도) 「직업안정법」 제2조의 2 제1호에 따른 직업안정기관은 여성이 적성, 능력, 경력 및 기능의 정도에 따라 직업을 선택하고, 직업에 적응하는 것을 쉽게 하기 위하여 고용정보와 직업에 관한 조사·연구 자료를 제공하는 등 직업 지도에 필요한 조치를 하여야 한다. 　제16조(직업능력 개발) 국가, 지방자치단체 및 사업주는 여성의 직업능력 개발 및 향상을 위하여 모든 직업능력 개발 훈련에서 남녀에게 평등한 기회를 보장하여야 한다. 　제17조(여성 고용 촉진) ① 고용노동부장관은 여성의 고용 촉진을 위한 시설을 설치·운영하는 비영리법인과 단체에 대하여 필요한 비용의 전부 또는 일부를 지원할 수 있다.

제3장 모성 보호

제18조(출산전후휴가에 대한 지원) ① 국가는 「근로기준법」 제74조에 따른 출산전후휴가 또는 유산·사산 휴가를 사용한 근로자 중 일정한 요건에 해당하는 자에게 그 휴가기간에 대하여 통상임금에 상당하는 금액(이하 "출산전후휴가급여등"이라 한다)을 지급할 수 있다.

제18조의2(배우자 출산휴가) ① 사업주는 근로자가 배우자의 출산을 이유로 휴가를 청구하는 경우에 5일의 범위에서 3일 이상의 휴가를 주어야 한다. 이 경우 사용한 휴가기간 중 최초 3일은 유급으로 한다.

제3장의2 일·가정의 양립 지원

제19조(육아휴직) ① 사업주는 근로자가 만 8세 이하 또는 초등학교 2학년 이하의 자녀(입양한 자녀를 포함한다)를 양육하기 위하여 휴직(이하 "육아휴직"이라 한다)을 신청하는 경우에 이를 허용하여야 한다. 다만, 대통령령으로 정하는 경우에는 그러하지 아니하다.

제19조의2(육아기 근로시간 단축) ① 사업주는 제19조제1항에 따라 육아휴직을 신청할 수 있는 근로자가 육아휴직 대신 근로시간의 단축(이하 "육아기 근로시간 단축"이라 한다)을 신청하는 경우에 이를 허용하여야 한다. 다만, 대체인력 채용이 불가능한 경우, 정상적인 사업 운영에 중대한 지장을 초래하는 경우 등 대통령령으로 정하는 경우에는 그러하지 아니하다.

제20조(일·가정의 양립을 위한 지원) ① 국가는 사업주가 근로자에게 육아휴직이나 육아기 근로시간 단축을 허용한 경우 그 근로자의 생계비용과 사업주의 고용유지비용의 일부를 지원할 수 있다.

제21조(직장어린이집 설치 및 지원 등) ① 사업주는 근로자의 취업을 지원하기 위하여 수유·탁아 등 육아에 필요한 어린이집(이하 "직장어린이집"이라 한다)을 설치하여야 한다.

제22조(공공복지시설의 설치) ① 국가 또는 지방자치단체는 여성 근로자를 위한 교육·육아·주택 등 공공복지시설을 설치할 수 있다.

제22조의2(근로자의 가족 돌봄 등을 위한 지원) ① 사업주는 근로자가 부모, 배우자, 자녀 또는 배우자의 부모(이하 "가족"이라 한다)의 질병, 사고, 노령으로 인하여 그 가족을 돌보기 위한 휴직(이하 "가족돌봄휴직"이라 한다)을 신청하는 경우 이를 허용하여야 한다. 다만, 대체인력 채용이 불가능한 경우, 정상적인 사업 운영에 중대한 지장을 초래하는 경우 등 대통령령으로 정하는 경우에는 그러하지 아니하다.

제4장 분쟁의 예방과 해결

제23조(상담지원) ① 고용노동부장관은 차별, 직장 내 성희롱, 모성 보호 및 일·가정 양립 등에 관한 상담을 실시하는 민간단체에 필요한 비용의 일부를 예산의 범위에서 지원할 수 있다.

제24조(명예고용평등감독관) ① 고용노동부장관은 사업장의 남녀고용평등 이행을 촉진하기 위하여 그 사업장 소속 근로자 중 노사가 추천하는 자를 명예고용평등감독관(이하 "명예감독관"이라 한다)으로 위촉할 수 있다.

제25조(분쟁의 자율적 해결) 사업주는 제7조부터 제13조까지, 제13조의2, 제14조, 제14조의2, 제18조제4항, 제18조의2, 제19조, 제19조의2부터 제19조의6까지, 제21조 및 제22조의2에 따른 사항에 관하여 근로자가 고충을 신고하였을 때에는 「근로자참여 및 협력증진에 관한 법률」에 따라 해당 사업장에 설치된 노사협의회에 고충의 처리를 위임하는 등 자율적인 해결을 위하여 노력하여야 한다.

(왼쪽 세로: 남녀고용평등과 일·가정양립지원에 관한 법률 / 관련 조항)

구분		내용
장애인고용촉진 및 직업재활법	구성	6장 87조
	목적	장애인이 그 능력에 맞는 직업생활을 통하여 인간다운 생활을 할 수 있도록 장애인의 고용촉진 및 직업재활을 꾀함
	관련 조항	제2장 장애인 고용촉진 및 직업재활 제9조(장애인 직업재활 실시 기관) ① 장애인 직업재활 실시 기관(이하 "재활실시기관"이라 한다)은 장애인에 대한 직업재활 사업을 다양하게 개발하여 장애인에게 직접 제공하여야 하고, 특히 중증장애인의 자립능력을 높이기 위한 직업재활 실시에 적극 노력하여야 한다.

제10조(직업지도) ① 고용노동부장관과 보건복지부장관은 장애인이 그 능력에 맞는 직업에 취업할 수 있도록 하기 위하여 장애인에 대한 직업상담, 직업적성 검사 및 직업능력 평가 등을 실시하고, 고용정보를 제공하는 등 직업지도를 하여야 한다.

제11조(직업적응훈련) ① 고용노동부장관과 보건복지부장관은 장애인이 그 희망·적성·능력 등에 맞는 직업생활을 할 수 있도록 하기 위하여 필요하다고 인정하면 직업 환경에 적응시키기 위한 직업적응훈련을 실시할 수 있다.

제12조(직업능력개발훈련) ① 고용노동부장관은 장애인이 그 희망·적성·능력 등에 맞는 직업생활을 할 수 있도록 하기 위하여 장애인에게 직업능력개발훈련을 실시하여야 한다.

제13조(지원고용) ① 고용노동부장관과 보건복지부장관은 중증장애인 중 사업주가 운영하는 사업장에서는 직무 수행이 어려운 장애인이 직무를 수행할 수 있도록 지원고용을 실시하고 필요한 지원을 하여야 한다.

제14조(보호고용) 국가와 지방자치단체는 장애인 중 정상적인 작업 조건에서 일하기 어려운 장애인을 위하여 특정한 근로 환경을 제공하고 그 근로 환경에서 일할 수 있도록 보호고용을 실시하여야 한다.

제15조(취업알선 등) ① 고용노동부장관은 고용정보를 바탕으로 장애인의 희망·적성·능력과 직종 등을 고려하여 장애인에게 적합한 직업을 알선하여야 한다.

제16조(취업알선기관 간의 연계 등) ① 고용노동부장관은 장애인의 취업 기회를 확대하기 위하여 취업알선 업무를 수행하는 재활실시기관 간에 구인·구직 정보의 교류와 장애인 근로자 관리 등의 효율적인 연계를 꾀하고, 제43조에 따른 한국장애인고용공단에서 이를 종합적으로 집중 관리할 수 있도록 취업알선전산망 구축 등의 조치를 강구하여야 한다.

제18조(장애인 근로자 지원) ① 고용노동부장관은 장애인 근로자의 안정적인 직업생활을 위하여 필요한 자금을 융자할 수 있다.

제19조(취업 후 적응지도) ① 고용노동부장관과 보건복지부장관은 장애인의 직업안정을 위하여 필요하다고 인정하면 사업장에 고용되어 있는 장애인에게 작업환경 적응에 필요한 지도를 실시하여야 한다.

제19조의2(근로지원인 서비스의 제공) ① 고용노동부장관은 중증장애인의 직업생활을 지원하는 사람(이하 이 조에서 "근로지원인"이라 한다)을 보내 중증장애인이 안정적·지속적으로 직업생활을 할 수 있도록 하는 등 필요한 서비스를 제공할 수 있다.

제3장 장애인 고용 의무 및 부담금
제27조(국가와 지방자치단체의 장애인 고용 의무) ① 국가와 지방자치단체의 장은 장애인을 소속 공무원 정원의 100분의 3 이상 고용하여야 한다.

제28조(사업주의 장애인 고용 의무) ① 상시 50명 이상의 근로자를 고용하는 사업주(건설업에서 근로자 수를 확인하기 곤란한 경우에는 공사 실적액이 고용노동부장관이 정하여 고시하는 금액 이상인 사업주)는 그 근로자의 총수(건설업에서 근로자 수를 확인하기 곤란한 경우에는 대통령령으로 정하는 바에 따라 공사 실적액을 근로자의 총수로 환산한다)의 100분의 5의 범위에서 대통령령으로 정하는 비율(이하 "의무고용률"이라 한다) 이상에 해당(그 수에서 소수점 이하는 버린다)하는 장애인을 고용하여야 한다.

제6장 보칙
제75조(장애인 직업생활 상담원 등) ① 고용노동부장관은 장애인의 직업지도, 직업적응훈련, 직업능력개발훈련, 취업 후 적응지도 등 장애인의 고용촉진 및 직업재활을 위한 업무를 담당하는 장애인 직업생활 상담원 등 전문요원을 양성하여야 한다.

출처 : 법제처 홈페이지(http://www.moleg.go.kr)

관련
조항

장애인고용촉진 및 직업재활법

참고문헌

고용노동부(2016). 고용노동부, '17년도 최저임금 시간당 6,470원으로 고시. 보도자료 2016.8.5.

교육과학기술부(2010). 직업윤리. 진로진학상담교사 자격연수교재.

교육부(2015a). 2015 개정교육과정 총론 및 각론 확정·발표. 교육부 2015년 9월 23일자 보도자료.

교육부(2015b). 제2015-74호 [별책 18]. 중학교 선택교과 교육과정. 교육부.

교육부(2015c). 제2015-74호 [별책 19]. 고등학교 교양교과 교육과정. 교육부.

이영현, 한상근, 정재호, 김기헌(2008). 한국인의 직업의식 및 직업윤리 실태 : 전문직의 전문 직업성과 직업윤리. 한국직업능력개발원.

장홍근, 오영훈, 최지희, 이동임, 정윤경, 서우석, 이기홍(2007). 한국인의 직업의식과 직업윤리. 한국직업능력개발원.

정윤경, 김가연, 김나라, 방혜진, 이윤진, 김진숙(2015). 학교 진로교육 목표 및 성취기준 개정 연구. 교육부·한국직업능력개발원.

정윤경, 김진숙, 정동순, 이승아, 김가연(2016). 2015 개정교육과정에 따른 진로와 직업 평가기준 개발 연구. 교육부.

조성재, 윤진호, 최영기, 김동원, 노용진, 장홍근, 이주희, 신은종, 진숙경, 정경은, 이정훈 (2013.3.20.). 한국노동연구원.

진미석, 서유정, 이현경(2011). 학교급별 진로교육 목표 체계화 및 성과지표 개발. 교육부·한국직업능력개발원.

법제처 홈페이지 http://www.moleg.go.kr

최저임금위원회 홈페이지 http://www.minimumwage.go.kr

4장

직업능력개발훈련과 자격

김동규

직업능력개발훈련(직업훈련)은 직업에 필요한 직무수행능력을 습득·향상시키기 위해 근로자(사업주에게 고용된 사람과 취업할 의사가 있는 사람)에게 실시하는 훈련을 말한다. 국가는 산업현장에 필요한 인력을 양성해서 국가경쟁력을 향상시키고 사회·경제 발전을 도모하기 위해 다양한 직업능력개발훈련 사업을 통해 실업자와 근로자, 사업주(특히 중소기업), 훈련기관을 지원하고 있다.

자격은 직무수행에 필요한 지식·기술·소양 등의 습득 정도가 일정한 기준과 절차에 따라 평가 또는 인정된 것을 말한다. 자격은 국가에서 법적 제도를 통해 관리하는 국가(전문, 기술)자격과 민간에서 운영하는 민간자격이 있다. 근로자는 자격을 통해 자신의 직업능력을 노동시장에서 객관적으로 인정받고 직무수행능력을 습득 및 향상시킬 수 있으며, 기업은 근로자의 인사관리(채용, 승진, 전보, 보수 등)를 할 때 선별장치로 자격을 활용할 수 있다.

1 직업능력개발훈련

1) 직업능력개발훈련의 개요

(1) 직업능력개발훈련의 의의

직업능력개발훈련(이하 직업훈련)이란 근로자(사업주에게 고용된 사람과 취업할 의사가 있는 사람, 이하 동일)에게 직업에 필요한 직무수행능력을 습득·향상시키기 위해 실시하는 훈련을 말한다(근로자직업능력 개발법 제2조(정의) 제1항).

직업훈련을 통해 근로자는 근로생애에 걸쳐 직업능력개발을 해서 고용안정과 사회·경제적 지위 향상을 도모할 수 있고, 산업현장은 필요한 기술·기능 인력을 공급받아 기업의 생산성 향상을 도모할 수 있으며, 국가적으로는 고용률과 국가경쟁력이 높아지고 사회·경제 발전이 가능해진다.

(2) 직업능력개발훈련의 기본원칙

근로자직업능력 개발법 제3조(직업능력개발훈련의 기본원칙)에 따르면, 직업훈련은 다음과 같은 기본원칙하에 실시되어야 한다.

- 근로자 개인의 희망·적성·능력에 맞게 근로자의 생애에 걸쳐 체계적으로 실시되어야 한다.
- 직업훈련은 민간의 자율과 창의성이 존중되도록 해야 하며, 노사의 참여와 협력을 바탕으로 실시되어야 한다.
- 직업훈련은 근로자의 성별, 연령, 신체적 조건, 고용형태, 신앙 또는 사회적 신분 등에 따라 차별하여 실시되어서는 안 되며, 모든 근로자에게 균등한 기회가 보장되도록 해야 한다.
- 고령자와 장애인, 국민기초생활보장 수급권자, 국가유공자와 보훈보상대상자, 518민주유공자, 제대군인 및 전역예정자, 여성근로자, 중소기업근로자, 일용근

로자, 단시간근로자, 기간을 정하여 근로계약을 체결한 근로자, 일시적 사업에 고용된 근로자, 파견근로자 등을 대상으로 하는 직업훈련은 중요시되어야 한다.

- 직업훈련은 교육 관계법에 따른 학교교육 및 산업현장과 긴밀하게 연계될 수 있도록 해야 한다.
- 직업훈련은 근로자의 직무능력과 고용 가능성을 높일 수 있도록 지역·산업현장의 수요가 반영되어야 한다.

2) 직업능력개발훈련시설 및 기관

(1) 직업능력개발훈련시설

직업능력개발훈련을 실시할 수 있는 시설에는 공공직업훈련시설과 지정직업훈련시설이 있다.

공공직업훈련시설은 국가·지방자치단체 및 대통령령으로 정하는 공공단체가 직업훈련을 위해 설치한 시설이다. 국가·지방자치단체 또는 공공단체는 공공직업훈련시설을 설치·운영할 수 있다. 이 경우 국가 또는 지방자치단체가 공공직업훈련시설을 설치하려고 할 때에는 고용노동부장관과 협의해야 하며, 공공단체가 공공직업훈련시설을 설치하려고 할 때에는 고용노동부장관의 승인을 받아야 한다(근로자직업능력 개발법 제27조(공공직업훈련시설의 설치 등)).

지정직업훈련시설은 직업훈련을 위해 설립·설치된 직업전문학교·실용전문학교 등의 시설로, 고용노동부장관이 지정한 시설이다(근로자직업능력 개발법 제2조(정의) 제3항). 지정직업훈련시설을 설립·설치해 운영하려고 하는 자는 해당 훈련시설을 적절하게 운영할 수 있는 인력·시설 및 장비 등을 갖추고 훈련 직종에 관련된 직업능력개발훈련교사 1명 이상을 두어야 한다.

(2) 직업능력개발훈련기관

직업능력개발훈련기관은 직업교육훈련을 실시하는 기관 또는 시설로서, 다음과 같은 종류가 있다.

- '근로자직업능력 개발법'에 의한 직업능력개발훈련시설 및 직업능력개발훈련법인(직업능력개발훈련법인은 직업능력개발훈련을 비롯해 근로자의 직업능력개발을 위한 조사·연구사업, 직업훈련 과정 및 매체 등의 개발·보급사업을 실시)
- 대통령령이 정하는 비영리법인 및 단체 등 직업능력개발단체
- '고등교육법'에 의한 학교
- '평생교육법'에 의한 평생교육시설로, 사내대학 형태 평생교육시설, 학교 형태 평생교육시설, 사업장 부설 평생교육시설, 언론기관 부설 평생교육시설, 학교 부설 평생교육시설, 원격대학 형태의 평생교육시설, 원격 평생교육시설, 시민단체 부설 평생교육시설, 지식·인력개발 사업 관련 평생교육시설 등
- '학원의 설립·운영 및 과외교습에 관한 법률'에 의한 학원
- 소속 근로자 등의 직업훈련을 위한 전용시설을 운영하는 사업주 또는 사업주 단체(근로자직업능력 개발법 제28조)
- 기능대학 및 기술교육대학(근로자직업능력 개발법 제39조)
- 기타 개별법에 의한 훈련시설

3) 직업능력개발훈련의 종류

(1) 훈련 목적에 따른 구분

직업훈련은 훈련 목적에 따라 양성훈련과 향상훈련, 전직훈련으로 구분된다.

양성훈련(실업자 훈련)은 근로자(사업주에게 고용된 사람과 취업할 의사가 있는 사람)에게 취업능력 또는 기초 직무능력을 습득시키기 위하여 실시하는 직업훈련을 말한다.

향상훈련(재직자 훈련)은 양성훈련을 받은 사람이나 직업에 필요한 기초 직무능력을 가지고 있는 사람에게 더 높은 직무수행능력을 습득시키거나 기술 발전에 맞추어 지식·기능을 보충하게 하기 위하여 실시하는 직업훈련을 말한다.

전직훈련은 근로자에게 종전의 직업과 유사하거나 새로운 직업에 필요한 직무수

행능력을 습득시키기 위하여 실시하는 직업훈련을 말한다.

(2) 훈련 방법에 따른 구분

직업훈련은 훈련 방법에 따라 집체(集體)훈련, 현장훈련, 원격훈련, 혼합훈련 등으로 구분할 수 있다.

집체훈련은 직업훈련을 실시하기 위하여 설치한 훈련전용시설이나 그 밖에 훈련을 실시하기에 적합한 시설(산업체의 생산시설 및 근무장소는 제외)에서 실시하는 훈련 방법을 말한다.

현장훈련은 산업체의 생산시설 또는 근무장소에서 실시하는 훈련 방법을 말한다.

원격훈련은 먼 곳에 있는 사람에게 정보통신매체 등을 이용하여 실시하는 훈련 방법(인터넷과정, 우편과정-교재 활용)을 말한다.

혼합훈련은 상기의 3가지 훈련방법을 2개 이상 병행하여 실시하는 훈련 방법을 말한다.

4) 직업능력개발훈련 사업 내용[1]

(1) 사업주에 대한 지원: 사업주가 근로자 대상 직업훈련을 실시하는 경우

① 사업주 직업훈련지원(유급휴가훈련 제외)

고용보험가입 사업주가 소속 근로자, 채용예정자, 구직자 등을 대상으로 고용노동부장관의 인정을 받은 직업훈련을 자체훈련시설에서 직접 실시하거나 훈련기관에 위탁해서 실시하는 경우에 정부로부터 지원을 받을 수 있다. 지원 조건과 내용은 훈련 방법에 따라 조금 차이가 있지만, 훈련을 실시하는 데 소요된 훈련비와 숙식비, 기숙사 운영비(이상 사업주에 지급), 훈련수당(근로자에 지급) 등의 일부가 지원된다. 또한 기업 규

---

1   여기에서의 내용은 2016년 직업능력개발사업현황(고용노동부, 2016a)을 기초로 작성했다.

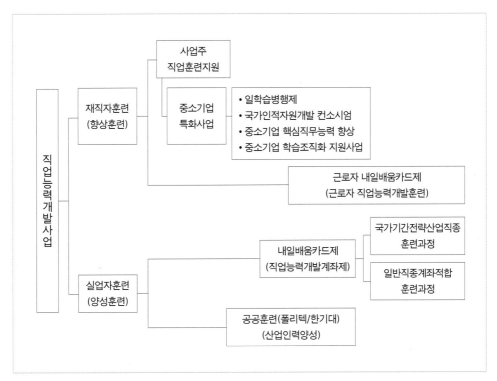

그림 4-1 직업능력개발훈련 사업체계
출처 : 고용노동부(2016a,) 2016년 **직업능력개발사업현황**

모에 따라 지원되는 비용도 차등 지급된다. 원격훈련(인터넷원격훈련, 스마트훈련,[2] 우편원격훈련 등)의 경우 규정된 지원단가에 의해 훈련비가 지원된다.

② 유급휴가훈련 지원

유급휴가훈련 지원은 소속 근로자에게 유급휴가를 부여해 중·장기의 직업훈련을 실시하는 사업주에 대한 지원 제도이다. 우선지원 대상기업[3] 또는 상시근로자 150명 미만 사업주의 경우, 근로자를 대상으로 계속해서 7일 이상의 유급휴가를 주어 30시간

---

2 스마트훈련이란 위치기반서비스, 가상현실 등 스마트 기기의 기술적 요소를 활용하거나 특성화된 교수 방법을 적용하여 원격 등의 방법으로 실시되고 훈련생 관리 등이 웹상에서 이루어지는 훈련을 말한다.
3 우선지원 대상기업의 범위(고용보험법 시행령 제12조): 광업 300명 이하, 제조업 500명 이하, 건설업 300명 이하, 운수업 및 통신업: 300명 이하, 그 외 100명 이하

이상의 훈련을 실시하면 훈련비 및 훈련 참여 근로자의 임금 일부를 지원한다. 30일 이상의 유급휴가를 주어 120시간 이상의 훈련을 실시하면서 대체인력을 고용할 경우에는 훈련비 및 훈련 참여 근로자의 임금 외에 대체인력에 대한 임금 일부도 지원한다. 그외 기업의 경우, 1년 이상 재직하고 있는 근로자를 대상으로 계속해서 60일 이상의 유급휴가를 주어 180시간 이상의 훈련을 실시할 경우 훈련비 및 훈련 참여 근로자의 임금 일부를 지원한다.

③ 직업능력개발훈련시설 · 장비자금 대부

직업훈련시설을 설치하거나 훈련장비를 구입하고자 하는 사업주, 근로자단체, 사업주단체, 훈련법인, 고용노동부지정 훈련시설 등은 직업능력개발훈련시설 및 장비 설치를 위한 대부를 받을 수 있다.

④ 사내자격검정 지원

사내자격검정 지원은 소속 근로자를 대상으로 기업의 특성에 맞는 자격을 개발 · 운영하고 있는 사업주에게 자격검정개발비와 검정운영비를 지원하는 제도이다. 지원 요건은 사업주가 단독 또는 공동으로 당해 사업 및 당해 사업과 관련된 사업의 근로자를 대상으로 실시하는 자격검정일 것, 자격종목이 당해 사업에 필요한 지식 및 기능과 직접 관련될 것, 자격검정이 영리를 목적으로 하지 않을 것 등이다.

(2) 중소기업 능력개발 지원

① 일학습병행제

일학습병행제는 산업현장에서 요구하는 실무형 인재를 양성하기 위해 기업이 취업을 원하는 청년 등을 학습근로자로 채용하여 기업 현장(또는 학교 등의 교육기관)에서 장기간의 체계적 교육을 제공하고, 교육훈련을 마친 자의 역량을 국가(또는 해당 산업계)가 평가하여 자격을 인정하는 제도이다. 일학습병행제는 독일 · 스위스식 도제 제도를 한국에 맞게 설계한 도제식 교육훈련제도라고 할 수 있다.

일학습병행제는 참여 기업의 특징에 따라 자격연계형과 대학연계형으로 나눈다.

자격연계형은 국가직무능력표준(NCS)[4]를 기반으로 일과 학습을 병행한 뒤 국가가 인정하는 자격을 취득하는 방식이다. 대학연계형은 일을 하면서 학위를 취득하는 방식이다. 근로자(신규 또는 2년 내 입직자)는 취업한 기업에서 일을 하면서 현장교사(선배 근로자)로부터 NCS을 기반으로 개발된 교육훈련프로그램과 현장훈련교재에 따라 훈련과정을 이수한 후, 일정한 평가를 거쳐 자격 또는 학위를 부여받을 수 있다.

지원 대상 참여기업은 상시근로자 수 20인 이상(단일 기업이 해당 기업에서 사용할 인재를 직접 양성하는 단독기업형은 50인 이상)이면서 기술력을 갖추고 CEO의 자체 인력 양성 의지가 높은 기술기업을 원칙으로 한다. 지원 대상 훈련과정은 채용자에 대한 양성훈련(6개월~4년)이다. 참여기업에는 교육훈련프로그램 개발, 학습도구, 지원컨설팅 등 인프라 구축비, 훈련비, 현장교사·HRD 담당자 수당, 학습근로자 훈련지원금 등이 지원된다.

② 국가인적자원개발 컨소시엄

국가인적자원개발 컨소시엄은 중소기업 재직근로자의 직업훈련 참여 확대와 신성장동력 분야·융복합 분야 등의 전략산업 전문인력 육성, 산업계 주도의 지역별 직업훈련기반 조성 등을 위해 복수의 중소기업과 인적자원개발 컨소시엄(협약)을 구성한 기업 등에게 공동훈련에 필요한 훈련 인프라(공동훈련센터)와 훈련비 등을 지원하는 직업능력개발훈련 사업이다.

지원 대상은 다수의 중소기업과 컨소시엄을 구성하고 자체 우수 훈련시설을 이용하여 중소기업 근로자 등에게 맞춤형 공동훈련을 제공하는 기업 및 사업주단체이다. 시설·장비비, 프로그램 개발비, 운영비, 훈련비 및 훈련수당 등이 지원된다.

공동훈련센터는 훈련 역량이 부족한 중소기업들을 위해 중소기업 학습근로자에게 현장외훈련(OFF-JT)을 직접 실시하고 현장훈련(OJT)을 지원하기 위한 외부교육전문기관이다. 공동훈련센터는 폴리텍대학, 전문대학, 대학교, 기업, 협회, 인력개발원 등에 총 212개소가 운영되고 있다(2016년 3월 기준). 공동훈련센터 유형에는 대중소상생 공동훈련센터(중소기업과 협약을 체결해 이들 중소기업에 대한 체계적이고 지속적인 직업능력개발 지

---

4   국가직무능력표준(NCS)에 대해서는 5장에서 상세히 살펴본다.

원을 목적으로 컨소시엄 사업을 운영하는 기관), 전략 분야 공동훈련센터(특정 산업이나 직종에 대한 체계적인 인력 양성 및 근로자의 직업능력개발을 목적으로 해당 산업 및 직종과 관련된 기업과 협약을 체결해 컨소시엄 사업을 운영하는 기관), 지역공동훈련센터(지역 단위에서 기업의 교육훈련 수요조사 결과를 토대로 기업과 협약을 체결해서 교육훈련을 실시하기 위해 지역인적자원개발위원회(Regional Council : RC)가 선정한 기관) 등이 있다.

③ 고용디딤돌 프로그램

고용디딤돌 프로그램은 대기업 및 공공기관의 우수 프로그램을 활용해 청년 구직자(만15세~34세)에게 유망직종을 중심으로 교육훈련(직업훈련 및 인턴)을 실시하고 수료 후 취업·창업을 지원하는 제도이다. 청년 구직자에게 직업훈련을 실시하는 경우, 운영비, 시설·장비비 및 훈련비(기업), 훈련수당(청년)이 지원된다. 청년인턴을 운영하는 경우, 인턴지원금 및 정규직전환지원금(기업), 취업지원금(청년)이 지원된다. 대기업(공공기관) 및 협력기업 등은 훈련생이나 인턴을 직접 채용하거나 전국고용센터 등과 함께 취업·창업을 지원한다.

④ 지역·산업 맞춤형 인력양성체계 구축

지역·산업 맞춤형 인력양성체계는 지역인적자원개발위원회(RC)를 중심으로 추진

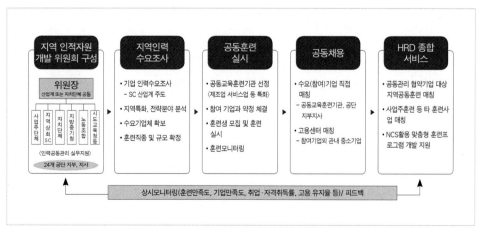

그림 4-2 지역·산업 맞춤형 인력양성체계
출처 : 고용노동부 홈페이지(2016.10.30.)

된다. 지역인적자원개발위원회에는 지역단위에서 대한상공회의소, 한국경영자총협회 등 지역을 대표하는 산업계를 중심으로 자치단체, 노동단체, 고용센터, 중소기업청, 교육청 등이 참여한다. 서울, 인천, 부산, 제주 등의 지역에 16개 지역인적자원개발위원회가 운영되고 있다(2016년 4월 기준). 지역인적자원개발위원회는 지역의 인력·훈련 수요 및 공급을 조사하고 그 결과를 토대로 공동훈련센터를 선정하여 훈련을 실시하며, 지역의 고용센터 등과 연계해 채용을 지원한다.

⑤ 중소기업 학습조직화 지원

중소기업 학습조직화 지원은 중소기업이 업무 관련 지식, 경험, 노하우를 기업 내에서 체계적으로 축적·확산할 수 있도록 중소기업의 학습활동 및 이와 관련된 인프라 구축을 지원하는 사업이다. 지원 대상은 근로자 대표와 협의를 거쳐 학습조직화 조치를 실시하는 우선지원 대상기업의 사업주이다. 학습활동비, 우수 학습활동 포상, 학습조직화 지원기업의 네트워크 활동비, 학습조직화를 위한 전문코칭 및 컨설팅, 학습공간 구축 등이 지원된다.

⑥ 중소기업 핵심직무능력 향상 훈련지원

중소기업 핵심직무능력 향상 훈련지원은 중소기업(우선지원 대상기업) 사업주 및 근로자에게 비용 부담 등으로 수강하기 어려웠던 우수훈련기관의 최고급 과정에 대해 실 훈련비 전액(시간당 한도액 있음)을 지원하는 제도이다. 지원 대상은 고용노동부장관(직업능력심사평가원)이 선정한 핵심직무능력 향상과정을 수강한 중소기업 사업주 및 근로자이다.

⑦ 대한민국 산업현장 교수제

대한민국 산업현장 교수제는 고용보험에 가입한 중소기업(우선지원 대상기업) 사업주를 대상으로 훈련 참여 경험이 거의 없는 중소기업에 대기업 등에서 퇴직한 인적자원개발(HRD)전문가 및 우수 기술·기능 인력을 활용해 기술·기능을 전수하고 현장실습 및 진로지도, 기술·인적자원개발 컨설팅 등 인적자원개발 서비스를 지원하는 제도이다.

(3) 재직근로자에 대한 지원: 근로자가 스스로 직업능력개발을 하는 경우

① 근로자 내일배움카드제

근로자 내일배움카드제는 근로자 직업능력개발훈련이라고도 하는데, 고용보험 피보험자로서 근로자가 스스로 직업능력개발을 하도록 지원하는 제도이다. 근로자는 고용센터에서 내일배움카드를 발급받아 원하는 훈련과정에 참여할 수 있고, 훈련기관은 정부로부터 훈련비를 지급받는다.

지원 대상은 고용보험 피보험자 중 우선지원 대상기업 소속 피보험자, 기간제·단시간·파견·일용근로자, 180일 이내 이직 예정자, 고용보험 가입기간이 3년 이상이고 그 기간 동안 3년간 사업주 훈련 및 근로자 개인지원훈련 이력이 없는 피보험자, 대규모 기업에 근무하는 45세 이상인 사람, 육아휴직 중인 사람, 경영상의 이유로 90일 이상 무급휴직·휴업 중인 사람, 고용보험 체납액이 없는 자영업자(임의가입) 등이다.

(4) 실업자 등 직업능력개발훈련: 실업자가 직업훈련을 받는 경우

① 실업자 내일배움카드제

내일배움카드제는 취업 및 창업을 위한 기술·기능 습득이 필요한 구직자에게 일정 금액의 훈련비를 지원해 적합한 직업능력개발 훈련과정을 수강할 수 있도록 하고, 개인별 훈련이력 정보를 통합 관리해 체계적인 직업능력개발을 지원하는 제도이다.

지원 대상 훈련과정은 계좌를 사용해 훈련과정을 수강할 수 있도록 고용노동부에서 인정해 공고하는 계좌적합훈련과정이다.

지원 내용을 보면, 계좌발급일로부터 1년간 실제 훈련비의 20~50%(최대 200만원)가 지원된다. 취업성공패키지[5] 참여자 중 취약계층(I유형[6])에게는 훈련비 전액(최대 300만원)이 지원된다. 훈련종료 후 6개월 이내에 동일 직종으로 취업·창업해 6개월 이상

---

5   취업성공패키지는 저소득 취업취약계층에 대해 개인별 취업활동계획에 따라 '진단·경로 설정 → 의욕·능력 증진 → 집중 취업알선'에 이르는 통합적인 취업지원 프로그램을 제공하고, 취업한 경우 '취업성공수당'을 지급함으로써 노동시장 진입을 체계적으로 지원하는 종합적인 취업지원체계이다.

6   취업성공패키지 I 유형(만18~64세, 단, 위기청소년의 경우 만15세~만24세) 대상에는 생계급여수급자, 중위소득 60% 이하 가구원, 여성가장, 장애인, 위기청소년, 니트족(NEET: 일하지 않고 일할 의지도 없는 청년 무직자), 북한 이탈주민, 결혼 이민자 등이 있다.

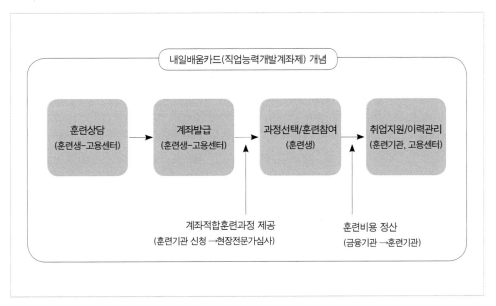

그림 4-3 내일배움카드(직업능력개발계좌제) 개념
출처 : HRD-Net(2016.11.6.)

취업·창업 상태를 유지하는 경우에는 자비로 부담한 훈련비 전액이 환급된다. 단위기간(1개월) 소정 출석일수의 80% 이상 수강한 경우에는 최대 지원금액에 일정 감액되어 지급된다. 자신이 거주하는 지역의 고용노동부 고용센터를 방문해서 구직등록을 하고 훈련상담 후 계좌발급을 신청하면, 훈련 필요성 및 시급성 등을 고려하여 계좌발급 여부가 결정된다.

훈련 대상은 만 15세 이상의 다음 구직자 중 고용센터의 상담을 거쳐 훈련 필요성이 인정되는 경우로, 취업희망분야 관련 훈련직종에 대해 직업능력개발계좌가 발급된다.

- '직업안정법'에 따라 구직신청을 한 전직실업자(고용보험 가입 이력이 있는 자) 또는 신규실업자(고용보험 가입 이력이 없는 자)
- 사업기간이 1년 이상인 영세자영업자(연간 매출액 8,000만원 미만, 부동산임대사업자는 4,800만원 미만) 또는 신용회복위원회의 신용회복지원확정을 받은 사업자, 특수형태근로종사자 중 보험설계사, 학습지교사, 골프장 경기보조원, 택배기사, 퀵서비스기사(전속)의 경우 연간 매출액이 4,800만원 미만인 개인사업자
- 비진학 예정인 고등학교 3학년 재학생 중 소속 학교의 장이 직업훈련 필요성을

인정한 사람

- 피보험자격을 취득한 건설일용직근로자 중 '직업안정법'에 따른 구직신청자
- 농어업인으로 농어업 이외의 직업에 취업하려는 사람과 그 가족
- 1개월간 소정 근로시간이 60시간 미만(1주 15시간 미만 포함)인 자로 구직신청을 한 자(피보험자격 취득자 및 3개월 이상 계속근로자 제외)
- 제대군인지원에 관한 법률 제7조에 따른 전역예정자

② 국가기간·전략산업 직종 훈련

국가기간(基幹)·전략산업 직종 훈련은 국가의 기간산업 및 전략산업 등의 산업 분야에서 인력이 부족하거나 수요가 증가할 것으로 예상되는 직종에 대해 기술·기능 인력을 양성 및 공급하기 위한 직업훈련이다. 국가기간·전략산업 직종에는 국가 경제의 기간이 되는 산업 중 인력이 부족한 직종, 정보통신산업, 자동차산업 등 국가전략산업 중 인력이 부족한 직종, 그 밖에 산업현장의 인력수요 증대에 따라 인력을 양성할 필요가 있다고 고용노동부장관이 고시하는 직종 등이 있다.

훈련 대상은 고용센터 등 직업안정기관에 구직 등록한 15세 이상의 실업자, 고등학교 3학년 재학생으로 고등교육기관에 진학하지 않는 학생, 대학(전문대학) 최종학년 재학생으로 대학원 등에 진학하지 않는 학생 등이다. 훈련기관에는 훈련비(직능수준별 차별 지급)가 지급된다. 훈련생에게는 소정의 훈련장려금이 지급된다.

③ 취업사관학교 직업훈련

취업사관학교는 학업 중단, 가출 등의 이유로 경제적·사회적·심리적 도움이 필요한 청소년(15세 이상 24세 미만의 학교 밖 위기청소년)을 대상으로 맞춤형 훈련 실시를 통해 건전한 자립을 지원하기 위한 목적으로 실시된다.

훈련기간은 6개월(700시간) 이상이며, 집체훈련으로 실시된다. 훈련기관은 훈련비를 지원받고, 훈련생은 자립수당을 지원받는다.

④ 직업훈련생계비 대부

직업훈련생계비 대부는 취약계층(비정규직, 전직실업자)이 직업훈련에 전념하여 더 나은 일자리로 이동할 수 있도록 저리(低利)로 직업훈련생계비를 지원하는 제도이다. 대상은 4주 이상 직업훈련을 받고 있는 실업자(실업급여 수급자 및 배우자 합산 연간소득 4,000만원 초과자 제외) 및 비정규직 근로자(연간소득 3,000만원 미만자)이다.

5) 직업훈련포털 HRD-Net

HRD-Net(www.hrd.go.kr)은 고용노동부에서 주관하고 한국고용정보원에서 운영

그림 4-4 HRD-Net 홈페이지 화면
출처 : www.hrd.go.kr(2017.01.14.)

하는 우리나라의 대표적인 직업능력개발 정보망이다. HRD-Net은 크게 두 가지 기능을 갖는다. 하나는 홈페이지 및 모바일 서비스를 통해 다양한 직업능력개발 정보와 학습콘텐츠를 제공하는 것이다. 직업능력개발 훈련기관(훈련기관 평가정보 포함) 및 훈련과정 정보, 훈련·자격·일자리를 연계한 통합정보, 고용노동부 지원 훈련내용 정보 등이 제공된다. 관련 정보는 대상자별(구직자(실업자), 재직근로자, 기업 등), 지역별, 훈련시작일 등 다양한 방법으로 검색할 수 있다. 구직자의 취업능력 제고와 근로자의 능력개발 향상을 위해 e-Learning 등 무료 학습콘텐츠를 제공한다. 또 다른 기능은 고용노동부 고용센터, 지방자치단체, 훈련기관에서 훈련과정·훈련생·훈련비용 등 직업능력개발 관련 행정업무를 온라인을 통해 효율적으로 수행할 수 있도록 지원하는 것이다.

HRD-Net의 서비스를 대상자별로 살펴보면 다음과 같다. 훈련희망자는 HRD-Net에서 희망하는 직업훈련과정과 훈련기관을 검색하고 온라인 문의를 할 수 있다. 훈련생은 고용노동부 지원 훈련과정을 수강한 후 훈련기관·훈련과정·훈련결과·출결이력·비용(장려금)지원 등의 이력을 조회할 수 있고, 실업자 및 재직자 계좌카드를 신청하고 발급내역 및 사용이력(내역)을 조회할 수 있다. 훈련기관은 HRD-Net에서 실시하고자 하는 훈련과정을 인정받기 위한 신청, 훈련실시 비용 신청 등 민원신청 건에 대한 결과(통지서) 내역 조회, 훈련기관에서 실시 및 실시 예정인 훈련과정에 대해 개인이나 기업에서 문의한 내용의 조회 및 답변 등을 할 수 있다. 기업은 HRD-Net을 통해 소속 근로자가 수강한 고용노동부 사업주지원훈련과정 이력(내용) 조회, 소속 근로자가 수강한 사업주훈련에 대한 훈련비용 신청, 신청한 사업주훈련비용 건에 대한 결과(통지서) 내역 확인 등을 할 수 있다.

6) 각 부처 및 기관에서 시행하는 직업훈련 및 고용지원서비스

고용노동부 외에도 여러 정부 부처에서 직업훈련 및 고용지원서비스를 하고 있다.

중소기업청은 창업넷(http://www.k-startup.go.kr/)을 통해 각종 창업교육과정을 운영하는 것 외에 창업에 필요한 시설 및 공간, 멘토링 및 컨설팅, 사업화 프로그램, 각종 정책자금 등에 대한 정보와 서비스를 제공한다. 중소기업인력개발원(https://www.sbhrdc.re.kr/)은 중소기업 직무교육과정, 협동조합 직무교육과정, 취업캠프(특성화고, 전문대, 대학교), 기업별 맞춤형 교육과정 등의 교육과정을 운영한다.

여성가족부에서 제공하는 직업훈련 및 고용지원서비스는 다음과 같다. 위민넷(www.women.go.kr)은 여성의 정보화 역량 강화와 능력 개발을 위해 여성가족부에서 운영하는 포털사이트로, 여성 대상의 온라인 강의, 취업·창업 서비스 등을 지원한다. 여성새로일하기센터(일명 새일센터)는 출산과 육아, 가사 등으로 경력이 단절된 여성의 취업을 지원하는 종합 취업지원 기관으로, 전국에 169개 센터를 운영 중이다(2016년 10월 31일 기준). 여성새로일하기센터에서는 직업상담(일대일 맞춤형 취업상담, 집단상담 프로그램, 취업정보 제공)에서 직업교육훈련(직업교육, 직업의식 고취교육), 취업 연계(개인 맞춤형 취업 알선, 새일여성인턴제, 결혼이민여성인턴제), 사후관리 지원 서비스(취업자 대상 사후관리, 채용기업 대상 사후관리)에 이르기까지 구직과 취업에 관련된 모든 서비스를 지원한다.

국토교통부는 건설기술교육원, 한국건설기술인협회, 전문건설공제조합 기술교육원 등을 통해 건설근로자 및 실업자에게 교육훈련을 실시하고 있다.

국방부는 육군취업지원센터(http://www.armyjob.mil.kr/)와 공군본부 홈페이지의 공군취업정보광장(http://www.airforce.mil.kr)을 통해 제대군인에 대한 전직지원교육, 취업 및 창업 정보 등을 제공하고 있다. 국가보훈처는 제대군인지원센터을 통해 제대군인을 대상으로 교육훈련을 실시하고 있다.

7) 직업능력개발훈련 관련 주요 공공기관

고용노동부는 우리나라의 직업능력정책을 총괄하고, 각종 직업능력개발 사업을 집행·관리하는 일을 한다.

직업능력심사평가원은 직업훈련 심사·평가, 훈련기관 인증 등 훈련관리 기능을 전담하기 위해 2015년 4월에 설립되었다. 기능 및 역할을 보면, 훈련기관 인증평가, 훈련과정 심사(집체, 원격) 통합 수행을 통해 훈련 사전·사후 단계의 품질관리를 담당한다. 신규 기능인 훈련생 평가, 부정훈련 관리를 통해 훈련 성과 측정과 훈련시장 모니터링 기능을 수행한다. 중앙부처 직업능력개발 사업 평가 등 정부 부처 사업 간 연계방안 도출 및 컨설팅 역할도 수행한다.

한국고용정보원은 국가의 직업능력사업과 직업능력개발 정보를 제공하는 온라인 정보망인 HRD-Net을 개발하고 운영·관리하는 일을 한다.

한국산업인력공단은 근로자 평생학습 지원, 직업훈련, 자격검정, 숙련기술 장려사업 및 고용촉진, NCS의 개발 및 활용 확산, 외국인 고용지원 등에 관한 사업을 수행한다.

한국직업능력개발원은 국가 인재개발과 직업교육훈련에 대한 정책 연구를 비롯해 자격제도, 교육·훈련 프로그램의 개발, 직업훈련기관 및 훈련과정에 대한 평가, 국가공인 민간자격 관리 및 운영, 직업·진로정보 및 상담 서비스 제공 등 다양한 연구와 사업을 수행한다.

8) 직업능력개발훈련 최신 동향 : 직업능력개발훈련 제도의 개편

(1) 직업능력개발훈련 제도의 개편 배경

우리나라의 직업훈련은 산업 수요를 반영한 인력 양성과 근로자의 직업능력 향상, 취업계층의 실업 방지에 기여해 왔으며, 양적·질적으로도 크게 성장했다. 직업훈련 참여인원을 보면, 구직자 참여인원은 2005년 약 10만 명에서 2015년 약 25만 명으로 10년 간 150%가 증가했고, 재직자 참여인원은 2005년 252만 여명에서 2015년 289만 여명으로 14.6%가 증가했다. 예산 규모도 2013년 1조6천여억 원에서 2016년 2조1천여억 원으로 증가했다. 구직자 훈련 취업률은 2012년 44.6%에서 2015년 52.6%로 높아졌다.

그러나 우리나라의 직업훈련은 양적 확대와 질적 향상을 이루었음에도 여전히 개선의 여지가 많다는 평가를 받고 있다. 직업훈련 분야 국가경쟁력 순위는 지속적으로 하락 중이며, 숙련 근로자 확보 곤란 등으로 인적 자본에 대한 국제사회의 평가도 저조한 형편이다. 우리나라의 직업훈련 분야 국가경쟁력 순위(IMD)는 2013년 22위에서 2015년 42위로 하락했고, 세계경제포럼(WEF)의 인적자본지수(Human Capital Index)는 일본 4위, 싱가포르 13위, 러시아 28위인 데 비해 우리나라는 32위에 머물렀다. 우리나라의 직업훈련 시장의 질과 성과가 저조한 원인으로 경쟁촉진기제 미흡, 서비스 질 낙후, 산업 인력수요와 훈련수요의 괴리, 직업훈련 정보인프라 미흡, 훈련물량과 가격에 대한 강력한 통제로 시장 시그널이 전달되기 어려움 등이 지적되고 있다.[7]

정부는 2016년 10월 25일에 고용정책심의회에서 '4차 산업혁명에 대비한 직업능력개발훈련 제도개편(안)'을 심의·의결했다. 이번 대책은 글로벌 경쟁 심화, 4차 산업혁명에 따른 유망 신산업을 중심으로 한 인력수요 증가 및 기존 일자리 감소 전망, 저출산·고령화로 인한 생산성 저하, 대·중소기업 간 직업훈련 참여 격차 심화 등의 배경하에 이루어졌다. 직업능력개발 훈련체계의 혁신을 통해 시장과 산업의 수요를 발 빠르게 반영하고, 고성과·고품질 훈련 중심으로 훈련시장이 개편될 것으로 기대된다.

(2) 직업능력개발훈련 제도의 개편 방향

① 신(新)산업 분야 인력양성 기반 대폭 확충

- 신산업 위주로 국가기간·전략산업직종훈련 개편 : 국가기간·전략산업직종훈련(114개 직종)을 지능정보기술 등 신산업 분야에서 인력수요 확대가 예상되는 직종(사물인터넷(IoT), 빅데이터, 핀테크(Fin-Tech), 스마트 팜(Smart farm) 등)을 반영해서 개편하고, 훈련과정 개설을 촉진한다.
- 고급 융합기술 기반 '4차 산업혁명 선도인력 양성사업' 추진 : 4차 산업혁명을 선도할 핵심인력 양성 투자가 시급하지만, 민간기관은 대규모 초기비용, 미래 불확실성 등으로 인해 훈련과정 개발이나 시설·장비 투자를 하기가 쉽지 않다. 그렇기 때문에 정부에서 선도적으로 대규모 투자를 통해 '4차 산업혁명 선도인력 양성사업'을 추진한다.

---

7   KDI(2016), 일자리사업 심층평가, 직업능력개발훈련 제도개편(안)(고용노동부, 보도 참고자료1, 2016. 10. 25.)에서 재인용.

- 미래 유망분야 NCS 개발 및 자격 신설 : 변화하는 노동시장·산업 수요를 반영해 NCS의 신규 개발 및 관련 자격 신설을 추진한다. 산업계 수요가 높은 사물인터넷(IoT), 자율주행 및 로봇 등에 대한 NCS를 선도적으로 개발해 훈련과정에 반영하고, 로봇, 신에너지, 바이오·생명공학 관련 국가기술자격을 신설해 4차 산업혁명 시대에 필요한 숙련인력 양성 기반을 마련한다.

② 노동시장·산업 수요에 신속히 대응하는 훈련공급시스템 마련

- 중앙집권식 물량통제방식 단계적 폐지 : 정부통제형 훈련공급방식을 시장기반형 훈련공급방식으로 전환한다. 앞으로는 인력수요가 있을 경우 훈련 내용, 시설·장비 등의 기본적 적합성만 확인되면 별도의 제한 없이 훈련과정을 개설할 수 있도록 한다.

- 수강료 상한제 폐지 및 고급훈련과정 훈련 지원단가 인상 : 현재까지의 구직자 직업훈련이 수강료 상한제를 통해 범용 수준 훈련과정 개설을 지원해 왔다면, 향후에는 수강료 상한을 폐지해 훈련기관이 고급과정을 개설할 때 더 높은 수강료를 책정할 수 있도록 하고, 훈련생은 수준별로 다양한 훈련과정을 선택할 수 있도록 한다. 특히 훈련과정의 수준이 높을수록 훈련비 지원기준을 할증 적용해 고급과정의 개설을 촉진할 예정이다.

- 직업훈련기관 및 훈련과정 성과정보 공개 강화 : 취업률 등 훈련성과와 훈련기관에 대한 평가·관리를 강화한다. 훈련과정별 취업률 정보뿐만 아니라 취업한 훈련수료생의 임금 수준, 취업 사업장 규모, 훈련 교사·강사 실적 등을 쉽게 비교할 수 있도록 HRD-Net에 성과정보를 상세히 공개할 계획이다. 이를 통해 훈련수강생들은 정확하고 다양한 성과정보를 바탕으로 훈련과정을 선택할 수 있고, 훈련시장은 고성과 훈련과정 중심으로 재편될 수 있다.

③ 고성과·고품질 훈련 확충

- 취업성과와 훈련비 개인부담 간 연계 강화 : 그동안 구직자 훈련의 취업성과와 훈련비 개인부담(자부담률) 연계가 미흡함에 따라 고성과 훈련에 대한 인센티브

가 부족했는데, 취업률이 높은 훈련직종에 대해서는 훈련생 자부담을 최소화할 예정이다. 이를 통해 구직자가 취업률이 높은 고성과 직종을 선택하도록 유도해 해당 훈련과정의 공급이 증가하는 효과를 낼 것으로 예상된다.

- '생애 훈련이력별 상담제' 도입 : '생애 훈련이력별 상담제'를 도입해서 생애 첫 훈련계좌를 발급할 때 계좌발급 기본 요건만 확인한 후 즉시 훈련계좌를 발급해 직업훈련과 재취업이 신속히 연계되도록 개선한다.

- 훈련성과 중심의 훈련기관 평가 : 훈련기관 인증평가 지표 중 훈련성과지표 비중을 높여 성과 저조기관에 대해서는 정부지원 훈련에서 배제한다. 반면 훈련성과가 우수한 기관은 인증 유효기간을 늘려 안정적 운영과 장기투자가 가능하도록 지원한다. 훈련성과지표는 취업률 외에 고용유지율, 취업처의 임금 수준 등을 보조지표로 추가해 훈련성과를 입체적으로 분석하고 그 결과를 훈련기관 평가에 반영할 예정이다.

- 훈련 교사·강사에 대한 지원 확대 : 직업훈련 품질 유지의 핵심인 훈련 교사·강사에 대한 체계적 관리 및 처우개선을 추진한다. 훈련 교사·강사별 실적 정보를 DB로 구축해 개인별 실적을 공개하는 등 관리를 강화하는 한편, 지속적 역량 강화를 위해 훈련교사 보수교육 의무제를 도입할 예정이다.

- 현장성 높은 가상훈련(Virtual Training) 콘텐츠 개발·보급 : 항만안전관리, 플랜트시스템유지·보수 등 현장 수요가 높은 가상훈련 콘텐츠를 중심으로 다양한 가상훈련과정을 개발·보급하고, 훈련생의 가상훈련 디바이스와 연계할 수 있는 통합 플랫폼을 구축할 예정이다. 고위험 훈련장비를 가상훈련 콘텐츠로 대체해 잠재적 위험상황에 대한 사전 대응훈련을 할 수 있고 고비용 장비를 활용한 훈련을 할 수 있다는 점에서 높은 훈련성과가 기대된다.

1) 자격의 정의 및 기능

(1) 자격의 정의

자격(Qualifications)이란 직무수행에 필요한 지식·기술·소양 등의 습득 정도가 일정한 기준과 절차에 따라 평가 또는 인정된 것을 말한다. 자격제도(Qualification system)는 자격체계에 부합하여 관리·운영되어야 한다. 자격체계는 국가직무능력표준(NCS)을 바탕으로 학교교육·직업훈련(이하 '교육훈련') 및 자격이 상호 연계될 수 있도록 한 자격의 수준체계이다(「자격기본법」 제2조).

(2) 자격의 기능 및 효용성

자격에는 신호(signal) 기능, 선별(screening) 기능, 선도(guide) 기능 등의 3가지 기능이 있다. 신호 기능은 근로자의 직업능력을 산업현장의 직무수행에 필요한 지식·기술 등의 습득 정도를 통해 평가·인정하는 것이다. 자격제도를 통해 근로자는 자신의 직업능력을 정당하게 인정받을 수 있다. 선별 기능은 기업이 근로자를 인사관리(채용, 승진, 전보, 보수 등)할 때 선별장치로 활용하는 것이다. 자격제도를 통해 기업은 적합한 인재를 비용과 시간 측면에서 효율적으로 채용할 수 있고, 근로자에 대한 승진, 보수 책정 등에 활용할 수 있다. 선도 기능은 취업 및 보상으로 연결되는 자격 취득을 위해 근로자가 직업훈련을 통해 직무수행능력을 습득하고 향상시키도록 유인하는 것이다. 근로자와 기업이 산업계에서 필요한 직무 내용과 수준이 무엇인지 알고 자격 취득이 취업과 생산성 향상에 도움이 된다는 사실을 공유함으로써 직업능력개발을 수행하거나 지원하도록 유인할 수 있다.

자격의 효용성을 대상별로 살펴보면 다음과 같다. 근로자는 자격제도를 통해 자신의 직무역량을 증명할 수 있다. 또한 구직자는 자격을 통해 자신의 직업능력을 증명함으로써 노동시장에 용이하게 진입할 수 있다. 재직 근로자는 자격 취득을 통해 고용안정, 승진 및 전직, 임금 상승 등의 효과를 기대할 수 있으며, 직무수행을 잘하게 됨에 따라 직무만족도도 높아질 수 있다. 즉, 자격은 구직자 또는 근로자 개인의 직무능력을 개발 또는 증명할 수 있고, 취업이나 전직 등의 고용효과, 승진 등의 경력개발 효과, 임금 등 근로조건 향상 효과, 직무만족도 상승 효과 등을 발생시킬 수 있다.

기업은 근로자를 인사관리(채용, 승진, 전보, 보수 등)할 때 자격을 선별장치(screening device)로 활용할 수 있다. 기업은 자격을 통해 채용하고자 하는 직무 분야에 적합한 인력을 채용할 수 있다. 자격이 인력 선발의 기준으로 제대로 기능한다면 기업은 채용 비용을 낮출 수 있고 적절한 인재를 채용할 수 있다. 또한 향후 잘못된 채용으로 인한 비용 낭비도 줄일 수 있다. 또한 승진이나 직무배치 등 인사관리를 할 때 활용할 수 있다. 기업에서 자격을 인사관리에 사용하게 되면, 근로자들은 자격 취득을 통한 직업능력개발의 동기를 부여받는다. 또한 기업은 근속년수나 학력중심에서 능력중심의 인적자원관리로 전환할 때 자격제도를 활용할 수 있다. 이상과 같이 자격제도를 통한 인사관리 비용 절감과 근로자 직무역량 향상, 능력중심 인적자원관리는 기업의 생산성 향상으로 이어질 수 있다. 「기업채용관행 실태조사」(고용부·대한상의, 2016.8.)에 따르면, 기업에서 신입사원을 채용할 때 가장 중요하게 보는 항목은 자격(54.9%)이며 다음으로 학력(34.8%), 인턴경력(28.0%) 순으로 나타났다. 향후 산업계의 수요를 반영해서 개발된 NCS를 기반으로 국가자격체계가 개편되고 기업에 직무능력중심 채용이 확산된다면 자격에 대한 효용성은 더 커질 것이다.

마지막으로 국가 측면에서 자격의 효용성을 살펴보자. 자격제도는 신호 기능을 통해 기업과 근로자 간의 정보의 비대칭성에 의한 고용시장의 미스매칭(mismatching)을 줄여 줄 수 있다. 구직자는 자신의 직무수행능력을 과대평가하고 구인자는 구직자의 직무수행능력을 과소평가하는 경향이 있는데, 이러한 격차를 자격이라는 객관적 지표를 통해 해소할 수 있다. 자격은 인적자본 정보에 대한 정확한 탐색을 가능하게 하여 의사결정력을 높이는 데 중요한 판단 자료가 된다. 또한 기업과 근로자는 자격제도를 통해 인사관리(채용, 승진, 전보, 보수 등) 또는 직업탐색에 드는 비용과 시간을 줄일 수 있다. 자격은 고용시장에서 불필요하게 지출되는 각종 거래 비용을 낮추어 완전고용에 접근할 수 있게 하는 계기를 제공할 수 있다(전도근, 2005). 이상과 같이 자격제도의 신호·선별·선도 기능이 제대로 역할을 한다면, 국가적으로 양질의 인적자원을 확보해 적재적소에 배치할 수 있다. 또 자격제도를 통해 향후 인력수요 증가가 예상되는 분야에 인력공급을 유도할 수 있다. 자격제도의 효과적 운영은 결국 국가경쟁력의 향상으로 나타난다. 따라서 정부는 자격제도를 운영하고 자격정보가 원활히 공유될 수 있도록 할 필요가 있다.

2) 우리나라의 자격제도

(1) 자격제도 관리·운영의 기본 방향

자격제도는 관리·운영에 있어, NCS에 부합해야 하고, 자격체계에 부합해야 하며, 교육훈련과정과 연계되어야 된다. 그리고 산업계 수요를 반영해야 하며, 평생학습·능력중심사회 정착에 기여해야 하고, 자격 간의 호환성과 국제적 통용성이 확보되어야 한다(「자격기본법」제2조).

자격은 산업계의 수요를 반영해서 관리·운영되거나 신설 또는 폐지되어야 한다. 자격취득 응시자가 극히 적은 종목은 폐지의 사유가 될 수 있고, 반면에 향후 산업계의 인력수요 증가가 예상되는 미래유망 분야의 경우에는 현재의 인력수요가 적더라도 선제적으로 자격 신설이 가능할 것이다. 자격 검정 내용은 실제 산업현장에서 직무를 수행하기 위해 요구되는 지식·기술·소양 등에 대한 것이어야 하고, 이를 통해 자격취득자는 산업현장에서 곧바로 직무수행이 가능해야 한다. 자격을 교육훈련과정과 연계해 인력 양성이 가능하도록 해야 한다. 또한 자격 간의 호환성과 국제적 통용성이 가능하도록 자격의 명칭과 내용, 등급, 검정 등이 구성되고 실시되어야 한다. 이와 같이 자격제도는 근로자의 산업계 수요와 실제 직무수행이 가능하도록 관리·운영되어야 한다.

(2) 자격체계

자격은 국가자격과 민간자격으로 크게 구분된다. 국가자격은 법령에 따라 국가가 신설하여 관리·운영하는 자격으로서, 국가기술자격과 국가전문자격으로 구분된다. 국가기술자격은 국가가 '국가기술자격법'에 근거해서 부여하는 자격으로, 산업과 관련이 있는 기술·기능 및 서비스 분야의 자격을 말한다. 국가전문자격은 정부 부처, 즉 보건복지부, 환경부, 고용노동부, 법무부 등에서 개별 법률에 따라 주관하는 자격이다.

민간자격은 국가 외의 자가 신설하여 관리·운영하는 자격을 말한다. 민간자격은 공인민간자격과 등록민간자격으로 세분된다. 공인민간자격은 자격의 관리·운영 수준이 국가자격과 같거나 비슷한 민간자격 중에서 주무부장관이 민간자격에 대한 신뢰를 확보하고 사회적 통용성을 높이기 위해 심의회의 심의를 거쳐 법인이 관리하는 민간자격을 공인한 것이다. 등록민간자격은 해당 주무부장관에게 등록한 민간자격 중 공인민간자격을 제외한 민간자격이다. 등록민간자격은 일정 요건만 충족하면 관계부처에 등록이 가능하고, 공인민간자격은 등록민간자격 중 일정 요건을 충족하고 정부심의를 통과해야 한다.

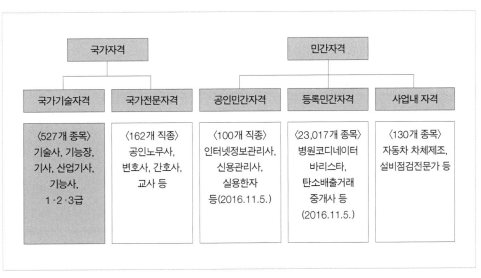

그림 4-5 자격체계

3) 국가기술자격

(1) 국가기술자격제도의 목적 및 운영

국가기술자격제도는 국가가 산업현장에서의 직무수행에 필요한 지식이나 기술(skill)의 습득 정도를 일정한 기준과 절차에 따라 평가·인정하는 제도이다. 국가기술자격제도는 1973년 12월에 제정된 「국가기술자격법」에 근거해 기술인력의 직업능력을 개발하고 기술인력의 사회적 지위의 향상과 국가의 경제 발전에 이바지하기 위해 시행된다.

고용노동부에서 국가기술자격제도 및 운영을 총괄(종목 신설·폐지 등)한다. 19개 정부 부처는 각기 소관 자격 종목(국토교통부는 119개 종목, 고용노동부는 109개 종목, 산업통산자원부는 87개 종목)을 운영하되, 한국산업인력공단 등 8개 운영기관에 검정시험 집행, 시험문제 출제, 자격증 발급 및 사후관리 등의 실무를 위탁하고 있다.

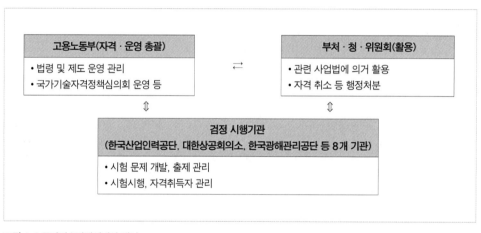

그림 4-6 국가기술자격체계의 예시
출처 : 고용노동부(2016a), 2016년 **직업능력개발사업현황**

(2) 국가기술자격의 체계

국가기술자격은 법령에 따라 국가가 신설해서 관리·운영하는 국가자격 중 산업과 관련이 있는 기술·기능 및 서비스 분야의 자격을 말한다. 국가기술자격 체계는 등급체계와 분류체계에 따라 이루어진다. 등급체계는 직무수행능력 수준(skill level)의 수직적 위계로, 기술인력이 보유한 직무수행능력의 수준에 따라 차등적으로 부여되는 국가기술자격의 단계이다. 기술·기능 분야는 기술사, 기능장, 기사, 산업기사, 기능사의 5개 등급으로 구분된다. 기술계 자격은 산업기사 → 기사 → 기술사 단계로 구성되며, 기능계 자격은 기능사 → 산업기사 → 기능장 단계로 구성된다. 서비스 분야는 1·2·3급 또는 단일등급으로 구분된다.

분류체계는 직무수행의 횡적 분야로, 직무유형(skill type)에 따라 현재 26개 대직무 분야, 61개 중직무 분야로 분류된다(2016. 1. 1.기준).

국가기술자격은 등급체계와 분류체계에 따라 종목과 직종으로 부른다. 자격 종목은 등급을 직종별로 구분한 것으로, 국가기술자격 취득의 기본단위이다. 자격 직종은 등급에 상관없이 동일한 분야의 자격 종목의 집합을 말한다. 예를 들면, 정수시설운영관리사 1개 직종에는 정수시설운영관리사1급, 2급, 3급 등 3개 종목이 속한다.

skill level	기능장		배관기능장(종목)		
			↑		
	산업기사		배관산업기사(종목)		
			↑		
	기능사		배관기능사(종목)		
		표면처리(직종)	배관(직종)	전기(직종)	.... skill type

그림 4-7 국가기술자격체계의 예시

(3) 국가기술자격 종목 현황

국가기술자격은 총 527종목이 운영되고 있다(2016년 6월 기준). 기술·기능 분야에 495개 종목이 있으며, 등급별로는 건축구조기술사, 기계기술사 등 기술사 84개 종목, 건축일반시공기능장, 기계가공기능장 등 기능장 27개 종목, 건축기사, 기계설계기사 등 기사 109개 종목, 건축설비산업기사, 재료조직평가산업기사 등 산업기사 114개 종목, 철근기능사, 제강기능사 등 기능사 161개 종목이 있다.

서비스 분야에는 32개 종목이 운영된다. 등급별로 보면, 사회조사분석사1급, 컨벤션기획사1급 등 1급 10개 종목, 소비자전문상담사2급, 컨벤션기획사2급 등 2급 10개 종목, 전산회계운용사3급, 비서3급 등 3급 3개 종목이 있고, 단일등급으로 국제의료관광코디네이터, 전자상거래운용사 등 9개 종목이 있다.

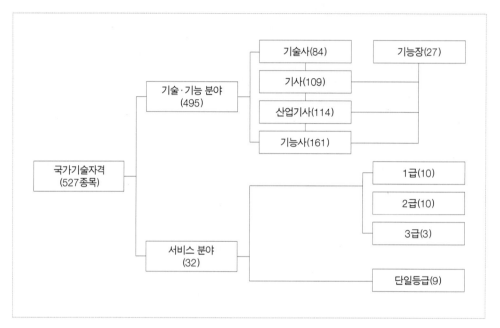

그림 4-8 국가기술자격 종목 현황(2016년 6월 기준)

(4) 자격취득자 우대

국가기술자격 취득자에 대한 우대사항을 정리하면 다음과 같다.

- 개별 사업법상 사업시행자는 전문업체, 감리전문회사, 업무관리 대행기관, 지정검사기관 등으로 등록 또는 지정받기 위해서 일정 인원 이상의 기술인력 또는 감리원을 보유해야 한다. 예를 들어 용접기술사는 '건설기술관리법'에 의한 감리전문회사 등록, '산업안전보건법'에 의한 기계·기구에 대한 지정검사기관 지정, '에너지이용합리화법'에 의한 에너지절약전문기업 등록, '엔지니어링기술진흥법'에 의한 엔지니어링활동 주체 인정 등을 위한 기술인력 또는 감리원으로 인정된다.
- 국가기술자격 취득은 각종 사업법에서 규정하는 면허 발급의 전제조건이다. 예

를 들어 '건설기계관리법'상 불도저를 조종하고자 하는 자는 시·도지사로부터 면허를 부여받아야 하는데, 면허를 받으려면 국가기술자격인 불도저운전기능사를 우선 취득하고 적성검사에 합격해야 한다. 마찬가지로 '공중위생관리법'에 의한 미용사 면허는 국가기술자격인 미용사자격을 먼저 취득해야 한다. '수산업법'에 의한 어업 면허를 받으려면 국가기술자격인 수산양식기능사, 어로기능사, 수산식품가공기능사 등의 자격을 먼저 취득해야 한다. '식품위생법'에 의한 조리사 면허를 받으려면, 우선 한식조리기능사, 양식조리기능사, 중식조리기능사, 일식조리기능사, 복어조리기능사 등을 취득해야 한다.

- 국가자격은 공무원 및 공기업 채용시험에서 일정 비율의 점수를 가산 받을 수 있다.
- 국가자격은 대학 입학전형에서 우대받을 수 있다.

(5) 국가기술자격의 검정 기준 및 검정 방법

표 4-1 기술·기능 분야 국가기술자격의 검정 기준 및 검정 방법

자격등급	검정 기준	검정 방법	
		필기	면접/실기
기술사	응시하고자 하는 종목에 관한 고도의 전문지식과 실무경험에 입각한 계획, 연구, 설계, 분석, 조사, 시험, 시공, 감리, 평가, 진단, 사업관리, 기술관리 등의 기술업무를 수행할 수 있는 능력의 유무	단답형 또는 주관식 논문형	구술형 면접시험
기능장	응시하고자 하는 종목에 관한 최상급 숙련기능을 가지고 산업현장에서 작업관리, 소속 기능 인력의 지도 및 감독, 현장훈련, 경영계층과 생산계층을 유기적으로 연계시켜 주는 현장관리 등의 업무를 수행할 수 있는 능력의 유무	객관식 4지 택일형 (일부 기능사 종목 등은 실기시험만 시행)	주관식 필기시험 또는 작업형
기사	응시하고자 하는 종목에 관한 공학적 기술이론 지식을 가지고 설계, 시공, 분석 등의 기술업무를 수행할 수 있는 능력의 유무		
산업기사	응시하고자 하는 종목에 관한 기술기초이론지식 또는 숙련기능을 바탕으로 복합적인 기능업무를 수행할 수 있는 능력의 유무		
기능사	응시하고자 하는 종목에 관한 숙련기능을 가지고 제작, 제조, 운전, 보수, 정비, 채취, 검사 또는 작업관리 및 이에 관련된 업무를 수행할 수 있는 능력의 유무		

기술·기능 분야 국가기술자격의 검정 기준 및 검정 방법은 표 4-1과 같다. 기존 국가기술자격의 검정은 객관식이나 주관식 필기시험 또는 필기시험 없이 실기시험, 구술형 면접시험 등을 통해 실시된다. 근래 과정평가형 국가기술자격이 시행됨으로써 기존 국가기술자격은 '검정형 국가기술자격'이라고 칭해 구분한다. 과정평가형 국가기술자격은 NCS 기반의 일정 요건을 충족하는 교육·훈련과정을 충실히 이수하고 내부·외부 평가를 거쳐 일정 합격기준을 충족하는 사람에게 국가기술자격을 부여하는 제도이다(국가기술자격법 제10조). 과정평가형 국가기술자격에 대한 상세 내용은 뒤에서 살펴본다.

(6) 국가기술자격의 등급 및 응시 요건

검정형 국가기술자격(기술·기능 분야)의 응시요건은 표 4-2와 같으며, 과정평가형 국가기술자격에는 별로도 요구되는 응시요건이 없다.

표 4-2 검정형 국가기술자격(기술·기능 분야)의 응시요건

등급	응시요건			비고
	기술자격 소지자	관련 학과 졸업자	순수 경력자	
기술사	• 동일 및 유사 직무분야 – 기술사 – 기사+4년 – 산업기사+5년 – 기능사+7년 • 동일종목의 외국자격취득자	• 대졸+6년 • 3년제 전문대졸+7년 • 2년제 전문대졸+8년 • 기사(산업기사)수준의 훈련과정 이수자+6년(8년)	9년	
기능장	• 동일 및 유사 직무분야 – 기능장 – 산업기사+5년 – 기능사+7년 • 동일종목의 외국자격취득자	• 해당직무분야 산업기사 또는 기능사자격 취득 후 기능대학 기능장과정 이수자(예정자)	9년	
기사	• 동일 및 유사 직무분야 – 기사 – 산업기사+1년 – 기능사+3년 • 동일종목의 외국자격취득자	• 대졸(졸업예정자) • 3년제 전문대졸+1년 • 2년제 전문대졸+2년 • 기사수준의 훈련과정 이수자 • 산업기사수주 훈련과정 이수+2년	4년	

산업기사	• 동일 및 유사 직무분야 　- 산업기사 　- 기능사+1년 • 동일종목의 외국자격취득자 • 기능경기대회 입상	• 전문대졸(졸업예정자) • 산업기사수준의 훈련과정 이수자
기능사	• 제한 없음	
서비스	• (기초사무) 제한 없음 • (전문사무) 대학졸업자, 해당 종목의 2급 자격취득 후 해당 실무경력을 가진 자 등 종목에 따라 다름	

산업기사 행의 오른쪽 열: 2년

※ 학점인정 등에 관한 법률에 의해서 106학점 이상 인정받은 자는 4년제 대학 졸업예정자로 보며, 41학점 이상은 2년제 전문대학졸업예정자로 본다.

※ 비관련학과 관련 응시자격 폐지(2013.1.1부터)

출처 : 고용노동부(2016a), 2016년 직업능력개발사업현황

4) 국가전문자격

　국가전문자격은 정부 부처, 즉 보건복지부, 환경부, 고용노동부, 법무부 등에서 개별 법률에 따라 주관하는 자격으로, 개별 부처의 필요에 의해 신설 및 운영된다. 검정시험 집행이나 시험문제 출제 등의 실무 업무는 별도의 기관에서 수행한다. 예를 들어 보건복지부 소관 자격 중 의사, 간호사 등은 한국보건의료인국가시험원에서 검정을 시행하며, 사회복지사는 한국사회복지사협회에서 검정을 시행한다. 국토교통부 소관의 건축사는 대한건축사협회에서 시행한다. 고용노동부 소관의 공인노무사는 한국산업인력공단에서 시행한다.

　국가전문자격은 정부 부처별로 총 162개 직종[8]이 운영되고 있다(2016년 11월 기준). 국가전문자격은 주로 전문서비스 분야(의료, 법률 등)의 자격으로, 통상 면허적 성격을 갖는다. 면허성 자격은 개별 법률에 따라 사업이나 업무를 하려면 관련 자격을 반드시 취득해야 하는 자격이다.

8　자격 종목은 등급을 직종별로 구분한 것으로, 국가기술자격 취득의 기본 단위이다. 자격 직종은 등급에 상관없이 동일한 분야의 자격 종목의 집합을 말한다. 예를 들어 국가전문자격 중 정수시설운영관리사 1급, 2급, 3급 각각의 자격 종목은 정수시설운영관리사 직종에 속한다.

5) 등록민간자격과 공인민간자격

민간자격은 국가가 아닌 개인·법인·단체가 신설하여 관리·운영하는 자격을 말한다. 다시 말하면, 국가가 아닌 법인이나 단체 또는 개인은 국민의 생명·건강·안전 및 국방에 직결되는 분야, 선량한 풍속을 해하거나 사회질서에 반하는 행위와 관련된 분야, 여타 법령에서 금지하는 행위와 관련된 분야 등을 제외하고는 민간자격을 관리·운영할 수 있다.

민간자격 등록제도는 민간자격 관리자(국가 외에 법인, 단체, 개인)가 민간자격을 신설하여 관리·운영하려는 것을 일정한 등록절차에 따라 등록관리기관에 등록하는 것을 말한다. 민간자격 등록제도의 목적은 국가 외에 신설·관리·운영이 제한되는 분야를 적극적으로 관리해 민간자격의 금지 분야 진입을 사전에 통제하고, 결격사유가 있는 민간자격과 민간자격기관의 무분별한 신설 및 폐해를 사전에 방지하기 위함이다. 그리고 민간자격 종목 및 민간자격 관리·운영기관에 대한 현황을 파악해 체계적으로 관리·등록함으로써 국민에게 정확한 민간자격 정보를 제공하기 위함이다. 민간자격 등록 절차를 보면, 민간자격관리자가 한국직업능력개발원에 등록 신청을 하면, 한국직업능력개발원은 자격관리자 결격사유에 해당하는지를 확인한 후 관계 중앙행정기관에 금지 분야 해당 여부 및 민간자격 명칭사용 가능 여부 등 확인하여 이상이 없으면 등록증을 민간자격관리자에게 발급한다. 이렇게 등록된 민간자격을 등록민간자격이라고 한다.

공인민간자격은 자격의 관리·운영 수준이 국가자격과 같거나 비슷한 등록민간자격 중에서 주무부장관이 민간자격에 대한 신뢰를 확보하고 사회적 통용성을 높이기 위해 자격정책심의회의 심의를 거쳐 법인이 관리하는 민간자격을 공인한 것이다. 국가공인의 기준은 자격제도 운영의 기본방향에 적합한 민간자격의 관리·운영 능력을 갖출 것(법인), 신청일 현재 1년 이상 시행된 것으로 3회 이상의 자격검정실적이 있을 것, 관련 국가자격이 있는 경우에는 해당 민간자격의 검정기준, 검정과목 및 응시자격 등 검정수준이 관련 국가자격과 동일하거나 이에 상당하는 수준일 것 등이다. 공인민간자격 등록 절차는 다음과 같다. 민간자격관리자가 한국직업능력개발원에 공인신청을 하면,

한국직업능력개발원은 민간자격의 관리·운영 능력, 자격검정실적 등이 국가공인 기준에 적합한지를 조사하고, 교육훈련기관 등으로부터 의견을 수렴하여 주무부처에 조사결과를 제출한다. 주무부처는 조사결과를 바탕으로 자격정책심의회를 통해 심의를 하고, 민간자격관리자에게 공인 여부를 통보하고 공고를 낸다.

등록민간자격의 경우, 총 5,134개 운영기관에서 병원코디네이터, 바리스타, 탄소배출거래중개사 등 23,017개 종목을 운영·관리하고 있다. 공인민간자격의 경우, 60개 운영기관에서 인터넷정보관리사, 신용관리사 등 100개 직종을 공인받아 운영하고 있다(2016년 11월 기준).

6) 사업내 자격

사업내 자격은 사업주가 단독 또는 공동으로 근로자의 직업능력개발을 위해 운영하는 자격으로, 관련 직종에 대해 일정한 검정기준에 따라 근로자의 직업능력을 평가하고 그 결과에 따라 부여한다. 사업내 자격의 목적은 각 기업의 특수한 직무를 수행할 인력의 확보를 위해 현장에 적합한 인력을 자체적으로 양성함으로써 생산성 및 품질 향상을 도모하는 것이다.

60여 개 기업에서 전자조립사, 방재관리사, 이륜차정비기술자격 등 130여 개의 사업내 자격 종목을 운영하고 있다(2016년 말 기준).

7) 자격정보 웹사이트

(1) Q-net

Q-Net은 한국산업인력공단이 운영하는 자격정보시스템으로, 국가자격 관련 운영·관리 및 검정에 관한 정보 및 자격 검색 서비스를 제공한다.

- 국가기술자격 종목 527개와 국가전문자격 162개 직종에 대한 검색 서비스를 제

그림 4-9 Q-net 홈페이지의 초기 화면
출처 : Q-net 홈페이지 www.q-net.or.kr(2016. 11. 5.)

공한다(2016년 6월 기준).

- 자격 검정과 관련하여 자격시험 원서접수, 합격자 및 답안 발표, 각종 시험 일정, 필기 및 실기시험 안내 등에 관한 서비스를 제공한다.
- 자격 관리와 관련하여 자격증 발급 신청, 확인서 발급, 확인서 및 자격증 진위 확인 등의 서비스를 제공한다.
- 국가기술자격제도, 과정평가형 자격, 관련 법령, 자격검정 통계자료, 출제기준이나 기출문제, 외국의 자격제도 등의 정보를 제공한다.

(2) 민간자격정보서비스

민간자격정보서비스(www.pqi.or.kr)는 한국직업능력개발원에서 운영하는 민간자격정보 온라인시스템으로 다음과 같은 서비스를 제공한다.

- 등록민간자격 종목 23,017개(운영기관 5,134개)와 공인민간자격 직종 100개(운영기관 60개)에 대한 검색 서비스를 제공한다(2016년 11월 5일 기준).
- 민간자격등록 신청을 위한 서비스를 제공한다.

그림 4-10 민간자격정보서비스 홈페이지의 초기 화면
출처 : 민간자격정보서비스 홈페이지 www.pqi.or.kr(2016. 11. 5.)

- 민간자격제도와 등록제도, 국가공인제도에 관한 정보 외에 민간자격현황 정보를
  제공한다.

8) 국가기술자격의 최신 동향

(1) 과정평가형 국가기술자격

① 과정평가형 국가기술자격의 의의

과정평가형 국가기술자격은 NCS 기반의 일정 요건을 충족하는 교육·훈련과정을
충실히 이수하고 내부·외부 평가를 거쳐 일정 합격기준을 충족하는 사람에게 국가기
술자격을 부여하는 제도이다(국가기술자격법 제10조).

NCS 기반 과정평가형 자격은 산업현장과 교육훈련, 자격의 연계가 잘 되지 않는다

는 비판 속에서 교육훈련과 일, 자격을 유기적으로 연계해 산업현장에서 요구하는 인재를 배출하는 데 목적을 두고 있다. 과정평가형 자격의 장점은 다음과 같다. 자격취득자는 국가에서 인정한 우수 교육·훈련과정을 통해 현장 실무 중심의 지식 및 기술을 습득할 수 있고, 구직할 때 교육·훈련을 받은 NCS 능력단위를 제시할 수 있다. 교육·훈련기관은 국가기술자격을 취득할 수 있는 교육·훈련기관으로 인지도가 상승하고 교육·훈련생 모집이 용이해진다. 기업은 실무능력을 갖춘 자격취득자의 채용이 용이해지고, 채용 및 교육·훈련에 따른 비용을 절감할 수 있으며, 근로자 경력개발체계 구축이 가능해진다.

② 과정평가형 국가기술자격의 평가 실시 내용

과정평가형 자격 종목별로 자격과정의 운영을 위해 산업현장에서 요구되는 능력에 부합하는 NCS 능력단위, 교육·훈련시간, 시설 및 장비, 내부평가 방법 등을 제시하고 있다. 산업기사, 기능사 자격과정의 경우, 교육·훈련 이수 시간은 600시간 내외로 운영(6개월~1년 정도)된다.

기존의 검정형 자격과 과정평가형 자격을 비교하면 다음과 같다. 검정형 자격은 학력, 경력요건 등 응시요건을 충족해야 하지만(기능사는 자격요건 없음), 과정평가형 자격은 해당 과정을 이수한 사람이라면 누구나 응시할 수 있다. 검정형 자격 검정은 필기시험이나 실기시험 등으로 실시되나, 과정평가형 자격은 교육훈련 과정 중에 실시되는 내부평가와 외부전문가에 의한 외부평가를 통해 실시된다.

검정형	구분	과정형
• 학력, 경력요건 등 응시요건 충족자	응시 자격	• 해당 과정을 이수한 누구나
• 필기시험·실기시험	평가 방법	• 내부평가·외부평가
• 필기: 평균 60점 이상 • 실기: 60점 이상	합격 기준	• 내부평가와 외부평가 결과를 1:1로 반영하여 평균 80점 이상
• 기재내용 – 자격종목 – 인적사항	자격증	• 검정형 기재내용 + • 교육·훈련 기관명 • 교육·훈련 기간 및 이수시간 • NCS 능력단위명

그림 4-11 검정형 자격과 과정평가형 자격의 비교
출처 : NCS 홈페이지 과정평가형 자격 리플릿(2015년)

③ 과정평가형 국가기술자격의 운영 현황

과정평가형 자격으로 2015년도에 산업기사와 기능사 등급 총 15개 종목이 실시되었고, 2016년도에는 이·미용, 용접, 귀금속 분야 등 15개 종목이 추가된 바 있다. 2017년도에는 기사 2종목 포함 31종목이 추가되어 기계설계기사, 공조냉동기계산업기사, 공유압기능사 등 총 61개 종목이 시행될 예정이다. 과정평가형 자격 과정은 특성화고, 마이스터고, 전문대, 폴리텍, 4년제 대학, 훈련기관, 기업 등 다양한 기관에서 운영하고 있다. 2015년에는 41개 기관 52개 과정에 총 1,300명이 참여해 51명이 합격했으며, 2016년에는 84개 기관 129개 과정에 3,446명이 참여해 221명이 합격한 바 있다. NCS 기반 과정평가형 자격의 운영 결과를 보면, 과정평가형 자격취득자들은 취업과 면접을 할 때 자격증에 명시된 NCS를 활용해 도움을 받고 있으며, 기업들은 고졸자 과정평가형 자격취득자에게 임금 측면에서 우대를 하고 있는 것으로 나타났다(고용부, 2016b).

(2) NCS 기반 자격으로의 개편 추진
① NCS 기반 자격으로의 개편 배경

정부는 기존 국가기술자격제도를 NCS 기반 자격으로 개편하는 것을 추진하고 있다. 이는 현재의 국가기술자격이 낮은 산업현장성으로 인해 일부 종목의 경우 응시 수요가 저조하거나 자격을 취득해도 취업에 직접적인 도움이 되지 않는다는 문제의식에서 출발한다.

NCS 기반으로 자격을 개편해 노동시장에서 자격의 신호 기능을 강화해서 산업현장에 필요한 인력 양성과 기업의 직무능력기반 인력 관리를 유도하고, 특성화고, 전문대 등 교육·훈련과 자격 취득을 연계하여 국가역량체계(NQF)의 기반을 마련함으로써 학벌이 아닌 능력에 따라 대우받는 능력중심사회를 실현하는 것이 목표이다. 또한 유망 산업에 대한 인력 양성을 선도하기 위한 목표도 있다. 현재 서비스산업 고용 비중 (70.1%, '15년 경제활동인구조사)에 비해 서비스 분야의 국가기술자격은 32종목(전체의 6%)에 불과하다(이상준 외, 2015). 매년 유망 분야 등에 신규 개발·보완이 이루어지는 NCS 기반 자격을 개발·운영해서 4차 산업혁명 시대에 신성장 분야, 유망산업에 대한 인력 양성을 선도하고자 한다.

② NCS 기반 자격의 추진 현황

NCS 기반 자격은 2016년에 산업계(ISC[9] 등) 주도로 산업현장에서 활용성이 클 것으로 예상되는 직종을 대상으로 NCS를 기반으로 해서 안(案)으로서 설계·제시되었다. NCS 홈페이지(www.ncs.go.kr)에 공개된 자료를 보면, 2016년 현재, NCS 기반 자격(안)은 23개 분야에 걸쳐 615개 종목이 개발되었다. 경영·회계·사무 분야에 품질경영_L3,[10] 품질경영_L5 등 15개 종목이 개발되었고, 이용·숙박·여행·오락·스포츠 분야에 네일미용_L2, 네일미용_L3, 네일미용_L5 등 40개 종목, 전기·전자 분야에 전자기기생산_L2, 전자기기생산_L4 등 43개 종목이 개발되었다.[11] NCS 기반 자격은 산업계 수요를 반영해 추가될 수 있고, 향후 운영 실적에 따라 폐지될 수도 있다.

NCS 기반 자격은 NCS의 수준(Level) 체계(L1~8)를 따르는 것이 원칙이다. 다만 2016년 현재 입직수준, 즉 현장경력 없이 교육·훈련을 이수하고 바로 노동시장 진입이 가능한 수준인 L2~5까지만 설계되어 있다.[12] NCS 세분류 항목은 10~30개의 능력단위로 구성되는데, 통상 여러 NCS 세분류 항목에 있는 능력단위를 조합하여 교육·훈련 등을 편성할 수 있다. NCS 기반 자격은 필수 능력단위와 선택 능력단위로 구성된다.

---

9   Industry Skills Council, 2015년에 기계, 화학, 경영, 금융 등 13개 위원회가 선정되어 참여했다.

10   NCS 기반 자격종목 명칭 뒤에 붙는 'L'은 자격 종목의 수준(Level)을 표시한 것이다.

11   제시된 NCS 기반 자격은 국가자격으로 최종 확정된 것은 아니다.

12   기존 국가기술자격 등급과 비교한다면, L2는 기능사에 해당하며, L3~4는 산업기사, L5는 기사에 대응된다고 할 수 있다.

참고문헌

고용노동부(2016a), 2016년 직업능력개발사업현황.

고용부(2016b), NCS 기반 국가기술자격 개편 추진(안)(2016. 9. 27.), 미발간 자료.

이상준, 이동임, 정재호, 정지운, 홍광표, 최효광(2015), 국가기술자격 종목별 효용성 지수 활용 연구, 직업능력개발원.

전도근(2005), 한방으로 끝내는 취업전략, 크라운출판사.

한국산업인력공단(2016), 2016 국가기술자격통계연보.

고용노동부(2016b), 직업능력개발훈련 제도개편(안), 보도 참고자료1 (2016. 10. 25.).

국가인적자원개발컨소시엄 홈페이지 http://www.c-hrd.net/

고용노동부 홈페이지 www.moel.go.kr

민간자격정보서비스 www.pqi.or.kr

일학습병행제 홈페이지 www.bizhrd.net

직업능력심사평가원 홈페이지 http://www.ksqa.or.kr/

한국고용정보원 홈페이지 http://www.keis.or.kr/main/

한국산업인력공단 홈페이지 http://www.hrdkorea.or.kr/

한국직업능력개발원 홈페이지 http://www.krivet.re.kr/

HRD-Net www.hrd.go.kr

Q-net www.q-net.or.kr

5장

국가직무능력표준(NCS)과 활용

김동규

국가직무능력표준(NCS)은 산업현장에서 직무를 수행하기 위해 요구되는 지식·기술·소양 등의 내용을 산업부문별·수준별로 체계화한 것이다. NCS는 산업현장의 수요를 반영하여 산업계 중심으로 개발되었다. 개발된 NCS는 교육·훈련이나 자격체계를 산업현장에서 실제 수행되는 일을 중심으로 개편하는 데 활용되며, 채용할 때에도 활용되고 있다. 이는 궁극적으로 학벌이나 스펙이 아닌 개인의 능력에 따라 성공하고 대우받는 사회인 능력중심사회를 구축하기 위한 것이다.

1) NCS의 개념과 개발 배경

국가직무능력표준(National Competency Standards : NCS)은 산업현장에서 직무를 수행하기 위해 요구되는 지식·기술·소양 등의 내용을 국가가 산업부문별·수준별로 체계화한 것이다(자격기본법 제2조 2항). 다시 말하면, NCS는 산업현장의 직무를 성공적으로 수행하기 위해 필요한 능력(지식, 기술, 태도)을 국가적 차원에서 표준화한 것이다.

기존의 직업 자격과 직업교육훈련 내용이 산업현장과 일치하지 않아 스킬 불일치(skill mismatching) 문제가 늘 발생하기 때문에, 이를 해결하기 위해 NCS가 개발되기 시작했다(이동임 외, 2015). NCS는 실제 산업현장에서 수행되는 일을 중심으로 직업교육훈련과 자격체계를 전환하여 산업현장성 확보와 질 관리를 하는 데 필요하며, 이를 통해 인적자원개발의 실효성을 높이는 데 목적이 있다.

NCS의 개발은 2002년에 일-교육훈련-자격을 연계하기 위해 국가직무능력표준 제도가 도입되면서 처음 시작되었다. 2010년에는 NCS를 효율적으로 추진하기 위해 국가정책조정회의를 통해 NCS 명칭의 통일, 개발 주체의 일원화,[1] NCS 연구 및 교육과정 지원체계[2]를 결정했다. 2013년에는 '능력중심사회 구축'이라는 국정과제의 주요 추진과제로 NCS 개발과 국가역량체계(National Qualifications Framework : NQF)[3] 구축이 선정되면서 개발과 활용에 탄력을 받게 되었다. 능력중심사회란 학벌이나 스펙이 아닌 개인의 능력에 따라 성공하고 대우받는 사회를 말한다. NCS와 NQF는 능력중심사회 구축의 첫 시작이며 기준이 된다. 정부는 NCS를 기반으로 한 교육훈련과정 및 자격 개편 외에 능력중심채용 등 국가 인적자원개발 정책 전반에 NCS를 활용하고 있다.

---

1   NCS의 개발 주체는 고용노동부와 한국산업인력공단으로 일원화하였다.
2   NCS의 연구 및 교육과정 지원은 교육부와 한국직업능력개발원에서 하도록 하였다.
3   NQF는 2016년 현재, 한국형국가역량체계 KQF(Korean Qualifications Framework)이라는 명칭으로 추진 중이다.

NCS 개발 및 활용 확산의 목적은 결국 능력중심사회 구축을 위한 기반을 마련하기 위함이다.

고용노동부는 2016년 7월에 자격기본법 제5조, 동법 시행령 제6조 제1항에 따라 NCS를 확정·고시했다. 이로써 2002년 이후 개발·검증된 NCS는 공식적으로 법적 지위를 갖게 되었다. 고시된 NCS는 24개 분야에 걸쳐 847개[4] 직무(세분류 항목) 및 이를 구성하는 10,599개 능력단위로 구성된다[5](고용부, 2016). 각각의 능력단위는 보통 2~5개 정도의 능력단위요소로 구성된다.[6]

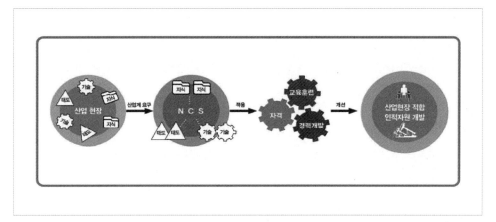

그림 5-1 NCS의 개념도
출처 : 고용노동부, 한국산업인력공단(2016), **2016년 NCS 개발 매뉴얼.**

4　2016년 7월 기준, NCS 분류상으로는 887개 직무(세분류 항목)이나, 그 중 847개가 개발되었고, 31개는 개발이 유보되고, 9개는 추후 개발될 예정이다.

5　직업능력평가과(2016), 2016년 제2차 국가직무능력표준(NCS) 개발 계획(2016. 8. 3), 고용노동부 미발간 자료.

6　대분류를 제외한 중분류, 소분류, 세분류, 능력단위, 능력단위요소의 개수는 NCS 개발 및 보완에 따라 변동될 수 있다.

2) NCS의 기능과 특징

(1) NCS의 기능

NCS는 산업현장의 직무 수요를 체계적으로 분석하여 제시함으로써 '일-교육·훈련-자격'을 연결하는 고리, 즉 인적자원개발의 핵심 토대이다. 교육훈련기관과 자격관리기관, 기업, 근로자, 취업준비생과 청소년 등은 NCS를 기반으로 개발된 활용패키지와 학습모듈을 다음과 같이 활용할 수 있다.

첫째, 교육훈련기관은 산업수요 맞춤형 교육훈련과정 개발, 교과과정 개편(전문대학, 마이스터고·특성화고 등), 직업능력개발 훈련기준 및 교재 개발 등에 NCS와 NCS를 기반으로 개발된 학습모듈을 활용할 수 있다.

둘째, 기업은 근로자의 경력개발경로 개발, 직업능력 자가진단 도구, 채용·배치·승진을 위한 체크리스트와 직무기술서로 NCS를 활용할 수 있다.

셋째, 자격관리기관은 자격 출제기준 및 직업능력개발 훈련기준 제정·개정에 NCS를 활용할 수 있다.

넷째, 근로자는 본인의 직무능력수준을 스스로 진단할 수 있고, 근로생애 동안 경력개발에 필요한 직무가 무엇인지를 알 수 있다.

다섯째, 취업준비생이나 학생들은 본인이 희망하는 직업에 요구되는 직무능력과

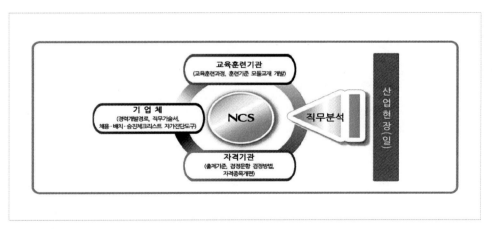

그림 5-2 NCS의 기능

출처 : 고용노동부, 한국산업인력공단(2016), 2016년 NCS 개발 매뉴얼

직업기초능력이 무엇이고 필요한 학습이 무엇인지를 알고 준비할 수 있다.

(2) NCS의 특성

국가직무능력표준(NCS)는 다음과 같은 특성이 있다.

첫째, NCS는 한 사람의 근로자가 해당 직업 내에서 소관 업무를 성공적으로 수행하기 위해 요구되는 실제적인 수행능력을 의미한다.

둘째, NCS는 해당 직무를 수행하기 위한 모든 종류의 수행능력을 포괄하여 제시한다. 즉, 작업능력(특정 업무를 수행하기 위해 요구되는 능력), 작업관리능력(다양한 다른 작업을 계획하고 조직화하는 능력), 돌발상황 대처능력(일상적인 업무가 마비되거나 예상치 못한 일이 발생했을 때 대처하는 능력), 미래지향적 능력(해당 산업 관련 기술적·환경적 변화를 예측하여 상황에 대처하는 능력)이 모두 포함된다.

셋째, NCS는 모듈(Module) 형태로 구성된다. 한 직업 내에서 근로자가 수행하는 개별 역할인 직무능력을 능력단위(unit) 형태로 개발하며, NCS 세분류 직무는 여러 개 능력단위의 집합으로 구성된다.

넷째, NCS는 산업계 단체가 주도적으로 참여하여 개발한다. 해당 분야 산업별 인적자원개발위원회(ISC; Industry Skills Council),[7] 산업별 인적자원개발협의체(SC),[8] 관련 전문기관(단체) 등이 주도하고, 개발 단계마다 산업현장에서 우수한 성과를 내고 있는 근로자 또는 전문가가 참여하여 개발하는 것을 원칙으로 한다.

다섯째, NCS를 개발할 때 능력단위와 능력단위요소는 8단계의 수준체계에 따라 각기 수준(Level)이 평정되어 제시된다. 수준체계는 산업현장에 존재하는 직무의 난이도를 중심으로 NCS의 종적인 구성을 나타낸 것으로, '산업현장-교육훈련-자격' 연계 기반을 마련하고, 평생학습능력 성취 단계를 제시하며, 자격의 수준체계 구성을 위한

7 　고용노동부는 '근로자직업능력개발법' 제22조(산업부문별 직업능력개발사업 지원)에 근거하여 산업별로 협회·단체(사업주단체), 기업, 근로자단체 등으로 구성된 13개 ISC(16년 말 기준)를 지정·운영 중이다. ISC는 해당 산업의 인적자원 관련 의사결정, 현장형 인재 수요파악을 위한 인력수급조사·분석, NCS·신(직업)자격·일학습병행제 등 사업과 각종 고용·노동 관련 사업에서 산업계 대표로서 역할을 수행한다.

8 　산업통상자원부는 산업발전법 제12조에 따라 고용부, 교육부 등 관계 중앙행정기관장과 협의하여 18개 산업별 인적자원개발협의체(SC)를 지정·운영 중이다.

기초자료 등으로 활용된다.

3) NCS 개발 추진 절차

NCS 개발은 개발계획을 수립·확정하여, 개발기관 선정, 개발 추진, 심의·확정 및 고시 단계로 추진된다. NCS 개발은 원칙적으로 고용노동부가 총괄하고, 한국산업인력 공단이 관련 실무를 담당한다. 소관 분야별 부처와 고용노동부 간의 '연도별 NCS 개발 계획' 수립 협의를 통해 관계 중앙행정기관의 장이 고용노동부에 소관 분야의 NCS 개 발을 의뢰하는 절차로 진행된다.

산업계 수요에 적합한 NCS를 개발하기 위해 고용노동부는 원칙적으로 산업별 인 적자원개발위원회(ISC), 산업별 인적자원개발협의체(SC), 직종별 단체 등의 현장 전문 가에게 위탁하여 NCS 개발을 추진한다. 다만, 관련 단체가 없는 경우에는 고용노동부 (한국산업인력공단)가 관련 전문가 등을 섭외하여 직접 개발한다.

NCS의 개발인력은 개발위원, 진행자(퍼실리테이터), 연구원, WG(Working Group) 심의위원으로 구성된다. 개발위원은 산업현장전문가, 교육훈련전문가, 자격전문가로 구성된다. 연구원은 개발기관 소속 관련 직무 전문가로 구성하는 것을 원칙으로 한다. WG심의위원은 산업현장전문가, 교육훈련전문가, 자격전문가로 구성되는데, NCS 개 발과 관련 주요사항 심의, NCS(안) 심의 등 개발과정 전반에 걸친 질 관리를 수행한다.

1) NCS 분류의 의의

NCS 분류는 직무의 유형(Type)을 중심으로 NCS의 단계적 구성을 나타내는 것으로, NCS 개발의 전체적인 로드맵을 제시한다. NCS 개발이 산업계 주도로 시작된 영국이나 호주의 경우에는 별도의 분류체계를 갖출 필요 없이 산업계에서 개발한 NCS를 체계화하면 되었다. 이에 비해 우리나라의 경우에는 직능단체나 기업단체가 구성되지 않은 분야가 많고, 구성되어 있더라도 NCS 개발을 독자적으로 추진하기에는 역량이 부족한 경우가 많아, 초기에 정부 주도의 NCS 개발이 필요했다.

그런데 NCS를 대규모로 일시에 개발하기 위해서는 개발 영역의 명확화와 체계적 추진을 위한 틀이 필요하다. 체계적 분류체계는 개발의 중복성을 피하고 누락된 NCS 직무를 찾아내며 전체 개발 일정을 계획할 수 있는 장점이 있기 때문이다.

다만, NCS 분류는 표준산업분류나 표준직업분류 등과 같은 분류체계와는 엄밀한 의미에서 차이를 보인다. 분류체계는 모름지기 배타성과 포괄성 기준을 엄격하게 적용하여 분류항목 간의 중복을 피하고 분류대상 모두를 분류체계 안에 포함할 수 있어야 한다. 하지만 NCS 분류는 산업현장에서 필요한 직무만을 개발한 것이기 때문에 분류체계로서의 배타성과 포괄성을 완전히 확보하고 있지 않다. 또한 NCS는 산업계의 요구에 따라 언제든 추가로 개발되어야 하기 때문에 분류체계로서의 안정성이 낮은데, 이는 NCS의 당연한 특성이라고도 할 수 있다. 앞으로도 산업계의 수요를 반영하여 NCS가 추가 개발되면 NCS 분류는 계속 변경될 것이다.

2) NCS 분류의 구조

NCS 분류는 2013~2014년도에 NCS 개발영역의 명확화와 체계적 추진을 위해 산업현장의 직무를 구조화하여 정비되었다. 2015년 7월 기준으로, NCS 분류는 대분류(24개)-중분류(80개)-소분류(238개)-세분류(887개)로 구성된다. 분류 단계별 항목 개수는 지속적으로 바뀔 가능성이 있으며, 이는 NCS가 산업현장의 수요를 반영하여 추가 개발되거나 수정되기 때문이다.

NCS 분류의 대분류는 직능유형을 기준으로 분류(grouping)되는데, 우리나라의 고용시장을 반영하고 있는 한국고용직업분류(Korean Employment Classification of Occupations; KECO)의 중분류와 거의 일치한다. 중분류는 대분류 내에서 직능유형이 유사한 분야, 산업이 유사한 분야, 노동시장이 독립적으로 형성되거나 경력개발경로가 유

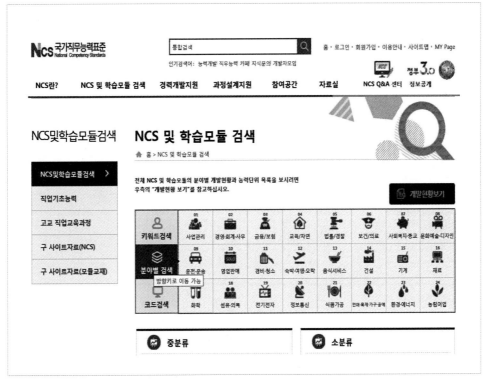

그림 5-3 NCS 검색 화면
출처 : NCS 홈페이지(www.ncs.go.kr, 2016. 11. 11.)

사한 분야, 중분류 수준에서 산업별 인적자원개발협의체(SC)가 존재하는 분야 등을 고려하여 분류되었다. 소분류는 중분류 내에서 직능유형이 유사한 분야, 소분류 수준에서 산업별 인적자원개발협의체가 존재하는 분야 등을 고려하여 분류되었다. 세분류는 소분류 내에서 직능유형이 유사한 분야, 한국고용직업분류의 직업 중 대표 직무를 기준으로 분류되었다.

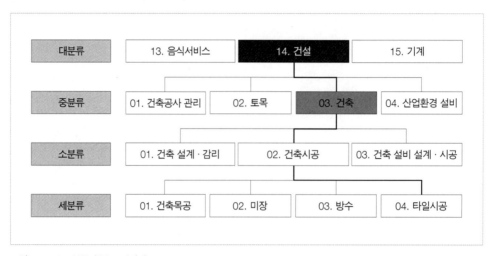

그림 5-4 NCS 분류의 구조도(예시)

출처 : NCS 홈페이지(www.ncs.go.kr, 2016. 11. 11.)

표 5-1 NCS 분류의 구조('15. 7. 17 기준)

대분류명	대분류	중분류	소분류	세분류
계	24	80	238	887
01. 사업관리	1	1	2	5
02. 경영·회계·사무	1	4	11	27
03. 금융·보험	1	2	9	35
04. 교육·자연·사회과학	1	3	5	13
05. 법률·경찰·소방·교도·국방	1	2	4	15
06. 보건·의료	1	2	7	34
07. 사회복지·종교	1	3	6	16
08. 문화·예술·디자인·방송	1	3	9	63

09. 운전·운송	1	4	7	26
10. 영업판매	1	3	7	17
11. 경비·청소	1	2	3	6
12. 이용·숙박·여행·오락·스포츠	1	4	12	42
13. 음식서비스	1	1	3	9
14. 건설	1	8	26	109
15. 기계	1	10	29	115
16. 재료	1	2	7	34
17. 화학	1	4	11	32
18. 섬유·의복	1	2	7	23
19. 전기·전자	1	3	24	72
20. 정보통신	1	3	11	58
21. 식품가공	1	2	4	20
22. 인쇄·목재·가구·공예	1	2	4	23
23. 환경·에너지·안전	1	6	18	49
24. 농림어업	1	4	12	44

3) NCS 분류번호 체계

0101010101_16v1							
01	01	01	01	01	–	16	v1
대분류	중분류	소분류	세분류	능력단위	–	개발연도	버전

그림 5-5 NCS 분류번호 체계

출처 : 고용노동부, 한국산업인력공단(2016), 2016년 NCS 개발 매뉴얼.

NCS의 분류번호는 NCS의 구성단위인 능력단위에 대한 식별번호로, 대분류, 중분류, 소분류, 세분류, 능력단위, 개발연도 및 버전으로 구성된다.

4) NCS 기본 구성요소 : 능력단위

NCS는 원칙상 세분류 단위에서 표준으로 개발되지만, 실제 활용되는 단위는 세분류의 하위 구성요소인 능력단위이다. 능력단위는 NCS의 기본 구성요소로, 특정 직무에서 업무를 성공적으로 수행하기 위하여 요구되는 능력을 교육훈련 및 평가가 가능한 기능 단위로 개발한 것이다.

표 5-2 NCS 능력단위의 구성요소

구성 요소	내용
능력단위 분류번호 (competency unit code)	능력단위를 구분하기 위하여 부여되는 일련번호로, 14자리로 표현
능력단위 명칭 (competency unit title)	능력단위의 명칭을 기입한 것
능력단위 정의 (competency unit description)	능력단위의 목적, 업무수행 및 활용 범위를 개략적으로 기술
능력단위요소 (competency unit element)	능력단위를 구성하는 중요한 핵심 하위능력을 기술
수행준거 (performance criteria)	능력단위요소별로 성취 여부를 판단하기 위해 개인이 도달해야 하는 수행 기준을 제시
지식 · 기술 · 태도(KSA)	능력단위요소를 수행하는 데 필요한 지식 · 기술 · 태도
적용범위 및 작업상황 (range of variable)	능력단위를 수행하는 데 관련된 범위와 물리적 또는 환경적 조건. 능력단위를 수행하는 데 관련된 자료, 서류, 장비, 도구, 재료
평가지침 (guide of assessment)	능력단위의 성취 여부를 평가하는 방법과 평가할 때 고려해야 할 사항
직업기초능력 (key competency)	직업인으로서 기본적으로 갖추어야 할 공통능력

출처 : NCS 홈페이지(www.ncs.go.kr, 2016.11.11.)

하나의 세분류 직무는 평균 10~13개 정도의 능력단위로 구성되고, 하나의 능력단위는 보통 2~5개의 능력단위요소로 구성된다. 능력단위는 능력단위 분류번호, 능력단위 명칭, 능력단위 정의, 몇 개의 능력단위요소(수행준거, 지식·기술·태도), 적용범위 및 작업상황, 평가지침, 직업기초능력으로 구성된다.

그림 5-6 NCS 능력단위의 구성
출처 : NCS 홈페이지(www.ncs.go.kr, 2016.11.11.)

5) 수준체계

NCS의 수준체계는 산업현장 직무의 수준을 체계화한 것으로, '산업현장-교육훈련-자격' 연계, 평생학습능력 성취 단계 제시, 자격의 수준체계 구성에 활용된다. NCS를 개발할 때 8단계의 수준체계에 따라 능력단위 및 능력단위요소별 수준을 평정하여 제시된다.

표 5-3 NCS 수준별 정의

수준	항목	내용
8수준	정의	• 해당 분야에 대한 최고도의 이론 및 지식을 활용하여 새로운 이론을 창조할 수 있고, 최고도의 숙련으로 광범위한 기술적 작업을 수행할 수 있으며, 조직 및 업무 전반에 대한 권한과 책임이 부여된 수준
	지식기술	• 해당 분야에 대한 최고도의 이론 및 지식을 활용하여 새로운 이론을 창조할 수 있는 수준 • 최고도의 숙련으로 광범위한 기술적 작업을 수행할 수 있는 수준
	역량	• 조직 및 업무 전반에 대한 권한과 책임이 부여된 수준
	경력	• 수준7에서 2~4년 정도의 계속 업무 후 도달 가능한 수준
7수준	정의	• 해당 분야의 전문화된 이론 및 지식을 활용하여, 고도의 숙련으로 광범위한 작업을 수행할 수 있으며, 타인의 결과에 대하여 의무와 책임이 필요한 수준
	지식기술	• 해당 분야의 전문화된 이론 및 지식을 활용할 수 있으며, 근접 분야의 이론 및 지식을 사용할 수 있는 수준 • 고도의 숙련으로 광범위한 작업을 수행하는 수준
	역량	• 타인의 결과에 대하여 의무와 책임이 필요한 수준
	경력	• 수준6에서 2~4년 정도의 계속 업무 후 도달 가능한 수준
6수준	정의	• 독립적인 권한 내에서 해당 분야의 이론 및 지식을 자유롭게 활용하고, 일반적인 숙련으로 다양한 과업을 수행하며, 타인에게 해당 분야의 지식 및 노하우를 전달할 수 있는 수준
	지식기술	• 해당 분야의 이론 및 지식을 자유롭게 활용할 수 있는 수준 • 일반적인 숙련으로 다양한 과업을 수행할 수 있는 수준
	역량	• 타인에게 해당 분야의 지식 및 노하우를 전달할 수 있는 수준 • 독립적인 권한 내에서 과업을 수행할 수 있는 수준
	경력	• 수준5에서 1~3년 정도의 계속 업무 후 도달 가능한 수준
5수준	정의	• 포괄적인 권한 내에서 해당 분야의 이론 및 지식을 사용하여 매우 복잡하고 비일상적인 과업을 수행하고, 타인에게 해당 분야의 지식을 전달할 수 있는 수준
	지식기술	• 해당 분야의 이론 및 지식을 사용할 수 있는 수준 • 매우 복잡하고 비일상적인 과업을 수행할 수 있는 수준
	역량	• 타인에게 해당 분야의 지식을 전달할 수 있는 수준 • 포괄적인 권한 내에서 과업을 수행할 수 있는 수준
	경력	• 수준4에서 1~3년 정도의 계속 업무 후 도달 가능한 수준
4수준	정의	• 일반적인 권한 내에서 해당 분야의 이론 및 지식을 제한적으로 사용하여 복잡하고 다양한 과업을 수행하는 수준
	지식기술	• 해당 분야의 이론 및 지식을 제한적으로 사용할 수 있는 수준 • 복잡하고 다양한 과업을 수행할 수 있는 수준

4수준	역량	• 일반적인 권한 내에서 과업을 수행할 수 있는 수준
	경력	• 수준3에서 1~4년 정도의 계속 업무 후 도달 가능한 수준
3수준	정의	• 제한된 권한 내에서 해당 분야의 기초이론 및 일반지식을 사용하여 다소 복잡한 과업을 수행하는 수준
	지식기술	• 해당 분야의 기초이론 및 일반지식을 사용할 수 있는 수준 • 다소 복잡한 과업을 수행하는 수준
	역량	• 제한된 권한 내에서 과업을 수행하는 수준
	경력	• 수준2에서 1~3년 정도의 계속 업무 후 도달 가능한 수준
2수준	정의	• 일반적인 지시 및 감독 하에 해당 분야의 일반 지식을 사용하여 절차화되고 일상적인 과업을 수행하는 수준
	지식기술	• 해당 분야의 일반지식을 사용할 수 있는 수준 • 절차화되고 일상적인 과업을 수행하는 수준
	역량	• 일반적인 지시 및 감독 하에 과업을 수행하는 수준
	경력	• 수준1에서 6~12개월 정도의 계속 업무 후 도달 가능한 수준
1수준	정의	• 구체적인 지시 및 철저한 감독 하에 문자이해, 계산능력 등 기초적인 일반지식을 사용하여 단순하고 반복적인 과업을 수행하는 수준
	지식기술	• 문자이해, 계산능력 등 기초적인 일반 지식을 사용할 수 있는 수준 • 단순하고 반복적인 과업을 수행하는 수준
	역량	• 구체적인 지시 및 철저한 감독 하에 과업을 수행하는 수준

출처 : NCS 홈페이지(www.ncs.go.kr, 2016.11.11.)

　직업기초능력은 foundation skills, essential skills, generic skills, key competency, core competence, 기초직업능력, 기초직무능력 등 다양한 유사 용어가 사용될 정도로, 그 개념과 구성요소에 있어 연구와 문헌 마다 조금씩 차이가 있다. 한 연구에 따르면, "직업기초능력은 대부분의 직업에서 직무를 성공적으로 수행하는 데 필요한 기본적이고 공통적인 역량으로, 대부분의 직업과 직급에 전이 가능하며 직무내용 및 직위 변화 등과 같은 직무 환경의 변화에 능동적으로 적응하는 데 요구되는 능력"으로 정의된다.[9] 또 다른 연구에서는 "직업기초능력은 직업의 형태, 직무의 특성 및 역할에 관계없이 직업 생활을 성공적으로 영위하는 데 필요한 기본적이고 핵심적인 역량으로, 인지적 및 관계적 능력과 태도, 품성으로 구성되는 것"으로 규정했다.[10]

　이상과 같이 직업기초능력에 대한 확정된 정의는 없지만 공통된 내용만으로 정의하면, 직업기초능력은 직종에 상관없이 성공적으로 맡은 직무를 수행하고 직업 생활을 영위하는 데 필요한 기본적이고 공통적이며 핵심적인 역량이라고 할 수 있다. 직업기초능력은 좁은 의미에서의 지식이나 기술을 의미하는 것이 아니라, 직무를 수행하는데 기초가 되는 인지적(認知的), 정의적(情意的), 심체적(心體的) 성격의 능력요소로 구성된다. 이들 하위요소는 대상 집단이나 목적에 따라 다양할 수 있다.

　여기에서는 NCS에서 제시하는 직업기초능력을 중심으로 살펴본다. NCS의 직업기초능력은 의사소통능력, 수리능력, 문제해결능력, 자기개발능력, 자원관리능력, 대인관계능력, 정보능력, 기술능력, 조직이해능력, 직업윤리 등 10개로 구성된다. 10개의 직업기초능력 각각에는 2~5개의 하위능력이 있고, 각각의 하위능력은 몇 개의 세부요소로 구성된다.

9　이종범(2008), 2008년도 국가직무능력표준 개발 및 자격체제 구축 : 직업기초능력 수준별 성취기준 개발.
10　주인중 외(2010), 직업기초능력 영역 및 성취기준 연구.

- 의사소통능력 : 의사소통능력이란 직업인이 직장생활에서 우리말로 된 문서를 제대로 읽거나 상대방의 말을 듣고 의미를 파악하며 자신의 의사를 정확하게 표현하는 능력을 의미한다. 또한 최근 국제화된 시대에 간단한 외국어 자료를 읽거나 외국인의 간단한 의사표시를 이해하는 능력까지 포함한다. 의사소통능력의 하위능력으로 문서이해능력, 문서작성능력, 경청능력, 의사표현능력, 기초외국어능력이 포함된다.
- 수리능력 : 수리능력이란 직장생활에서 요구되는 사칙연산과 기초적인 통계를 이해하고, 도표 또는 자료(데이터)의 의미를 파악하거나 도표 또는 자료(데이터)를 이용해서 합리적이고 객관적인 결과를 효과적으로 제시하는 능력을 의미한다. 수리능력의 하위능력으로 기초연산능력, 기초통계능력, 도표분석능력, 도표작성능력이 포함된다.
- 문제해결능력 : 문제해결능력이란 업무 수행 중 문제상황이 발생했을 경우 창의적이고 논리적인 사고를 통해 이를 올바르게 인식하고 적절히 해결하는 능력을 의미한다. 문제해결능력의 하위능력으로 사고력과 문제처리능력이 포함된다.
- 자기개발능력 : 자기개발능력이란 직업인으로서 자신의 능력, 적성, 특성 등에 대한 객관적 이해를 기초로 자기 발전 목표를 스스로 수립하고 자기관리를 통해 성취해 나가는 능력을 의미한다. 자기개발능력의 하위능력으로 자아인식능력, 자기관리능력, 경력개발능력이 포함된다.
- 자원관리능력 : 자원관리능력이란 직장생활에서 시간, 예산, 물적자원, 인적자원 등의 자원 가운데 무엇이 얼마나 필요한지를 확인하고, 가용할 수 있는 자원을 최대한 확보하여 실제 업무에 어떻게 활용할 것인지에 대한 계획을 수립하며, 계획에 따라 확보한 자원을 효율적으로 활용하여 관리하는 능력을 의미한다. 자원관리능력의 하위능력으로 시간관리능력, 예산관리능력, 물적자원관리능력, 인적자원관리능력이 포함된다.
- 대인관계능력 : 대인관계능력이란 직장생활에서 협조적인 관계를 유지하고 조직 구성원에게 도움을 줄 수 있으며 조직 내부 및 외부의 갈등을 원만히 해결하고 고객의 요구를 충족시켜 줄 수 있는 능력을 의미한다. 대인관계능력의 하위

능력으로 팀워크능력, 리더십능력, 갈등관리능력, 협상능력, 고객서비스능력이 포함된다.

- 정보능력 : 정보능력이란 업무를 수행할 때 기본적인 컴퓨터를 활용하여 필요한 정보를 수집, 분석, 활용하는 능력을 의미한다. 정보능력의 하위능력으로 컴퓨터 활용능력과 정보처리능력이 포함된다.
- 기술능력 : 기술능력이란 직업인으로서 일상적인 직장생활에 요구되는 수단, 도구, 조작 등에 관한 기술적인 요소들을 이해하고, 적절한 기술을 선택하며, 적용하는 능력을 의미한다. 기술능력의 하위능력으로 기술이해능력, 기술선택능력, 기술적용능력이 포함된다.
- 조직이해능력 : 조직이해능력이란 직업인으로서 일상적인 직장생활에 요구되는 조직의 체제와 경영 및 국제감각을 이해하는 능력을 의미한다. 조직이해능력의 하위능력으로 경영이해능력, 조직체제이해능력, 업무이해능력, 국제감각이 포함된다.
- 직업윤리 : 직업윤리란 원만한 직업 생활을 위해 필요한 마음가짐과 태도 및 올바른 직업관을 의미한다. 직업윤리의 하위 능력으로 근로윤리와 공동체윤리가 포함된다.

NCS 홈페이지에서는 10개의 직업기초능력별로 교수자용 자료와 학습자용 자료를 제공하고 있다. 교수자용 자료는 학교나 직장에서 직장인에게 공통적으로 요구되는 직업윤리를 좀 더 효과적으로 지도하기 위한 지침으로 활용할 수 있다. 교수자용 자료는 직업기초능력 각각의 표준에 기초하여 개발된 학습자용 워크북을 활용하여 효과적으로 지도하기 위한 핸드북이다. 학습자용 워크북은 크게 활용안내, 사전평가, 학습모듈, 사후평가, 학습평가 정답, 참고자료로 구성된다.[11]

---

11 한국산업인력공단, 기초직업능력프로그램: 교수자용 매뉴얼

표 5-4 NCS의 직업기초능력

영역	하위 능력	세부 요소
의사소통능력	문서이해능력	• 문서정보 확인 및 획득 • 문서정보 이해 및 수집 • 문서정보 평가
	문서작성능력	• 목적과 상황에 맞는 문서 작성 • 작성한 문서 교정 및 평가
	경청능력	• 음성정보와 매체정보 내용 이해 • 음성정보와 매체정보에 대한 반응과 평가
	의사표현능력	• 목적과 상황에 맞게 전달 • 대화에 대한 피드백과 평가
	기초외국어능력	• 일상생활에 회화 활용
수리능력	기초연산능력	• 과제 해결을 위한 연산방법 선택 • 연산방법에 따라 연산 수행 • 연산 결과와 연산 방법에 대한 평가
	기초통계능력	• 통계 기법에 따라 연산 수행 • 통계 결과와 기법에 대한 평가
	도표분석능력	• 정보의 적절한 해석 • 해석한 정보의 업무 적용
	도표작성능력	• 도표를 이용한 정보 제시 • 제시 결과 평가
문제해결능력	사고력	• 논리적 사고 • 비판적 사고
	문제처리능력	• 문제 인식 • 대안 선택 • 대안 적용 • 대안 평가
자기개발능력	자아인식능력	• 자신의 능력 표현 • 자신의 능력발휘 방법 인식
	자기관리능력	• 자기통제 • 자기관리 규칙의 주도적인 실천
	경력개발능력	• 경력개발 계획 수립 • 경력전략의 개발 및 실행
자원관리능력	시간관리능력	• 시간자원 확보 • 시간자원 활용 계획 수립 • 시간자원 할당

자원관리능력	예산관리능력	• 예산 할당
	물적자원관리능력	• 물적자원 할당
	인적자원관리능력	• 인적자원 할당
대인관계능력	팀워크능력	• 적극적 참여 • 업무 공유 • 팀 구성원으로서의 책임감
	리더십능력	• 동기화시키기 • 논리적인 의견 표현 • 신뢰감 구축
	갈등관리능력	• 타인의 생각 및 감정 이해 • 타인에 대한 배려 • 피드백 제공 및 받기
	협상능력	• 다양한 의견 수렴 • 협상 가능한 실질적 목표 구축 • 최선의 타협 방법 찾기
	고객서비스능력	• 고객의 불만 및 욕구 이해 • 매너 있고 신뢰감 있는 대화법 • 고객의 불만에 대한 해결책 제공
정보능력	컴퓨터활용능력	• 컴퓨터 이론 • 인터넷 사용 • 소프트웨어 사용
	정보처리능력	• 정보 수집 • 정보 분석 • 정보 관리 • 정보 활용
기술능력	기술이해능력	• 기술의 원리와 절차 이해 • 기술 활용 결과 예측 • 활용 가능한 자원 및 여건 이해
	기술선택능력	• 기술 비교, 검토 • 최적의 기술 선택
	기술적용능력	• 기술의 효과적 활용 • 기술 적용 결과 평가 • 기술 유지와 조정
조직이해능력	국제감각	• 국제적인 동향 이해 • 국제적인 시각으로 업무 추진 • 국제적 상황 변화에 대처

	조직체제이해능력	• 조직의 구조 이해 • 조직의 규칙과 절차 파악 • 조직 간의 관계 이해
조직이해능력	경영이해능력	• 조직의 방향성 예측 • 경영조정(조직의 방향성을 바로잡는 데 필요한 행위 하기) • 생산성 향상 방법
	업무이해능력	• 업무의 우선순위 파악 • 업무활동 조직 및 계획 • 업무수행의 결과 평가
직업윤리	근로 윤리	• 근면성 • 정직성 • 성실성
	공동체 윤리	• 봉사정신 • 책임의식 • 준법성 • 직장 예절

4 NCS 활용패키지

NCS 활용패키지는 NCS를 일(현장), 교육·훈련, 자격 분야에서 실제로 활용하기 위한 것으로, 평생경력개발경로 모형, 직무기술서, 채용·배치·승진 체크리스트, 자가 진단도구, 훈련기준, 출제기준(시안)으로 구성된다. 활용패키지는 산업현장의 근로자를 대상으로 경력개발, 채용·승진 등 인사관리에 활용될 수 있고, 훈련기준과 자격기준에도 활용될 수 있다.

1) 평생경력개발경로 모형

평생경력개발경로 모형은 산업현장 근로자를 대상으로 경력개발이나 채용·승진 등 인사관리를 위하여 NCS에 기반으로 개발된다. 평생경력개발경로 모형은 한 개인이 직업생활에 종사하는 동안 계획하는 직위나 역할이동 경로를 도식화하여 제시한 모형으로, 직능유형, 직책명, 직능수준, 능력단위, 이동경로(승진, 전직)로 구성된다. 평생경력개발경로 모형은 진로지도 및 직업상담, 교육훈련과정 개발, 평생경력개발 단계별 지표 제공, 채용·승진·전환배치 등 인사관리, 기업의 교육훈련 및 평가 등에 활용될 수 있다.

2) 직무기술서

직무기술서는 해당 직무의 목적과 업무의 범위, 주요 책임, 요구받는 역할, 직무수행 요건 등 직위에 관한 정보를 제시한 문서이다. 직무기술서는 직무, 능력단위 분류번호, 능력단위, 직무 목적, 직무 책임 및 역할, 직무수행 요건(학습경험, 자격증, 지식·기술, 사전직무경험, 직무숙련기간), 개발날짜, 개발기관으로 구성된다.

직능수준	직능유형	사출금형 설계	사출금형제작	사출금형품질관리	사출금형조립
7	부장		**제작부 부장** 사출금형제작 공정설계		
6	차장	**설계부 차장** 사출금형 설계업무관리	**제작부 차장** 사출금형제작 일정관리	**품질부 차장** 사출금형 생산관리	**조립부 차장** 사출금형 조립검사 사출금형수정
5	과장	**설계부 과장** 시험사출 제품분석 사출금형 원가계산 사출성형해석 특수사출금형 조립도 설계 특수사출금형 부품도 설계	**제작부 과장** 사출금형제작 외주관리 사출금형제작 가공표준관리 사출금형제작 표준화 관리	**품질부 과장** 시제품평가 사출금형 수정품질관리	**조립부 과장** 사출금형 경면래핑 사출금형 시험성형
4	과장	**설계부 대리** 사출금형 조립도설계	**제작부 대리** 사출금형 소재부품 수급관리 사출금형제작 설비관리	**품질부 대리** 사출시험작업 사출금형 유지보수	**조립부 대리** 사출금형 도면해독 사출금형조립의 안전과 환경관리
3	주임	**설계부 과장** 사출금형 3D어셈블리모델링 사출금형 3D부품모델링 사출금형 부품도설계 사출 제품도 분석 가공지원 도면작성	**제작부 과장** 사출금형제작 도면해독 사출금형 부품가공 사출금형제작 공정간 검사	**품질부 과장** 제품도 및 금형도 해독 사출성형 공정검토 사출성형 설비점검 시제품 측정 사출금형 이관관리	**조립부 과장** 사출금형 조립부품검토 사출금형 다듬질 사출금형 고정측 조립 사출금형 가동측 조립
2	사원	**설계부 사원** 사출금형 2D도면작성			
직능수준/직능유형		사출금형 설계	사출금형제작	사출금형품질관리	사출금형조립

그림 5-7 평생경력개발 체계도 예시 : 사출금형제작

출처 : NCS 홈페이지(2017.1.16.)

표 5-5 직무기술서의 구성요소

구성 요소	세부 내용
능력단위 분류번호	전체 직무 구조 관리를 위한 직무 고유의 코드번호
능력단위	수행하고자 하는 능력단위의 명칭
직무목적	직무를 수행함으로써 이루고자 하는 직무의 목적
개발날짜	개발된 년, 월, 일
개발기관	직무기술서를 개발한 기관
직무 책임 및 역할	직무에 대한 책임 및 역할(영역 분류 및 상세 내용)
직무수행요건	직무를 수행하기 위하여 개인이 일반적으로 갖추어야 할 사항 : 학력, 자격증, 지식 및 스킬, 사전 직무경험, 직무숙련기간 등

출처 : 2016년 NCS 개발 매뉴얼(고용노동부·한국산업인력공단, 2016)

3) 채용·배치·승진 체크리스트

채용·배치·승진 체크리스트는 근로자를 채용하거나 배치 또는 승진시키기 위하여 각 개인이 해당 직책에서 요구되는 직업능력을 어느 정도 보유하고 있는지 확인하기 위한 진단도구라고 할 수 있다. 채용·배치·승진 체크리스트는 목적, 직책명, 인적사항, 능력구분, 평가영역, 평가문항, 답변기재란, 평가결과로 구성된다.

표 5-6 채용·배치·승진 체크리스트의 구성요소

구성 요소	세부 내용
목적	평가를 실시하는 방향이나 이유로 채용, 배치, 승진이 있음
직책명	해당 조직에서 일의 종류나 난이도, 책임도 등의 유사성을 기준으로 구분한 등급
인적사항	평가하고자 하는 예비근로자 및 근로자의 성명, 직위, 성별 등과 같은 개인적 특성
능력구분	평가하고자 하는 직책에서 요구되는 직업능력의 구분(직업기초능력, 직무수행능력)
평가영역	직업기초능력과 직무수행능력의 하위영역
평가문항	예비근로자 및 근로자의 지식이나 활동을 측정하기 위한 측정가능하고 구체적인 문장
답변기재란	평가자가 평가문항을 읽고 평가대상자의 행동과 일치하는 정도에 직접 표기하는 부분
평가결과	기재한 답변을 합산하여 점수를 산출하고 해석

출처 : 2016년 NCS 개발 매뉴얼(고용노동부·한국산업인력공단, 2016)

4) 자가진단도구

자가진단도구는 업무를 성공적으로 수행하는 데 요구되는 능력과 근로자 자신의 보유 능력을 비교·점검해 볼 수 있는 도구이다. 자가진단도구는 번호체계, 진단항목, 지시문, 진단영역, 진단문항, 답변기재란, 진단결과로 구성된다.

표 5-7 자가진단도구의 구성요소

구성 요소	세부 내용
번호체계	직업능력 자가진단도구를 분류하기 위하여 직업능력별로 부여된 번호
진단항목	진단하고자 하는 직업능력명
지시문	진단문항을 읽고 답변을 기재하는 방법에 대한 안내문
진단영역	진단하고자 하는 직업능력을 구성하는 하위영역과 세부영역
진단문항	근로자(응답자)의 지식이나 활동을 측정하기 위한 측정가능하고 구체적인 문장
답변기재란	근로자(응답자)가 진단문항을 읽고 자신의 상황이나 생각과 일치하는 정도에 직접 표기하는 부분
진단결과	기재한 답변을 합산하여 점수를 산출하고 해석

출처 : 2016년 NCS 개발 매뉴얼(고용노동부·한국산업인력공단, 2016)

5) 훈련기준

훈련기준은 체계적이고 효과적인 직업능력개발훈련을 위하여 훈련의 대상이 되는 직종별로 훈련의 목표, 교과내용 및 시설·장비와 교사 등에 관해 제시한 기준이다. 훈련기준은 훈련직종명, 훈련직종 정의, 훈련시설 기준면적, 훈련교사, 교과내용, 평가사항, 참고사항으로 구성된다.

6) 출제기준(시안)

출제기준(시안)은 국가기술자격법령에 따른 국가기술자격, 개별법령에 따른 국가
전문자격, 자격기본법에 따른 공인민간자격 및 민간자격, 고용보험법에 따른 사업내 자
격 등 각종 자격의 시험문제를 출제하기 위하여 마련한 기준을 NCS에 따라 제시하기
위한 것이다. 출제기준(시안)은 NCS의 능력단위별로 평가영역, 평가방법, 평가시설·장
비, 평가소요시간 등으로 구성된다.

1) NCS 학습모듈의 개념 및 활용

NCS 학습모듈은 NCS의 능력단위를 교육훈련에서 학습할 수 있도록 구성한 교수·학습자료이다. NCS 학습모듈은 산업계에서 요구하는 직무능력을 교육훈련 현장에 활용할 수 있도록 성취목표와 학습의 방향을 제시하는 가이드라인이라고 할 수 있다.

NCS 학습모듈은 특성화고, 마이스터고, 전문대학, 4년제 대학교의 교육기관에서 전공교과를 개발할 때 활용될 수 있고, 훈련기관에서는 훈련과정을 개편할 때 활용될 수 있다. 산업현장의 경우, 직장교육기관 등에서 표준교재로 활용할 수 있으며, 교육과정을 개편할 때에도 유용하게 참고할 수 있다.

NCS 학습모듈은 NCS 개발과 연계되어 2013년부터 추진되어 왔으며, 2013년 50개, 2014년 175개, 2015년 321개 등 개발 규모가 점차 확대되어 왔다. 향후에도 개발이 완료된 NCS 세분류 직무에 대해 학습모듈이 개발될 예정이다.

2) NCS 학습모듈의 구성

학습모듈은 NCS를 기반으로 개발된다. NCS 학습모듈에서는 구체적 직무를 학습할 수 있도록 이론 및 실습과 관련된 내용을 상세하게 제시한다. NCS 학습모듈은 학습모듈 목표, 학습내용, 학습목표, 교수학습, 학습방법, 평가준거, 평가방법, 피드백, 참고자료 및 사이트, 활용서식 등으로 구성된다.

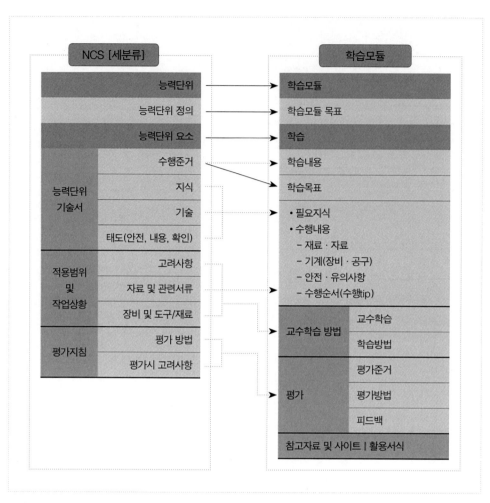

그림 5-8 NCS와 NCS 학습모듈의 관계

출처 : 교육부, 한국직업능력개발원(2015), NCS **학습모듈 개발 매뉴얼**.

6   NCS의 활용 분야

NCS의 목적은 산업현장의 수요와 실제 직무 내용을 반영하여 직무능력표준을 개발·활용함으로써 교육·훈련 후 곧바로 산업현장에서 제 역할을 할 수 있는 현장중심형 인재를 양성하는 것이다. 이를 위해 NCS를 기반으로 활용패키지와 학습모듈을 개발하여, 현장중심의 자격 개편, 교과과정 개편(고교, 대학, 훈련기관 등), 훈련과정 개편에 사용하고, 능력중심 채용 시에 활용한다.

또한 NCS는 국가역량체계(NQF) 구축에도 활용함으로써 능력중심사회 여건 마련에 기여할 것이다.

1) 국가역량체계 구축

국가역량체계(National Qualifications Framework; NQF)는 NCS를 바탕으로 학교 내 학습뿐만 아니라 학교 밖의 다양한 학습결과(교육훈련 이수, 자격증 취득, 현장경력 등)가 상호 연계될 수 있도록 제시하는 국가차원의 수준체계이다. 학습자 및 학습근로자, 재직자는 각각의 필요에 따라 교육훈련 및 경력개발을 할 때 진로와 경로를 선택할 수 있으며, 그 학습결과(learning outcomes)를 연계하여 인정받을 수 있다.

또한 국가역량체계는 학력중심사회에서 능력중심사회로의 이행을 위한 여건을 조성하는 것 외에 불필요한 중복학습의 부담을 완화하고 스펙쌓기를 지양하며, 평생에 걸친 경력개발경로를 제시하여 역량개발을 촉진하고, 교육훈련의 질을 보장하며, 국내외 인력 이동(Mobility)을 촉진하는 등의 목적이 있다.[12]

정부는 국정과제로 '능력중심사회 구축'을 선정하고 이에 대한 세부 실천과제로

---

12   정향진, 최영렬(2016), 한국형 국가역량체계(KQF)의 구축과 활용, THE HRD REVIEW 19(5), 한국직업능력개발원.

NCS 개발과 국가역량체계 구축을 선정한 바 있다. 2013년 12월에 '국가역량체계 구축 기본 계획'이 수립되었고, 2016년 현재, 한국형 국가역량체계(Korean Qualifications Framework : KQF) 구축이 추진되고 있다. 국가역량체계에는 수준(8수준), 수준별 설명 지표(descriptor), 학위 및 자격 배치, 학위-자격-현장경력 등 경험학습의 연계 개념 등이 포함된다.

2) 현장중심의 교육훈련 과정 개편

NCS를 기반으로 해서 현장중심으로 교육훈련 과정을 개편하는 목적은 기존의 투입중심의 전통적 교과기반 훈련(curriculum-based training)에서 훈련과정을 통한 실제 직무역량의 취득 여부에 초점을 둔 성과중심의 훈련(outcome-based training)으로 전환하기 위한 것이다.

NCS와 활용패키지, 학습모듈은 특성화고등학교, 전문대학, 대학의 전공교과 개발 및 개편, 훈련기관의 훈련과정 개발 및 개편에 활용된다. 일학습병행제에서 사용되는 훈련프로그램도 NCS를 기반으로 개발되어 운영되고 있다. NCS 학습모듈은 산업현장의 수요를 반영하여 개발된 NCS에서 제시하는 직무(능력단위)를 교육훈련 현장에서 학습할 수 있도록 이론 및 실습과 관련된 내용을 담고 있다.

3) 현장중심의 자격제도 개편

자격제도를 과정평가형으로 개편하는 데에도 NCS가 활용되고 있다. 과정평가형 국가기술자격은 NCS 기반의 일정 요건을 충족하는 교육·훈련과정을 충실히 이수한 사람이 내부·외부 평가를 거쳐 일정 합격기준을 충족하면 국가기술자격을 부여하는 제도이다(국가기술자격법 제10조). 과정평가형 국가기술자격은 산업현장에서 요구되는 능력에 부합하는 NCS 능력단위, 교육·훈련시간, 시설 및 장비, 내부평가 방법 등을 제시하여 현장중심형 인재를 양성한다는 목표를 지향하고 있다.

또한 정부는 기존 국가기술자격 제도를 NCS 기반 신(新)직업자격으로 전면 개편하는 것을 추진하고 있다. NCS 기반으로 자격을 전면 개편함으로써 노동시장에서 자격의 신호기능을 강화하여 산업현장에 필요한 인력 양성과 기업의 직무능력기반 인력관리를 유도하고, 특성화고·전문대 등의 교육·훈련과 자격 취득의 연계를 강화하고자 하는 것이다.

4) 능력중심 채용

NCS 기반 능력중심 채용은 채용대상 직무를 NCS 기반으로 분석하고, 그 결과를 바탕으로 해당 직무의 상세 내용 및 직무능력 평가기준을 정하여 사전에 명확하게 공지하며, 해당 평가기준을 토대로 인재를 선발하는 채용 방식이다.

기업 등은 기존에 충분한 직무 설명이나 명확한 채용기준 등을 제시하지 않고 기업 위주의 채용공고를 내고 이를 통한 채용을 진행하는 경우가 있었다. 취업준비생은 명확한 채용 기준을 모르기 때문에 직무와 무관한 스펙을 쌓기 위해 많은 시간과 비용을 낭비하였고, 기업은 채용 직무에 적합하지 않는 신규직원이 채용되는 문제를 안게 되었다. 이에 따라 채용 과정에서 채용직무 내용을 사전에 상세히 공개하고, 직무능력을 토대로 한 명확한 평가 기준을 마련할 필요성이 제기되어 왔다.

NCS 기반 능력중심 채용은 2016년에 230개 공공기관에 우선 도입되었고, 2017년 이후에는 320 여개 전체 공공기관으로 확대될 예정이다. 최종 목표는 민간기업까지 NCS 기반 능력중심 채용을 적극 도입하여 능력중심사회를 실현하는 것이다.

참고문헌

고용노동부, 한국산업인력공단(2016), 2016년 NCS 개발 매뉴얼.

이동임, 김덕기, 서유정, 정지운(2015), 국가직무능력표준(NCS)에 기반한 자격의 운영과 연계에 관한 연구, 한국직업능력개발원.

이종범, 정철영, 김진모, 김재경(2008), 2008년도 국가직무능력표준 개발 및 자격체제 구축 : 직업기초능력 수준별 성취기준 개발, 한국직업능력개발원.

정향진, 최영렬(2016), 한국형 국가역량체계(KQF)의 구축과 활용, THE HRD REVIEW 19(5), 한국직업능력개발원.

주인중, 박동열, 진미석(2010), 직업기초능력 영역 및 성취기준 연구, 한국직업능력개발원.

직업능력평가과(2016), '16년 제2차 국가직무능력표준(NCS) 개발 계획(2016. 8. 3.), 고용노동부, 미발간 자료.

NCS 홈페이지 www.ncs.go.kr

능력중심채용 사이트 onspec.ncs.go.kr

6장

노동시장과 노동시장 분석 사례

오민홍

대부분의 사람들은 노동시장에서 시간의 상당 부분을 보낸다.

- 조지 J. 보라스(George J. Borjas)

직업 선택을 할 때 노동시장에 대한 이해는 필수적이다. 특정 직업이 어느 정도 수준의 보수를 제공하는지, 노동에 대한 수요는 충분한지, 정해진 수의 일자리에 얼마나 많은 구직자가 취업준비를 하고 있는지 등 다양한 일자리 정보를 제공하기 때문이다. 물론 이와 같은 노동시장 정보는 노동수요자에게도 효과적으로 활용될 수 있다. 이 장에서는 먼저 노동시장을 이해하기 위한 필수 개념인 노동수요, 노동공급과 함께 여타 임금설정과 관련된 노동경제학의 주요 이슈에 대해 다룬다. 이와 함께 고용 관련 자료를 활용해서 노동시장의 흐름을 이해하기 위한 기초적인 분석 사례도 소개한다.

한편, 경제학은 대다수 학생들이 어려워하는 학문 중 하나이다. 시장의 동향을 파악하고, 미래를 예측해 볼 수 있다는 경제학의 유용성 이면에 수학적 역량을 요구하는 학문적 어려움이 혼재해 있기 때문이다. 이런 사정을 고려하여 이 장에서는 노동시장을 이해하기 위한 최소한의 경제학 개념을 설명하는 데 주력하였다. 그럼에도 다양한 수식이 활용된 건, 경제이론의 완결성을 보여주기 위함이지 독자의 학습의욕을 꺾을 의도가 아님을 밝혀둔다. 따라서 수식이 이해되지 않는다면, 서술 중심으로 본 장을 학습할 것을 당부한다. 참고로 제1절은 미시경제학에서 다루는 내용을 기초로 작성되었다.

1) 경제학과 시장

노동시장을 이해하기 위해서는 먼저 시장을 기본 분석 대상으로 하는 경제학이 어떠한 학문인지 이해할 필요가 있다. 수많은 경제학자가 다양한 방법으로 경제학을 정의했기 때문에 경제학을 일률적으로 정의하기란 쉽지 않지만, 경제학의 기본 원리를 중심으로 정의한다면 큰 무리가 없을 것이다.

통상 경제학은 인간의 욕구와 그것을 해소하기 위한 자원, 그것에 대한 선택을 중심으로 정의할 수 있다. 즉, 인간은 다양한 욕구를 가지고 있지만, 그러한 욕구를 충족할 만한 충분한 자원을 가지고 있지 못하기 때문에 선택의 문제에 봉착하게 된다. 따라서 경제학은 희소한 자원을 어떻게 효율적으로 관리하느냐와 관련된 학문으로 정의할 수 있다. 인간의 욕구가 다양하고 그것을 추구하기 위한 자원(시간, 노력, 돈 등) 역시 다양하다는 점을 고려한다면, 인간이 선택해야 할 것은 금전적 문제에만 한정되지 않을 수 있다. 그렇기 때문에 어떤 경제학자는 경제학을 '인간이 먹고사는 것을 연구하는 학문'으로 정의하기도 한다. 이와는 대조적으로, 인간의 행동패턴이 주어졌을 때 어떻게 하면 그러한 행태에 변화를 줄 수 있을까 하는 (정책적) 의도를 기반으로 경제학을 정의한다면, 『괴짜경제학』의 저자인 스티븐 레빗(Steven Levitt)이 제시한 바와 같이 '유인의 학문'으로 정의할 수도 있다.

경제학이 무엇인지 이해했다면 이제 시장에 대해 살펴보자. 시장은 거래되는 대상에 따라 다양하게 구분될 수 있다. 통상 시장이라고 하면 재화를 거래하는 시장으로 인식되지만, 노동시장은 말 그대로 '노동'이 거래되는 시장으로 이해하면 된다. 마찬가지로, 부동산이 거래 대상이라면 부동산시장, 주식이 거래 대상이라면 주식시장으로 부르는 것과 같이, 우리는 시장을 다양하게 구분 지을 수 있다.

2) 노동시장

노동시장은 노동이 거래되는 시장으로, 노동의 수요자인 기업과 공급자인 근로자로 구성된다. 재화나 서비스시장에서 수요와 공급에 의해 시장가격과 수급량이 정해지는 것과 같이, 노동시장에서도 노동수요 및 공급에 의해 노동의 가격인 임금과 수급량이 정해진다.

노동시장에 대한 분석과 예측은 노동수요와 공급의 규모 및 형태 등에 따라 달라질 수 있는데, 노동의 특성상 교육 수준이나 일자리 경험 등 공급 측의 특성이나 노동수요의 주체인 기업이 속해 있는 시장구조 등에 따라 노동시장을 세분화해 분석할 필요가 있다. 예를 들어 편의점 아르바이트생의 일자리와 대기업 정규직의 일자리가 다른 특성을 가지고 있기 때문에, 이들 시장은 분리해서 분석해야 한다.

3) 노동수요

노동수요는 일정 기간 동안 기업이 구입한 노동의 양을 말한다. 일정 기간이라는 수식어가 붙은 이유는 노동수요가 유량(flow)의 개념으로 측정되기 때문이다. 여기서 유량이란 노동수요가 일정 기간 동안 이루어진다는 의미로, 특정 시점까지 축적된 저량(stock)과는 대별되는 개념이다. 예를 들어 여기에서 논의되고 있는 수요량과 함께 소득은 유량인 데 반해 재산은 저량이라고 할 수 있다.

(1) 노동수요

노동수요량(가로축)과 임금(세로축)을 축으로 하는 2차원 평면에서 노동수요는 우하향하는 곡선(또는 직선)으로 표현할 수 있는데, 이는 수요법칙이 작용한 결과이다. 수요법칙이란 가격이 하락할 때 해당 재화나 서비스를 더욱 많이 소비한다는 의미로, 시공을 초월한 보편적 관계라는 점에서 수요'법칙'이라 일컬어진다. 임금이 낮아진다면, 노동수요자인 기업은 다른 생산요소에 비해 좀 더 많은 노동을 수요할 것이다. 따라서 임금의 변화는 노동수요량의 변화를 야기하고, 이는 노동수요곡선의 선상의 이동(movement along the curve)으로 표현할 수 있다.

$$L_d = f(w \mid Q_d, \ r, \ T, \ \cdots)$$

이에 반해 노동수요곡선 자체를 이동(shift of demand curve)시키는 요인도 존재하는데, 대표적으로 노동을 활용해서 생산한 최종재의 수요(Qd), 노동을 제외한 다른 생산요소의 가격(r), 기술진보 등이 이에 해당된다.

먼저 최종재의 수요가 FTA 등과 같은 이유로 확대된다면, 노동을 수요하는 주체인 기업은 생산량 확대를 위해 더 많은 노동을 수요하게 된다. 따라서 최종재 수요 확대는 노동수요곡선을 우측으로 이동시킬 것이다. 이처럼 노동과 같은 생산요소의 수요는 최종생산물 시장의 성과에 따라 결정되기 때문에, 생산요소수요는 파생수요(derived demand)라고 불린다.

둘째, 다른 생산요소의 가격 변화는 그 생산요소가 노동과 대체적인 관계에 있는지 또는 보완적 관계에 있는지에 따라 노동수요의 이동 방향을 정한다. 예를 들어 자본과 같이 노동과 대체적인 관계에 있다면, 자본의 가격 상승, 즉 이자율 상승은 노동수요를 확대시킬 수 있다. 생산자 입장에서 상대적으로 비싸진 기계에 비해 노동을 더욱 수요하는 것이 비용 효율적이기 때문이다.

셋째, 기술의 발전 또한 노동수요 곡선을 이동시키는 요인이다. 노동절약적 기술진보는 단기적으로 노동수요를 감소시킨다. 하지만 노동 절약을 통한 생산비용의 절감은 제품의 가격을 하락시켜 소비자들의 수요량을 증가시키는데, 이때 나타나는 수요 증가는 최초의 고용 수준에 비해 낮을 수도 있고 높을 수도 있기 때문에 기술 진보가 궁극적으로 노동수요에 어떠한 영향을 끼칠지에 대해서는 좀 더 엄밀한 분석이 필요하다. 노동수요곡선을 이동시키는 요인에는 이상에서 예시한 3가지 대표적 요인 외에도 기업의 수나 법제도의 변경 등 무수히 많은 요인이 있을 수 있으므로, 이와 관련해서는 노동경제학 교과서를 참조하면 좋을 것이다.

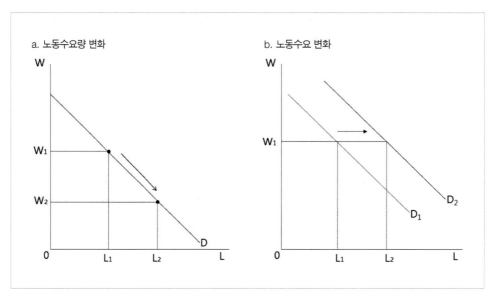

그림 6-1 노동수요곡선과 이동

(2) 노동수요의 탄력성

　노동수요곡선의 이동에 대한 이해는 곡선의 이동으로 임금수준과 노동수급량이 어떻게 변하게 될지에 대한 예측을 가능하게 한다. 노동공급이 변하지 않는 상황에서 수요 증가가 임금 상승과 노동수급량을 확대시킬 것이라든지, 반대로 수요 감소가 임금 하락과 노동수급량 축소를 야기할 것이라든지 하는 예측을 가능하게 하기 때문이다. 하지만 곡선의 이동에 대한 이해만으로는 임금과 수급량이 '얼마나' 변할 것인지에 대해 알 수 없다. 이러한 변화의 크기를 알 수 있게 해 주는 것이 노동수요의 탄력성이다. 노동수요의 탄력성은 임금이 1% 변할 때 야기되는 노동수요량이 몇 % 변화할지에 대해 알려 준다. 주목할 점은 노동수요가 우하향하기 때문에 노동수요의 탄력성은 항상 음의 값을 가지게 된다는 것이다. 노동수요의 탄력성이 통상 절대값으로 표현되는 것도 이러한 특성에 기인한다.

$$|\varepsilon| = \left| \frac{L_d \text{의 변화율}}{w \text{의 변화율}} \right| = \left| \frac{\Delta L_d / L_d}{\Delta w / w} \right| = \left| \frac{\Delta L_d}{\Delta w}, \frac{w}{L_d} \right|$$

　노동수요가 $L_d = a + b \cdot w$와 같은 선형 함수로 표현된다면, 위 식의 $\Delta L_d / \Delta w$는 노동

수요곡선의 기울기인 'b'로 표현할 수 있다. 다만 임금(w)과 노동수요량(Ld)의 수준 즉, 곡선의 위치에 따라 노동수요 탄력성은 달라진다. 이러한 특성 때문에 임금 수준이 높을 때 탄력성은 상대적으로 커지며, 반대의 경우 탄력성은 작아진다. 노동수요 탄력성은 '1'을 기준으로 1보다 크면 탄력적, 1보다 작으면 비탄력적이라고 표현하는데, 탄력성이 2라면 임금이 1% 인상될 때 노동수요량은 2% 하락함을 의미한다. 한편 노동수요 탄력성에는 극단적인 형태도 있는데, 수요곡선이 수평인 경우 노동수요의 탄력성은 '∞'로 완전탄력적이라고 표현한다. 반대로 수요곡선이 수직이라면 노동수요 탄력성은 '0'으로 완전비탄력적이라고 한다.

(3) 기업의 노동수요

노동을 수요하는 기업은 이윤 극대화를 추구하는 경제 주체이다. 이러한 이윤극대화 과정에서 임금의 상승은 생산비용을 상승시키기 때문에 고용량을 줄이게 된다. 이러한 과정을 좀 더 구체적으로 살펴보자.

기업의 이윤(π)은 최종생산물을 팔았을 때 생기는 총수입(total revenue : TR)에서 이를 생산하는 데 소요된 총비용(total cost : TC)을 뺀 나머지로 정의된다. 즉, $\pi = TR - TC$이다.

여기에서 총수입은 생산량(Q)과 그것의 시장가격(P)의 곱인 P×Q로 표현되며, 생산요소에 노동과 자본만 존재하는 경우를 가정할 때 총비용은 투입된 노동비용(w×L)과 자본비용(r×K)의 합으로 구성된다. 따라서 기업의 이윤(π)은 다음과 같이 표현된다.

$$\pi = (P \times Q) - (w \times L + r \times K)$$

여기서 최종생산(Q)은 $Q = f(L, K)$와 같은 생산함수로 표현할 수 있다. 생산함수는 투입물과 산출물의 관계를 나타내며, 체감증가하는 곡선으로 표현할 수 있다. 다만 노동 투입과 산출량 간의 관계를 표현하기 위해 자본의 양은 고정된 것(K_0)으로 가정해서 생산함수는 $Q = f(L \mid K_0)$으로 표현한다.

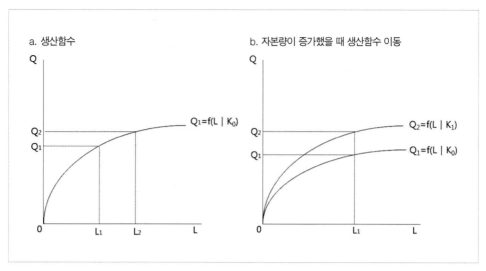

그림 6-2 생산함수

노동투입이 증가되었을 때(L1 → L2), 생산량도 증가하게 된다.(Q1 → Q2) 이때 추가적인 노동 투입에 따라 늘어난 생산물의 변화량을 노동의 한계생산물(marginal product of labor : MP_L)이라고 한다. 수식으로는 $\Delta Q / \Delta L$로 표현되며, 생산함수의 접선의 기울기와 같다. 주목할 점은 노동 투입이 늘어남에 따라 추가된 노동이 만들어내는 산출량은 점차 감소한다는 것인데, 이러한 현상을 우리는 한계생산체감의 법칙 또는 수확체감의 법칙이라고 부른다. 한편 그림 6-2의 b에서처럼 자본량이 증가되었을 때에는 동일한 양의 노동이 생산과정에 투입되었음에도 생산량이 증가하게 된다. 일반 톱을 가지고 일하는 근로자에 비해 좀 더 많은 자본이 투하된 전기톱을 활용해서 일할 때 근로자의 생산성이 높아지는 것과 같은 상황으로 이해하면 된다. 이러한 현상을 우리는 교차생산성 효과라고 부른다.

지금까지가 기업의 수입구조에 관한 것이었다면, 이제는 기업의 비용구조를 살펴볼 차례이다. 총비용은 산출량이 늘어남에 따라 증가하게 되는데, $C=g(Q(L|K_0))$로 표현할 수 있다. 즉, 자본이 고정되었을 때 노동 투입이 늘어남에 따라 생산량은 늘어나며, 이때 추가적 노동을 수요하기 위해 총비용이 증가하게 된다. 좀 더 자세히 말하자면, 노동 확대는 수확체감의 법칙에 따라 생산량을 체감 증가시키며, 이 때문에 총비용은 그림 6-3과 같이 생산량 확대에 따라 체증 증가하게 된다.

생산함수에서 노동의 한계생산물을 계산하듯이, 우리는 총비용곡선에서 한계비용(marginal cost : MC), 즉 산출량이 늘어남에 따라 발생하는 추가적인 비용을 구할 수 있다. 한계비용은 $\Delta TC/\Delta Q$로 표현되며, 총비용곡선의 접선의 기울기가 이에 해당한다.

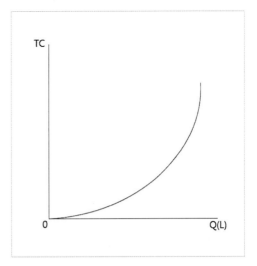

그림 6-3 총비용 곡선

이윤극대화를 목표로 하는 기업은 총수입과 총비용 구조를 검토해서 이윤이 극대화되는 수준의 노동을 수요한다. 기업이 완전경쟁시장에 있다고 할 때, 이 기업은 가격순응자로서 시장에서 결정된 상품가격(P)에 총생산물을 팔아서 수입을 내기 때문에 총수입곡선(TR)은 총생산(Q) 곡선과 유사한 형태를 띠게 된다.

이윤곡선은 총수입에서 총비용을 뺀 곡선으로, 이윤 극대화가 되는 지점은 이윤곡선 접선의 기울기가 '0'이 되는 지점이다. 이때 한계수입생산(MRP_L)과 한계비용(MC_L) 곡선의 접선의 기울기가 정확히 동일해지는 지점으로 평가할 수 있다. 따라서 기업의 이윤극대화는 노동 1단위를 추가적으로 투입해서 얻을 수 있는 노동의 한계수입생산(marginal revenue product of labor : MRP_L)이 노동 1

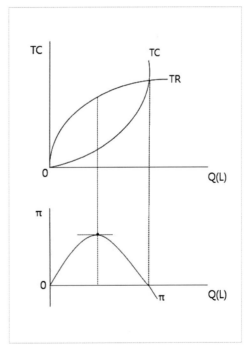

그림 6-4 총수입, 총비용, 이윤곡선

단위를 추가적으로 수요했을 때 발생하는 비용과 같을 때 나타난다. $MRP_L = MC_L$. 만약 노동의 한계수입생산이 한계비용에 비해 더 높다면($MRP_L > MC_L$), 기업은 좀 더 많은 노동을 고용해서 생산량을 늘릴 필요가 있으며, 반대의 경우(MRP$_L$ < MC$_L$)에는 고용량을 줄여 생산량을 줄여야만 이윤극대화에 가까워질 수 있다. 여기에서 노동의 한계비용은 노동자에게 지급되는 임금을 의미하므로 MC$_L$ = w 와 같게 된다.

그런데 만약 이 기업이 완전경쟁 시장에 있는 기업이라면 상품의 가격은 시장에서 P로 주어지게 되므로 노동의 한계수입생산은 P·MP$_L$로 표현되며, 이를 우리는 한계생산물가치(value of marginal product of labor : VMP$_L$)라고 부른다. 이를 통해 기업이 생산성이 좀 더 높은 노동자에게 상대적으로 높은 임금을 주는 이유가 노동의 한계생산물가치가 다른 노동자보다 높기 때문임을 알 수 있다.

이윤극대화 조건의 수학적 표현

기업은 얼마만큼의 노동을 고용해야 이윤이 극대화될지 결정하는데, 이는 수학적으로 이윤함수를 노동으로 편미분하여 이윤곡선의 접선의 기울기가 '0'이 되는 지점을 찾는 과정으로 표현할 수 있다.

$$\pi = TR - TC$$

위 이윤함수를 노동으로 편미분하여 다음의 결과를 얻을 수 있다.

$$\frac{\delta\pi}{\delta L} = \frac{\delta TR}{\delta L} - \frac{\delta TC}{\delta L} = 0$$

이때 우변은 다음과 같이 정리된다.

$$\frac{\delta TR}{\delta L} = \frac{\delta TC}{\delta L} : MRP_L = w \qquad\qquad 여기에서 \frac{\delta TR}{\delta L} = \frac{\delta TR}{\delta Q} \cdot \frac{\delta Q}{\delta L} = MR \cdot MP_L$$

그런데 만약 이 기업이 완전경쟁 시장에 있는 기업이라면 MRP$_L$은 다음과 같이 표현되며, 이를 우리는 한계생산물가치(value of marginal product : VMP$_L$)라고 부른다.

$$P \cdot \frac{\delta Q}{\delta L} = P \cdot MP_L = VMP_L = w$$

노동수요에 따라 임금수준이 결정된다는 점에서 볼 때, 완성차 회사와 하청업체 간에 나타나는 임금 격차는 어느 정도 차별이 아닌 차이에 따른 결과라고 생각해 볼 수 있다. 완성차 회사가 완성차 시장에서 어느 정도 시장지배력를 가지고 있고, 부품을 공급하는 하청업체에 대해서도 시장지배력 행사를 통해 상대적으로 높은 수익성을 가질 수 있기 때문이다. 이뿐만 아니라 완성차 회사의 경우에는 좀 더 높은 설비 수준으로 인해 해당 사업체의 근로자는 하청업체의 근로자보다 상대적으로 높은 생산성을 보유할 가능성이 높기 때문이다.

그렇다면 완성차 회사 내에서 근로자 간 임금 격차는 어떻게 받아들여야 할까? 통상 국내 완성차 업체에서는 직접 고용한 정규직 근로자와 간접 고용한 파견직, 즉 비정규직 근로자가 함께 일하고 있다. 이들은 동일한 수익성을 가진 회사를 위해 근무할 뿐만 아니라 동일한 설비시설을 활용하기 때문에 유사한 생산성을 가지리라고 판단하는 게 바람직할 것이다. 하지만 고용 형태에 따라 근로자 간 임금 차이가 현격히 나타나는데, 이는 노동수요 이론으로는 설명할 수 없다. 이처럼 생산성 차이가 존재하지 않음에도 급여 차이가 나는 현상을 우리는 차별이라고 부른다.[1]

4) 노동공급

(1) 노동공급

노동공급은 일정 기간 동안 기업이 구입한 노동의 양을 말한다. 노동공급 또한 노

---

1   차별이론과 관련해서는 뒤에서 좀 더 자세히 다루기로 한다.

동수요와 같이 유량의 개념이다. 노동공급은 주어진 임금수준을 기초로 노동공급을 할 것인지, 한다면 얼마나 할 것인지에 따라 달라지는데, 노동공급량과 임금을 축으로 하는 2차원 평면에서 노동공급은 통상 우상향하는 곡선으로 표현할 수 있다.

근로자가 시장에서 노동을 공급하기 위해서는 근로자가 요구하는 최소한의 주관적 임금이 제공되어야 한다. 이처럼 노동공급을 유발하는 최소한의 임금수준을 우리는 의중임금(reservation wage) 또는 보상요구임금이라 한다.

상대적으로 낮은 임금수준(또는 근로조건)을 제시하는 중소기업으로의 취업을 꺼리는 청년층 일자리 문제를 눈높이 미스매치가 발생한다고 표현하는데, 이는 청년층의 의중임금 수준이 중소기업이 제시하는 제시임금보다 더 높기 때문이다. 이런 점에서 일부 노동경제학 교과서에서는 의중임금을 눈높이 임금으로 칭하는 경우도 더러 있다 (조우현, 2010).

통상 임금과 노동공급량은 정의 상관관계를 가지지만, 임금 상승에 따라 노동공급량이 줄어드는 특별한 상황이 나타날 수 있다. 노동자는 주어진 시간으로 노동을 할 것인지 여가를 즐길 것인지 결정하게 되는데, 임금 수준이 높아짐에 따라 대다수의 노동자들은 좀 더 많은 시간을 노동에 할애할 것이다. 다만 임금수준이 매우 높아지면 소득을 더 높이기 위해 노동시간을 늘리기보다 여가시간을 좀 더 확대(소득효과)할 가능성을 배제하기 어렵다. 우리는 전자를 대체효과, 후자를 소득효과라고 하는데, 만약 소득효과가 대체효과보다 크다면 임금의 상승이 오히려 노동공급량을 줄이는 식으로 후방으로 굴절된 노동공급곡선(backward bending labor supply curve)[2]이 나타날 수 있다.

(2) 노동공급의 변화

임금과 노동공급량 간의 정의 상관관계는 공급법칙에 따른 결과로, 임금수준(w)이 높을수록 노동공급자는 통상 좀 더 많은 노동을 제공하리라는 것을 의미한다.

---

2 후방굴절형 노동공급곡선을 이해하기 위해서는 소득-여가 선택모형을 살펴볼 필요가 있다. 이와 관련해서는 이 장의 부록을 참조하기 바란다.

$$L_s = f(w|w_i,\ Taste,\ P,\ \cdots)$$

임금의 변화에 따른 노동공급량의 변화가 우상향하는 노동공급곡선 상의 이동을 말하는 데 반해, 노동공급곡선을 이동시키는 요인도 다수 존재한다. 예를 들어 다른 일자리에서의 임금수준(w_i)이 높다면, 노동자는 이전 일자리를 떠나(노동공급곡선의 이동) 임금이 높은 일자리로 이동하려고 할 것이다. 여타 일자리에서의 급여수준 외에도 일자리에 대한 선호도(taste)나 생산가능인구(P)의 변화 등도 노동공급곡선의 이동의 원인이다.

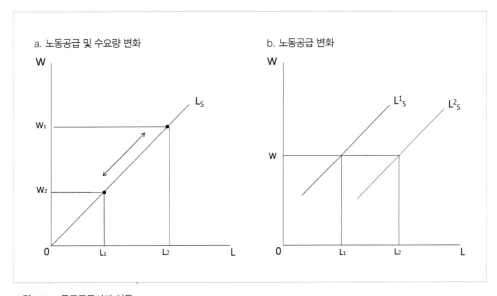

그림 6-5 노동공급곡선과 이동

(3) 노동공급 탄력성

노동공급 탄력성은 임금이 1% 변화할 때 유발되는 노동공급량의 %변화율을 의미한다. 노동공급 탄력성은 공급법칙에 기초하기 때문에 항상 양의 값을 가진다.

$$\varepsilon_s = \frac{L_s\text{의 변화율}}{w\text{의 변화율}} = \frac{\Delta L_s/L_s}{\Delta w/w}$$

노동공급 탄력성은 '1'을 기준으로 1보다 크면 탄력적, 1보다 작으면 비탄력적이라고 한다. 노동공급 탄력성의 극단적인 형태는 수직의 노동공급곡선이 $\varepsilon_s = 0$인 경우로, 임금의 변화에도 노동공급량이 전혀 변하지 않는 상황을 들 수 있다. 이와는 반대로 노동공급곡선이 수평인 경우 즉, $\varepsilon_s = \infty$일 때는 임금이 조금만 변해도 노동공급이 무한대로 변하는 완전탄력적 노동공급곡선도 존재한다.

(4) 노동시장의 균형

노동시장에서의 균형은 수요곡선과 공급곡선이 교차하는 E점에서 달성된다. E점을 기준으로 균형임금(w_0)와 균형수급량 또는 고용량(L_0)이 결정된다. 이때 노동수요자는 균형임금에서 얼마나 많은 노동을 수요할지를 결정하게 되며, 기업의 한계생산물가치(VMP)는 균형임금에 비해 같거나 크게 된다. 한계생산물가치가 균형임금수준보다 높으면 높을수록 기업의 노동수요를 통한 잉여(surplus)가 커질 것이다. 한편 노동공급자는 균형임금을 기준으로 주어진 가격에서 노동을 할 것인지, 한다면 얼마나 공급할 것인지를 결정하게 된다. 균형임금이 노동자의 의중임금수준보다 높다면 이 노동자는 노동공급을 하게 된다. 이러한 설명의 이면에는 노동시장이 완전경쟁시장,[3] 즉 수많은 수요자와 공급자가 시장에 참여하기 때문에 시장 참여자 모두가 시장에서 결정된 임금수준을 따른다는 의미가 있다. 균형상태에서는 주어진 임금수준 하에서 일하고 싶어 하는 모든 이가 일할 수 있고 동시에 원하는 노동을 수요할 수 있다는 점에서 배분적 효율성을 낳는 상태라고 평가할 수 있다.

일반적으로 균형상태에서는 비자발적 실업자가 존재하지 않지만, 그림 6-6의 b의 경우처럼 최저임금제의 도입(또는 인상)과 같이 임금수준이 시장균형임금수준보다 강제적으로 높게 책정된다면, 노동의 초과공급량만큼의 실업자가 나타나게 된다. 최저임금제로 인해 기존에 일하던 근로자가 일자리를 잃거나, 임금수준이 높아져서 노동시장에 진입해서 일자리를 구하는 신규 구직자가 늘어났기 때문이다. 다만 최저임금제 도

---

3 경제학에서 완전경쟁시장은 (유사한 수준의) ① 수많은 수요자와 공급자가 시장에 참여하고, ② 동질적인 재화나 서비스를 거래하며, ③ 시장 참여자 모두가 완전 정보를 가지고 있는 (이상적인) 상황을 의미한다. 이 때문에 시장 참여자 누구도 시장지배력을 행사하지 못하게 되며, 시장에서 결정된 가격에 따라 행동하게 된다.

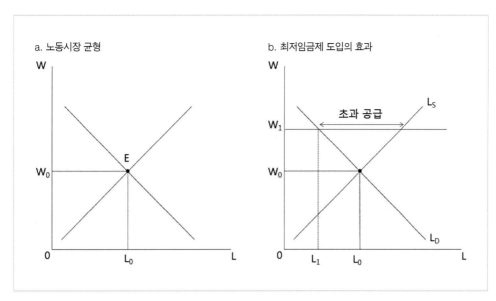

그림 6-6 노동시장 균형

입이 고용량을 축소시킨다고 단정하기는 어렵다. 만약 노동시장이 위의 사례처럼 완전 경쟁적이지 않고 수요독점적인 구조를 띤다면, 최저임금 인상이 오히려 고용량을 늘릴 수도 있기 때문이다. 또한 노동수요와 공급곡선의 탄력성에 따라서 최저임금제의 고용량 측면의 부작용은 임금수준 인상이라는 긍정적 효과에 의해 상쇄될 수 있기 때문에, 최저임금제를 부정적으로만 평가하는 것은 적절하지 않다.

(5) 기타 임금결정 이론

앞에서 우리는 노동수요와 공급을 통해 임금과 고용량이 어떻게 결정되는지에 대해 살펴보았지만, 이들 이론을 통해서만 임금이 실제로 결정되는 것은 아니다. 모든 일자리의 근로환경이 동일하지 않고, 근로자 또한 모두 동일하다고 보기 어렵기 때문이다. 아래에서는 노동의 수요공급 이론 외에 임금이 결정되는 요인에 대해 살펴본다.

① 보상임금

애덤 스미스(Adam Smith)는 유사한 일자리들 간에도 소위 비금전적 속성의 차이를 상쇄시키기 위해 좀 더 높은 수준의 임금을 지급할 필요가 있다고 설명한 바 있다.

이러한 상황에서 나타나는 임금을 보상임금이라고 표현한다. 예를 들어 단층 건물의 유리창을 닦는 일과 고층건물의 유리창을 닦는 일은 동일한 직종에 속한다. 하지만 고층건물에서 유리창을 닦는 일은 위험이라는 비금전적 속성을 가지고 있기 때문에 더 높은 임금으로 보상할 필요가 있다. 이처럼 보상임금 격차는 어렵거나(difficult) 더럽거나(dirty) 위험한(dangerous) 직무, 즉 3D 일자리에서 흔히 나타난다고 평가할 수 있다.

셔윈 로젠(Sherwin Rosen)은 만족스러운 임금(hedonic wage) 모형을 통해 산업재해의 위험이 높은 근로환경에서 일해야 하는 경우, 좀 더 높은 수준의 임금으로 보상하는 방식으로 일자리 문제를 해소할 수 있다고 했다. 즉, 근로자에게 근로환경에 상응하는 임금을 제시한다면, 근로자들이 좋은 근로환경을 가진 일자리로만 몰리는 현상을 없앨 수 있을 것이다. 반대로 근로환경이 나쁘다고 하더라도 고용주가 좀 더 높은 임금으로 이를 보상한다면 좋지 않은 일자리라도 인력난이 발생하지는 않을 것이다. 우리는 만족스러운 임금을 비정규직 일자리의 문제에 대한 해법으로도 고려해 볼 수 있다. 대개 비정규직 일자리는 고용안정성이 낮아서 구직자들이 선호하지 않는다. 하지만 낮은 고용안정성을 임금으로 보상해서 정규직 근로자보다 오히려 높은 급여를 제공한다면 비정규직 일자리 문제가 우리 사회의 뿌리 깊은 문제로 남아 있을까?

② 교육 : 인적자본론 대 신호 보내기

인적자본(human capital)이란 근로자의 생산성을 높이는 지식이나 기술 등의 체화(體化)를 의미한다. 노동수요 이론에서 살펴본 바와 같이, 높은 생산성은 곧 높은 임금수준을 얻을 수 있는 요인이기 때문에 많은 사람들이 교육이나 직업훈련을 받고자 한다. 사업주 역시 기계와 같은 물적자본에 대한 투자만큼이나 생산성을 높이는 인적자본에 대한 투자에 관심을 가지게 된다. 따라서 인적자본 투자의 차이는 근로자의 생산성 차이를 낳기 때문에 모든 근로자를 동일한 근로자로 보기 어렵고, 이러한 관점에서 고숙련 근로자와 저숙련 근로자의 노동시장을 구분해서 분석할 필요가 있다.

한편 기술 발전이나 국제무역의 확대는 통상 고숙련자의 수요를 확대시키는 데 반해, 저숙련자의 수요는 줄이는 경향이 있다. 이 때문에 고숙련자의 임금수준은 더욱 높아지고 저숙련자의 임금수준은 더욱 낮아져, 숙련도에 따른 임금 격차가 더욱 확대된

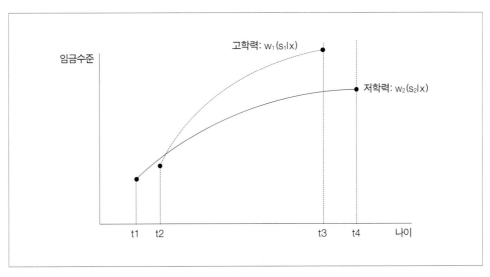

그림 6-7 학력수준별 생애주기 임금수준
출처 : 오민홍(2007), 인구고령화에 따른 고령자부양부담에 대한 담론, 고용이슈 13호, 한국고용정보원

다. 노동경제학에서는 이러한 기술 발전을 숙련편향적 기술 발전(skill-biased techno-logical progress)이라고 부른다.

　게리 베커(Gary Becker)의 인적자본론과는 다르게, 마이클 스펜스(Michael Spence)는 교육을 인적자본의 축적 과정으로 보기보다 하나의 신호 보내기(education as signaling) 기능만을 가지고 있다고 평가한다. 쉽게 말해서 교육 자체는 '내가 이 정도로 높은 생산성을 가지고 있다'라는 신호 기능을 할 뿐이지 교육 자체가 생산성을 향상시키는 과정은 아니라는 주장이다. 더 높은 보수가 더 높은 생산성을 반영하지만, 그러한 생산성이 대학교육을 통해서 얻어진 것은 아니라는 말이다(그림 6-8의 C에 해당). 즉, 대학교육이 생산성을 향상시킬 것이라는 인과관계를 부정하는 것이다.

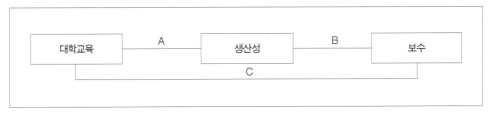

그림 6-8 교육과 보수의 관계

스펜스의 이론은 임금수준 차원뿐만 아니라 대학교육 비용으로도 설명할 수 있다. 애초에 생산성이 높은 사람은 대학교육 과정에서도 높은 성과를 얻게 마련이고, 이 때문에 생산성이 낮은 사람에 비해 상대적으로 적은 비용으로 학위를 취득할 수 있게 된다. 생산성이 높은 사람의 경우, 대학에서 장학금을 받아 교육에 대한 직접비용이 낮거나 학업에 대한 스트레스가 상대적으로 적어 심리적 비용도 낮을 수 있다. 이러한 비용 차이 때문에 생산성이 높은 경우에만 대학교육을 받는 유인이 생길 것이다.

이러한 점에서 스펜스의 신호 보내기 이론에서는 대학교육의 비용이 얼마나 높은지, 학위를 취득했을 때 임금 격차는 얼마나 큰지에 따라 구직자에 대한 선별 기능이 결정된다고 본다. 만약 대학교육 비용이 매우 낮은 수준이라면 생산성이 낮은 사람도 대학에 진학하려고 할 것이다. 고졸자와 대졸자 간의 급여 차이가 충분히 크지 않다면 생산성이 높은 사람은 대학에 진학할 유인을 가지지 못하기 때문이다. 매우 조심스러운 평가이기는 하지만, 만에 하나 스펜스의 주장처럼 '교육은 생산성 향상의 수단이 아니고 단지 신호 보내기 기능만을 가진다'는 것이 사실이라면, 반값 등록금과 같이 대학교육의 비용을 낮추는 정책은 근로자의 선별 기능을 약화시킬 수 있을 것이다.

③ 효율임금

효율임금(efficiency wage)은 노동시장의 균형임금수준보다 높은 임금수준을 제시함으로써 근로자의 생산성을 높이는 임금을 말한다. 신고전파 경제학에서 말하는 것처럼, 생산성에 따라 임금을 책정한다는 노동수요 이론과 다르게, 높은 임금수준이 높은 생산성을 유인한다는 것이다. 헨리 포드(Henry Ford)는 1914년 1월에 자신의 자동차 회사인 포드자동차에 노동시장의 균형임금수준의 두 배에 해당하는 5달러의 일급을 최저임금으로 책정했다. 자연스레 높아진 임금수준은 근로자에게 해고의 기회비용을 높이는 계기가 되었으며, 근로자들은 좋은 일자리를 놓치지 않기 위해 태만(shirking)이나 지각, 조퇴, 무단결근 등을 줄이는 방식으로 기업의 생산성을 높였다.

효율임금은 근로자의 업무집중도를 높이는 방식으로 기업의 생산성을 높일 뿐만 아니라, 입직 시 구직자의 자기선별(self-selection)을 통해 기업의 생산성을 높게 유지하는 기능도 가지고 있다. 급여수준이 매우 높은 기업에 어떠한 구직자가 몰리는지를

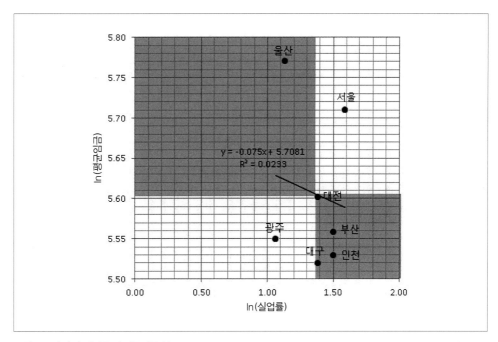

그림 6-9 지역 간 실업률 및 평균임금 분포
출처 : 이규용 외(2015), 지역고용전략 수립을 위한 노동시장 연구, 한국노동연구원.

생각해 보면 효율임금의 작동방식이 쉽게 이해될 것이다.

다만 효율임금의 존재는 지역 간 고용성과 격차를 확대시키는 요인으로 작용할 수 있다. 블랜치플라워(Blanchflower)와 오스월드(Oswald)는 한국을 비롯한 주요국의 실업률과 임금수준 간의 관계를 분석해서 양자 간의 부의 상관관계를 나타내는 임금곡선을 도출했다. 즉, 실업률이 높은 지역에서는 임금수준이 낮고, 실업률이 낮은 지역에서는 평균 임금수준이 높다는 주장이다. 이는 고용상황이 좋은 지역에서는 기업이 근로자의 태만을 막기 위한 방안으로 효율임금을 활용하는 데 반해, 실업자가 만연한 지역에서는 구직의 어려움 때문에 상대적으로 적은 임금으로 근로자의 태만을 막을 수 있다는 것을 의미한다. 문제는 양적 고용성과가 낮은 지역(실업률이 높은 지역)의 경우에 질적 성과(임금수준)도 낮을 수 있다는 점이다. 이러한 경향이 지속된다면, 지역 간 고용성과 격차는 지속적으로 확대될 수 있다.

④ 차별

노동시장에서 차별이란 동일한 생산성을 가지고 있음에도 고용, 임금, 승진 등에서 다르게 처우하는 행위를 말한다. 주의할 점은 생산성 격차 때문에 나타나는 임금 격차는 차별의 결과물이 아니라 자연스런 '차이'라는 점이다. 따라서 남성과 여성 간에 나타나는 임금 격차를 모두 차별의 결과라고 평가하는 것은 바람직하지 않다고 할 수 있다. 오학카(Oaxaca)는 성별 임금 격차를 차이에

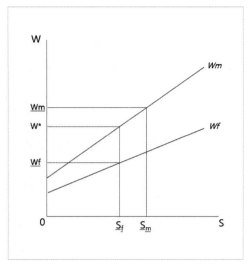

그림 6-10 성별 임금곡선

의한 부분과 차별에 의한 부분으로 구분해서 다음 그림 6-10과 같이 임금 격차를 분해했다. 가로축은 교육연수나 경력 등 생산성 수준을 의미하며, 세로축은 임금수준을 말한다. 남성과 여성은 경험적으로 각각 Wm과 Wf와 같은 임금함수를 갖는데, 남성의 경우 입직시의 임금수준도 높고 생산성 수준이 높아짐에 따라 임금 증가 속도도 빠르다.

여성의 평균 생산성 수준(Sf)은 남성(Sm)보다 낮기 때문에 일견 남성의 평균 임금수준(Wm)이 더 높은 것이 자연스럽게 보일 수도 있다. 하지만 남녀 간 임금 격차인 Wm ~ Wf 구간은 생산성의 차이와 함께 차별 성향을 함께 보여주고 있다. 남성이 여성과 같은 평균 생산성(Sf)을 보유하고 있다면, 적어도 임금수준이 W*까지 올라가야 하기 때문이다. 따라서 남녀 간 임금 격차 중 Wm ~ W* 구간은 남녀 간 생산성 격차에 의한 임금 격차로 해석될 수 있으나, W* ~ Wf까지의 구간은 차별에 기인하는 부분이라고 할 수 있다.

한편 베커는 편견에 의한 차별이론을 통해 차별하는 고용주는 장기적으로 보면 퇴출될 것이기 때문에 경쟁적 노동시장에서 차별이 오랜 기간 존속될 수 없다고 주장했다. 기업이 특정 근로자를 차별할 경우 이들이 해당 기업을 떠나게 되어서 생산 활동에 지장을 초래할 수 있기 때문이다. 그러나 시장이 불완전할 경우에는 경쟁시장에서도 차별이 존속할 수 있다. 편견에 의한 차별이론 외에도 노동시장의 차별을 설명하는 이

론은 다양하게 존재하는데, 대표적인 이론이 통계적 차별(statistical discrimination)이론이다. 이는 근로자의 생산성에 대한 정보가 충분하지 않은 상황에서 이 근로자가 속해 있는 집단의 통계적 특성을 근거로 임금수준이나 채용 등에서 차별적 대우를 하는 것을 의미한다. 개인의 생산성이 낮음에도 평균적인 생산성이 높은 A대학을 졸업했다는 이유로 상대적으로 생산성이 낮다고 판단되는 B대학 졸업자에 비해 좀 더 나은 처우를 하는 경우가 이에 해당한다고 할 수 있다.

여기에서는 통계청에서 제공하는 자료를 활용해 노동시장을 분석하는 방법에 대해서 논의한다. 이를 위해 아래에서는 노동시장 분석을 위해 가장 흔히 활용되고 있는 경제활동인구조사와 지역별고용조사에 대해 살펴보고, 노동시장 분석에 필수적인 주요 지표에 대해서 설명한 다. 그리고 마지막으로 몇 가지 분석 사례를 활용하여 노동시장 분석을 어떻게 할 것인지에 대해 검토한다.

1) 경제활동인구조사와 지역별고용조사를 활용한 고용성과 분석 및 활용

경제활동인구조사(이하 경활조사)는 취업자 및 실업자 규모 등 국민의 경제활동 동향을 조사해 거시경제 분석과 인력자원의 개발정책 수립에 필요한 기초 자료를 제공하기 위해 조사된 다. 경활조사는 매월 실시되어 노동시장의 주요 지표로 활용되고 있는 실업률과 고용률을 계측하는 데 활용된다. 하지만 경활조사가 발표하는 취업자 수, 실업자 수 등은 정보의 범위가 광역시·도에 한정된다는 한계를 지니고 있다. 과거 중앙정부가 중심이 되어 각종 노동시장 정책을 기획할 당시만 해도 이는 큰 문제가 되지 않았지만, 지방자치제가 정착되면서 국민 경제활동 동향에 대한 정보는 시·군·구 등 기초자치단체에도 매우 중요한 정보로 자리 잡았다. 이에 통계청은 과거 인력실태조사를 전면 개편하기에 이르렀고, 지역별고용조사라는 명칭으로 기초자치단체 수준의 노동시장 주요 정보를 제공하고 있다.

취업자 수, 실업자 수, 경제활동인구 등 노동시장의 주요한 정보를 제공한다는 점에서 경활자료와 지역별고용조사는 유사하지만, 조사 및 공표주기, 표본의 크기는 다르다. 매월 조사되는 경활자료에 비해 기초자치단체의 정보를 제공하는 지역별고용조사

표 6-1 경제활동인구조사 및 지역별고용조사 개요

조사명	경제활동인구조사	지역별고용조사
조사목적	국민의 경제활동(취업, 실업, 노동력 등) 특성을 조사함으로써 거시경제 분석과 인력자원의 개발정책 수립에 필요한 기초 자료를 제공	지역고용정책 수립에 필요한 시·군 단위의 세분화된 고용구조와 현황을 파악할 수 있는 기본통계를 생산·제공
조사주기	월	반기
조사체계	조사원(면접조사 PDA입력)→지방통계청(사무소)→통계청	조사대상(가구) → 지방통계청(사무소) → 통계청
공표범위	시·도	시·군·구
공표주기	월	반기

출처 : 국가통계포털(www.kosis.kr), 경제활동인구조사 및 지역별고용조사

는 통계자료 생산의 효율성을 고려하여 반기별로 수집하고 있다. 아울러 일자리 문제가 복잡하고 특정 대상에 대한 정책적 관심이 커지면서 경활조사는 본 조사 외에 ① 비임금근로자 부가조사, ② 근로형태별 부가조사, ③ 청년층 부가조사, ④ 고령층 부가조사를 추가로 실시하고 있다. 예를 들어 근로형태별 부가조사는 비정규직 규모와 특성을 분석하는 데 활용되며, 청년층 부가조사는 청년층의 학교로부터 노동시장으로의 이행(school-to-work transition : SWT) 과정이 적절한지 등을 분석하는 데 활용되고 있다.

그림 6-11 경제활동인구조사 구조

경활자료는 원자료 또는 가공된 형태로 제공되는데, 원자료를 활용해서 심층분석을 하지 않을 경우에는 통계청의 국가통계포털 사이트(www.kosis.kr)나 한국은행의 경제통계시스템(http://ecos.bok.or.kr)을 이용하면 관련 노동시장 자료에 접근할 수 있다. 앞에서 언급한 바와 같이 경활자료와 지역별고용조사는 거의 유사한 정보를 수록하고 있기 때문에, 아래에서는 경활자료를 중심으로 어떻게 활용할 것인지에 대해 논의한다.

2) 노동시장 주요 용어

경활자료를 활용해서 뭔가 유의미한 분석을 하기 위해서는 먼저 노동시장과 관련된 용어에 대한 이해가 필수적이다. 경활자료 편에서는 관련 용어 중에서도 가장 빈번하게 활용되는 경제활동참가율, 고용률, 실업률에 대해서 알아보기로 한다. 이들 용어에 대해서는 신문이나 방송매체를 통해 흔히 들어 보았지만, 실제로 그 값을 구하는 방법과 의미에 대해 무지한 경우가 적지 않다. 그리고 이들 주요 용어가 어떻게 계측되는지를 이해하기 위해서는 생산가능인구, 경제활동인구, 비경제활동인구 등 주요 용어에 대한 이해가 이루어져야 한다.

먼저 생산가능인구는 15세 이상의 생산이 가능한 인구를 뜻한다. 통상 15세 이상의 인구 전체를 생산가능인구라고 하지만, 국제비교 등 특별한 목적을 위해서 15세 이상 64세까지의 인구만을 생산가능인구로 보기도 한다. 국가별로 사회문화적 관습이라든지 평균수명, 연금 같은 사회제도에 따라 경제활동참여율의 격차가 클 수 있기 때문에, 65세 이상까지를 생산가능인구로 포함할 때는 국가 간 격차가 현저히 커질 수 있다.

한편 경제활동인구는 취업자와 실업자의 합을 의미한다. 즉, 일하고 있는 자와 즉시 취업이 가능한 구직활동을 하는 자의 합을 말하는데, 일하고 있는 자는 지난 한 주간 수입을 목적으로 1시간 이상 일한 자 또는 무급이기는 하지만 18시간 이상 근로한 가족종사자(무급가족종사자), 병이나 일기 등으로 일시 휴직한 자를 포함한다. 다음으로, 실업자는 조사대상 기간 중에 일할 의사와 능력을 가지고 있음에도 전혀 일을 하지 못했으며, 일자리를 찾아 적극적으로 구직활동을 했으며 즉시 취업 가능한 사람을 의미

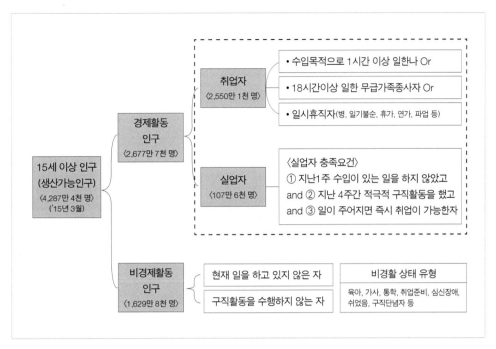

그림 6-12 노동시장 주요 용어 및 규모

한다. 쉽게 말해, 놀고 있다고 모두 실업자는 아니라는 것이다. 예를 들어 니트족(Not in Employment, Education or Training : NEET)이라고 알려진, 일자리를 갖지도 정규교육을 받지도 않으며 일자리를 구하기 위해 직업훈련 등도 하지 않는 청년 무업자의 경우에는 실업자라고 할 수 없다. 육아나 가사, 통학 등으로 당장 구직활동이나 일을 할 수 없는 비경제활동인구에 속한다는 말이다.

이제 인구 구성원이 노동시장에서 어떻게 구분되는지 익혔으니, 우리의 관심사인 노동시장 분석법에 들어가도록 하자. 노동시장이 얼마나 건강한지를 알기 위해서는 경제활동참가율, 고용률, 실업률 등 주요 거시지표를 이해할 필요가 있다. 먼저 경제활동참가율은 생산가능인구 중에서 실제 경제활동에 참여하고 있는 인구의 비중을 말한다. 즉, 한 나라의 인적자원 중에서 실제 활용 가능한 인적자원의 비중이 얼마나 되는지를 확인할 수 있는 자료인데, 국가의 잠재성장력이 가용한 인적·물적 자원, 기술수준으로 얻을 수 있는 성장력이라는 점에서 볼 때, 인적자본의 규모를 확인할 수 있는 중요한 자료라고 할 수 있다. 과거 중국이 경제개혁을 시작할 당시, 빈약한 물적자본과 기술수준에도 잠재성장력이 높다고 평가했던 이유가 그 인구 규모 때문이었다는 점을 생각해 보면 인적자본의 중요성을 쉽게 이해할 수 있을 것이다.

경제활동참가율＝경제활동인구/생산가능인구*100 (식 1)

다음으로, 고용률은 생산가능인구 중 취업자 비율로, 한 나라의 노동력 활용도를 나타낸다. 2010년에 자치단체의 일자리공시제가 시행되고 얼마 지나지 않아, 필자는 자치단체가 제시한 일자리 성과표를 보고 웃지 않을 수 없었다. 자치단체별로 고용률를 작성하기 위해 활용한 생산가능인구가 서로 달랐기 때문이다. 농림어업 종사자가 많은 자치단체, 즉 광역도에서는 생산가능인구를 15세 이상 전체 인구로 보아 고용률을 작성했고, 산업화가 어느 정도 진전된 자치단체에서는 15세에서 64세까지만을 생산가능인구로 합산해서 고용률을 계산했다. 왜 그랬을까? 일자리 성과를 최대한 부풀리고 싶었던 자치단체의 입장에서는 당연한 결과였겠지만, 농림어업 종사자 중에는 65세 이상 노인도 상당 부분 포착되었기 때문이다. 이에 반해 고령층 중에 농림어업에 종사하는 비율이 낮은 광역시 등은 이들 고령층을 아예 생산가능인구에서 제외시켰다.

고용률＝취업자 수/생산가능인구*100 (식 2)

한편 실업률은 경제활동인구 중 실업자 수 비중으로 표현된다. 노동시장이 얼마나 건강한지를 알려 주는 지표로서 실업률은 중요한 정책 변수로 활용되어 왔다. 하지만 주위에 실업자가 넘쳐나는데 정부가 발표하는 실업률은 고작 3% 수준으로, 공식실업률과 체감실업률 간의 괴리가 적지 않았던 것이 사실이다. 이 때문에 정부는 노동시장의 정책 변수로 실업률 몇 %를 정책목표를 내세우기보다 '고용률 70% 달성'과 같이 고용률을 주요 정책목표 변수로 활용하기 시작했다. 즉, 국민정서로 볼 때 실업자로 간주될 만한 사례들이 공식 실업자 수에서는 배제되고 있는 것이 현실이다. 실업자로 계측되지 않는 대표적인 유형은 취업을 희망하고 즉시 취업이 가능하지만 구직활동을 하지 않는 사람이나 소극적으로 구직활동을 하는 사람들이다.

실업률=실업자 수/경제활동인구*100 (식 3)

표 6-2 미국의 실업률 대체지표

구분	정의	비고
U-1	15주 이상 실업자/경제활동인구	장기실업자 통계(실업의 질 반영)
U-2	(직장 상실자+임시직 직장을 그만둔 자)/경제활동인구	취업상태에 있다가 최근에 실직상태로 바뀐 사람들에게 중점을 둠
U-3	실업자/경제활동인구	공식적인 실업률 통계
U-4	(실업자+구직단념자)/(경제활동인구+구직단념자)	구직단념자도 실업률 산정에 포함시킴
U-5	(실업자+한계근로자)/(경제활동인구+한계근로자)	구직단념자 외에 한계근로자까지 실업률 산정에 포함시킴
U-6	(실업자+한계근로자+경제적 이유의 단시간 근로자)/(경제활동인구+한계근로자)	구직단념자 및 한계근로자 외에 경제적 이유에 의한 단시간 근로자까지 포함시킨 가장 광범위한 실업률

　　이러한 문제 때문에 학계에서는 좀 더 정확한 실업자 규모를 파악하기 위해 '잠재' 실업자를 포함한 통계값을 계산해서 실업률의 보조지표로 활용하기도 했다. 이처럼 공식 실업률과 체감실업률 간의 괴리는 우리나라에서만 나타나는 현상은 아니다. 대표적으로 미국의 노동통계국(Bureau of Labor Statistics : BLS)은 실업률의 대체지표로 U1~U6을 계측해서 정책에 활용하고 있다. 표 6-2에서처럼 BLS는 공식실업률인 U-3을 기준으로 U4~U6과 같이 잠재실업자를 포함한 지표를 생산하고 있다. 이와 반대로 U1과 U2는 장기실업자 등을 계측하고 있다.

생각해 보기 통계청의 실업률 조사방법에는 문제가 없을까?

"조사법 바꾸면 잠재실업률 현 방식의 4배"

조사 방식의 차이만으로도 국내 실업률이 현재보다 무려 4배나 오른다는 지적이 제기됐다.

한국개발연구원(KDI) 황수경 연구위원은 "국제노동기구(ILO) 표준설문방식에 따라 설문조사를 하면 현재보다 잠재실업률이 4배 이상 높아진다"고 26일 밝혔다.

현재 우리나라는 △지난주 1시간 이상 일을 하지 않았다 △지난 4주 내 적극적 구직활동을 했다 △지난주 일이 제시됐다면 할 수 있다는 등 3가지 요건을 충족해야 실업자로 분류한다.

황 연구위원은 "실업의 세 가지 조건 중 어느 하나만 겪고 있어도 사실상 언제든지 실업자군에 합류할 수 있기에 이들에 대해서도 그 규모와 동향을 파악해야 한다"고 말했다. 국내 실업 조건에 따르면, 고시학원이나 직업훈련기관에 다니면 구직활동을 하지 않았기에 실업자로 간주하지 않는다. 현재 이처럼 취업준비자가 비경제활동인구로 파악돼 실업자 분류에서 처음부터 제외되는 인구가 작년 기준으로 약 62만 5천 명에 달해 20대 청년층 실업자(31만 2천 명)의 두 배에 이른다.

황 연구위원이 내놓은 ILO 방식의 대안은 구직활동을 했는지를 묻기 전에 취업을 희망하는지를 확인하고 아르바이트 등의 수입이 있는 일에 참가했는지를 묻도록 하는 것이다. ILO 방식은 실업률을 적극적으로 파악한다.

황 연구위원은 "서울지역 20대 청년 1,200명을 대상으로 ILO 방식으로 실업률을 조사한 결과 잠재실업은 21.2%로 현행 방식(4.8%)에 비해 4배 이상의 차이를 보였다"며 "실업은 현행 방식이 4.0%인 데 반해 대안 방식은 5.4%였다"고 말했다.

〈2011. 10. 26. 조선일보〉

3) 노동시장 지표를 활용한 분석 사례

(1) 고용률과 실업률은 항상 반대방향으로 움직이나?

흔히 경기가 좋아지면 고용률은 올라가고 동시에 실업률은 낮아질 것이라고 생각한다. 대부분의 경우에 고용률과 실업률이 서로 반대방향으로 움직이는 것이 보통이다. 하지만 청년층과 특정 계층이나 일부 지역의 사례를 보면, 이러한 예측이 빗나갈 때가 있다. 그림 6-13에서처럼 20~29세까지의 청년층의 고용률과 실업률 추이를 살펴보면, 고용률이 하락하는 시점에 실업률도 동시에 하락하는 현상이 나타난다. 왜 고용률과 실업률이 동조하는 것일까? 그 비밀은 고용률과 실업률 공식의 분모에 숨어 있다. 예를 들어 고용률이 낮아질 때 구직자들 중 일부는 일자리를 구하기가 어렵다고 인지한 후 구직활동을 포기하게 되어 경제활동인구에서 비경제활동인구로 이동하게 될 뿐만 아니라, 구직활동 자체를 포기했기 때문에 실업자로도 분류되지 않는다. 이해를 돕기 위해, 필자가 재직 중인 학교에서 벌어진 상황을 생각해 보자. 우수한 스펙(spec, specification의 준말로 학점, 토익점수 등 구직자의 역량을 의미함)을 가진 졸업생이 일자리를 찾지 못하는 경우에 주위에 스펙이 낮은 학생들은 '저렇게 스펙이 좋은데도 취업을 못하는데 내가 어떻게 일자리를 찾겠어?' 하고 생각하고는 구직활동을 포기하는 상황이 벌어진다. 이른바 실망실업자 효과(disappointed worker effect)가 나타나는 것이다.

이와는 반대로 경기가 좋아져서 고용률이 높아질 때 노동시장을 이탈했던 실망실업자들이 다시 구직활동을 시작하기도 하는데, 이때는 앞서 살펴본 바와는 반대로 실업률이 고용률을 따라 상승하는 부가노동자 효과(add-worker effect)가 나타난다. 하지만 그림 6-13에서처럼 2008년 금융위기 이후에는 우리 청년층에서 이러한 긍정적인 신호가 나타나지 않는 것으로 보인다.

따라서 고용률과 실업률이 동반 하락한 경우는 일자리 사정이 매우 나빠져서 수많은 구직자가 구직활동 자체를 포기한 결과이므로, 구직활동을 재개할 수 있는 정책적 지원이 필요하다고 할 수 있다. 반대로 고용률이 상승할 때 실업률이 높아진다면, 이는 일자리 사정이 개선되는 징후이기 때문에 실업률 상승을 나쁘게만 볼 수 없다는 점을 기억할 필요가 있다.

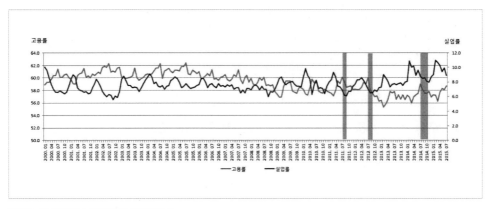

그림 6-13 청년층의 고용률 및 실업률 추이

주 : 청년층은 OECD 기준인 15세에서 24세까지의 연령대를 활용하지 않고, 우리나라 청년의 특성(높은 대학진학률과 군 입대)을 고려해
    20~29세로 한정함.

출처 : 국가통계포털(www.kosis.kr), 경제활동인구조사

각 지자체에서는 이 같은 고용률과 실업률 추이만으로도 해당 지역의 구직자들이 구직을 포기하고 있는지 여부를 확인할 수 있을 것이다. 국가통계포털에서 자치단체 전체와 특정 계층을 중심으로 고용률과 실업률을 추출해서 어떤 계층에서 구직의 어려움을 겪고 있는지 확인해 볼 필요가 있다.

(2) 청년층 일자리 문제

언젠가부터 일자리 문제를 빼고는 사회 문제를 논할 수 없는 상황에 이르렀다. 그만큼 일자리 사정이 좋지 않기 때문일 것이다. 이러한 일자리 문제는 청년층에게 특히 심각한 것으로 나타나는데, 외환위기 이후 고착화된 청년실업 문제는 고용흡수력이 낮은 산업구조로의 이행이나 경력직 채용의 확산 같은 구조적인 요인에 의해 설명되곤 한다. 외환위기가 우리나라의 경제, 사회구조의 근간을 흔들었다는 점에서 큰 재난으로 평가될 수 있겠지만, 그 위력이 얼마나 대단했는지는 평가해 볼 만한 일이다. 특히 노동시장에 준 충격에 대해서는 말이다.

표 6-3은 2011년도 당시 연령을 기준으로 세대를 5세 단위로 나눈 후 세대별 고용률의 생애경로를 보여준다. 표에서 첫 번째 열은 20대 초반 또는 후반과 같이 2011년 당시의 특정 세대를 의미하며, 두 번째 열부터는 2011년 현재 특정 세대가 과거 특

정 연령대에 있었을 때의 고용률을 나타낸다. 가령, 2011년 현재 30대 후반*인 코호트 (cohort)가 20대 후반이었을 때 당시의 고용률은 77.8%**임을 알 수 있다. 그리고 표에서 가장 오래된 자료는 2011년 현재 60대 초반이 과거 30대 초반이었을 때로 1981에서 1984년까지 해당 연령대의 고용률이다. 표에서 음영처리된 부분은 외환위기 당시 연령대별 고용률을 나타내는데, 음영 처리된 세대의 고용률을 바로 직전 세대의 고용률과 비교해 보면 크게는 10.5%p에서 작게는 3%p까지 축소되어 외환위기가 모든 세대의 고용률을 낮추는 방향으로 작용했음을 알 수 있다.

표 6-3 2011년 연령 기준 세대별 고용률의 생애경로 : 남성

현재연령	20-24	25-29	30-34	35-39	40-44	45-49	50-54	55-59	60-64
20-24	37.2								
25-29	42.7	71.6							
30-34	44.7	72.6	87.9						
35-39*	54.3	77.8**	89	91.6					
40-44	54.7	84.7	91.2	92.2	92.2				
45-49	54.3	88.2	95.1	92.1	92.1	90.9			
50-54	65.3	83.7	95.5	95.4	91	90.6	88.2		
55-59		87.7	92.9	96	95.4	89.6	87.6	81.7	
60-64			93.4	93.1	94.9	94.1	85.1	77.4	69.6

주 : 여성의 경우 출산, 육아 등으로 인해 노동시장 이탈과 진입 패턴이 다소 복잡하다는 점을 감안해 남성만을 대상으로 고용률을 추출함.

좀 더 심각한 문제는 외환위기 이후 입직의 어려움이 29세 이하의 청년층에 집중된다는 점이다. 30대 후반이 과거 20대 초반이었을 때의 고용률 수준은 다음 세대로 갈수록 10.4, 2.0, 4.5%p씩 점진적으로 하락하는 데 반해, 30대 후반 이상 연령대에서는 그 하락세가 크지 않으며 점차 과거 수준으로 수렴하는 것으로 나타난다. 이와 같이 외환위기에 따른 노동시장의 구조 변화를 통해 알 수 있는 점은, 첫째, 전 연령대의 일시적인 고용률이 하락했다는 것, 둘째, 일시적 고용률 회복은 30대 후반 이후 세대에서만 나타났을 뿐 청년층의 고용률은 지속적으로 어려워졌다는 것이다.

이 분석 사례에서도 확인할 수 있듯이, 우리는 고용률이라는 단순한 통계를 활용해서 연령대별 노동시장 성과 추이를 알아볼 수 있다. 우리 자치단체에는 연령대별로 어떠한 고용 문제가 있는지 위와 같은 표를 작성하고 분석해 볼 것을 권유한다.

(3) 베이비부머 세대의 취업자 수가 늘어나게 된 원인

베이비부머 세대는 6·25전쟁 직후인 1955년부터 1963년에 출생한 사람들을 지칭하는 용어이다. 이 베이비부머 세대는 우리나라 경제 성장의 주역으로 자리매김했지만, 이 세대의 대다수가 부모 봉양과 자녀교육 등으로 정작 본인의 노후는 적극적으로 준비하지 못했다고 한다. 이 때문에 이들 세대는 편안한 노후생활을 맞지 못하고 노동시장을 전전한다고 알려져 있다. 실제로 필자가 한 포털사이트에서 베이비부머를 검색한 결과 '베이비부머 세대의 취업과 창업하기', '50대, 이력서 쓰는 아빠' 등 이 세대의 암울한 현실을 확인할 수 있었다.

여하튼 우리의 논의로 돌아와서 베이비부머 세대의 취업률이 실제로 높아진 원인을 살펴보기로 하자. 이 주제에서도 우리는 몇 가지 자료만을 가지고 의미 있는 분석을 할 수 있다. 이를 위해서는 먼저 수식을 조금 이해해야 할 필요가 있다. (식 4)는 단순히 취업자 수를 이용해서 관심 변수를 나누고 곱하는 식으로 변형한 결과이다.

$$E = E/LF * LF/WKP * WKP \ (식\ 4)$$

여기에서 E는 취업자 수, LF는 노동시장참여율, WKP는 생산가능인구를 의미한다. 이 (식 4)는 (단순한 수학적 기교를 활용해서) 다시 변화율로 환산할 수 있는데, 그 결과는 다음 (식 5)와 같다. (식 5)에서 '•'은 변화율을 의미한다.

$$\dot{E} \simeq E/LF + LF/WKP + \dot{WKP} \ (식\ 5)$$

위와 같이 취업자 수 변화율을 분해하면, 취업자 수 변화가 고용률(E/LF)의 변화 때문인지 아니면 경제활동참여율이 늘었기 때문인지, 그것도 아니면 단순히 해당 연령대의 인구가 많아졌기 때문인지를 쉽게 확인할 수 있다.

실제로 우리나라 50대의 취업자 수 증가 요인을 분석한 결과, 취업자 수는 2001년 이후 매 5년마다 6.6%, 6.1%씩 증가했다. 그런데 그 원인을 살펴보면, 이들 세대의 고용률이 높아져서 취업자 수가 늘어났다기보다는 해당 인구가 단순히 늘어난 결과라는 사실을 확인할 수 있다. 즉, 50대 취업자 수 증가의 요인은 2005년 이후 50대가 된 베이비부머의 유입 효과일 뿐이며, 해당 연령층의 고용 상황이 개선된 것이라고 보기에는 한계가 있다. 물론 이들 베이비부머 세대는 이전 세대에 비해 자녀교육 확대, 주택 중심의 자산 구성 등으로 안정적 노후를 위해 노동시장에서 쉽게 이탈하지 못하고 있는 것으로 평가된다.

표 6-4 50대 취업자 수 증가의 원인

변화율	2001	2006	2011
취업자 수 ($\dot{E}$)	0.021	0.066	0.061
고용률 (E/LF)	0.004	0.003	0.003
노동시장참가율 (LF/WKP)	0.000	0.003	0.006
생산가능인구 ($W\dot{K}P$)	0.017	0.059	0.051

이상의 분석 방법을 활용해서 각 지자체의 청년층 일자리 문제의 요인을 찾아보는 것은 어떨까? 지자체의 특성마다 차이가 있겠지만, 청년층 취업자 수가 감소하는 요인 중 생산가능인구의 하락이 중요한 원인이라면 아마도 이 지역에서는 청년층의 역외 이탈 등이 그 원인으로 평가될 수 있을 것이다. 그리고 만약 청년층 취업자 수 하락의 주요 요인이 고용률이라면, 이는 청년층에 적합한 일자리가 부족했다거나 일자리 매칭이 잘 되지 않은 결과로 평가할 수 있을 것이다.

(4) 지역별 좋은 일자리

좋은 일자리라고 하면 흔히 임금과 고용안정성이 높은 일자리라고 생각하기 십상이다. 하지만 좋은 일자리와 관련한 세계노동기구(International Labor Ogarnization :

ILO) 등의 연구를 살펴보면, 임금수준과 고용안정성뿐만 아니라 근로시간이 적절한지, 일과 가정의 양립이 가능한지, 작업환경이 쾌적한지 등 다양한 요인을 검토하고 있음을 알 수 있다. 해외의 연구 결과처럼 좋은 일자리를 정의하기 위해서는 노동의 반대급부뿐만 아니라 사회문화적 요소 등 다양한 요인에 대한 고려가 필요할 것이다. 하지만 이들 모든 요인을 다 감안해서 좋은 일자리 여부를 판단하는 것은 여간 쉽지 않은 작업일 뿐만 아니라, 국가별로 상이한 문화적 차이 때문에 합리적인 결론에 도달하기 어렵다. 이러한 이유 때문에 OECD 보고서에서는 좋은 일자리를 '상용직 근로자 중위임금의 50%에 해당하는 빈곤선을 150% 이상 상회하는 일자리'라고 평가했다. 여기에서 중위임금은 상용직 근로자의 임금수준을 가장 낮은 금액부터 가장 높은 금액까지 일렬로 나열했을 때 정확하게 중간에 있는 임금수준을 의미한다. 평균과는 다소 다른 개념으로 이해하면 될 것이다.

여하튼 우리는 OECD의 기준을 활용해서 우리 지역에 좋은 일자리가 얼마나 많은지를 확인할 수 있다. 다만 중위임금의 50%에 해당하는 빈곤선 수준이 120만원 수준에 불과하기 때문에, 여기에서는 좋은 일자리를 '빈곤선의 200%를 상회하는 임금수준'으로, 더 좋은 일자리를 '빈곤선의 300%를 상회하는 임금수준'으로 정의해 보기로 하자.

임금수준을 활용하여 지역의 좋은 일자리 수준을 확인하기 위해서는 지역을 식별할 수 있는 지역별고용조사를 활용할 필요가 있다. 앞에서 언급한 바와 같이 경활조사나 지역별고용조사 모두 3개월 평균임금에 대한 정보를 갖고 있지만, 지역식별코드를 제공하지 않는 경활자료로는 이 분석을 수행하기가 불가능하다. 분석 결과, 빈곤선의 200%를 상회하는 좋은 일자리의 비중은 울산, 서울, 경기의 순으로 높게 나타났으며, 제주, 충북은 좋은 일자리의 비중이 상대적으로 낮은 것을 확인할 수 있다. 이러한 패턴은 더 좋은 일자리의 지역별 비중에서도 비슷하게 나타난다는 것을 알 수 있다.

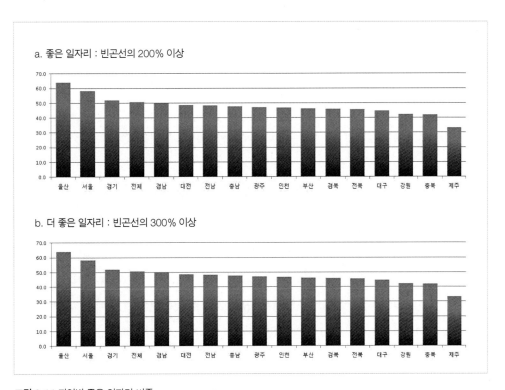

a. 좋은 일자리 : 빈곤선의 200% 이상

b. 더 좋은 일자리 : 빈곤선의 300% 이상

그림 6-14 지역별 좋은 일자리 비중

출처 : 2014년 하반기 지역별고용조사, 원자료

부록

1. 소득-여가 선택모형을 활용한 노동공급곡선 도출

　　소득-여가 선택모형은 무차별곡선과 예산선을 활용해서 개인이 어떻게 노동공급 여부나 노동공급량을 결정하는지를 보여준다. 소득-여가 선택모형은 주어진 자원의 제약 하에서 효용을 극대화하는 방법을 보여주는 선택이론이다. 소득-여가 선택모형은 개인의 노동공급이 어떻게 결정되는지를 밝혀 줄 뿐만 아니라 소득보조와 같은 정부의 지원 정책이 개인의 노동공급에 어떠한 영향을 미치고 그 효과는 어떠한지 등을 보여주기 때문에, 노동시장과 관련 정책을 분석하는 데 매우 유용한 도구이다. 다만 이 부분은 이해하기가 비교적 어려우므로 부록으로 처리하며, 좀 더 자세한 내용을 공부하고자 한다면 노동경제학 교과서를 참조하기 바란다.

　　먼저 예산선은 모두에게 주어진 시간으로 표현된다. 모두에게 동일하게 주어진 시간 T를 바탕으로 각 개인은 얼마나 노동(L)할지, 또 얼마나 여가(l)를 즐길지를 결정하게 된다.

$$T = L + l$$

　　이때 한 개인이 노동량을 선택하면 그만큼 소득(Y)이 생기는데, 이를 모두 고려하여 다음과 같은 하나의 식으로 표현할 수 있다.

$$Y = w(T-l) = wL$$

　　만약 한 개인이 근로소득에 더해 비근로소득(Z)도 가지고 있다면, 예산선은 다음과 같이 변형될 수 있다.

$$Y = w(T-l) + Z = wL + Z$$

위의 식은 여가(가로축)와 소득(세로축)이라는 2차원 평면에서 다음과 같이 나타낼 수 있다.

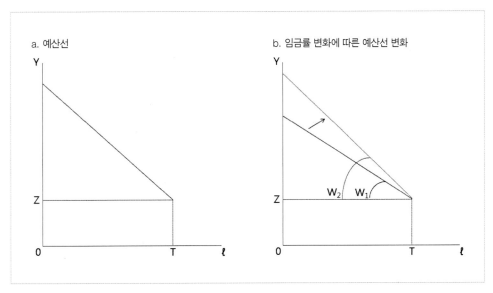

a. 예산선

b. 임금률 변화에 따른 예산선 변화

그림 1 예산선

위의 식에서 임금(률) $-w$는 예산선의 기울기를 의미하며, 가로축의 0점에서 l_0점 까지는 여가에 소비된 시간을, T에서 l_0점까지는 노동에 투입된 시간(L_0)을 의미한다. L0 만큼의 노동 투입의 대가로 노동자는 시간당 임금률인 w만큼의 소득을 얻게 되어 총소 득 $Y_0 = w \cdot L_0$가 된다.

한편 소득과 여가활동 간의 선택을 통해 개인은 효용(utility)을 얻게 되는데, 이러 한 효용은 소득과 여가시간이 얼마나 많은지에 따라 결정되기 때문에 효용의 크기는 $U(Y, 1)$로 표현된다. 이러한 주관적 효용을 2차원 평면 위에 나타낸 곡선을 무차별곡선 (indifference curve)이라고 하며, 이 곡선 상의 모든 점들은 동일한 효용, 즉 무차별한 효용을 가져다준다고 표현한다. 주관적인 효용수준을 객관화하기 위해서 무차별곡선 은 다음과 같은 몇 가지 속성을 지닌다.

① 한 점을 지나는 무차별곡선은 단 하나임

② 상이한 효용수준을 나타내는 무차별곡선은 서로 교차할 수 없음

③ 원점에서 멀수록 높은 효용수준

④ 일반적으로 무차별곡선은 우하향함

⑤ 일반적으로 원점에 대해 볼록함

여기에서 무차별곡선이 우하향한다는 점은 여가 한 단위를 추가로 얻고자 할 때 동일한 효용을 유지하기 위해 소득을 일정 정도 포기해야 한다는 것을 의미하며, 포기해야 할 소득의 크기를 우리는 여가와 소득의 한계대체율(marginal rate of substitution : MRS)이라고 한다. 무차별곡선의 접선의 기울기로 표현되는 한계대체율은 점차적으로 체감하는 특징을 갖는데, 이는 여가가 많아질수록 여가에 대한 한계효용이 작아지기 때문이다.

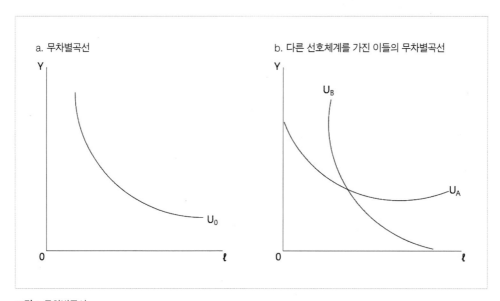

그림 2 무차별곡선

앞에서 무차별곡선의 속성에서 언급한 것처럼, 개인의 무차별곡선은 절대 교차할 수 없지만 각 개인은 소득과 여가에 대한 선호에 따라 다른 모양의 무차별곡선을 가질 수 있다. 그림 2의 b에서처럼 소득(일)을 더 선호하는 영희의 무차별곡선(U_A)은 놀기 좋

아하는 철수의 무차별곡선(U_B)과 다른 형태를 띨 수 있다.

　개인의 예산선과 무차별곡선이 주어졌을 때, 효용을 극대화하는 여가와 소득수준은 예산선과 무차별곡선이 접하는 점에서 결정된다. 그림 3의 a처럼 예산선의 기울기인 w와 무차별곡선 접선의 기울기인 MRS가 일치하게 된다. 이때 총시간 T가 주어졌을 때, 여가시간은 0에서 l_0까지이며 노동공급량은 T에서 l_0까지로 나누어진다.

　하지만 그림 3 b의 A점과 같이 MRS > w인 상황(무차별곡선의 기울기가 예산선의 기울기보다 큰 경우), 즉 여가가 좀 더 가치 있게 느껴지는 상황에서는 노동량(근로소득)을 줄이고 여가를 확대할 때에 좀 더 높은 수준의 효용(U_1)을 얻을 수 있게 된다.

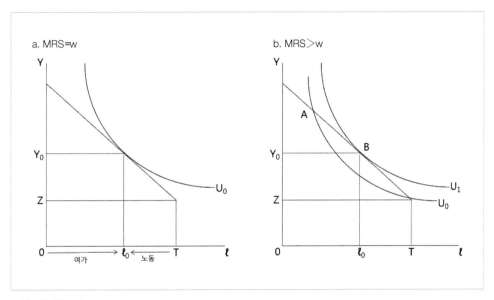

그림 3 무차별곡선

　임금(률)이 상승한다는 것은 곧 여가의 기회비용이 높아지는 것을 의미한다. 이 경우 보통 근로자들은 여가를 줄이고 노동공급량을 늘리는 방식으로 소득을 더 얻고자 할 것이다. 이처럼 임금률 상승에 따라 값비싸진 여가 대신에 노동량을 확대하는 것을 우리는 대체효과라고 부른다. 다른 한편으로 임금률이 충분히 높아진 경우, 근로소득이 높아지기 때문에 노동량을 늘리기보다 오히려 여가를 늘릴 수도 있다. '이 정도면 먹고 살 만하지' 하는 상황과 유사하다고 볼 수 있다. 이처럼 높아진 소득으로 인해 노동량을 줄이는 상황이 발생할 수 있는데, 우리는 이를 소득효과라고 한다.

임금률 상승에 따라 대체효과와 소득효과 중 어떠한 효과가 더 큰지에 따라 노동공급곡선은 우상향할 수 있으며, 특정 임금률 이상에서 후방으로 굴절할 수도 있다. 우상향하는 노동공급은 대체효과가 소득효과보다 클 때를 나타내며, 반대로 소득효과가 대체효과보다 큰 경우에는 후방굴절형 노동공급이 나타난다. 그림 4는 후방굴절하는 노동공급곡선(back-ward bending labor supply curve)을 보여준다. 그림 4에서 확인할 수 있는 바와 같이 후방굴절형 노동공급곡선은 고소득자에게 흔히 나타나며, 소위 선진국형 노동공급곡선이라 평가할 수 있다.

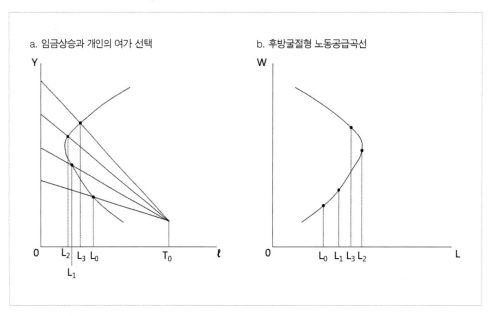

그림 4 후방굴절형 노동공급곡선

2. 소득-여가 선택모형의 응용

소득-여가 선택모형은 개인의 노동공급곡선 도출에만 활용되는 것은 아니다. 노동 및 복지정책 입안자들도 소득-여가 선택모형을 이용해서 다양한 정책수단을 고안한 사례가 많다. 중요한 사실은 근로자의 무차별곡선은 단기적으로 변화하지 않기 때문에 주어진 것으로 받아들인다는 점이다. 이 때문에 정책 입안자들은 근로자가 직면하는 예산선을 바꾸는 방식으로 다양한 정책을 고안해내고 있다.

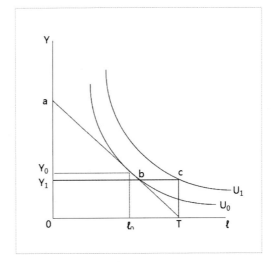

그림 5 정부 현금급여 지원의 효과

먼저 복지정책 사례를 살펴보자. 과거의 복지정책은 주로 저소득자에게 현금을 지원하는 방식으로 이루어졌다. 이와 같은 정부의 현금지원 정책은 근로자의 근로유인을 잃게 해서 자칫 저소득층의 자활의지를 잃게 만들 수도 있다.

정부의 현금지원은 근로 여부와 관계없이 이루어지기 때문에, 근로자가 새롭게 직면하는 예산선은 그림 5처럼 abcT와 같이 나타낼 수 있다. 이때 근로자는 U0보다 높은 효용수준을 가져다주는 U1을 선택하게 되며, 결과적으로 현금급여에 의존한 채 일은 하지 않게 된다. 만약 정부가 현금지원을 하지 않았다면, 이 근로자는 U0의 효용수준이기는 하지만 l0만큼의 여가를 소비하면서 Y0만큼의 근로소득을 얻었을 것이다.

이처럼 정부의 현금지원 정책이 저소득자의 자활을 저해하는 경향이 있다는 점 때문에, 영미권 국가에서는 소위 근로장려세제(earned income tax credit : EITC)라는 제도를 도입하기에 이른다. 근로장려세제는 말 그대로 정부가 소득지원은 하지만 근로자가 근로의욕을 잃지 않도록 하는 데 초점을 맞춘 제도로, 대표적인 근로연계 복지정책 (welfare to work policy)의 한 사례라고 할 수 있다.

우리나라에서도 2009년부터 근로장려세제를 도입해서 일정 금액 이하의 저소득 가구에 근로소득 금액을 기준으로 근로장려금을 세금 환급의 형태로 지급하고 있다. 예를 들어 단독가구의 근로소득이 900만원이라면 이 가구는 70만원의 근로장려금을 받게 된다.

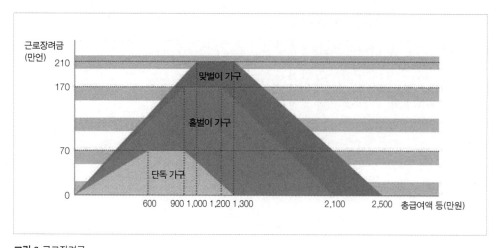

그림 6 근로장려금

출처 : 국세청 홈택스(www.hometax.go.kr)

위와 같은 사다리꼴 모양의 근로장려금 지원금 구조는 아래 그림 7의 a와 같이 (단독가구) 근로자의 예산선에 적용할 수 있으며, 근로장려금이 지원될 때 근로자는 이전(l0와 y0)에 비해 여가와 소득이 소폭 확대(l1와 y1)되는 결과를 얻는다. 근로장려금이 근로자의 노동공급을 소폭 줄이는 결과를 나타내지만, 현급지급과 같이 근로의욕을 완

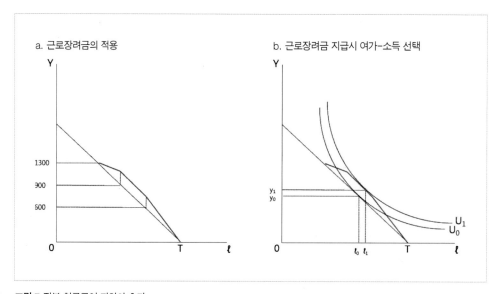

그림 7 정부 현금급여 지원의 효과

전히 잃게 만들지는 않는다.

여가-소득 선택모형은 이와 같이 노동시장이 직면하는 문제를 해결하기 위해 자주 활용되는데, 이상의 복지정책뿐만 아니라 초과근로수당이 있을 때 왜 근로자들이 초과 근로의 유인을 갖는지, 여성들에게 왜 단시간 근로가 필요한지 등 다양한 상황을 설명할 수 있다는 점에서 매우 유익한 도구이다.

참고문헌

곽소희, 김기승, 오민홍, 정승진, 이충렬, 김남희 (2015). 부산지역 일자리 창출을 위한 어젠다 연구 - 좋은 일
　　자리 현황 및 실태조사를 중심으로. 부산인적자원개발원.

오민홍 (2007). 인구고령화에 따른 고령자부양부담에 대한 담론. 고용이슈 13호. 한국고용정보원.

이규용, 고영우, 김우영, 오민홍, 이상호, 홍성효 (2015). 지역고용전략 수립을 위한 노동시장 연구. 한국노동
　　연구원.

조우현 (2010). 일의 세계 경제학. 법문사.

Berndt, E. R. (1991). *The Practice of Econometrics: Classic and Contemporary.* Addison-Wesley
　　Publishing Company.

Boeri, T. & Ours, J. v.(2008), *The Economics of Imperfect Labor Market.* New Jersey: Princeton
　　University Press.

Borjas, G. J. (2013), *Labor Economics.* McGraw-Hill.

Levitt, S. & Dubner, S. J. (2005). 괴짜경제학. (안진환 역). 웅진지식하우스.

Raff, D. & Summers, L. H. (1987). Did Henry Ford Pay Efficiency Wages? *Journal of Labor Eco-
　　nomics, 5*(4), 57-86.

7장

직업세계의 변화와 미래 유망직업

박가열

세상은 끊임없이 변화한다. 변하지 않는 것은 모든 인간과 사물이 변화한다는 사실뿐이다. 직업세계는 사회의 변화상을 반영하는 거울이다. 그러므로 사회의 변화상을 통해 직업세계의 변화를 파악할 수 있다. 이러한 직업세계의 변화는 어느 한순간에 이루어지는 것이 아니라 꾸준한 인류 역사의 변화와 발전 과정의 산물이다. 과거로부터 이어진 직업세계의 변화와 미래의 유망직업을 탐색하기 위해서는 과거와 현재, 그리고 미래에까지 이어지는 직업세계의 변화에 영향을 미치는 핵심 동인들을 분석해야 한다.

1) 사회상 변화

직업세계의 변화를 살펴보기 위해서는 먼저 시대별로 사회상의 변화를 살펴볼 필요가 있다. 우리나라의 경우 본격적인 산업화가 시작된 1950년대 이후 지난 60년 동안의 시대별 주요 사회상 변화의 특성을 살펴보면 표 7-1과 같다(김중진 외, 2016).

1950년대에는 농업 중심 국가로 1차 산업이 발달했고, 전차가 서울의 주요 교통수단이었다. 6·25 전쟁이 끝나고 냉전이 이어지며 미국의 원조에 의존해 국내 기업이 성장했다. 낮은 TV 보급률로 서커스와 영화가 여가 시간을 즐기기 위한 주요 수단이었다.

표 7-1 1950~1970년대 주요 사회상 변화

시대	주요 사회상 변화 및 특징적 사건
1950년대	– 농업 중심 국가로 1차 산업이 발달 – 냉전시대가 이어지며 남북한 각기 소련과 미국에 의해 군사적 지원 – 6·25 전쟁 후 미국의 원조에 의존해 국내 기업이 성장 – 낮은 TV 보급률로 서커스와 영화가 주요 볼거리 수단 – 전차가 서울의 주요 교통수단
1960년대	– 1962년 경제개발5개년 계획으로 경공업 성장 – 삼성, 동양, 한화, 현대 등 50년대 창사한 대기업 중심으로 공채 시작 – 기계, 전기 산업 등의 태동기 – 인적자원에 의지한 노동집약적 산업을 앞세워 경제개발 시도 – 1968년 전차가 사라지고, 버스가 주된 교통수단으로 등장
1970년대	– 정부 주도로 중화학공업 위주 성장 정책 – 석유화학, 조선, 전자, 제철, 건설 산업 성장 – 무역이 활성화되고 수출이 증가해 1977년에 수출 100억 달러 달성 – 삼성물산, 현대종합상사, 럭키금성상사, 국제상사 등 수출업체가 각광받음 – 중동 건설특수, 중동 붐으로 해외로 진출하는 인력 증가

출처 : 김중진 외(2016). **직업세계변화(생성·소멸) 연구 최종보고서**, pp. 52~53, 한국고용정보원. 재정리.

1960년대에는 경제개발5개년 계획이 시작되어 경공업 중심으로 성장했고, 값싼 노동력에 의존한 노동집약적 산업을 앞세워 경제개발을 시도했다. 대기업을 중심으로 공채가 시작되었고, 이 시기는 기계, 전기 산업 등의 태동기로 볼 수 있다.

1970년대에는 정부 주도의 중화학공업 위주의 성장 정책으로 석유화학, 조선, 전자, 제철, 건설 산업이 성장했다. 무역이 활성화되고 수출이 증가했으며, 중동 건설 특수로 해외로 진출하는 인력이 증가했다.

1980년대는 노동집약적 산업에서 자본집약형 산업으로 발전한 시기로, 수출 주도형으로 경제가 연평균 10%대의 높은 성장을 이루었다. 기계, 전기, 전자 융합에 의한 자동화 및 컴퓨터 도입 확산 등으로 육체노동 업무에서 사무직 업무로 산업구조의 중심이 바뀌기 시작했다. 증시가 성장하며 증권사를 비롯한 금융 관련 산업이 발전했고, 정부의 육성정책에 힘입어 엔터테인먼트, 스포츠 산업이 성장하기 시작했다.

1990년대에는 산업 구조가 선진국형으로 변화하기 시작했고, 도매 및 소매업, 운수업, 관광업, 의료업, 금융업, 광고업, 영화산업, 방송통신산업 등의 비중이 높아지기 시작했다. 신세대를 중심으로 문화의 다양성을 인정하고 새로운 문화를 받아들이는 데 적극적인 모습을 보이는 등 개방적인 가치관이 확산되기 시작했다. 정보기술(IT) 혁명을 겪으며 컴퓨터와 정보통신업 발전과 이 산업의 기반이 되는 반도체 부문의 약진이 이루어졌다. 1997년 국제금융기구(IMF) 외환위기로 많은 기업이 도산하면서 취업난과 조기 명예퇴직이 사회 문제로 대두되었다.

2000년 이후에는 직업세계의 근본적인 변화가 이루어졌다. IMF 외환위기 이후 조직에 충성하면 정년이 보장되던 '심리적 계약'이 해지되고 평생직장의 개념이 붕괴되었으며, 직업의 세분화와 전문화가 심화되기 시작했다. 정부의 벤처 육성 정책에 힘입어 인터넷 강국으로 급부상하며 정보통신, 무선인터넷, IT벤처로 인재 쏠림 현상이 심화되었다. 인터넷의 대중화는 게임산업 및 인터넷스포츠(e-sports)의 전성기를 가져왔다.

한편 출산률의 감소와 핵가족화, 평균수명 연장에 따른 인구의 고령화, 여성의 높은 경제참가율 등으로 가사와 양육을 돕는 개인서비스 직종이 발달하기 시작했다. 사회가 다원화되고 욕구가 다양해지면서 웰빙, 미용 등 삶의 질에 대한 관심이 증가했고, 사회복지, 상담, 교육 등에 대한 기대수준도 높아지기 시작했다. 핵가족화의 영향으로

표 7-2 1980~2000년대 이후 주요 사회상 변화

시대	주요 사회상 변화 및 특징적 사건
1980년대	- 본격적인 경제성장의 시기로, 1982년에 첫 무역흑자 달성 - 수출 활성화로 해외시장을 개척하며 연평균 10%대의 성장 - 노동집약적 산업에서 자본집약형 산업으로 발전 - 생명공학, 반도체 등의 잠재력에 관심 - 경제성장의 반작용으로 환경산업 태동 - 기계, 전기, 전자 융합에 의한 자동화 및 컴퓨터 도입 확산 등으로 육체노동 업무에서 사무 업무로 산업구조 바뀜 - 86아시안게임과 88올림픽을 거치며 고속경제성장 - 대기업이 등장하고 임금과 복지제도가 발전하며 대기업의 인기가 커짐 - 증시가 성장하고 증권사를 비롯한 금융 관련 산업이 발전 - 정부의 육성정책에 힘입어 엔터테인먼트, 스포츠 산업 성장 - 컬러 TV의 등장과 기업의 TV광고 본격화
1990년대	- 산업구조가 선진국형으로 변화하기 시작 - 도매 및 소매업, 운수업, 관광업, 의료업, 금융업, 광고업, 영화산업, 방송통신산업 등의 비중이 커지기 시작 - IT 혁명을 겪으며 컴퓨터와 정보통신업이 발전하고 반도체가 약진 - 케이블TV 보급 정책에 따라 1995년 홈쇼핑 채널 신설 - 신세대를 중심으로 문화의 다양성을 인정하고 새로운 문화를 받아들이는 데 적극적인 모습을 보이는 등 개방적인 가치관이 확산 - 직업의 생성, 소멸 주기가 빨라지고 정년 보장된 안정적인 직업 선호 - 1997년 IMF 외환위기로 많은 기업이 부도 위기를 겪음, 취업난과 조기 명예퇴직이 사회 문제로 대두 - 증권업 완전 개방(1998)
2000년대 이후	- IMF 외환위기 이후 평생직장의 개념이 붕괴되고, 직업의 세분화와 전문화가 심화 - 인터넷강국으로 급부상하며 정보통신, 무선인터넷, IT벤처로 인재 쏠림 현상 - 인터넷이 대중화하면서 게임산업의 성장, 인터넷스포츠(e-sports) 전성기 - 출산률의 감소, 평균수명 연장에 따른 인구의 고령화, 인구성장률 둔화에 따른 핵가족화, 여성의 높은 경제참가율로 가사 등 개인서비스 직종 발달 - 사회가 다원화되고 국민의 욕구가 다양해지면서 웰빙, 미용 등 삶의 질에 대한 관심이 증가하고, 사회복지, 상담, 교육에 대한 기대수준이 증가 - 1인 가구의 확대 등으로 동물산업이 새로운 성장산업으로 등장 - 녹색성장, 친환경에 대한 관심 증가로 태양열 등 대체 에너지 개발 - 사물인터넷, 인공지능, 가상교육 등이 주목받고 있음

출처 : 김중진 외(2016). **직업세계변화(생성·소멸) 연구 최종보고서**, pp. 52~53, 한국고용정보원. 재정리.

애완 반려동물 산업이 성장하기 시작했고, 지속 가능한 성장을 위한 친환경의 중요성이 인식되면서 태양열, 풍력, 조력, 지열 등 대체 에너지 개발이 확산되고 있다.

최근 들어 사람과 사물이 연결되는 초연결 사회로의 전환에 따라 사물인터넷을 넘

어서 만물인터넷이 회자되기 시작하고 있고, 데이터의 수집 및 연계를 통한 통합적 분석이 강조되는 빅데이터와 인공지능이 급속하게 발전하고 있다. 한편 정보통신기술의 발전에 기초해 가상과 현실의 구분이 사라지는 명실상부한 가상·증강현실을 구현하기 위한 산업이 교육 부문을 필두로 엔터테인먼트, 의료, 안전, 국방 분야에 도입되고 있다.

2) 직업구조의 변화

직업구조는 한 사회의 제도적 맥락 내에서의 수요 측면과 공급 측면 간 상호작용의 결과를 반영하며 변화한다. 앞에서 살펴본 사회상의 변화는 직업구조에 직접 및 간접적으로 영향을 미친다. 여기에서는 경제가 성장하고 산업화가 본격화되기 시작한 1980년대부터 현재까지 우리나라 직업구조의 변화를 살펴본다.

1980년부터 2015년까지 한국표준직업분류(KSCO)의 대분류 기준으로 직업별 취업자의 구성비를 살펴보면 그림 7-1과 같다. 지난 35년 동안 우리나라 직업구조의 변화에서 가장 두드러진 특징은 '전문가 및 관련 종사자'의 급격한 증가와 '농림어업 숙련 종사자'의 급격한 감소라고 할 수 있다(박소현·이금숙, 2016). 또한 '사무 및 관련 종사자'의 구성비도 2배 가까이 증가했고 '서비스 종사자'의 비중은 다소 증가했지만 '판매 종사자'는 다소 감소 추세를 보이고 있다. '기능원 및 관련 기능 종사자', '장치·기계조작 및 조립 종사자', '단순노무 종사자'와 같은 생산 관련 직종은 외환위기 이후 경제 불황에 영향을 받아 2000년에 일시적으로 감소했지만 다시 증가세를 나타내고 있다. '관리자'의 경우 동일한 직능수준이 요구되는 전문가 및 관련 종사자와 달리 2000년 이후 취업인구의 직업별 분포에서 비중이 감소한 것으로 나타나, 기업 규모의 대형화가 진행된 것으로 판단된다.

직업 활동을 위해 요구되는 역량은 지식(Knowledge)과 능력(Ability) 및 태도(Attitudes) 등으로 구성된다. 이 중에서 지식과 관련하여 지난 한 세대 동안 시간의 추이에 따른 직업별 학력 분포를 살펴보면 다음과 같다(표 7-3 참조). 우리 사회에서는 교육에 대한 중요성을 강조해 전문직에서의 고학력화 현상이 두드러진 특징으로 나타난다. 이

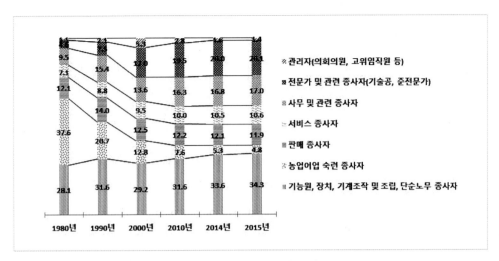

그림 7-1 통계청, 인구총조사(1980, 1990, 2000, 2010) ; 경제활동인구조사(2014, 2015)

출처 : 통계청, 인구총조사(1980, 1990, 2000, 2010) ; 경제활동인구조사(2014, 2015)

표 7-3 직업별 학력구조 및 분포 추이

직업군	중졸 이하				고졸				대졸 이상			
	1980	1995	2005	2014	1980	1995	2005	2014	1980	1995	2005	2014
관리자	0.2	0.9	1.0	0.2	1.3	3.9	2.7	0.7	7.1	9.9	5.9	2.9
전문가 및 관련 종사자	0.6	1.9	1.4	0.8	4.7	10.8	7.4	7.0	35.8	49.5	39.3	39.8
사무 종사자	2.3	2.2	2.9	1.2	26.1	16.2	14.8	12.4	28.7	17.5	25.2	27.3
서비스 종사자	8.2	21.2	12.0	13.5	7.9	24.4	12.9	14.4	4.0	11.9	6.1	5.8
판매 종사자	12.0		8.8	8.9	16.8		14.9	16.4	11.9		8.9	9.5
농림어업 숙련 종사자	41.2	33.6	33.8	20.5	11.8	5.2	5.1	3.3	3.1	1.3	1.3	1.0
기능원 및 관련 기능 종사자	35.6	17.1	11.7	10.6	31.5	17.3	14.4	12.3	9.5	5.2	5.8	4.8
장치·기계조작 및 조립 종사자		11.4	12.4	11.9		16.2	19.0	18.9		3.2	5.2	5.6
단순노무 종사자		11.8	16.0	32.4		5.9	8.8	14.6		1.5	2.3	3.3
계	100.0	100.0	100.0	100.0	100.0	100.0	100.0	100.0	100.0	100.0	100.0	100.0

출처 : 통계청, 인구총조사(1980, 1995, 2005) ; 경제활동인구조사(2014)

에 비해 중졸 이하 저학력층의 취업 분포는 1980년부터 2005년까지는 '농림어업 숙련 종사자'인 경우가 가장 많았고 2014년에는 '단순노무 종사자'에 가장 많이 분포하고 있는 것으로 나타났다. 한편 고졸 취업자는 1980년 당시 '기능원 및 관련 기능 종사자, 장치·기계조작 및 조립 종사자, 단순노무 종사자'에서 31.5%의 비중으로 가장 많은 분포를 보였고, 1995년에 들어서면서 '서비스, 판매종사자'인 경우가 24.4%로 가장 많았으며, 2005년부터 2014년까지는 '장치·기계조작 및 조립 종사자'에 가장 많이 분포하는 것으로 나타났다. 그러나 이러한 고졸 취업자의 취업 분포 변화는 직업분류상의 변화에 따른 결과로 볼 수 있으므로, 해석에 유의해야 한다.

1980년부터 현재에 이르기까지 대졸 이상 취업자 가운데 가장 많은 비중을 차지한 직종은 '전문가 및 관련 종사자'이다. 그 다음이 '사무종사자'인데, 1995년에 구성 비율이 다소 감소했으나 이후 다시 증가세를 보이고 있다. 한편 학력 수준과 관계없이 '단순노무 종사자'의 비중은 지속적으로 증가하고 '기능원 및 관련 기능 종사자'는 지속적으로 감소하고 있는데, 이는 정보통신기술의 발전에 따른 스마트 자동화에 영향을 받은 직능수준 양극화와 중간 직능 공동화(空洞化)를 반영한 것으로 판단된다.

3) 일하는 방식의 변화

인류는 단순한 생존의 문제를 넘어서 인간다운 생활을 영위하기 위해 도구와 기술을 발전시켜 왔다. 석기 시대부터 산업혁명을 거쳐 최근의 사물인터넷, 인공지능, 빅데이터 기술 등의 발전에 기초한 지능정보사회에 이르기까지, 인간은 도구를 활용해서 생산성을 높이는 방식으로 일하고 있다. 여기에서는 최근에 발전한 정보통신기술을 활용한 스마트 워크와 플랫폼 노동, 크라우드 워크에 대해서 살펴본다.

(1) 스마트 워크

스마트 워크는 시간과 장소에 얽매이지 않고 언제 어디서나 일할 수 있는 체제를 말한다. 여기에는 재택근무, 모바일 기기를 활용한 근무 및 소속 기관에서 구축한 스마트워크센터에서의 근무가 포함된다. 스마트워크센터는 이용자가 자신의 원래 근무지가 아닌 주거지와 가까운 지역에서 근무할 수 있도록 환경을 제공하는 원격근무용 업무공간이다. 이 공간에는 업무에 필요한 업무용 소프트웨어가 설치된 공용 컴퓨터, 보안성을 갖춘 전산망으로 구축된 IT인프라, 독립된 사무용 책상, 회의실을 갖춘 업무환경 및 원 근무지와의 원활한 커뮤니케이션을 위한 영상회의시스템이 마련되어 있다.

이러한 스마트 워크의 확산에는 스마트폰이 결정적인 역할을 했다. 2009년 11월에 아이폰 3세대가 국내에 첫 출시된 이후 2016년 3월 현재 우리나라의 휴대폰 중 스마트폰의 보급률은 91%로 세계 최고 수준이다. 전 세계적으로도 스마트폰 보급률이 69.5%에 도달한 것으로 조사되어, 이제 "손 끝 하나로 세상과 연결된다"는 구호가 단순한 마케팅 슬로건이 아니라 현실이 되었다. 특히 클라우드 컴퓨팅과 정보통신 네트워크 기술에 기초한 초연결사회로의 이행으로 자원을 소유하기보다 필요할 때 임대해서 활용하는 공유형 경제 생태계가 급속하게 확산되면서 일하는 시간과 공간의 개념이 변모하고 있다.

유연한 근무방식을 통해 자율성과 창의성을 발휘하기 위한 스마트 워크가 활성화되기 위한 방안은 다음과 같다(이재성, 김흥식, 2010). 첫째, 스마트 워크에 대한 인식의 변화와 조직 문화의 개선이 요구된다. 지금까지 제조업 중심의 산업화에 따른 면대면 관리감독의 업무환경에서 벗어나 자율적이고 창의적인 업무환경을 만들어 가는 것이 중요하다. 둘째, 스마트 워크에 대한 법적 정의 및 제도적 운영 방안을 명확히 할 필요가 있다. 업무환경의 물리적 변화로 인한 소속감 약화나 사회적 고립이 발생할 수 있으므로, 이를 방지하기 위한 인사제도를 보완해야 할 것이다. 셋째, 스마트 기기의 보안성이 강화되어야 할 것이다. 끝으로, 민간과 공공부문이 공동으로 스마트워크센터를 구축하고 협력할 필요가 있다.

이러한 스마트 워크를 통한 유연하게 일하는 방식의 도입은 가사나 양육의 문제로 일과 가정을 사이에 두고 갈등하는 여성들의 지속 가능한 경력 개발과 일과 가정의 균형을 잡는 데 도움을 줄 것으로 기대된다.

(2) 플랫폼 노동(크라우드 워크)

공유경제(sharing economy)라는 개념이 처음 나타났을 때만 하더라도 사용자들 간의 빈 방이나 차량, 장비 심지어 가사까지도 공유할 수 있도록 한 소셜미디어의 확산으로만 간주했지만, 현재 이 플랫폼은 온라인 기업들이 낯선 사람들 간의 서비스를 교환할 수 있는 안전한 플랫폼을 제공하는 단계까지 발전했다(Huws, 2015).

디지털 온라인에 기반한 플랫폼 노동이나 크라우드 워크는 기존의 영화 제작이나 특정 과제를 단기간에 해결하기 위해 핵심전문가 위주로 팀을 구성하여 일을 추진하는 한시적 조직(Task Force : TF)과 같이 특정한 목표 수행을 위한 프로젝트 팀의 발전된 형태로 볼 수 있다.

플랫폼은 기차역의 승강장이나 로켓 발사대 또는 연설을 위해 설치된 연단 등을 가리키는 말로, 발판, 토대, 기반 등의 뜻으로 풀이된다. 컴퓨터를 활용한 인터넷과 네트워크가 발전하면서, 플랫폼은 디지털과 관련된 활동이 전개되는 온라인상의 기반을 지칭하게 되었다(박제성, 20116). 스마트폰 보급이 활성화되면서 플랫폼은 상품의 수요와 공급을 매개하는 시장의 의미로 확대되었다. 플랫폼 노동이란 시장의 기능을 담당하는 온라인상의 플랫폼에서 상품처럼 거래되는 노동을 의미한다. 이러한 플랫폼 노동의 대표적인 예로, 기존의 숙박업을 대체하는 에어비앤비(Airbnb), 운송업을 대체하는 우버(Uber), 자질구레한 일을 제공하는 태스크래빗(TaskRabbit), 대리운전 서비스를 제공하는 카카오드라이버 등을 들 수 있다.

크라우드 워크(crowd work)란 군중을 의미하는 영어 단어 크라우드(crowd)와 노동을 의미하는 워크(work)를 결합한 말로, 디지털 플랫폼에 기반해서 이루어지는 군중노동을 의미한다. 크라우드 워크는 고객이 요청하는 서비스를 전 세계에 흩어져 있는 수많은 노동자들이 조각조각으로 제공하여 하나의 완결된 형태로 통합해 제공하는 방식이다(박제성, 2016). 크라우드 워크나 크라우드소싱(Crowdsourcing)은 업무 위임자(크라우드 소스 제공자, Crowd sourcer)가 흔히 불특정 다수, 즉 크라우드에게 특정한 업무를 위탁·양도하는 것을 뜻한다. 이때 이 업무는 인터넷 플랫폼에 게시되고, 그러면 크라우드라고 하는 개별적인 업무 수임자들, 즉 크라우드 워커가 이 업무를 처리한다.

예를 들어 누군가가 어떤 글을 번역하는 서비스를 플랫폼에 요청하면 전 세계의 노동자들이 한 문장만 번역하든지, 한쪽만 번역하든지, 원고 전체를 번역하든지 각자 능력껏 번역한 조각을 플랫폼에 올리면 그 중에서 품질이 좋은 번역 조각들만을 모아서 전체 번역문을 완성해 고객에게 제공한다.

　이러한 플랫폼 노동 또는 크라우드 워크를 명확하게 설명하는 합의된 용어는 존재하지 않는데, 이는 범위가 중복된 다양한 활동과 비즈니스 모델을 다루고 전통적 형태의 서비스 제공과 구분하기 어렵기 때문이다.

직업세계의 변화를 살펴보기 위해서는 미래 사회 구성에 영향을 미치는 중요한 핵심 동인들(Drivers)을 살펴봐야 한다. 미래연구자들이 고려하는 대표적인 핵심 동인들로 사회적(Social), 기술적(Technical), 경제적(Economic), 생태·환경적(Ecological), 정치적(Political) 요인을 들 수 있다. 세계적인 미래학 연구의 대표적인 학파 중 하나인 하와이대학 미래연구소에서는 앞에서 언급한 핵심 동인들의 머리글자를 딴 스티프(STEEP) 분석을 미래사회를 조망하기 위한 환경스캐닝의 주요 방법으로 활용한다.

1) 사회적 동인

사회적 동인(Social Driver)은 직업세계에 부지불식간에 장기적으로 영향을 미치는 요인으로, 인구구조, 도시화, 여성의 경제참여 증가와 가치관 변화 등을 들 수 있다. 이 중 사회적으로 구성된 의식은 점진적으로 변화해 윤리와 도덕의 관점에서 행위의 규범을 형성하며, 궁극적으로 개인의 행위를 구성하는 사회적 압력으로 작용한다.

(1) 인구 증가와 고령화

산업혁명 이후 지난 200년 간 세계 인구는 빠르게 증가했다. 향후 2100년까지는 이러한 인구 증가 추세가 지속될 것으로 전망된다(박가열 외, 2015).

인구 증가 추세의 배경으로, 아프리카 전체 인구가 현재 10억에서 2100년에 최소 35억 명에서 최대 51억 명으로 늘어나 앞으로 증가하는 인구의 대부분이 아프리카인일 것으로 추정된다. 반면 현재 약 44억 명으로 세계 인구의 60%를 차지하는 아시아 인구는 소폭 증가세를 이어 가다가 2050년에 50억 명으로 정점을 찍은 후 감소세로 돌아설 것으로 전망된다.

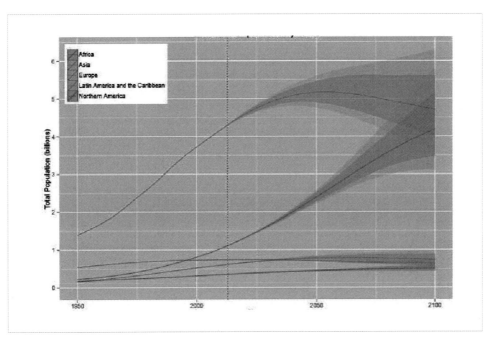

그림 7-2 우리나라 연령대별 인구 전망
출처: United Nations(2014). **세계 인구 전망에 기초한 확률적 인구 전망**. 2012년 개정판.

일본은 이미 인구 감소 단계에 들어섰고, 우리나라는 세계 최저 수준의 출산율인 1.2명 선에서 벗어나지 못하고 있으며, 최근 1가정 2자녀 정책으로 돌아선 중국의 출산율도 인구유지 수준을 밑도는 1.5명 안팎이다. 제2의 인구 대국인 인도 역시 1990년대까지 3~4명이던 출산율이 현재 2.5명 수준으로 떨어진 상태이다.

인구 구조의 변화 중 전 세계적인 공통점은 고령화이다. 인간의 삶을 단순하게 정리하면, 배우고, 일하며, 은퇴 후 여가를 즐기는 세 단계로 정리할 수 있는데, 고령화는 결국 일터에서 벗어나 여가를 즐기는 인구가 증가하는 것을 의미한다. 이러한 고령화는 의료기술의 발전과 영양상태의 개선에 기초한다(박가열 외, 2015). 확률적 전망에 따르면, 고령자의 인구 전망은 이미 출생한 사람들을 대상으로 하기 때문에 상대적으로 안정적이다. 2012년 현재 65세 이상 인구는 5억8천6백만 명인데, 지속적으로 증가해서 2035년경에는 약 11억, 2070년경에는 18억에서 20억, 2100년에는 약 22억에서 26억에 도달할 것이다.

이러한 인구 고령화와 관련해 최근 세계보건기구(WHO, 2014)[1]가 발표한 구체적인 내용을 살펴보면, 첫째, 세계적으로 급속하게 고령화가 진행 중이다. 2000년부터 2050년 사이에 60세 이상의 고령인구 비율은 약 11%에서 22%로 두 배가 될 것이며, 같은 기간의 절대적인 수치도 6억5백만 명에서 20억으로 증가할 것으로 예측된다. 둘째, 저·중위 소득 국가에서 인구 변화가 가장 빠르고 극적일 것으로 보인다. 프랑스에서는 65세 이상 고령자 비율이 7%에서 14%까지 두 배가 되는 데 100년 이상 소요되었다. 반면에, 브라질과 중국 같은 나라들에서는 같은 인구 비율 성장에 25년이 걸리지 않을 것이다. 셋째, 세계적으로 이전보다 80대 또는 90대 이상의 장수를 누리는 사람들이 많아질 것이다. 80세 이상 고령자의 수는 2000년에서 2050년 동안 거의 네 배가 늘어 3억9천5백만 명에 이를 것으로 보인다. 다수 중년 이상의 연배가 생존한 부모를 갖는 것은 역사적으로 유례가 없는 일이었지만 이제는 현실이 되었다. 많은 아동이 자신의 조부모와 심지어 증조부모 중 특히 증조모를 알게 될 터인데, 이는 평균적으로 여성이 남성보다 8년 더 살기 때문이다.

한편, 세계연합(UN, 2015)에 따르면, 우리나라의 전체 인구는 중위수(median)를 기준으로 2035년을 정점으로 하락할 것으로 예상된다.

연령대별 인구 전망 결과를 살펴보면, 2016년 기준으로 경제활동인구에 해당하는 15~64세 인구는 최고의 정점으로 치닫고 있다. 반면 피부양인구에 해당하는 연령대를 살펴보면, 고령층인 65세 이상의 비중이 급증하고 있으며, 저연령층인 0~14세의 인구는 급감하는 추세의 막바지에 도달한 것으로 나타났다.

이러한 인구 구조의 변화는 기본적으로 노동공급에 영향을 줄 뿐만 아니라 제품 및 서비스의 수요에도 영향을 미치며, 나아가 연금 수급체계 및 이와 연동된 노년기 취업활동과도 관련된다. 향후 10년 후인 2025년경부터 경제활동인구에 편입되지 않는 피부양계층에 해당하는 고령층과 15세 미만 연령층의 상대적 인구 비중 확대는 절대적 수요를 낮추는 요인으로 작용해 경제의 저성장을 고착화하고 연금 수급 연령 지연과 수급액 저하로 노년층의 은퇴 시기를 늦출 것으로 예상된다.

---

1   http://www.who.int/ageing/about/facts/en/

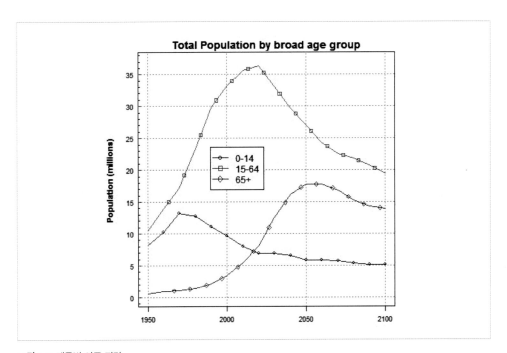

그림 7-3 대륙별 인구 전망

자료: UN DESA, Population Division(2015). *World Population Prospects: The 2015 revision.*

(2) 도시화

UN(2014)[2]에 따르면, 세계의 도시화는 다음과 같이 전개될 것으로 전망된다.

첫째, 2014년 현재 전 세계적으로 54%의 인구가 도시 지역에서 살고 있다. 1950년에는 세계 인구의 30%가 도시에서 살았으나, 2050년까지 66%가 도시에 거주할 것으로 전망된다.

둘째, 2014년 기준으로 가장 도시화된 지역은 북아메리카(82%), 라틴 아메리카 및 캐리비언(80%) 및 유럽(73%)이며, 이와 대조적으로 아프리카(40%)와 아시아(48%)의 도시 거주 비율은 상대적으로 낮다. 그러나 다음 세대에는 모든 지역에서 도시화가 진전되며, 아프리카와 아시아가 다른 지역보다 더 빨리 진전되어 2050년까지 각각 56% 및 64%에 도달할 것이다.

---

2   United Nations, Department of Economic and Social Affairs, Population Division(2014). *World Urbanization Prospects: The 2014 Revision, Highlights* (ST/ESA/SER.A/352).

셋째, 전 세계 시골 인구는 2014년 현재 34억 명 정도이고, 2050년까지 32억 명으로 감소될 것으로 예상된다. 아프리카와 아시아가 세계 시골 인구의 거의 90%를 차지할 것으로 보이는데, 인도가 가장 많은 8억5천7백만 명, 이어서 중국이 6억3천5백만 명일 것이다.

넷째, 세계 도시 인구는 1950년에 7억4천6백만 명에서 2014년에 39억4천 명으로 급격하게 증가했다. 아시아는 낮은 도시화 수준에도 세계 도시 인구의 53%를 차지하고 있고, 이어서 유럽(14%), 라틴아메리카와 캐리비언(13%)이 그 뒤를 따르는 것으로 나타났다.

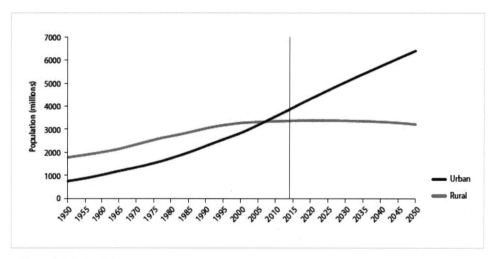

그림 7-4 세계 도시화 전망

출처 : United Nations, Department of Economic and Social Affairs, Population Division(2014). *World Urbanization Prospects: The 2014 Revision, Highlights* (ST/ESA/SER.A/352).

이처럼 세계가 계속해서 도시화되고 인구가 집중됨에 따라, 지속 가능한 발전을 위협하는 도전이 도시화 속도가 빠른 중위 소득 이하의 국가들에 집중될 것으로 보인다. 이러한 도시화로 인해 다양한 이해관계자의 요구를 통합하기 위한 정책 대응이 요구될 것으로 판단되는데, 도시화로 인해 유발되는 교통 및 환경, 밀집된 생활에 따른 스트레스 문제를 해결하는 직업의 수요를 높일 것으로 예상된다.

(3) 여성의 경제참여 증가와 가치관의 변화

저출산·고령화로 인한 반대급부로 여성에게 더 많은 사회진출의 기회가 주어질 수 있다(박가열 외, 2013). 선진국 및 주요 개발도상국의 출산율이 감소하고 인구가 고령화되면 될수록 생산가능인구가 부족해져 여성의 경제참여율이 더욱 더 높아질 것이다. 반면 정년퇴직 연령이 연장되고 연금수급 연령이 상승하면서 여성들의 근무시간이 더욱 길어지게 될 것이다. 또한 1970년 이후 OECD 국가의 혼인율은 거의 절반으로 감소했지만 이혼율은 두 배에 가깝게 증가했으며, 동거하는 사람들의 숫자도 증가하면서 편부모 가정을 양산할 가능성이 높아지는 추세이다. 이로 인해 여성들이 생계를 책임져야 할 가능성이 높아질 것이다.

일반적으로 경제구조가 선진화될수록 여성의 사회진출이 늘어나는 경향을 보인다. 특히 선진국의 문턱에 놓여 있는 개발도상국들의 경우, 기존 제조업 부문에 비해 서비스 업종의 증가세가 뚜렷해지면서 이에 장점이 있는 여성들의 고용 기회가 늘어날 것이다. 또한 원격근무를 가능하게 하는 기술 발전과 고령화로 인해 증가하는 노인요양 서비스 수요를 고려해 볼 때, 기존에 사회진출에 제약이 있었던 여성들에게 더 많은 취업의 기회가 주어질 것으로 예상된다.

한편, 기후변화와 환경오염, 자원고갈 문제의 심각성이 제기됨에 따라, 유럽과 북미에서는 '윤리적 소비(ethical consumption)' 같은 새로운 소비 가치관과 소비 행태의 변화가 감지되고 있다. 가격과 성능이 물품 구매의 주요 기준이었던 과거와는 달리, 소비자들은 상품과 서비스를 구입할 때 구입하려는 상품이 얼마나 친환경적인지, 아동, 장애인 등의 노동력을 착취하는 비윤리적인 행위는 없었는지, 공정한 무역의 절차를 따르는 제품인지를 면밀히 따지기 시작했다. 이는 다시 윤리적이지 못한 제품을 생산하는 기업의 상품과 서비스에 대한 '도덕적 보이콧'의 형태로 나타나기도 한다(황혜신 외, 2009). 이러한 소비 행태는 친환경 산업구조 재편이 가속화되고 국제적 환경규제가 강화되면서 선진국을 중심으로 더욱 확대되어 나갈 전망이다.

개방 이후 30년 간 중국 경제는 세계의 생산 공장으로서 지속적인 고도성장을 구가해 왔다. 그러나 이러한 고도성장의 이면을 살펴보면, 환경오염과 생태계 파괴라는 부정적인 결과가 양산되었고, 자원 다소비형의 생산구조를 만들어냈다는 점을 알 수 있다. 환경비용이 반영되지 않은 값싼 상품의 경우, 소비자의 의식이 변화되고 국제적 환경 규제가 강화되면서 선진국의 소비자에게 외면당할 수 있다. 선진국을 중심으로 한 소비자의 가치와 행태 변화는 향후 중국의 수출주도 경제에 중요한 변수로 작용할 수 있다.

2) 기술적 동인

기술은 직업의 생성과 소멸 및 직업세계 변화 과정에 직접적으로 영향을 미치는 핵심적인 동인이다. 이러한 '기술은 인간을 향한다'는 말에서 의미하듯이 소비자의 욕구와 상호작용하면서 지속 가능한 발전을 이룬다. 기술이 사회를 변화시키는 주요 동인이라고 주장하는 사람들은 기술이 갖는 특징을, 첫째, 외부 환경에 의한 자연적 발생이라기보다는 누군가의 의도를 담은 것이고, 둘째, 일부 지역이나 특정세대에 국한되기보다 사회 전반에 걸쳐 광범위하게 영향을 미치며, 셋째, 특정 방향을 지향하고, 넷째, 의미 추구보다 어떤 흐름에 이끌리며, 다섯째, 물질적 변화를 수반하는 것으로 설명한다(박가열 외, 2016).

기술 변화는 여러 분야의 융합을 이끌어내며 새로운 제품과 서비스 등장을 가능하게 한다. 이러한 기술혁신은 새로운 직업의 가능성을 열어 주고 때로는 직업의 쇠퇴를 유발하기도 한다. 기술은 발달 수준뿐만 아니라 경제적 효용성과 사회적 합의를 통해 직업세계에 영향을 미치고, 관점에 따라 미래 전망 또한 다양하게 나타난다. 한국전자통신연구원(ETRI), 미래창조과학부, 세계경제포럼(World Economic Forum : WEF)의 보고서를 중심으로 최근 주목받는 기술과 상용화의 가능성 및 향후 전망을 정리하면 다음과 같다.

(1) 기술 · 인간 · 사회 통합적 관점

한국전자통신연구원의 ECOsight 3.0은 기술 · 인간 · 사회 통합적 관점에서 미래기술을 전망하고, 기술–등고선 지도(Tech-Contour Map : TCM)를 기반으로 한 50대 미래

기술 및 주목할 7대 기술을 선정해서 제시했다(이승민·김정태·정지형·최민석·하원규· 송근혜·안춘모, 2015). 여기에서 기술은 인간의 신체적·정신적 능력을 강화하고 물리공간의 경계를 와해시키면서 우리의 시간, 공간, 경험 등을 획기적으로 확장시키며, 나아가 현재의 사회경제시스템을 재편하고 가치관과 직업의 개념을 재정의함으로써 현대문명을 재설계한다고 보았다.

미래 사회의 변화에 관한 10가지 예측에 따르면, 인류 역사상 처음으로 기계, 인간, 사회 세 영역에서 급격한 진화가 촉발되는 가운데, 모든 것이 디지털 데이터로 정의된 새로운 질서가 만들어질 것으로 전망되었다. 데이터, 네트워크, 알고리즘, 아키텍처 중심의 정보통신기술(ICT)의 양적·질적 변화는 모든 것을 수집하고 연결하며 지능화해서 '새로운 눈'이라는 기술 진화의 임계점에 도달하게 된다는 것이다.

표 7-4 미래사회 10대 변화 예측

기계 ▶ 임계점 돌파	인간 ▶ 시간·공간·경험 확장	사회 ▶ 초연결 지능정보사회
① 머신러닝(알고리즘)	⑤ 시간의 확장 (수명·가용시간)	⑧ 접속사회 (온라인·네트워크화)
② 스마트머신(로봇)	⑥ 공간의 확장 (물리·가상공간)	⑨ 지능사회 (소프트웨어화)
③ 신물질(부품·소재 등)	⑦ 경험의 확장 (디지털 실재)	⑩ 데이터사회 (모든 것의 정보화)
④ 에너지(배터리·신재생에너지)		

출처: 이승민 외(2015). ECOsight 3.0: 미래기술 전망.

한편 기술-등고선 지도는 ICT 및 융합기술영역에 속한 메가·마이크로트렌드 관점에서 기술, 인간, 사회, 융합의 4그룹으로 분류되는데, ① (기술) 기술 본연의 혁신이나 난제 해결을 위한 기술 ② (인간) 인간의 욕구와 가치를 실현하기 위한 기술 ③ (사회) 사회 현안의 해결이나 변화에 대응하기 위한 기술 ④ (융합) 기술·인간·사회의 복합적 변화가 반영된 기술을 의미한다(이승민 외, 2015).

참고로, 기술-등고선 지도의 수준(Level)은 0~3단계까지인데, 각 수준은 다음과 같

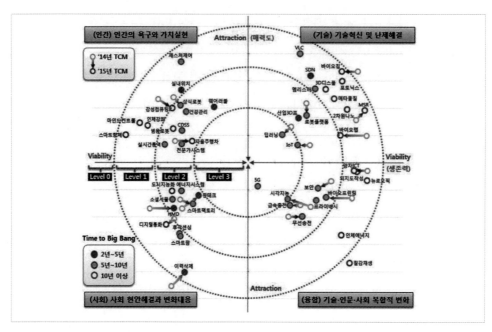

그림 7-5 기술-등고선 지도(Tech-Contour Map) 2016
출처: 이승민, 외(2015). ECOsight 3.0: 미래기술 전망.

은 의미를 지닌다. 그림 7-5에서 수준 3(Beginning to Compete)은 해당 기술이 독자적인 힘을 발휘하고 메가트렌드로 성장할 가능성이 매우 높으며 기업 및 국가 간 경쟁이 시작되는 영역, 수준 2(Rising in Popularity)는 해당 기술이 기존 메가트렌드와의 상호작용 과정에서 흡수·병합되거나 경쟁·대응관계를 지속하며 생존 가능성이 높은 영역, 수준 1(Entry into Potential)은 기존 메가트렌드와 타 기술과의 경쟁 과정에서 메가트렌드화 잠재력이 보이기 시작하는 영역, 마지막으로 수준 0(High Uncertainty)은 현재의 기술 수준으로 메가트렌드가 될 가능성이 낮으며 기술의 성장 과정에서 변동의 폭이 큰 영역을 의미한다.

2016년의 기술-등고선 지도를 보면, 딥러닝·시각지능·자율주행차 등 지능화 기술의 생존력 향상, 보안·프라이버시 등 사회이슈 관련 기술에 대한 수요 증가가 특징으로 나타난다.

미래 사회에서 중요하게 부상될 이슈와 이러한 이슈의 변화, 각 이슈별로 미래에 현실화될 가능성과 사회에 미칠 영향력을 분석하는 것은 미래 연구에서 가장 기본적인 연구 방법이다. 미래의 각 이슈에 대한 전문가 인식조사를 바탕으로 세계경제포럼이 글로벌 리스크(Global Risk)에서 사용한「네트워크 분석」을 활용해서 이슈와 이슈 간의 연관관계, 이슈와 밀접한 관계가 있는 핵심기술과의 연관관계를 동적인 시각에서 분석된다(이광형 외, 2015). 국내외 보고서 및 지난 30년 간 국내 10대 뉴스, 전문가의 검토를 거쳐 총 28개의 분석 대상 이슈를 선정하고 이를 15대 핵심기술과 연결하여 의미를 도출했다. 구체적인 내용은 표 7-5와 같다.

표 7-5 15대 핵심기술

기술	설명
사물인터넷	정보통신기술을 기반으로 주위의 모든 사물을 연결해 사람과 사물, 사물과 사물 간에 정보를 교류하고 상호 소통하는 기술을 의미. 지능형 인프라 및 서비스 기술, 스마트 홈, 자율주행자동차, 스마트 카 등
빅데이터	기존 역량을 넘어서는 대량의 정형 또는 비정형 데이터 집합 및 이러한 데이터로부터 가치를 추출하고 결과를 분석하는 기술을 의미. 구성원에 따른 맞춤형 서비스 구현, 범인 검거 등에 활용
인공지능	지성을 갖추고 사고활동을 할 수 있도록 인공적으로 만들어진 장치를 의미. 인간 체스 챔피언과 겨루어 이긴 IBM의 딥블루, 휴머노이드 로봇, 빅데이터-인공지능 결합을 통한 감성로봇 등
가상현실	컴퓨터와 같은 기기를 통하여 실제가 아닌 어떤 특정한 환경이나 상황을 실제처럼 구현하는 기술을 의미. 인간-기계인터페이스(HCI), 원격의료, 홀로그램 등
웨어러블 디바이스	신체에 착용할 수 있도록 휴대가 가능하거나 피부에 직접 부착하거나 복용할 수 있도록 제작된 디바이스를 의미. 의복, 시계, 안경, 건강용 기기 등에 사용되어 신체기능을 대체하거나 엔터테인먼트 용도 등으로 활용
줄기세포	무한증식이 가능한 자가 재생산과 다양한 세포로 분화가 가능한 만능세포를 의미. 장기이식을 통한 만성질환 치료, 줄기세포 이식을 통한 장기 재생, 혈액 대체를 통한 수명 연장을 가능하게 함
유전공학 분자생물학	분자 수준에서 생명 현상을 이해하는 기술로, 유전자와 같이 생명 현상에 관여하는 분자를 조작하여 인간에게 이로운 산물을 얻어내는 기술을 의미. 인슐린이나 성장호르몬의 대량생산, 태아의 유전적 기형 검사, 유전자 재조합식품(GMO), 유전자 선택 태아, 개인맞춤형 의료, 희귀종 유전자 은행 등을 가능하게 함

3   네트워크 분석 : 복수의 개인·사물·조직들을 상호 연결시키는 관계를 분석하여 네트워크에서 중요한 역할을 하는 개인·사물 등을 파악하는 분석기법〔이광형 외(2015)〕

분자영상	세포나 그 이하 단계의 생물학적 과정을 생체 내에서 영상화해 그 특성을 규명하고 정량화하는 기술을 의미. MRI, PET-CT처럼 인체를 절제하지 않고 암, 뇌졸중과 같은 중증질환의 조기 발견에 활용
나노소재	나노미터 단위로 물질의 구조를 제어하거나 혼합함으로써 제작되는 새로운 기능이나 우수한 성질을 나타내는 소재를 의미. 더 작고 빠른 나노전자공학 소자, 가볍고 튼튼한 구조체, 단열 성능이 우수한 소재, 더러워지지 않는 소재, 기능성 의류, 의공학용 생체친화 소재, 기능성 화장품 등
3D 프린터	3차원 제품의 형상을 디지털로 설계 및 스캔하여 다양한 재료를 이용해 쌓아 올리는 방식으로 입체 구조물을 제작하는 기술을 의미. 조립과정이 없는 제품 생산, 인공관절 및 뼈 제조 등에 활용 가능
신재생 에너지	자연 상태에서 만들어진 환경위해성이 적은 에너지를 의미. 태양광, 풍력, 조력, 지열, 폐기물/바이오 에너지 등
온실가스 저감기술	지구온난화를 일으키는 CO_2, CH_4 등 온실가스의 배출량을 줄이거나, 대기 중의 온실가스를 포획하여 감축 시키는 기술을 의미. 전기자동차, 이산화탄소 포집 저장기술, 탄소순환형 바이오 화학공장 등
에너지·자원 재활용 기술	에너지·자원을 사용 후 폐기하지 않고 다시 사용하는 기술을 의미. 에너지 하베스팅, 플라스틱 재활용, 희유금속 재활용, 핵연료 재활용, 폐수 재활용 등
우주기술	우주 물체의 설계, 제작, 발사, 운용 등에 관한 연구 및 기술 개발과 우주공간의 이용·탐사와 관련된 기술을 의미. 우주발사체, 기상·환경위성, 달 탐사선, 우주의 희소자원 탐사선 등
원자력 기술	원자핵 반응을 인위적으로 제어해 그 반응에서 얻어지는 에너지를 활용하는 기술을 의미. 원자력 발전, 핵융합 발전, 동위원소를 활용한 정밀 측정, T-ray 등 피폭량이 적은 비파괴검사에 활용

출처: 이광형, 외(2015). **미래이슈 분석보고서**, 미래창조과학부 미래준비위원회.

15대 핵심기술을 28개 이슈와 연결하여 연관관계를 도출한 네트워크 분석 내용은 그림 7-6과 같다. 이슈와 기술 간에 연관성이 높을수록 연결된 선이 굵게 나타나며, 많은 이슈들과 연관성이 높은 기술일수록 기술을 표시하는 점(node)이 크게 나타난다. 이 가운데 인공지능, 빅데이터, 사물인터넷 등은 다양한 이슈와 높은 연관관계를 갖는 핵심기술로 나타났다.

『미래이슈 분석보고서』에서는 15대 핵심기술 중 '인공지능', '사물인터넷', '유전공학', '온실가스 저감기술', '원자력기술'을 중심으로 사회 이슈와의 관계를 살펴보았다. 참고로 인공지능과 유전공학은 미래창조과학부와 한국과학기술기획평가원(KISTEP)이 2015년 기술영향평가에서 선정한 대표 기술이기도 하다.

기술영향평가의 대상기술 선정 기준은, 첫째, 현재 등장(emerging technology)하고 있는 신기술, 둘째, 미래의 국민 생활에 높은 효과를 보일 것으로 예상되어 영향평

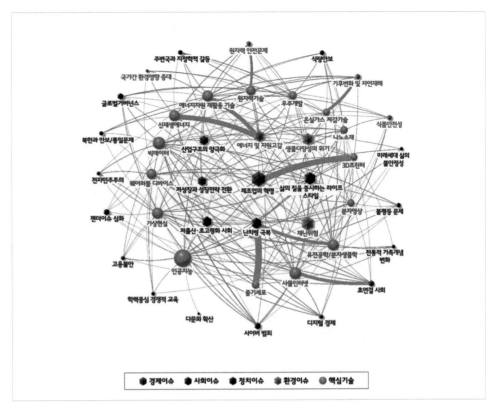

그림 7-6 28개 이슈와 핵심기술 간 연관관계
출처 : 이광형 외(2015). **미래이슈 분석보고서**, 미래창조과학부 미래준비위원회.

가의 유용성이 높은 기술, 셋째, 사회 관심도가 높아 기술영향평가의 시의성이 높은 기술, 그리고 넷째, 다수 부처와 연계되어 있는 범국가 차원의 기술이다. 최종적으로는 유전자가위 기술과 인공지능 기술을 기술영향평가 대상으로 선정하였다(미래창조과학부, 2015[4]). 여기에서 유전자가위 기술은 유전자치료 적용 가능성, 맞춤 아기에 대한 논란, 식품 안정성에 대한 우려 등 사회적 공론화가 필요하다는 점 때문에, 인공지능 기술은 산업과 일상생활에 빠르게 확산되어 경제적·사회적·윤리적 문제에 관한 검토가 필요하다는 판단 하에 영향력 있는 기술로 선정되었다.

---

4   미래창조과학부(2015). 2015년도 기술영향평가, 미래창조과학부, 한국과학기술기획평가원.

(3) 10대 미래 유망기술

세계경제포럼은 2012년부터 매년 한 해 동안 가장 새롭게 떠오르는 기술 10개를 선정·발표하고 있다(세계경제포럼, 2016). 2016년 유망기술 평가 과정에서 협의회 회원들이 사용한 기준 중 하나는 변곡점을 맞이할 가능성이었다. 여기에는 자율주행자동차처럼 오래전에 개발이 진행되었으나 최근 들어 유의미한 영향력을 발휘하게 된 기술들

기술명		내용
나노센서와 나노 사물인터넷	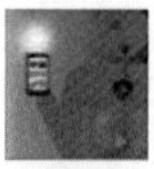	- 2020년까지 약 300억 개 기기가 연결될 것으로 예상 - 인체를 순환하거나 각 산업 재료, 기계 등에 내장하는 센서를 활용해 사물인터넷을 구현
차세대 전지		- 기존 전지 성능을 개선한 차세대 제품에 대한 기대감 고조 - 소듐, 알루미늄, 아연 등 최근 활발히 연구를 진행하고 있는 소재가 성능을 향상시킬 것으로 기대
블록체인		- 블록코인 등 가상화폐로 거래할 때 발생할 수 있는 해킹을 방지하는 기술 - 글로벌 기업과 정부 업무방식에 획기적인 변화 야기
평면(2D) 소재	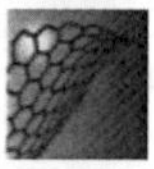	- 2차원 소재는 얇고 잘 휘면서 전기적 특성이 우수해 반도체, 디스플레이 등에 적용하려는 연구가 활발히 진행
무인(자율주행) 자동차		- 사회적 약자에게 큰 혜택을 제공하며 생활양식과 다양한 사회 변화를 유발
장기 칩		- 회로를 내재한 칩 위에 살아있는 장기를 구성하는 세포를 배양, 해당 장기 기능 특성뿐 아니라 역학적 생리적 세포반응을 모방하는 기술
페로브스카이트 태양전지		- 높은 효율과 낮은 재료비, 제조단가 등으로 기존 결정의 실리콘을 대체할 수 있는 미래의 태양전지로 각광
개방형 인공지능 생태계		- 4차 산업혁명을 주도할 핵심기술로 주목하며, 금융건강 등 다양한 분야에 파급되면서 이를 구현할 수 있는 생태계
광유전학	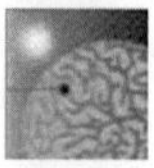	- 빛(Opto)과 유전학(Genetics)을 결합해 뇌 신경세포를 조절하는 기술
시스템대사공학	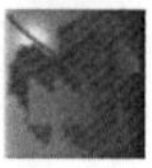	- 미생물의 체계적 시스템을 연구해 다양한 화학물질 연료 등을 친환경적으로 생산하는 기술

그림 7-7 세계경제포럼 선정 2016년 10대 미래 유망기술 세부내용
출처 : 세계경제포럼(2016), *Top 10 Emerging Technologies.* 생명공학정책연구센터(2016). 2016년 세계경제포럼 선정 10대 미래 유망기술에서 재인용.

표 7-6 주요 기술들과 변곡점 전망

주요 기술	변곡점	예상 연도
모든 사람이 이용 가능한 스토리지	90%의 사람들이 무제한 및 무료로 이용 가능한 스토리지(광고 기반)	2018
서비스 분야의 로봇	최초의 로봇 약사가 미국에 출현	2021
웨어러블 인터넷	10%의 사람들이 인터넷에 연결된 의복 착용	
사물인터넷	1조 개의 센서가 인터넷에 연결	2022
3D 프린팅과 제조업	최초의 3D 프린터 제작 차량 등장	
신체 이식형 기술	최초의 신체 이식형 핸드폰의 상용화	
디지털 프레즌스	80%의 사람들이 인터넷에 디지털 프레즌스 보유	
새로운 인터페이스로서의 시각	10%의 안경이 인터넷에 연결(구글 글래스 등)	2023
주머니 속의 수퍼컴퓨터	90%의 인구가 스마트폰 이용	
빅데이터를 활용한 의사결정	빅데이터를 활용해 인구센서스를 실시하는 최초의 정부 등장	
정부와 블록체인	블록체인을 통한 정부의 세금 징수 시작	
유비쿼터스 컴퓨팅	90%의 인구가 인터넷에 접속	
커넥티드 홈	50% 이상의 인터넷 트래픽이 가정용 전자용품과 기기에 집중	2024
3D 프린팅과 의료	최초의 3D 프린터 제조 간 이식(바이오프린팅)	
인공지능과 화이트칼라 직업들	기업 회계업무의 30%가 인공지능에 의해 시행	
공유경제	전 세계적으로 본인 소유의 차를 이용한 여행보다 차량 공유를 통한 여행이 많아질 것	2025
3D 프린팅과 소비재	5%의 소비재가 3D 프린터로 제작	
스마트 시티	5만 명 이상이 거주하는, 신호등이 없는 최초의 도시 탄생	
무인자동차	미국에서 운행 중인 자동차의 10%가 무인자동차인 시점	2026
인공지능과 의사결정	최초의 인공지능기기가 기업의 이사회에 출현	
비트코인 및 블록체인	GDP의 10%가 블록체인 기술로 저장	2027

출처 : 김희연(2016). **세계경제포럼(WEF)의 미래기술과 사회적 영향 분석 동향**, 정보통신방송정책.

이 포함되어 있는데, 각 기술은 먼 미래가 아닌 가까운 미래와 현재에 큰 영향력을 미칠 것으로 전망된다.

이보다 앞선 2015년 9월에 세계경제포럼은 주요 기술들의 변곡점과 경제적·사회적 영향을 정리한 보고서를 발표한 바 있다. 6대 메가트렌드에 기초하여 우리 사회에 영향을 미치게 될 주요 기술들의 변곡점을 전망했는데, 주요 내용은 표 7-6과 같다.

3) 경제적 동인

현재 세계경제는 금융위기 이후 여전히 답보 상태에 머물고 있는 것으로 보인다. 최근 세계경제가 완만한 회복세를 유지하고 있으나, 미국의 금리인상에 대한 우려와 신흥국 경기의 둔화 및 유가의 변동성 확대 등으로 하방위험도가 상존하고 있다고 분석된다(KDI, 2015[5]).

국제통화기금(IMF, 2015)에서 제시한 향후 5년 간의 단기적인 세계경제전망의 핵심사항을 정리하면 다음과 같다. 첫째, 주요 선진국 및 신흥국 시장의 잠재적 경제 성장은 최근 들어 둔화되고 있다. 선진 경제의 이러한 둔화 추세는 2000년 초부터 시작되었다. 둘째, 이전 위기와는 달리 글로벌 금융 위기는 선진국 및 신흥국 시장의 잠재적 생산 수준에서의 감소뿐만 아니라 성장률의 경우에도 지속적인 감소와 연관되었다. 셋째, 선진국 경제의 잠재적 성장은 현재보다 약간 증가할 것으로 보이나 중기적으로 금융위기 이전보다는 낮을 것이다. 주요 원인으로 인구 고령화와 위기로부터 회복 속도가 더딘 점을 들 수 있다. 넷째, 신흥 시장에서 인구 고령화, 투자 약화, 선진국과의 기술 격차가 단축됨에 따른 낮은 생산성 증가로 인해 중기적으로 잠재 성장은 좀 더 감소할 것으로 예상된다. 다섯째, 둔화된 잠재 성장 전망에 따라 재정 건전성 확보 같은 새로운 정책적 도전이 제기될 것이다. 따라서 잠재 성장을 높이기 위한 노력이 주요 선진국 및 신흥국 경제에서 정책 우선순위에 놓이게 될 것이다.

5　KDI(2015). KDI 경제전망, 2015 상반기.

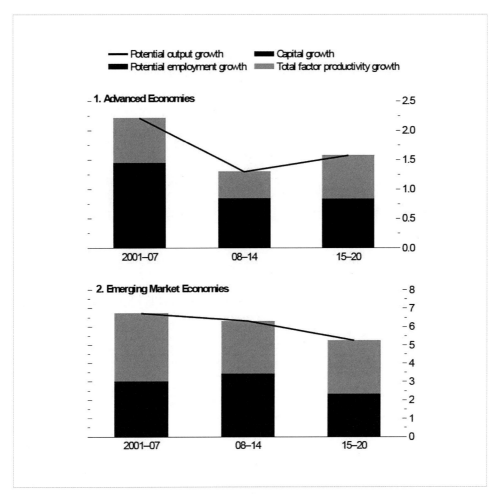

그림 7-8 잠재 성장 및 해당 요소의 변화 전망

출처: IMF(2015). 세계경제전망 : 불평등 성장: 단기 및 장기 요인. 워싱턴(5월).

한편 향후 50년의 시각에서 장기적으로 세계 경제를 전망한 연구 결과의 주요 내용을 살펴보면 다음과 같다(OECD, 2012).

첫째, 글로벌 GDP는 향후 50년 간 연당 3%가량 증가할 것으로 예상되나, 국가와 지역 간 편차가 클 것이다. 급격히 성장하는 신흥 국가가 장기 전망의 주요 동인이 될 것이다. 신흥국의 성장률은 궁극적으로 낮아질 것이고, OECD 지역에 전망된 수치로 수렴될 것이다. 둘째, 앞선 전망과 병행해서 경제의 상대적 규모는 향후 50년 간 급격하게 변화할 것이다. 중국과 인도의 GDP 합은 조만간 G7의 합을 넘어설 것이고, 2060년까지 현재 OECD 전체 회원국의 합을 초과할 것이다. 셋째, 글로벌 저축률은 2030년까지 상당히 안정적일 것이다. 중국 및 인도 같은 고 저축 국가의 비중이 부각됨으로써 주로 고령화에 의해 개별 국가들의 개인 저축률이 저하되고 있는 경향성을 상쇄시킬 것이다. 넷째, 저소득 국가 및 신흥국이 빠르게 성장함에도 불구하고 삶의 질의 국가 간 격차는 2060년에도 지속될 것이다. 극빈 국가의 개인 소득은 2060년까지 네 배 이상 증가할 것이고, 중국 및 인도는 7배 이상 증가할 것이지만, 이들 국가 및 몇몇 나머지 신흥 국가의 삶의 수준은 2060년에 선진국에 비해 여전히 4분의 1에서 60% 정도의 수준일 것이다. 다섯째, 좀 더 과감한 구조개혁 및 야심찬 재정 정책은 미온적 정책 개선 시나리오와 비교해 평균 16%까지 생활수준을 향상시킬 수 있을 것이다. 야심찬 시장 개혁은 생산성 향상을 통해 평균적으로 약 10% 정도 글로벌 GDP를 증가시킬 수 있다. 여섯째, 글로벌 경제 불균형은 2030년까지 확대될 수 있고 위기 이전 수준에 도달할 수 있지만, 심도 있고 신속한 구조적 재정개혁을 통해 같은 기간 4분의 1 수준까지 불균형

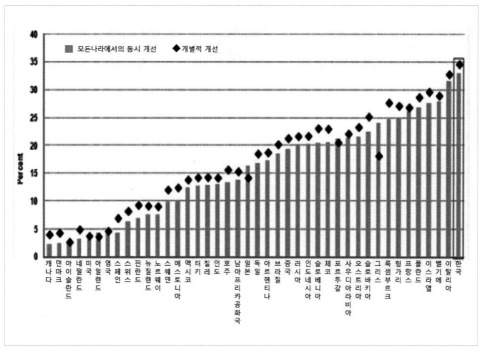

그림 7-9 기본 시나리오 대비 GDP 증가율
출처: OECD(2012). Looking to 2060: Long-term global growth prospects.

을 감소시킬 수 있을 것이다.

OECD는 적극적으로 구조개혁과 재정건전화를 이루기 위해 노력한다면 전체 조사대상 국가 중 우리나라 경제의 경우 33%의 가장 높은 개선 효과를 보일 것으로 전망했다.

이러한 개선 효과의 밑바탕에는 교육 획득을 통한 인적자본 축적이 강하게 작용한 것으로 판단된다. 우리나라의 경우 1970년 기준 성인의 평균적인 교육년수가 초등학교 졸업에도 미치지 못하는 약 5년 정도였던 반면에, 2010년에는 약 13.5년, 2060년에는 성인 인구 대부분이 대학을 졸업하는 수준으로 세계에서 가장 긴 교육년수를 보유할 것으로 전망된다.

우리나라의 경제 전망을 살펴보면, 2020년까지 향후 5년 간을 단기적으로 전망해 볼 때 3.5% 내외의 성장이 예상되고, 2017년 이후에는 1인당 GDP가 3만 달러를 넘어설 것으로 보인다.

표 7-7 한국경제 성장률 전망[6]

구분	2015	2016	2017	2018	2019	2020
GDP	1,474,494	1,525,507	1,581,478	1,639,780	1,700,215	1,762,813
변화율	3.3	3.5	3.7	3.7	3.7	3.7
1인당 GDP	28,338	29,683	31,581	33,753	36,169	38,880

출처: IMF(2015). *World Economic Outlook Database*, April 2015.

그러나 우리나라의 장기적인 경제 전망은 그리 밝지만은 않다. OECD는 우리나라의 경제성장률이 2030년까지 2.7%, 2030년부터 2060년까지 1.0%로 떨어질 것으로 전망했다(OECD, 2012). 2030년~2060년의 성장률 전망은 독일, 폴란드, 룩셈부르크와 같이 최하위권에 속하는 수준이다.

---

6   OECD(2012). Looking to 2060: A Global Vision of Long-Term Growth, *OECD Economic Department Policy Notes, 15*, November 2102.

한편 최근 들어 정보기술과 통신의 발달로 한계비용이 극단적으로 낮아지면서 기존의 자본 중심의 경제체제가 새롭게 재편될 것이라는 주장이 대두되고 있다. 2008년 금융위기 이후 한 번 생산된 제품을 여럿이 공유해 쓰는 협력적 소비의 공유경제(Sharing Economy)가 과거 대량생산 대량소비의 자본주의 경제와 대비되어 관심을 끌고 있다. 특히 우리나라는 과거 '품앗이'와 같은 관계주의 문화권 특유의 협력적 문화와 세계 최고 수준의 정보기술 및 통신망 기반을 보유하고 있어서 공유경제 추진에 유리한 텃밭을 보유한 것으로 판단된다.

공유경제는 한 번 생산된 제품을 여럿이 공유해 쓰는 협력적 소비를 기본으로 하는 경제 방식으로, 자신이 소유한 물품이나 무형자원을 다른 사람에게 빌려주거나, 필요한 만큼 빌려서 쓰는 사회경제적 모델을 말한다(권애라, 2013). 이러한 공유경제의 성장 배경은 최근의 소셜미디어(social media), 스마트폰 등 플랫폼 기반 서비스의 확장과 맞물려 있다. 정보기술과 통신의 결합이 일상화되고 사회연결망이 강화되면서 시장성이 없던 비전문가의 아이디어, 경험, 창작에 이르기까지 거래자원이 확대되고 있고, 사회·경제 문제의 수혜자로 시민 및 마을 단위의 시장에 참여를 촉진하면서 공유경제는 노인, 주부, 비취업자 등 기존 비경제활동인구층의 일자리 창출에 기여하고 있다(김점산, 지우석, 강상준, 2014).

시장전문조사기관 PWC에 따르면, 세계 공유경제는 2013년 기준 150억 달러에서 2025년 3,350억 달러까지 연평균 20% 정도 성장할 것으로 전망된다. 클라우드펀딩(63%), 온라인직원 중개(37%), P2P 숙박(31%), 자동차 공유(23%), 음악·비디오스트리밍(17%) 순으로 성장할 것으로 전망된다(정보통신기술진흥센터, 2014).

한편 일각에서는 이러한 공유경제가 완곡한 표현에 불과하고 좀 더 정확하게는 부스러기를 나누는 것에 지나지 않는다고 비판한다. 새로운 소프트웨어 기술에 의해, 거의 모든 직무는 필요한 때에 근로자에게 나누어 줄 수 있도록 분절적인 과업으로 구분되고, 임금은 특정 시점에서 특정 직무에 대한 수요에 의해 결정된다. 고객과 근로자는 온라인을 통해 짝 지워지고, 근로자는 품질과 신뢰도에 기초해 평가된다. 주된 이득은 소프트웨어를 개발하는 회사에 돌아가고 부스러기는 즉석(on-demand)의 근로자에게 돌아간다는 비판이 있다(Reich, 2015).

이러한 공유경제가 향후 우리나라에서 자리 잡고 지속 가능하게 발전하기 위해서는 서로 잘 모르는 사람끼리도 상호 신뢰할 수 있는 사회적 자본의 축적과 노동의 가치를 둘러싼 사회적 분배에 대한 합의가 선행되어야 할 것으로 판단된다.

4) 생태·환경적 동인

환경과 생태 영역은 인간을 포함한 모든 생물의 생존을 좌우하는 매우 중요한 영역이다. 인간의 진화는 환경에 대한 적응과 도전의 역사로 이해될 수 있다. 최근 들어 지구온난화로 기상이변과 자연재해가 빈번하게 발생하면서 근대 이후 지속되어 온 개발 중심의 시각에 기초해 자연을 정복의 대상으로 보는 관점에서 탈피하여 조화로운 상생의 관계로 설정하는 새로운 시각이 대두되고 있다.

최근 세계경제포럼에서는 '글로벌 위험 전망 2015'를 경제, 환경, 지리, 정치, 사회, 기술 분야에 걸쳐 발표했다. 여기에서 제시된 환경 영역의 글로벌 위기 요인으로, 극단적인 기상 사건(예를 들어, 홍수, 폭풍, 등), 기후변화 적응 실패, 거대한 생물 다양성 손실 및 에코시스템 붕괴(대지 또는 대양), 거대한 자연재해(예를 들어, 지진, 쓰나미, 화산 폭발), 인재 환경재해(예를 들어, 기름 누출, 방사능 오염 등)가 꼽혔다(WEF, 2015).

글로벌 위험 요인 중 환경 영역에서 가장 영향력이 크고 발생 가능성이 높은 요인으로 '기후변화 적응에 대한 실패'를 꼽고 있다.

최근에 '기후변화에 관한 정부 간 협의체'(Intergovernmental Panel on Climate Change : IPCC)는 전례 없는 기후변화가 관측되고 있고, 주요 원인은 인위적 온실가스 배출임을 확인하는 한편, 지금부터 수십 년 동안의 온실가스 배출량에 따라 기후변화 위험도가 결정된다고 발표했다(환경부, 2014).

IPCC의 5차 평가보고서에서 제시한 주요 의제는, 첫째, 관측된 기후변화와 원인, 둘째, 미래 기후변화의 위험 및 영향, 셋째, 적응과 완화 및 지속 가능한 개발을 위한 미래 경로(pathway), 넷째, 적응과 완화로 구성되어 있다(IPCC, 2014). 주요 의제에서 다루는 핵심적인 내용은 다음과 같다.

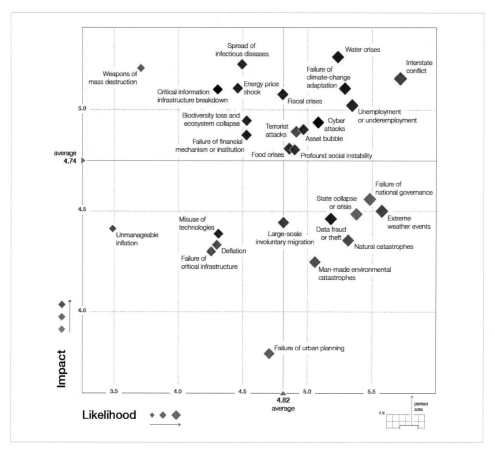

그림 7-10 글로벌 위험 전망 2015

출처: World Economic Forum. Global Risk 2015 10th Edition.

첫째, 관측된 기후변화 및 원인과 관련해서, 인간이 기후체계에 영향을 미치는 것은 명백한 사실이고, 최근의 온실가스의 인위적 방출은 역사상 최고 수준이다. 최근의 기후변화는 인간과 자연체계에 광범위하게 영향을 미치고 있다.

둘째, 미래 기후변화의 위험 및 영향과 관련해서, 온실가스의 계속된 배출은 가중된 온난화와 기후 체계의 모든 요소에서의 장기간의 변화 지속 및 사람 및 생태체계에 혹독하고 만연하며 되돌릴 수 없는 영향을 증가시킬 것이다. 기후변화를 제한하기 위해서는 실제적이고 지속 가능한 온실가스 방출의 감축이 요청된다. 이는 기후변화 위험을 제한시킬 수 있을 것이다.

셋째, 적응 및 완화는 기후변화의 위험 요인을 감소시키고 관리하기 위한 보완적 전략이다. 다가오는 몇 십 년 동안의 실제적인 배출 감소는 21세기 전후 기후 위험 요인을 감소시킬 수 있고, 효과적인 적응을 위한 가능성을 증가시키며, 비용 및 장기간의 완화에 따른 도전 요인을 감소키고, 지속 가능한 발전을 위한 기후-탄력적 경로에 기여할 것이다.

넷째, 많은 적응 및 완화 방안은 기후변화를 언급하는 데 도움이 되지만, 어떠한 단일 방안도 충분하지 않다. 효과적인 실행은 모든 수준의 정책 및 협력에 달려 있으며, 다른 사회 목표와 적응 및 완화를 연계하는 통합된 반응을 통해 고양될 수 있다.

이상에서 살펴본 바와 같이 향후 우리나라가 추진해야 할 기후변화와 관련된 환경정책 과제로는 Post-2020 감축 목표의 설정, 제2차 국가 기후변화 적응대책 수립, 기후변화 시나리오 개발, 기후변화 정책 지배력 강화 등을 들 수 있다(환경부, 2014). 이와 관련하여 정부는 급변하는 기후변화 환경에 대응하기 위해 「저탄소녹색성장 기본법」제48조 및 동법 시행령 제38조에 기후변화 적응대책 수립과 이행 근거를 마련했고, 13개 관계부처 합동으로 국가기후변화적응대책(2011~2015년)을 수립·시행하고 있다(홍지형 외, 2015).

국가 기후변화 적응대책은 직접적인 사업 수행이 필요한 건강, 농업, 물 관리, 재난·재해, 해양·수산, 산림·생태계와 같은 부문별 적응대책과 감시 예측, 산업·에너지, 교육협력·국제홍보와 같이 대책수립 지원을 위한 적응기반 대책으로 구성되어 있다.

앞에서 살펴보았듯이 지구 온난화를 방지하기 위해서는 이산화탄소 및 온실가스 배출 감축이 핵심이다. 우리나라의 온실가스 누적배출량은 108.4억tCO2으로 세계 19위, 2011년 배출량은 697.7MtCO2eq으로 세계 8위이며, 화석연료 연소기준 약 585.7MGtCO2으로 세계 7위이다. 이러한 현실을 고려할 때 기후변화에 대한 좀 더 적극적인 정책 대응이 요구된다.

이를 위해 우리나라 기후변화의 영향과 위험 예측의 정확성을 높이기 위한, 우리나라에 적합한 기후변화 시나리오를 개발해야 할 것이다. 기후변화 정책을 세울 때 적응과 감축의 상호 보완성을 통합적으로 추진하기 위한 구체적인 방안을 마련해야 할 것이다. 구체적으로 에너지 수요관리 및 토지 분야의 산림 조림·재조림·농경지 관리·유기토양 복원 등을 통한 감축수단에 대한 관심도 필요해 보인다.

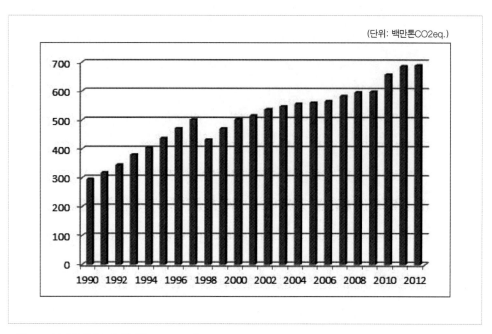

(단위: 백만톤CO2eq.)

그림 7-11 국가 온실가스 총배출량(1990-2012)
출처 : 온실가스종합정보센터(2014), 정책자료, 온실가스통계, 국가통계 재구성.

우리나라의 온실가스 배출량은 외환위기를 겪은 지난 1990년 이후로 2008년의 예외적인 감소 상황을 제외하고 꾸준히 증가하고 있다. 2012년 국가 온실가스 총배출량은 전년대비 0.4% 증가한 688.3백만톤CO2eq.이었는데, 주요 원인으로 유가상승, 목표관리제 최초 이행, 액화천연가스(LNG) 사용비중 증가에 따른 전력배출계수 개선 등을 들 수 있다(온실가스종합정보센터, 2014).

5) 정치적 동인

최근 들어 국가 간 상호 의존과 글로벌 주도세력 간에 틈이 벌어지고 있다. 이는 냉전체제 해빙 이후 미국 중심의 단일체제의 붕괴와 최근 경제 성장을 바탕으로 한 중국의 부상, 중동 및 구소련 지역의 복잡한 분쟁 양상을 반영하고 있다.

이제 국제 정세는 살얼음판을 걷는 것처럼 불안해지고 있으며, 특히 세계 강대국의

그림 7-12 향후 십년 조망: 중국의 이웃 국가
출처 : OECD Fragile State 2014 ; World Bank Fragile and Conflict Affected Situations List(FY 14) 재구성.

각축장인 한반도 평화와 통일의 길에는 험로가 예견된다. 그림 7-12에서 제시되었듯이, 동남 중국해를 중심으로 정치적 긴장이 고조되고 있고 북한은 불안정한 국가로 전망되고 있다.

산업혁명 이후 대략 두 세기에 걸쳐 온 유럽 및 미국에 의한 세계 지배는 끝나고 있고, 세계 문명의 발상지였던 아시아의 부상이 향후 21세기에 지속될 것이다. 아프리카와 라틴 아메리카에서의 대안 권력의 출현과 더불어 점진적으로 다극화 세계로 접어들고 있다. 세계화는 계속되겠지만 다양한 가치를 보유한 새로운 동인에 의해 견인될 것이다(ESPAS, 2015[7]). 중국, 인도 등 새로운 경제 주체들이 국제정치의 무대에서 발언권을 높여 가고 있다. 중국과 인도가 성장하면서, 아시아 인구 중 중산층의 비중이 증가할 것으로 전망된다.

---

7 European Strategy and Policy Analysis System(2015). *Global Trends to 2030: Can the EU meet the challenges ahead?*, EU.

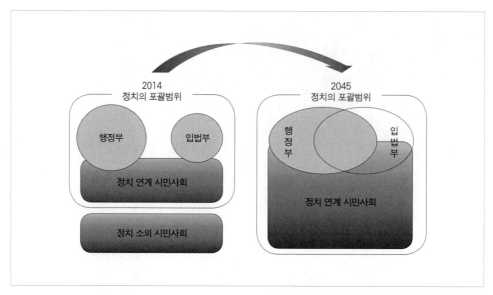

그림 7-13 한국 정치구조의 미래 전망 : 2014년과 2045년

출처 : 이광형 외(2015). **대한민국 국가미래전략, 정치 분야 미래전략**, KAIST 미래전략대학원, 미래전략연구센터.

우리나라를 둘러 싼 동북아 정세는 매우 불안정하다고 평가된다. 과거사 문제와 영토 갈등 및 미국의 동북아 전략에 의해 한-일, 한-중, 중-일 간 역학관계가 복잡하게 얽혀 분쟁 가능성이 높으며, 특히 북한 체제 역시 3대 세습에 의한 피로감 누적으로 깨지기 쉬운 상태로 분석되고 있다.

한편 우리나라의 정치 분야 상황을 살펴보면, 지난 1987년 민주화 항쟁 이후 절차적 민주주의는 어느 정도 자리를 잡아가고 있으나 성숙한 민주주의 체제로의 발전은 여전히 더딘 걸음을 보이고 있다.

통상 우리나라에서 민주주의의 출발점을 시민의 힘으로 군사독재에 항거한 1987년 민주화 항쟁 이후로 잡는다. 이후 약 30년이 흘렀지만 정치권은 여전히 권위주의의 구태를 벗지 못했다는 평가를 받고 있다. 또한 한국의 정치구조에서 행정부의 과도한 역할과 비중이 줄어드는 추세에 있지만, 여전히 시민사회에 기초한 입법부의 역할을 압도하고 있다(이광형 외, 2015).

현재의 우리 정치구조는 행정부가 입법부를 압도하고 있으며 정치에서 소외된 시민사회가 배제되어 있는데, 미래에는 행정부와 입법부가 시민사회로부터 부여받은 권

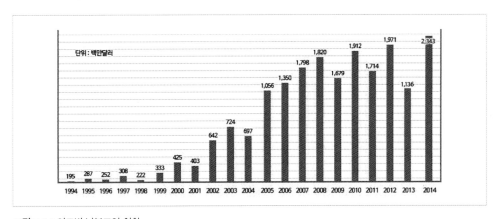

그림 7-14 연도별 남북교역 현황

출처 : 통일부 홈페이지. 통계자료. 2014년 말 현재 기준.

력을 균점하며 상호 건강한 긴장 관계를 형성하는 것이 바람직해 보인다.

　전 세계에서 유일한 분단국가로서 평화와 통일은 세계사적으로도 매우 중요한 의미를 갖고 있다. 그동안 통일의 밑거름이 될 수 있는 북한 정부와의 경제적 교류가 꾸준히 확대되었다. 민감한 정치적 돌발 사안에 의해 요동치긴 하지만, 2000년을 전후해서 급속하게 확대되고 있는 추세이다. 남북한 교류가 본격적으로 활성화되기 시작했던 김대중 정부 시절인 1999년에 3억3천3백만 달러에 불과하던 교역액은 여러 가지 장애 요인에도 2014년 현재 23억4천3백만 달러로 약 7배 정도 급성장한 것으로 나타났다.

　이러한 남북 교류의 확대와 평화와 화해를 위한 진지한 노력은 한반도 긴장 완화에 따른 군비 축소와 복지 재정 확보의 순기능을 담당할 것이다. 또한 장기적으로 미래 통일 한국의 남북한 간 격차 해소와 조기 경제·사회적 통합을 달성하는 데 기틀을 다지는 중요한 역할을 담당할 것으로 기대된다.

1) 유망직업의 기준

미인의 기준은 시대와 개인에 따라 달라진다. 유망직업 역시 사회상을 반영해서 변화하며 개인의 취향에 따라 달라지므로, 절대적인 기준은 없다. 그럼에도 통상 유망직업을 선정하는 주요 기준으로 소득이 높은 직업, 공급 대비 일자리 수요가 많아 취업이 용이한 직업을 고려한다. 또한 일과 삶의 균형에 대한 관심이 높아지면서, 근무 시간과 휴가, 육아 휴직 등과 같은 후생복지 관련 항목도 중요하게 부각되고 있다. 그리고 최근 들어 고용불안이 심화되면서 가장 중요한 기준으로 직업 안정성을 유망직업의 우선적인 기준으로 꼽고 있다. 1990년대 말 외환위기 이후 경제 발전 속도가 더디고 고용이 불안정해지면서 안정적인 일자리가 유망직업의 중요한 지표로 부각되고 있다. 이후 공무원과 공기업 및 공공기관의 취업 선호도가 급증해서 모 결혼업체 조사 결과 배우자 이상형 선호 직업 1순위로 꼽혔고, 비경제활동인구 중 취업시험 준비자 65만2천 명의 39.4%인 25만7천 명이 일반직 공무원 시험을 준비하는 것으로 나타났다(통계청, 2016).

연구자들 역시 유망직업을 선정하는 기준에 대해 자신이 중시하는 가치에 따라 다양하게 정의하고 있는데, 구체적인 내용을 살펴보면 다음과 같다. 한지영(2012)에 따르면, 유망직업은 미래에 직업의 가치를 판단해 줄 수 있는 중요한 정보를 담고 있는 것으로 객관적으로 판단할 필요가 있기 때문에, 수치로 나타낼 수 있는 임금과 고용 규모 및 성장률 등을 선정 기준으로 사용하고 이 외에 직업 또는 관련 산업의 발전 가능성, 직업 안정성, 전문성, 만족도, 사회적 위상 등도 고려할 수 있다.

한편 조경동(2006)은 유망직업의 개념을, 첫째, 보수가 높고 취업 기회가 큰 직종으로 보는 견해, 둘째, 시장에서 경쟁력 있는 상품을 생산하는 업종의 직업, 지식기반산업과 관련된 직종, 고부가가치 산업의 직종을 유망직업으로 보는 견해, 셋째, 향후 고용규모의 증가 정도, 매년 창출되는 신규고용의 규모 및 사회적 인식 등을 기준으로 하는 견

표 7-8 유망직업 선정 기준

연구자	임금(소득)	고용	기타
이정표, 권혁규(1999)	고소득 보장	취업 기회 직업 안정성	전문지식과 기술 활용 개인적 만족 충족
어수봉, 강순희(2000)		성장성 신규 고용규모	매력도
오은진 외(2006)	임금	고용규모	숙련 수요 직업의 사회적 위상
한상근 외(2006)	보상	고용전망 고용안정 고용평등	발전 가능성 근무여건 직업 전문성

자료: 한지영(2012). 이공계 인력의 미래 유망직업 연구동향: 한국·미국·호주의 직업전망을 중심으로, **공학교육연구**, 15(5), p. 144. 재정리

해, 넷째, 접근성, 일정 수준 이상의 임금, 고용이 얼마나 늘어날 수 있는가 하는 성장성 등을 기준으로 하는 견해, 다섯째, 성장률이 높은 직업, 소득이 높은 직업, 고용 창출능력 또는 총수요가 많은 직업을 일반적인 유망직업의 기준이라고 보는 견해 등 5가지로 포괄적으로 제시했다. 주요 연구자들의 유망직업의 선정기준을 요약해서 제시하면 표 7-8과 같다.

이상의 논의를 토대로 유망직업 선정 기준을 종합하면, 객관적 관점에서 임금 수준, 취업 용이성(구직자 대비 구인자 비율), 고용 성장성 등을 고려할 있고, 주관적 관점에서 고용 안정성, 후생복지 관점에서의 근무여건, 사회적 위상과 매력도를 반영한 전문성을 꼽을 수 있다.

2) 시대별 유망직업

앞에서 살펴보았듯이, 유망직업의 기준은 시대에 따라 변화한다. 동일한 직업임에도 불구하고 시대상을 반영하여 임금, 고용안정, 사회적 지위가 달라지고, 이에 연동하여 직업의 유망성 또는 선호도 역시 변화한다. 이처럼 시대에 따라 선호도가 오르락내리락한 대표적인 직업의 예로 이공계 연구원 또는 기술자를 들 수 있다. 정부의 과학기

표 7-9 시대별 신직업 및 관심 직업

시대	새로 등장한 직업	시대별 관심 직업
1950년대	택시운전사, 자동차조립원 등	군 장교, 공무원, 타이피스트, 영화배우, 전차기관사
1960년대	버스안내양(1961년), 컴퓨터프로그래머 등 컴퓨터 관련직, 라디오, 선풍기 등 전기제품조립원	섬유엔지니어, 가발기능공, 버스안내양, 택시운전사, 대기업사원(회사원), 은행원, 공무원, 교원, 비서(사무원), 디자이너, 아나운서, 기자 등
1970년대	지하철기관사 등(1974년)	대기업사원(무역 및 화학·기계공업 관련), 항공기 여승무원, 엔지니어, 은행원, 교원, 디자이너, 비서, 기자 등
1980년대	프로야구선수, 수질분석원(86직업사전 등장), 인공지능연구원, 컴퓨터그래픽디자이너, 정보검색원	대기업사원, 운동선수(프로야구 등), PD, 광고기획자, 카피라이터 등
1990년대	펀드매니저(1989년), 음악치료사, 반도체연구원 등 반도체 관련 직업, 유전공학연구원, 쇼핑호스트(1995), 체형관리사, 웹마스터, 웹디자이너,	쇼핑호스트, 웹마스터, 프로그래머, 펀드매니저, 애널리스트, 외환딜러, 선물거래사, M&A전문가, 경영컨설턴트
2000년대	고속철도 관련 연구원 및 정비원, KTX 승무원(2004년), BIM디자이너, 태양광 등 대체에너지전문가, 휴대폰디자이너, 생물정보연구원, 애완동물미용사, 웹툰작가(2004), 프로게이머, 두피모발관리사 등	사회복지사, 한의사, 생명공학연구원, 프로게이머, 웹툰작가, 애완동물미용사 등

자료: 김중진 외(2016). **직업세계변화(생성·소멸) 연구 최종보고서**, pp. 52~53, 한국고용정보원 재정리.

술 및 중공업 육성정책으로 1970년대 및 1980년대 이공계 연구원 또는 기술자는 선망의 직업이었지만, 1990년 말 외환위기 이후 기업 구조조정의 주요 희생양이 되었다. 이러한 과정을 겪은 후 우수한 이공계 인력이 과학기술 계통의 전공을 기피하고 의대와 약대로 몰리는 진로쏠림 현상이 심화되었다. 최근 들어 미국에서 과학·기술·공학·수학(STEM) 전공자의 노동시장 성과가 우수하다는 연구결과가 언론에 회자되면서 다시금 고교계열 선택 과정에서 이과가 선호되고 있어 새옹지마의 전형을 보여준다.

시대별로 새롭게 등장한 직업과 다양한 기준에 기초한 유망성을 토대로 관심을 받은 직업을 살펴보면 표 7-9와 같다.

1950~60년대에 각광받은 직업으로 전후 복구와 관련성이 높은 직업인 군 장교와 공무원, 교원이 포함되었고, 교통이 본격적으로 발달하면서 전차기관사, 택시운전사,

버스안내양이 선정된 것으로 보인다.

경제가 급격하게 발전하던 1970~80년대에는 대기업 사원, 엔지니어, 은행원 등이 선망받았고, 컬러 TV와 프로야구가 대중적으로 보급되면서 프로듀서(PD), 광고기획자, 카피라이터 등이 관심을 받기 시작했다.

한편 1990년대 들어 컴퓨터 보급이 활발해지면서 프로그래머, 웹마스터 등 컴퓨터 관련 직종에 대한 관심이 고조되었고, 금융업이 본격적으로 발전하면서 펀드매니저, 애널리스트, 외환딜러, 선물거래사 등이 인기를 모으기 시작했다.

2000년대 들어서 인터넷 보급이 일반화되면서 프로게이머와 웹툰작가에 대한 관심이 높아졌고, 의료 및 사회복지 수준의 전반적인 향상과 개인주의의 확산으로 사회복지사, 한의사, 생명공학연구원, 애완동물미용사 등으로 선망직업의 범위가 확대되었다고 볼 수 있다.

3) 미래 유망직업

2016년 다보스포럼에서 4차 산업혁명이 도래했다고 회자되고, 알파고가 신의 경지라고 하는 프로바둑기사 이세돌 9단을 이기면서 인공지능이 기존에 사람의 손발과 머리로 수행하던 일을 대체할 것이라는 사회적 공포가 확산되고 있다. 이러한 인공지능, 사물인터넷, 클라우드컴퓨팅, 빅데이터, 모바일(ICBM) 기술 등이 기반이 되는 지능정보기술은 온·오프라인에서 수집한 막대한 데이터를 통합·관리하고, 데이터를 분석해서 어떻게 행동할지 예측·판단하며, 판단 결과를 바탕으로 인간이 사물과 손쉽게 상호작용할 수 있도록 도와준다.

(1) 지능정보기술 기반 미래 직업

이러한 지능정보기술이 자율주행차, 로보틱스, 가상현실, 3D프린팅, 핀테크 등 미래 유망 분야에 적용되면 감지(Sensing), 활용, 사용자 인터페이스(UI) 분야에서 다양하게 새로운 직업이 등장할 수 있을 것으로 전망된다(조원영, 2016).

표 7-10 지능정보기술 기반 미래 유망직업

분야	직업 명	직무 개요
감지	스마트센서개발자	자율주행차, 로봇, 드론 등을 악천후나 심야에도 사용할 수 있도록 인식률 높은 고감도 센서(카메라, 라이다, 레이더 등) 개발
	비전인식전문가	자율주행차, 로봇 등이 도심이나 가정에서 수신호, 차선 등 각종 영상 데이터를 인식하고 의미를 해석하기 위한 알고리즘 개발
	사물·공간스캐너	사물을 스캔하여 3D 프린팅에 필요한 디지털 파일을 만들거나 현실공간을 스캔하여 가상공간(VR) 생성
활용	생성적 디자이너	제품의 강도, 유연성, 사이즈 등 성능 목표를 설정하면 스스로 디자인을 만들어내는 생성적 디자인(Generative Design) 소프트웨어를 이용해 사용자의 취향이나 사용 환경에 맞춘 전자제품, 자동차, 운동용품 등을 디자인
	P2P 대출전문가	대출희망자의 소득, 부동산, 금융거래실적 외에 SNS, 대출신청서의 문장 특성 등을 인공지능으로 분석해 신용도를 평가하고 대출심사 및 이자율 결정
	예측수리엔지니어	인공지능을 활용하여 이상 징후가 감지된 설비를 고장나기 전에 유지·보수해서 설비 가동률을 개선
인터페이스	오감제어 전문가	오감을 통해 가상현실을 경험하고, 가상공간 내 사물을 이질감 없이 조작할 수 있는 기술 개발
	로봇 트레이너	직관적인 방식을 이용해서 로봇에게 주어진 업무를 교육·훈련하는데, 예를 들어 로봇 팔을 붙잡고 필요한 동작을 시연하는 것만으로 작업을 훈련시킴
	인간·자동차 인터페이스 개발자	자율주행 모드에서 운행하던 자동차가 돌발상황에서 적시에 효과적으로 인간에게 경고를 하고 운전 권한을 넘기는 기술을 개발

자료: 조원영(2016). 지능정보사회, 새로 등장할 유망 직업은?, **미래이야기** 11월호, 미래창조과학부 재구성.

지능정보기술과 관련해 미래에 세 가지 분야에서 새로운 직업이 등장하는 이유에 대해서 살펴보면 다음과 같다. 첫째, 감지(Sensing) 관련 기술을 개발하고 활용하는 직업의 수요가 증가할 것이다. 자율주행차, 로봇, 드론 등이 올바로 동작하려면 인근의 사람, 지형지물, 교통신호와 같은 다양한 비정형 데이터를 수집해 주변상황을 정확히 감지해야 하기 때문이다.

둘째, 인간의 개입 없이 자율적으로 판단할 수 있는 지능화 관련 직업의 수요가 늘어날 것이다. 사물로부터 24시간 수집되어 쏟아지는 엄청난 양의 데이터를 사람이 일일이 실시간으로 분석하고 판단하는 것은 사실상 불가능하기 때문이다.

셋째, 동작이나 음성 등을 이용하여 정확하고 직관적으로 다양한 사물을 제어하는 사용자 인터페이스(UI) 분야에서 다양한 일자리가 생길 것이다. 스마트폰이 보급되면서 음성이나 화면 터치를 통해 기기를 조작하는 것이 일상화되었듯이, 앞으로 모든 사물이 연결되고 지능화되어 인간의 통제 영역에 놓이게 되면 인터페이스 분야의 혁신이 더욱 거세질 것으로 전망된다.

(2) 바이오기술 기반 미래 직업

바이오기술(BT) 분야 역시 인간의 생명에 대한 궁극적인 욕구를 고려할 때 미래가 밝은 영역으로 볼 수 있다. 2030세대 청년들이 참여하는 미래워크숍을 통해 바이오기술 분야에서 2030년에 출현 가능한 직업을 도출한 후, 한국생명과학연구원 연구원들에게 설문조사를 실시해 선정한 실현 가능성과 사회적 영향력이 높은 미래 직업은 그림 7-15와 같다(박가열 외, 2015). 이러한 바이오 분야 미래 직업들의 공통된 특징으로는 다양한 분야의 지식과 기술의 융합을 꼽을 수 있다.

이러한 바이오 분야에서 미래 출현 가능성이 높고 영향력이 높은 직업들을 주제별로 살펴보면 다음과 같다.

첫째, 음식과 관련하여 도출된 미래 직업인 '닥터쉐프'는 고객의 몸 상태에 따라 맞춤 음식과 의약품을 제공하는 전문가로, 체내 이식형 스마트 바이오센서, 바이오스탬프, 지능형 맞춤약 관련 기술을 필요로 한다. 또한 음식 코디네이터는 고객 개인 건강에 맞춤 음식을 제공해 주는 요리사로, 체내 이식형 스마트바이오센서, 의료빅데이터 기술이 요구된다.

둘째, 친구와 관련해 도출된 미래 직업인 '러닝메이트'는 현재에도 있는 직업으로, 고객과 함께 운동하며 관리해 주는 친구 같은 역할을 담당한다. 고도의 기술발전사회에서는 오히려 사람을 그리워하게 되어 함께 운동할 친구가 직업이 될 것으로 전망되었다.

셋째, 건강과 관련하여 도출된 미래 직업인 '헬스캐스터'는 체내 이식형 스마트 바이오센서를 통해 수집된 정보를 바이오스탬프 기술을 이용해 모니터링하는 과정에서 빅데이터를 수집, 분석하고 구체적인 솔루션을 제안하는 전문가로, 건강상태 알람 스탬프나 건강예측 프로그램을 개발할 것으로 예측된다.

그림 7-15 바이오 분야에서 실현 가능성과 사회적 영향력이 높은 직업 10가지
출처: 박가열 외(2015). 2030 **미래 직업세계 연구: 바이오기술을 중심으로**, 한국고용정보원.

넷째, 의료와 관련해 도출된 미래 직업인 수술용 '나노로봇 조종사'는 나노로봇을 이용하여 어렵고 힘든 수술을 집도하는 전문조종사로, 체내 이식형 스마트 바이오센서, 액체 생체검사, 생체모방나노로봇과 관련된 기술이 요구된다. 또한 지능형 환자 맞춤약 프로그래머는 의료빅데이터 기술을 이용한 맞춤약 개발자로, 지능형 환자 맞춤약 자판기, 맞춤약 3D 프린팅 기능이 있는 웨어러블 기기, 여행지별 예방약이 프린트되어 있는 티켓과 같은 제품을 개발할 것으로 기대된다. 스마트 VR 렌즈삽입 안과의사는 스마트폰을 대신하는 스마트VR 렌즈를 눈에 삽입하는 수술을 전문적으로 하는 안과의사로, 체내이식형 스마트 바이오센서, 인지·감각기능 증강용 가상현실과 같은 기술이 요구된다.

다섯째, 디자인과 관련해 도출된 미래 직업인 '헬스테크 디자이너'는 헬스케어 기술과 패션, 산업디자인을 아우르는 디자이너로, 의류형 헬스케어기기, 악세사리형 헬스케어기기, 타투형 헬스케어 시스템, 뇌파감지 안경과 이어폰 등의 신상품을 개발할 것으로 예상된다.

여섯째, 생활과 관련해 도출된 미래 직업인 '바이오센서 제작 수리 전문가'는 체내 이식형 스마트 바이오센서를 수리, 교체, 관리해 주는 전문가로, 몸속의 센서를 전문적으로 관리하고 수리하며, 교체 및 제거 시술을 담당할 것이다. 또한 '1인 가구 위기관리 시스템 전문가'는 의료빅데이터 기술과 체내 이식형 스마트 바이오센서를 활용한 1인 가구의 안전을 위한 위기관리시스템전문가로, 빅데이터, 체내이식형 스마트바이오센서와 관련된 기술이 요구된다.

이처럼 하루가 다르게 변화하고 발전하는 기술에 영향을 받는 직업세계의 현실을 고려할 때, 불투명한 미래의 유망 직업을 토대로 진로를 좁게 선택하는 것은 선무당이 사람 잡는 격으로 위험할 수 있다. 오히려 자신이 관심 있는 산업 및 직업 분야의 메가트렌드와 변화상을 살피고 필요한 기술을 습득하며 변화에 주도적으로 적응하는 능력을 키우도록 진로를 지도하는 것이 상대적으로 바람직하다.

참고문헌

권애라(2013). IT 비즈니스 발전에 따른 공유경제 성장전망 및 시사점. KDB산업은행 이슈분석.

김중진 외(2016). 직업세계변화(생성·소별) 연구 최종보고서, pp. 52~53, 한국고용정보원.

김희연(2016). 세계경제포럼(WEF)의 미래기술과 사회적 영향 분석 동향, 정보통신방송정책.

박가열, 김경훈, 서용석(2013). 미래의 직업 연구. 한국고용정보원 연구보고서.

박가열, 김동규, 박성원, 최윤희(2015), 2030 미래 직업세계 연구: 바이오기술을 중심으로, 한국고용정보원.

박가열, 강경균, 김동규, 박성원, 이랑, 황윤하(2016). 미래 직업세계 연구(II), 한국고용정보원.

박제성(2016). 플랫폼 노동 혹은 크라우드 워크, 국제노동브리프 글로벌 포커스, pp. 3~6, 한국노동연구원

생명공학정책연구센터(2016). 2016년 세계경제포럼 선정 10대 미래유망기술.

세계경제포럼(2016), *Top 10 Emerging Technologies*.

온실가스종합정보센터(2014). 정책자료, 온실가스통계, 국가통계.

이광형 외(2015). 미래이슈 분석보고서, 미래창조과학부 미래준비위원회.

이승민, 김정태, 정지형, 최민석, 하원규, 송근혜, 안춘모(2015). ECOsight 3.0: 미래기술 전망, Insight Report 2015-02, 한국전자통신연구원.

이재성, 김홍식(2010). 스마트워크 현황과 활성화 방안 연구, 한국지역정보화학회지, 13(4), pp. 75~96.

정보통신기술진흥센터(2014). 공유경제 동향 및 시사점, 주간기술동향, 정보통신기술진흥센터 산업분석 팀.

조경동(2006). 직업세계의 변화와 유망직업에 관한 고찰-한국과 미국을 중심으로, 여성가족부, 한국직업능력개발원.

조원영(2016). 지능정보사회, 새로 등장할 유망 직업은?, 미래이야기, 11월호, 미래창조과학부.

통계청, 경제활동인구조사(2014, 2015)

통계청, 인구총조사(1980, 1990, 2000, 2010)

통계청(2016). 경제활동인구조사 청년층 부가조사. 통계청.

한국개발연구원(2015). KDI 경제전망, 2015 상반기.

한지영(2012). 이공계 인력의 미래 유망직업 연구동향: 한국·미국·호주의 직업전망을 중심으로, 공학교육연구, 15(5), pp. 140~150.

홍지형 외(2015). 한국 기후변화 평가 보고서 2014-기후변화 영향 및 적응, 환경부 국립환경과학원.

환경부(2014). 기후변화, 지금부터 30년간의 온실가스 배출량이 결정한다. 보도자료.

황혜신 외(2009). 한국의 미래모습과 정책과제, 한국행정연구원 미래연구총서②, 제3권, 서울: 법문사.

European Strategy and Policy Analysis System(2015). *Global Trends to 2030: Can the EU meet the challenges ahead?*, EU.

Huws(2015), A review on the future of work: Online labour exchanges, or 'crowdsourcing': Implications for occupational safety and health. European Agency for Safety and Health at Work, https://osha.europa.eu

IMF(2015). 세계경제전망: 불평등 성장: 단기 및 장기 요인. 워싱턴(5월).

IMF(2015). *World Economic Outlook Database*, April 2015.

IPCC(2014). *Climate Change 2014 Synthesis Report Summary for Policy makers.*

OECD(2012). "Looking to 2060: A Global Vision of Long-Term Growth", *OECD Economic Department Policy Notes*, No. 15 November 2102.

Reich,(2015). The Share-the-Scraps Economy, 개인 블로그, http://roberteich.org/post/109894095095

UN(2014). 세계 인구 전망에 기초한 확률적 인구 전망, 2012년 개정판.

UN DESA, Population Division(2015). *World Population Prospects: The 2015 revision.*

World Economic Forum(2015). *Global Risks 2015* 10th Edition.

2부

직업세계와
직업정보의
지도

8장

직업정보 탐색 및 활용

박가열

바다를 항해하는 사람들에게 해도와 나침반 또는 최신의 지리정보시스템(GPS)이 필요하듯이, 급변하는 직업세계로 이행하는 청소년과 구직자에게 직업정보는 필수적이다. 이 장에서는 진로이행에 길잡이 역할을 하는 직업정보의 핵심적인 사항을 개략적으로 살펴보고, 이어서 대표적인 올바른 직업정보서와 국내외 직업정보 네트워크를 탐색한다. 끝으로 한국직업정보시스템을 활용해서 수업시간에 직업정보 탐색을 적용할 수 있는 방안을 예시한다.

1) 직업정보의 개념

자료(data)는 인간의 편익에 기여할 때 비로소 정보로서의 가치를 지닌다. 정보는 인간이 자신의 환경이나 자신으로부터 획득한 자료를 처리한 후 새롭게 구성한 지식이라고 볼 수 있다(Tricot, 2002). 이러한 정보의 구성 내용은 새로운 지식을 생산하기 위해 정보 수용자의 욕구나 흥미에 상응해야 한다.

직업정보는 직업적 기회나 직업 자체와 관련된 사실의 기술이나 설명은 물론이고 직업에 관한 분석, 직업활동에 필요한 자질과 훈련, 직업 전망 등과 같이 일의 세계와 관련된 광범한 사실을 기술·설명·예언하는 체계적이고 조직적인 자료이다(교육학용어사전). 이러한 직업정보에는 취업 기회, 고용 인원, 직업 전망, 임금 및 작업환경 같은 직장의 근무조건, 업무수행에 필요한 자격과 훈련 경험, 지식, 직업 능력, 직업 특성에 어울리는 성격, 흥미, 가치 등이 포함될 수 있다. 직업정보는 특정 기업체나 기관에 한정된 것이 아니라 체계적인 분석을 통해 모든 직종에 대한 정보로 구성된다.

호포크(Hoppock, 1976)는 일반적인 직업을 선택하는 데 유용하다는 것을 전제로 직업정보는 직위, 직무, 직업에 관한 모든 종류의 정보라고 정의할 수 있으며, 간략히 직업정보는 진로계획에 사용하는 직무에 관한 사실을 의미한다고 했다. 노리스(Norris, 1979)는 직업정보란 채용자격, 작업조건, 보상, 승진 등을 포함한 직위, 직무, 직업 등에 관한 유용하고 타당한 자료라고 정의했다. 그는 중등학교 수준에 포함되어야 할 직업정보로, 첫째, 직업세계에 대한 인식을 높일 수 있는 정보, 둘째, 교육과정과 직업세계 간의 관계를 이해시키는 정보, 셋째, 직무내용에 관한 정보수집 방법을 이해시키는 정보, 넷째, 직업계획의 의미를 이해시키는 정보, 다섯째, 직업세계가 항상 변화하고 있다는 점을 이해시키는 정보 등을 제시했다.

2) 직업정보의 중요성

직업정보를 제공받는 사람은 관심 직업의 업무, 요구되는 지식, 능력, 적합한 흥미, 성격, 가치 등 역량, 임금, 근무시간, 작업환경 등에 관한 구체적인 직업정보를 바탕으로 합리적인 진로선택을 추구한다. 이처럼 최신의 정확한 직업정보는 새롭게 노동시장으로 이행하려는 청년층과 전직을 통해 제2의 인생설계를 고민하는 중·장년에게 정보 비대칭에 따른 기회비용과 장기 실업을 예방하는 데 기여할 수 있다.

직업정보가 부족하면 많은 청소년이 자신의 미래에 대한 설계를 하는 데 어려움을 느끼게 되고, 개인적으로 불행해질 뿐만 아니라 국가적으로도 제한된 인적자원의 소모와 낭비가 생길 수 있다(금재호 외, 2001). 반면에 적절한 직업정보 제공은 개인적인 측면에서는 직업탐색 비용의 절감과 더불어 합리적인 직업선택을 통한 만족스러운 직업생활을 영위할 수 있도록 지원해 준다(박상철, 2008).

이처럼 직업정보는 자신에게 적합한 직업선택을 지원함으로써 만족스러운 직업생활을 통한 개인의 행복에 기여하며, 나아가 국가·사회적으로 인적자원의 효율적 개발 및 관리에 일익을 담당한다.

3) 직업정보 유형

직업정보의 유형은 개발 대상, 개발 방법, 전달매체 등 분류 기준에 따라 다양하게 구분할 수 있다.

(1) 개발 대상

직업정보를 개발할 때 초점을 어디에 두느냐에 따라 직무 중심 직업정보(job-oriented occupational information)와 작업자 중심 직업정보(worker-oriented occupational information)로 구분할 수 있다(박상철·김중진·이요행, 2008).

직무 중심 직업정보는 직무에서 수행하는 과업이나 활동, 작업조건이나 환경, 활용하는 장비나 재료, 임금, 승진체계 등에 관한 정보에 초점을 둔다. 일반적으로 직무 중심의 직업정보의 경우 직무분석가의 주관적인 관찰에 의해 직업정보를 수집하기 때문에 표준화된 정보를 개발하기가 어렵다. 대표적인 직무 중심의 직업정보로 『한국직업사전』을 들 수 있다.

한편 작업자 중심 직업정보는 직무를 수행하는 데 요구되거나 직무에 적합한 작업자의 특성적인 정보에 초점을 둔다. 즉, 특정 직업의 업무 수행을 위해 요구되는 작업자의 지식, 직능(skill), 능력, 경험, 자격조건, 교육훈련 경험과 그 업무에 적합한 성격, 흥미, 가치 등이 포함된다. 작업자 중심 직업정보는 작업자의 다양한 특성이 각 직무에서 어느 정도의 수준으로 요구되거나 적합한지를 분석하기 때문에 직무유형에 관계없이 표준화된 정보를 개발하기가 용이하다. 작업자 중심 직업정보를 개발하기 위해서 구조화된 설문을 통해 정보를 수집한다.

직업정보를 제공할 때 직무 중심이나 작업자 중심의 정보 어느 한쪽으로 치우칠 경우가 있는데, 각각의 정보가 한계를 지니고 있기 때문에 두 가지 유형의 직업정보를 종합적으로 제공하는 것이 바람직하다.

(2) 개발 방법

직업정보를 어떠한 방법으로 개발하고 직업정보의 성격을 어떻게 구분하느냐에 따라 정성적 직업정보와 정량적 직업정보로 구분할 수 있다. 먼저, 정성적 직업정보는 통상적으로 직무분석가의 주관적인 직무분석을 통해 개발되는데, 직무개요, 작업환경 및 작업조건, 요구되는 능력 등이 포함된다. 이러한 정성적 직업정보는 직업에 관한 깊이 있는 정보를 도출할 수 있다는 장점을 지니고 있으나, 시간과 비용이 많이 들고 직업세계의 급속한 변화를 반영하는 데 어려움이 있다.

다음으로, 정량적 직업정보는 대규모의 구조적인 설문조사를 통해 생산되는 통계정보로, 임금, 작업시간, 종사 인원 등이 포함된다. 이러한 정량적 직업정보는 빠른 시간 내에 표준화된 직업정보를 생산할 수 있다는 장점을 지니고 있으나, 직업에 관한 깊이 있고 흥미로운 정보를 수집하는 데 한계가 있다.

이처럼 정성적 직업정보와 정량적 직업정보는 각각의 장점과 더불어 한계를 지니기 때문에, 직업정보를 개발하거나 제공할 때에는 이 두가지 정보를 상호 보완적으로 활용하는 것이 바람직하다.

4) 직업정보가 갖추어야 할 조건

트리콧(Tricot, 2002)은 직업정보를 개선하기 위한 방안을 제시하면서, 직업정보는 무엇이고 좋은 직업정보가 갖추어야 할 구성요소와 기준은 무엇인지에 대해서 설명했다. 요약하면, 그는 직업정보 설계에 교육적으로 접근하고 직업정보 사용자를 실질적으로 교육해야 한다고 보았다. 그가 제시한 좋은 직업정보가 갖추어야 할 구체적인 사항에 대해 살펴보면 다음과 같다.

첫째, 사용자가 알고자 하는 것과 그들의 질문이 무엇인지를 정확히 확인할 수 있어야 한다. 이는 경험적으로 이루어져야 하고 정기적으로 갱신되어야 하며, 사용자의 다양한 범주를 구별해야 한다.

둘째, 사용자가 상담자와의 상담 기간뿐만 아니라 자료학습을 통해서 자신의 욕구를 확인하고 스스로 질문할 수 있도록 도와야 한다.

셋째, 배포된 교육보조재(materials)는 정확하고 최신이며 비차별적이라는 점을 보증해야 한다.

넷째, 문서는 풍부한 내용으로 설계되어야 한다. 이는 사용자의 다양한 언어 수준에 맞추어진, 다양한 형식(문자, 이미지, 애니메이션, 소리)을 적절하게 사용하는 것을 의미한다.

다섯째, 인턴십과 방문을 통한 직업세계와의 직접적이고 지도된 접촉(준비, 실행), 곧 직업체험을 촉진해야 한다.

여섯째, 유의미한 것이어야 한다. 즉, 사용자의 질문(또는 욕구)에 반응해야 하고, 문서를 설계할 때 역시 마찬가지이다. 사용자가 인식해 온 직업·진로 및 진학에 관한 오해와 사용자가 알고 있는 것과 알지 못하는 것, 안다고 생각하는 것이 무엇인지를 인식하도록 해야 한다.

일곱째, 유의미한 것으로 인식되는 것이어야 한다. 즉, 상담자 및 정보 원천(re-sources)에 대한 사용자의 신뢰를 구축해야 한다.

여덟째, 사용할 수 있도록 문서를 설계해야 한다. 접근할 수 있고, 쉽게 다룰 수 있으며, 독자를 조작된 오류나 막다른 길로 이끌지 않고, 만족감을 갖게 하고, 시간을 허비하지 않았다고 느끼게 해야 한다.

아홉째, 문서 및 서비스를 받아들일 수 있도록 설계해야 한다. 실행, 도구, 편리 및 그것이 사용되는 사회적 환경의 가치에 양립할 수 있어야 한다.

열째, 지역이나 국가 수준에서 정보 원천의 수집, 분류 및 타당성을 통합해야 한다.

한편 미국진로개발협회(National Career Development Association : NCDA)는 진로 및 직업정보 문헌 공급자와 수요자가 사용하기 위한 지침을 고안했다(NCDA, 2009). 사람들은 특정 직업 분야에 대해 진로와 직업 관련 문헌을 통해 노출되고 때때로 이것이 유일한 기회이기 때문에, 이러한 직업정보는 정확하고 종합적으로 사용자에게 전달되는 것이 매우 중요하다. 좋은 직업정보가 갖추어야 할 지침은 일반적인 것과 내용적인 것으로 구분된다.

진로 및 직업정보가 갖추어야 할 일반적 지침과 관련된 항목은 다음과 같다.

첫째, 출판 날짜가 분명하게 적시되어야 한다. 고용 전망 및 소득의 급속한 변화에 따라, 최신성과 정확성을 유지하기 위해서 적어도 3년 내지 4년에 한 번은 개정되어야 한다. 둘째, 판권에는 출판인, 컨설턴트, 후원자(sponsor) 및 통계자료 출처가 포함되어야 한다. 사진 및 원본 예술작품에는 사진작가·예술가의 이름, 사진 팀, 있다면 저작권 표식을 함께 게재해야 한다. 셋째, 정보는 정확하고, 자기-기여 편향, 성별 고정관념 또는 오래된 정보원에 의해 초래된 왜곡이 없어야 하며, 가능하면 5년 넘은 정보 원천은 피해야 한다. 넷째, 정보 형식과 관련해서, 정보는 명백하고 간결하며 흥미로운 방식으로 전달되어야 한다. 다섯째, 직업정보는 다양한 연령대 및 능력을 보유한 사람들에 의해 사용되므로, 정보 어휘가 목표 집단에 적절해야 한다. 여섯째, 정보 활용과 관련해서, 의도된 목적, 목표 고객 및 정보의 잠재적 활용이 교재 도입부에서 명백히 확인되어야 한다. 일곱째, 장애, 성별, 인종, 사회적 지위, 민족, 연령, 종교에 기인한 편향 및 고정관념을 제거하기 위해 모든 출판물에서 주의가 요구된다. 여덟째, 도표는 서술 정보의 가치를 높이기 위해 사용되어야 한다.

　직업정보의 내용을 다루는 항목의 지침에 관해 살펴보면 다음과 같다. 첫째, 직업정보 문헌에는 명백하고 흥미로운 방식으로 작업의 목적, 작업자의 활동, 작업 수행에 필요한 직능, 지식, 흥미, 능력, 직업에서 공통적으로 수행되는 전문성을 기술해야 한다. 둘째, 작업환경 및 조건의 묘사에는 신체적 및 정신적 활동과 작업환경에 관한 서술을 포함해야 한다. 셋째, 입직을 위해 요구되는 준비사항을 명백하게 언급해야 하는데, 성공적인 훈련생 또는 학생에게 요구되는 훈련기간 및 유형, 직능, 지식, 능력, 흥미를 제시해야 한다. 넷째, 특수 요건 또는 고려사항과 관련해서, 특정 직업에 입직하기 위해 요구되는 신체적

표 8-1 미국진로발달협회(NCDA) 직업정보 가이드라인_일반적 지침

구분	주요 내용
발간일과 개정	• 발간일 명시 여부 • 개정 주기(최소 3~4년) 명시 여부
판권	• 출판자, 컨설턴트, 후원자, 통계 원자료의 명시 여부 • 사진, 예술작품의 작가, 사진 장비, 저작권 등 명시 여부
정확성	• 개인적 목적으로 사용하지 않아야 함 • 성 역할이나 과거 원자료 등에 왜곡이 없어야 함 • 5년 이상 자료는 되도록 사용하지 않아야 함 • 자료는 정통한 직업단체나 직업연구를 통해 확보되고 검토되어야 함 • 임금이나 고용전망 자료는 최신성, 신뢰성, 종합성을 갖춘 연구에 기초해야 함
포맷	• 표현 방식의 명확성, 간결성, 흥미성 여부 • 표준화된 스타일과 형식인지의 여부
어휘	• 어휘는 목적 대상의 수준에 적합해야 함 • 전문용어, 기술용어, 은어는 사용하지 않으며, 필요할 경우 자세히 설명해야 함
정보의 사용	• 정보제공 목적, 대상, 예비 사용자 등 명시
차별과 고정관념	• 장애, 성, 인종, 사회적 지위, 민족, 나이, 종교 등과 관련된 차별과 고정관념 배제 • 편견이 없는 직무정보 제공 • 그래프를 사용한다면 직업 수준별로 기술하거나, 인종, 나이, 성별, 육체적 조건, 능력 등을 고려해 기술해야 함
시각자료	• 그림, 사진, 그래프, 표 등의 시각자료는 텍스트 정보의 가치를 높여야 함 • 그림은 최신의 것이어야 하며, 직업이나 관련 분야 종사자에 대한 내용이어야 함 • 성별, 인종, 나이, 육체적 능력 등을 고려한 균형 있는 정보 제공

출처 : 김중진(2012). **직업정보개발 가이드라인 연구**, 한국고용정보원 연구보고서; NCDA(2009), Guidelines for the Preparation and Evaluation of Career and Occupational information Literature 재정리.

표 8-2 미국진로발달협회(NCDA) 직업정보 가이드라인_내용 지침

구분	주요 내용
임무와 직업 특성	• 정보는 명확하고 흥미롭게 제공할 것 • 일의 목적, 작업자의 수행 활동, 일을 수행하는 데 요구되는 기술, 지식, 흥미, 능력 등과 세부 전문영역 제시 • 직업군을 기술할 경우 직업군의 전체 역할과 중요성, 세부 직업, 분야나 산업의 공통 기술, 지식, 흥미, 능력, 세부 직업 간의 비교 정보 등을 소개
작업환경과 조건	• 육체적, 정신적 활동과 작업환경 • 물리적 환경, 심리적 환경, 사회적 환경 • 작업시간, 이동시간 등 기타 작업 수행과 관련된 조건 • 작업환경과 조건의 장·단점 등을 균형 있고 종합적으로 제시 • 일 환경의 다양성과 유사성을 제시 • 고용과 관련된 지리적 특성 제시
준비 요건	• 입직 요구 조건, 훈련기간 및 훈련 유형 • 성공적인 학생 또는 훈련생이 갖추어야 할 직능, 지식, 능력, 흥미 • 훈련기간 동안 재정 지원 방법 • 준비 방법과 경험 • 직업 상향 이동에 관련된 준비 요건
특수 요건 및 고려사항	• 노조, 전문가단체에서 요구하는 면허, 자격, 구성원자격 등의 요건과 취득 절차 등 • 정직, 신뢰 등 특정 근로자의 바람직한 특성 • 사회, 심리학적 요인
입직 방법	• 다양한 입직 방법 • 교육을 대체할 수 있는 경험
임금 및 부가급여	• 초임, 평균임금, 범위별 임금, 지역별 임금 등 다양하게 제시 • 직업 및 직군별 부가급여
승진 가능성	• 전형적 승진 경로와 대안적인 승진 경로 • 승진할 때 필요한 기술, 능력, 지식 등 • 승진과 관련된 직무 변경의 기능, 훈련 가능성, 연공서열 여부
고용 전망	• 현실적인 단기 및 장기 전망 • 과거 고용 현황 • 고용 전망에 영향을 미치는 요인에 대한 설명
체험과 탐색 기회	• 파트타임, 하계 일자리, 인턴십, 도제, 산학협력프로그램, 봉사활동 등 일자리 기회 정보 • 관련 기관 및 단체, 활동 및 프로그램 정보
관련 직업	• 능력, 흥미, 작업환경 등과 같은 직업 특성이 유사한 직업 소개
부가정보처	• 협회, 단체, 관련 서적, 시청각 자료, 상담원 등 소개

출처 : 김중진(2012). **직업정보개발 가이드라인 연구**, 한국고용정보원 연구보고서; NCDA(2009), Guidelines for the Preparation and Evaluation of Career and Occupational information Literature 재정리.

요건을 포함해야 한다. 다섯째, 입직을 위해 선호되는 경로뿐만 아니라 전형적인 입직을 위한 다양한 수단을 제시해야 한다. 여섯째, 특정 직업의 초임 임금, 평균 소득 및 전형적인 소득 범위에 관한 현행 자료를 제공해야 한다. 일곱째, 통상적인 승진 가능성과 관련해서, 특정 직업 분야와 관련된 전형적이고 대안적인 승진 경로를 제공해야 한다.

여덟째, 특정 직업 분야의 고용 전망과 관련된 기술은 현실적이고 단기 및 장기 전망을 포함해야 한다. 아홉째, 직업 체험 및 탐색 기회와 관련해서, 직업정보에는 시간제 및 여름 휴가철 고용 기회, 인턴십, 도제 및 협력 워크 프로그램 기회, 자원봉사 기회가 열거되어야 한다. 열째, 적성, 흥미 유형 또는 고려 중인 직업의 업무 환경에 관한 요건이 유사한 직업들이 열거되어야 한다. 열한째, 전문 또는 무역 조직 및 협회, 특정 도서, 팸플릿, 전문잡지 또는 출판물, 시청각 자료 및 공공기관으로부터 가용한 문헌 같은 부가적인 정보의 원천을 참고해야 한다.

5) 직업정보를 활용할 때의 유의사항

진로교사 및 진로상담자는 수업시간이나 상담 장면에서 직업정보를 활용할 때 다음의 사항을 유의해야 한다.

첫째, 진로교사 및 진로상담자는 직업정보에 대해 종합적으로 이해하고 있어야 하고, 정보의 원천에 대해서도 사전에 숙지하고 있어야 한다.

둘째, 진로교사 및 진로상담자는 제공하는 직업정보의 가치와 한계에 대해서 정보 수용자가 올바로 판단할 수 있도록 이해하기 쉽게 안내해야 한다.

셋째, 진로교사 및 진로상담자는 직업정보의 정확성을 검증하고 해당 직업에 대한 흥미를 높이기 위한 방법을 고려해야 한다. 이를 위해 직업정보 수용자로 하여금 책자나 인터넷 검색을 통해 수집한 직업정보를 직업체험 시설이나 직업 현장 방문을 통해 확인하도록 이끌어야 한다.

넷째, 진로교사 및 진로상담자는 유사한 직업정보에 대해서 이해관계에서 벗어나 객관적으로 평가하고 정보 수용자의 입장에서 유용한 직업정보를 추천해야 한다.

2 | 주요 직업정보원 탐색 및 활용법

우리는 지금 지식정보의 시대를 넘어 초연결사회로의 이행을 경험하고 있다. 데이터가 무한히 확대되고 연결되는 정보의 홍수에서 정보의 가치를 바탕으로 옥석을 가리는 것은 유한한 자원인 시간을 효율적으로 사용하기 위한 불가피한 노력이다. 여기에서는 주요 직업 정보원으로 대표적인 직업정보서와 직업정보 네트워크 시스템을 소개한다. 최근 들어 정보 전달 방식이 책자에서 인터넷 네트워크로 무게 중심을 옮기고 있는데, 이러한 흐름을 반영해 직업정보서의 내용은 직업정보 네트워크 시스템을 통해 시간과 공간의 제약을 받지 않고 편리하게 검색할 수 있다.

1) 직업정보서

국내의 대표적인 직업정보서로 한국고용정보원이 정보를 수집해서 발간하는 『한국직업사전』과 『한국직업전망』, 한국직업능력개발원의 『미래의 직업세계』를 꼽을 수 있고, 미국의 대표적인 직업정보서로 『직업전망핸드북(Occupational Outlook Handbook : OOH)』을 참고할 수 있다.

(1) 『한국직업사전』

『한국직업사전』에 수록된 직업은 직무분석을 바탕으로 조사된 정보로, 수많은 일을 조직화된 방식으로 고찰하기 위해 유사한 직무를 기준으로 분류한 것이다. 여기에 수록된 정보는 전국 규모의 사업체에서 유사한 직무가 어떻게 수행되는지에 대한 포괄적인 조사·분석·연구의 결과이다. 『한국직업사전』에서 제공하는 직업정보는 ① 직업코드, ② 본 직업명칭, ③ 직무개요, ④ 수행직무, ⑤ 부가직업정보(정규교육, 숙련기간, 직무기능, 작업강도, 육체활동, 작업장소, 작업환경, 유사명칭, 관련 직업, 자격·면허, 한국표준산업

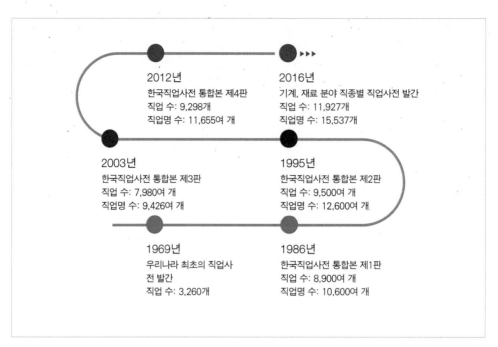

그림 8-1 『한국직업사전』으로 본 우리나라 직업 수의 변화

출처: 워크넷 홈페이지(http://www.work.go.kr/consltJobCarpa/srch/jobDic/jobDicIntro.do)

분류 코드, 한국표준직업분류 코드, 조사연도)의 크게 5가지 항목으로 구분된다.

『한국직업사전』에 수록된 우리나라 직업 수의 변화를 살펴보면, 최초로 발간된 1969년의 직업 수 3,260개에서 가장 최근에 발간된 2016년의 11,927개로 약 4배 정도 증가한 것으로 나타났다(그림 8-1 참조).

이러한 『한국직업사전』에 새롭게 등재된 직업을 통해 기술의 발달과 사회 수요의 변화를 파악하기 위한 단서를 얻을 수 있다. 따라서 이를 통해 학생이나 청소년이 직업세계의 변화를 이해하고 향후 등장할 직업에 대한 적응력을 키울 수 있도록 이끌어주어야 할 것이다.

(2) 『한국직업전망』

가장 최근에 발간된 『2017 한국직업전망』에는 우리나라를 대표하는 17개 분야 195개 직업에 대한 상세 정보가 수록되어 있는데, 진로와 직업을 탐색하고 결정하고자 하는 청소년 및 구직자에게 직업정보를 제공해서 돕고자 기획되었다(한국고용정보원,

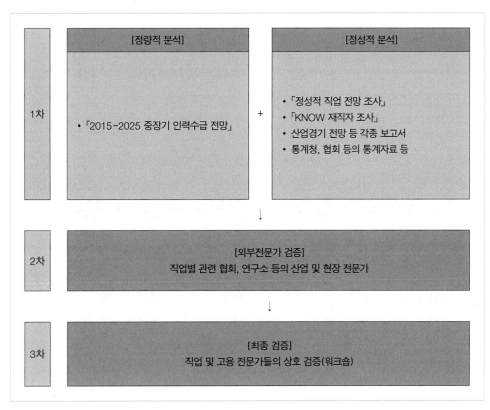

1차	[정량적 분석]	[정성적 분석]
	• 「2015~2025 중장기 인력수급 전망」	+	• 「정성적 직업 전망 조사」 • 「KNOW 재직자 조사」 • 산업경기 전망 등 각종 보고서 • 통계청, 협회 등의 통계자료 등

↓

2차	[외부전문가 검증] 직업별 관련 협회, 연구소 등의 산업 및 현장 전문가

↓

3차	[최종 검증] 직업 및 고용 전문가들의 상호 검증(워크숍)

그림 8-2 직업전망 결과 도출 과정
자료: 한국고용정보원(2017). 2017 **한국직업전망**, 한국고용정보원.

2017). 『2017 **한국직업전망**』은 하는 일, 근무환경 등 일반적인 직업정보 외에 향후 10년간(2015~2025년)의 고용전망과 그 원인을 제공함으로써 미래의 직업세계 변화에 대해 이용자들의 이해도를 높이도록 작성되었다.

한국직업전망서에 직업 단위를 수록할 때 한국고용직업분류(KECO)에 기초해 종사자 수가 일정 규모(3만 명) 이상이거나 청소년 및 일반 구직자로부터 높은 관심을 받는 직업 또는 직업정보를 제공할 가치가 있다고 판단되는 직업을 우선적으로 선정하는데, 한국고용직업분류의 세분류 직업 중 승진이나 경력 개발을 통해 진입하는 관리직은 제외하며, 직무가 유사한 직업은 소분류 단위로 통합한다. 예를 들어 한식·중식·일식·양식으로 나뉘는 주방장 및 조리사의 경우 '주방장 및 조리사'로 통합해 정보를 제공한다.

한국직업전망서를 발간하기 위해 한국고용정보원의 인력수급 전망에서 도출된 정량적 고용전망 결과를 기반으로 하되, 직업 전문가 및 재직자의 정성적 전망을 반영해서 최종적으로 종합적인 전망 결과를 도출한 것이 특징이다.

(3) 『2015 미래의 직업세계(해외 직업편)』

한국직업능력개발원이 발간한 『2015 미래의 직업세계』에는, 미래에 청년들이 우리나라뿐만 아니라 세계로 진출하여 활동할 것으로 예상되므로, 국내 직업뿐만 아니라 선진국의 직업에도 관심을 가져야 한다는 취지에서 미국, 영국, 일본, 캐나다, 호주 등 주요 선진국에 존재하는 50개의 직업이 소개되어 있다(한국직업능력개발원, 2015).

해외 직업을 선정한 기준은, 첫째, 우리나라에는 없지만 선진국에는 있는 유망한 직업, 둘째, 우리나라에 일부 직업인이 있다고 하더라도 선진국에서 유망한 직업, 셋째, 우리나라에는 없는 선진국의 흥미로운 직업, 넷째, 우리나라에 유사한 직업이 있지만

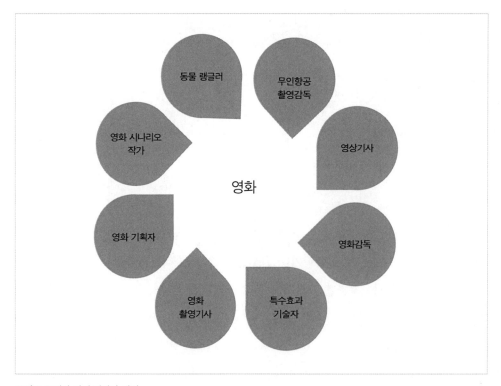

그림 8-3 영화 관련 직업의 세계
출처 : 한국직업능력개발원(2015). **2015 미래의 직업세계-해외 직업편**, 한국직업능력개발원.

선진국의 직업 실태를 이해하는 데 도움을 주는 직업이다.

청소년에게 선진국의 직업은 낯설 수 있기 때문에 다양한 직업을 소개하기 위해서 주제별로 '직업의 세계'라는 메뉴를 만들어 이해를 돕고 있다. 예를 들어 동물랭글러라는 직업을 본격적으로 소개하기 전에 먼저 '영화 관련 직업의 세계'를 통해 영화를 만드는 다양한 직업인에 관한 정보를 제시하고 있다.

이 직업정보서는 ① 출현 배경, ② 하는 일, ③ 해외 현황, ④ 준비방법, ⑤ 흥미 및 적성, ⑥ 국내 현황 및 전망, ⑦ 관련 단체 및 기관 등에 관한 정보를 제공하고 있다. 구체적인 구성항목과 기술된 내용은 표 8-3과 같다.

표 8-3 2015 미래의 직업세계(해외 직업편) 구성 항목 및 내용

구성 항목	내용
출현 배경	해외 직업이 그 나라에서 생성하게 된 경제적, 사회적, 기술적 이유
하는 일	해당 직업의 직업인이 현장에서 실제로 수행하는 일
해외 현황	주요 선진국에서 해당 직업인의 실태, 종사자 수나 보수 등
준비방법	해당 직업인이 되기 위해서 공부해야 하는 교육이나 훈련 내용, 해당 직업인이 되기 위해서 취득해야 하는 자격증 등
흥미 및 적성	해당 직업인이 되기 위해 필요한 인성이나 자질, 성격, 해당 직업을 잘 수행하는 데 필요한 능력 등
국내 현황 및 전망	해당 직업이 국내에 도입이 되었는지의 여부 또는 해당 직업과 유사한 우리나라의 직업 실태 등에 관한 정보, 향후 해당 직업의 국내에서의 일자리 전망
관련 단체 및 기관	해당 직업에 관한 정보를 더 상세히 알기 위해서 접근 가능한 단체나 기관의 홈페이지 정보

출처: 한국직업능력개발원(2015). 2015 **미래의 직업세계-해외 직업편**, 한국직업능력개발원.

2) 직업정보 네트워크 시스템

(1) 한국직업정보시스템(워크넷 직업 · 진로)

한국고용정보원이 운영하고 있는 한국직업정보시스템(Korea Network for Occupations and Workers : KNOW)은 청소년과 성인의 진로 및 경력 설계, 진로상담, 구인 · 구

직 등에 도움을 주기 위해 2002년 미국의 O*NET을 벤치마킹해서 개발되었다. 한국직업정보시스템은 직업정보뿐만 아니라 학과정보, 직업탐방, 커리어상담 등을 제공하는 진로개발을 위한 종합적인 직업정보네트워크를 목표로 구축되었다(박가열, 2002). 이후 고용서비스의 원스톱 서비스를 제공하기 위해 취업정보 중심의 워크넷으로 통합되었고, 직업 및 진로선택을 위한 첫 단계인 직업심리검사와 연계해 직업정보 서비스를 제공하고 있다(그림 8-4 참조).

그림 8-4 한국직업정보시스템(워크넷 직업·진로) 초기 화면
출처: 워크넷 직업진로 홈페이지(www.work.go.kr/jobMain.do), 2017.01.16. 열람.

한국직업정보시스템에서 제공하는 직업정보는 직업 및 진로선택 과정을 고려하여 직업심리검사, 학과정보와 연계되어 있다. 직업심리검사를 통해 추천된 수검자에게 적합한 직업에 관한 정보를 직업정보에서 탐색할 수 있다. 원활한 직업세계로의 이행을 위해서는 선행적으로 학과와 전공 선택을 통해 해당 직업에서 요구되는 지식과 능력을 갈고 닦아야 한다. 한국직업정보시스템은 이러한 직업 진로선택 과정을 고려해서 직업심리검사, 직업정보, 학과정보를 연계할 수 있도록 통합적으로 구축되었다. 또한 생생한 직업정보를 전달하기 위해 인터뷰 형식의 '워크넷이 만난 사람들'을 통해 직업정보에 관한 현장감을 불어넣었고, '미래를 함께 할 새로운 직업'에서 미래 지향적인 직업정보를 제공하고 있다.

구체적인 내용은 뒤에 나오는 '한국직업정보시스템을 활용한 수업장면 직업정보 탐색 방안'에서 자세히 살펴본다.

(2) 커리어넷의 직업정보

한국직업능력개발원이 운영하고 있는 커리어넷은 시간과 공간의 제약을 넘어 개인의 삶의 질 향상과 국가의 경쟁력 강화의 중요한 연결고리인 국민의 진로개발을 지원하기 위한 채널을 지향한다. 커리어넷에서는 직업·학과정보 이외에도 학생들 스스로 자신의 미래를 위한 진로, 학습, 활동 경험을 기록하고 매일의 목표를 성취해 나갈 수 있도록 도와주는 '커리어플래너', 자유학기 및 진로체험을 활성화하기 위한 '꿈트리', 직업적성, 흥미, 가치관, 성숙도 검사를 통해 진로 의사결정에 유용한 정보를 제공하는 '진로심리검사', 2,500여 개의 다양한 영상자료를 통해 진로에 대한 고민과 궁금증을 풀어 주는 '진로동영상', 진로교육에 대한 이해를 높이고 진로지도 활동에 활용할 수 있는 '진로 교육자료', '학생·학부모 진로상담' 등에 관한 정보를 제공한다.

커리어넷의 '직업·학과정보'에서는 500여 개의 다양한 직업정보와 직업과 진로 이행 과정에 영향을 미치는 학과정보를 핵심어로 검색할 수 있다. 또한 '주니어 직업사전'에서는 초등학생과 중학생이 관심을 가질 것으로 예상되는 직업에 대한 정보를 제공한다. 한편 '열린진로정보잼'은 학생, 학부모, 직업 종사자, 대학 종사자, 전문가 등 국민 누구나 참여해 최신 직업·학과정보 콘텐츠를 함께 만들고 공유할 수 있는 참여 기반 네트워크형 직업정보 서비스로 볼 수 있다. 이 외에도 사회 각 분야에서 주도적인 역할을 하고 있는 직업인을 인터뷰한 '직업인 인터뷰'와 '학과 인터뷰', '해외 신직업' 등을 제공한다.

커리어넷에서 '직업정보'는 직업 분류, 조건별 검색, 적성 유형별 탐색의 3가지 방법을 통해 탐색할 수 있다. 여기에서 직업 분류는 한국고용직업분류(KECO)에 기초해서 군인을 포함해 24개 중·대분류로 구분되어 있고, 조건별 검색에서는 평균 연봉, 일자리 전망, 발전 가능성, 고용 평등의 4가지 선택 사항이 활용된다. 또한 적성 유형별 탐색에서는 신체운동, 손 재능, 공간지각, 음악, 창의, 언어, 수리논리, 자기성찰, 대인, 자

그림 8-5 커리어넷 초기화면
출처: 커리어넷 홈페이지(www.careernet.go.kr)

그림 8-6 커리어넷 직업·학과정보 화면
출처: 커리어넷 홈페이지(http://www.career.go.kr/cnet/front/base/base/jobMain.do)

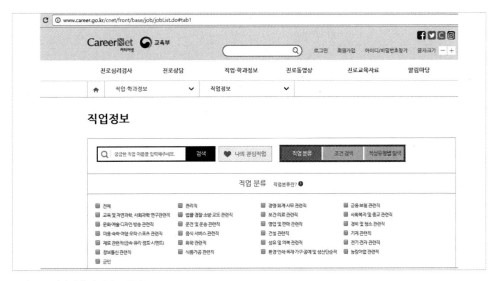

그림 8-7 커리어넷 직업정보 화면

출처: 커리어넷 홈페이지(http://www.career.go.kr/cnet/front/base/job/jobList.do#tab1)

그림 8-8 커리어넷 '열린진로정보잼' 화면

출처: 커리어넷 '열린진로정보잼' 페이지(http://www.career.go.kr/jam/ja/main.do) 2017.01.16. 열람

연친화, 예술시각능력의 10가지 적성 요인에 기초해 해당 적성 요인이 요구되는 직업을 추천한다.

한편 커리어넷에서는 '열린진로정보잼'을 통해 학생, 학부모, 직업 종사자, 대학 종사자, 전문가 등 국민 누구나 참여해 최신 직업·학과정보 콘텐츠를 함께 만들고 공유할 수 있는 개방형 진로정보 서비스를 제공하고 있다.

이러한 '열린진로정보잼'의 주요 콘텐츠는 직업 및 학과를 소개하는 열린직업잼, 열린학과잼, 학교별 학과를 소개하는 우학소(우리 학과를 소개합니다)로 구성되어 있다.

(3) 미국의 O*NET[1]

세계화가 진행되면서 최근의 청년 세대는 국내뿐만 아니라 해외의 직업에 대해서도 관심을 높이고 있다. 이러한 시대적 흐름을 고려해 국제적으로 인정받는 대표적인 직업정보 원천인 미국의 직업정보 네트워크 O*NET에 대해서 살펴보고자 한다.

O*NET 프로그램은 미국 직업정보의 최우선적인 정보의 원천으로, 수백 개의 표준화된 직업-특수적인 기술인(descriptors)에 관한 정보를 포함하는 데이터베이스 구축이 프로젝트의 중심을 이룬다. 대중이 무료로 이용할 수 있는 데이터베이스는 각 직업에 종사하는 광범위한 작업자에게 설문조사함으로써 지속적으로 갱신된다. 이러한 직업 데이터베이스는 진로를 탐색하거나 경력 전환을 모색하는 작업자 및 학생에게 가치 있는 평가 도구인 '진로탐색 도구(Career Exploration Tools)'의 기초가 된다.

이러한 O*NET은 지속적으로 갱신되는 직업정보 및 노동시장 연구를 위한 독특하고 강력한 원천이다. 최근에 양방향 직업능력 기반(skills-based) 데이터베이스와 작업자의 직업능력 및 특성을 서술하기 위한 공통 용어를 사용함으로써, 산더미처럼 쌓인 자료가 누구나 쉽고 효율적으로 이해할 수 있는 똑똑한 직업정보로 탈바꿈되고 있다.

O*NET OnLine은 일반 대중이 직업정보를 제공하는 O*NET 데이터베이스에 폭넓게 접근할 수 있도록 개발되었다. O*NET OnLine에서 다양한 검색 선택사항(op-

---

1 O*NET OnLine(https://www.onetonline.org/help/online/),
   O*NET Resource Center((http://www.onetcenter.org/overview.html),
   MY NEXT MOVE(http://www.mynextmove.org/help/about/)의 주요 내용을 재구성했다.

그림 8-9 O*NET OnLine 초기화면
출처: O*NET 홈페이지(https://www.onetonline.org/)

tions)과 직업정보를 제공하는 반면, My Next Move는 학생과 구직자를 위한 간이판으로 볼 수 있다. 이 두 가지 직업정보 네트워크 모두 미국 노동부의 요청으로 O*NET 개발센터에 의해 개발되었다.

O*NET OnLine에서 기본적인 직업 검색을 하기 위해서는 핵심어와 미국 표준 직업분류 코드(SOC Code)를 활용한다. 직업 전망, 진로 유사군(Career Cluster), 친환경 경제 분야, 산업, 직군, 직무 존(Job Zone), 과학·기술·공학·수학(STEM) 학과와 같은 선택사항을 활용해서 검색을 정교하게 할 수 있다. 또한 능력, 흥미, 지식, 직업능력(Skills), 작업 활동(Work Activities) 등을 활용해서 고급 검색을 할 수 있다.

My Next Move는 구직자와 학생이 자신의 진로 선택사항에 관해 학습할 수 있도록 돕는 양방향 도구로, 900개 이상의 다양한 직업에 관한 과업, 직업능력, 임금 정보를 제공한다. 사용자는 핵심어 검색을 통해 기본적으로 직업을 탐색할 수 있다. 나아가 다양한 유형의 작업자가 종사하는 산업, 개인의 흥미에 기초해 맞춤형 직업을 추천하는 도구인 O*NET 직업 흥미 프로파일러(Profiler) 및 작업 경험 수준을 탐색함으로써 고급 검색을 할 수 있다.

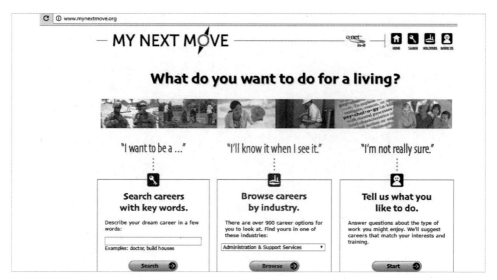

그림 8-10 MY NEXT MOVE 초기화면

출처: MY NEXT MOVE 홈페이지(http://www.mynextmove.org/)

워크넷 직업진로에 통합된 한국직업정보시스템을 활용해서 수업장면에서 직업정보를 탐색하기 위해서는 사전단계, 본 단계 및 사후 단계의 3단계 접근방법을 고려할 수 있다.

1) 직업정보 탐색 사전단계

학생들이 제한된 수업시간에 관심 있는 직업정보를 탐색하기 위해서는 사전에 어떤 직업을 탐색할지를 결정해야 한다. 탐색 희망 직업을 선정하기 위한 일반적인 방법으로 청소년 직업심리검사를 활용할 수 있다. 학생들이 워크넷에서 무료로 제공하는 청소년 직업흥미검사와 청소년 직업적성검사(중학생용, 고등학생용)를 사전에 실시하도록 한 후, 직업정보 탐색을 위한 수업시간에 직업심리검사 결과표를 가져오도록 안내한다.

표 8-4 워크넷 청소년용 직업심리검사 개요

구분	제작년도	소요시간	측정내용	검사방법
청소년 직업흥미검사	2009년 개정	40분	홀랜드(Holland)의 6가지 일반흥미 분야, 13개 기초흥미 분야	인터넷/ 지필
청소년 적성검사 (중학생용)	2006년	70분	8가지 적성 요인 (언어력, 수리력 등)	
청소년 적성검사 (고등학생용)	2003년	80분	10가지 적성 요인 (언어력, 수리력 등)	

출처: 워크넷 홈페이지(http://www.work.go.kr/consltJobCarpa/jobPsyExam/jobPsyExamIntro.do)

2) 직업정보 탐색 본 단계

(1) 탐색 직업 선택

사전단계에서 실시한 청소년 직업심리검사 결과를 바탕으로 추천된 직업 중 자신이 관심 있는 직업을 선택하도록 안내한다. 여러 가지 직업 대안 중 학생들이 자신에게 적합한 직업을 합리적으로 결정하기 위해서, 임금, 본인의 가치관 부합도, 사회적 평판, 해당 직업 관련 지식, 능력 등의 보유 역량 정도 등 몇 가지 비교 항목을 바탕으로 적합한 직업을 선택할 수 있도록 안내한다.

(2) 직업정보 탐색

후보 직업 중에서 선택된 직업에 관한 정보를 탐색하기 위해 직업명을 입력한다. 예를 들어 '환경공학기술자'가 직업정보 탐색 후보 직업으로 결정되었다면, 그림 8-11과 같이 입력한 후 실행한다.

그림 8-11 한국직업정보시스템(워크넷 직업·진로) 초기 화면

출처: 한국직업정보시스템 초기 페이지(http://www.work.go.kr/jobMain.do), 2017.01.16. 열람.

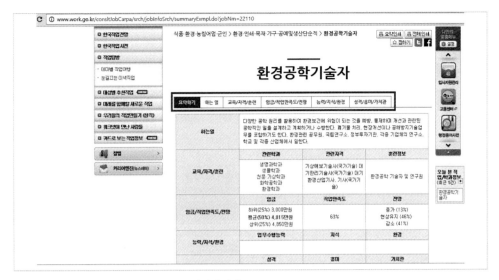

그림 8-12 한국직업정보시스템 환경공학기술자 검색 결과
출처: 워크넷 홈페이지(http://www.work.go.kr/consltJobCarpa/srch/jobInfoSrch/summaryExmpl.do?jobNm=22110)

환경공학기술자를 검색한 결과는 다음과 같다. 요약보기를 통해 하는 일, 교육·자격·훈련, 임금·직업만족도·전망, 능력·지식·환경, 성격·흥미·가치관 등의 정보가 개략적으로 제시된다. 요약하기 옆의 각각의 메뉴를 선택하면 해당 직업정보의 상세 내용을 확인할 수 있도록 연결된다. 학생들의 자기주도적인 탐색을 위해 활동지를 배부한 후 관심 직업에 관한 직업정보를 요약 정리하도록 안내한다(〈부록〉참조).

3) 직업정보 탐색 사후단계

관심 있는 직업정보를 탐색한 이후 해당 직업에 종사하는 현직자에 대한 인터뷰나 직업체험을 통해, 직업정보 탐색으로 고무된 학생들의 진로개발과 관련된 효능감을 지속적으로 발전시키기 위한 관심과 노력이 요구된다. 직접적인 직업인 방문이나 직업체험이 어려울 경우, 관련 직업에 관한 양질의 영화 감상이나 소설책 읽기도 대안으로 추천할 수 있다.

부록

내가 관심 있는 [   ] 직업정보

구분	내용
하는 일	
교육수준	
보유자격	
훈련과정	
임금	
직업 전망	
요구능력	
관련 지식	
업무환경	
적합 성격/흥미	
가치관	
일자리 현황	
관련 직업	

참고문헌

교육학용어사전, 서울대학교 교육연구소, 1995. 6. 29., 하우동설

금재호 외(2001). 외국의 직업정보시스템-미국과 캐나다를 중심으로. 한국노동연구원.

김중진(2012). 직업정보개발 가이드라인 연구, 한국고용정보원 연구보고서.

박가열(2002). 한국직업정보시스템(KNOW) 개발 중간보고서, 한국산업인력공단 중앙고용정보원.

박상철(2008). 직업선택 의사결정 단계에서의 직업정보 활용, e-고용이슈, 제2008-14호, 한국고용정보
원.

박상철, 김중진, 이요행(2008). 해외 직업연구 및 직업정보 개발 동향, 한국고용정보원.

한국고용정보원(2015). 2017 한국직업전망, 한국고용정보원.

한국직업능력개발원(2015). 2017 미래의 직업세계-해외 직업편, 한국직업능력개발원.

Hoppock, R.(1976). *Occupational Information*. Forth edition. New York; McGraw Hall Book
Company.

NCDA(2009), Guidelines for the Preparation and Evaluation of Career and Occupational infor-
mation Literature. http://www.ncda.org/aws/NCDA/asset_manager/get_file/3399

Norris. W.(1979). *The Career Information Service*, Chicago; Rand McNally.

Tricot, A.(2002). *IMPROVING OCCUPATIONAL INFORMATION*, OECD.

http://www.career.go.kr/cnet/front/base/base/jobMain.do

http://www.mynextmove.org/help/about/

http://www.ncda.org/aws/NCDA/asset_manager/get_file/3399

https://www.onetonline.org/help/online/

http://www.onetcenter.org/overview.html

http://www.work.go.kr/consltJobCarpa/srch/jobDic/jobDicIntro.do

9장

창업·창직 정보 탐색 및 활용

장현진

이 장은 청소년 및 청년에게 취업을 통해 일반적인 노동자로 살아가는 경로 외에도 또 다른 진로경로를 안내하고, 국가 일자리 창출 측면에서 창업·창직의 길을 소개하는 데 초점을 두고 있다. 창업·창직 정보 탐색과 활용 지도는 초·중등학교 학생들의 경우 기업가 정신 교육과 창업·창직에 대한 경로 안내, 창업·창직 마인드 형성에 초점을 둔다. 학교를 졸업하고 직업세계로의 이행을 준비하는 고등학생이나 대학생의 경우에는 기업가 정신 교육뿐만 아니라 창업·창직에 대한 좀 더 구체적이고 실제적인 교육과 지원까지도 고려할 필요가 있다. 이 장의 초반부에는 진로교육에서 기업가 정신 및 창업·창직 교육이 왜 필요하고 왜 중요한가에 대해 살펴보고, 기업가 정신 및 창업·창직의 개념, 기업가 정신 및 창업·창직 교육의 특징을 탐색한다. 후반부에서는 앞에서 설명한 내용을 토대로 해외의 기업가 정신 및 창업·창직 교육 동향, 국내의 기업가 정신 및 창업·창직 교육 사례와 지도방법, 기업가 정신 및 창업·창직 지원 정보 탐색, 기업가 정신 및 창업·창직 교육의 방향과 진로교육에 대해 다룬다.

1 기업가 정신 및 창업·창직 교육의 필요성

진로교육 또는 직업세계 이해 교육에서 기업가 정신 및 창업·창직은 다소 생소하거나 그 동안 중요하게 다루지 않았던 부문이다. 이는 여러 가지 진로경로 가운데 창업·창직을 선택하는 청소년이 많지 않다는 실제적인 이유도 있지만, 이에 대한 올바른 인식이 자리 잡지 못했기 때문이기도 하다. 과거에 우리나라에도 벤처 붐이 일었지만, 그 거품이 꺼지면서 어려움에 처한 청년 기업가들이 많이 발생했다. 그런데 벤처에 대한 성공 기대에 비해 실패했을 때를 대비한 연습이나 재기를 위한 국가 및 사회의 지원이 부족했다. 그 당시에 대한 경험이나 기억을 갖고 있는 국민은 청년 벤처나 창업에 대한 인식에 그리 긍정적이지 않다. 이후 경제위기가 계속되는 가운데 지속적인 취업난과 고용 불안정으로 인해 직업의 안정성을 더욱 중요시하는 분위기가 형성되었다. 그러다 보니 창업·창직에 대한 제대로 된 의식이 형성되지 않고, 이에 대한 교육이 자리 잡기 어려웠다.

하지만 우리의 청소년이 살아갈 세상은 어떠할까? 현재 초·중등학교나 대학에 다니는 청소년이 직업세계에 진출하는 것은 짧게는 5년에서 길게는 20년 뒤의 일이다(장현진, 2016a). 10년이면 강산도 변한다는 옛 말이 있는데, 요즘의 과학기술이나 사회변화 속도를 고려하면 강산이 변하는 것 이상으로 빠르게 변화할 것으로 예상된다. 현재 청소년은 취업 때문에 어려워하지만, 미래에 직면하게 될 직업세계의 모습은 또 다른 상황과 더 많은 변화를 보일 것이다. 이처럼 변화가 심하고 예측하기 어려운 상황에서, 미래를 향한 도전정신과 혁신 의지는 국가의 활력을 만드는 데 매우 중요한 역할을 한다.

앞으로는 4차 산업혁명으로 인해 많은 변화가 일어날 것으로 전망된다. 다보스 포럼으로도 알려져 있는 세계경제포럼(World Economic Forum)에서는 2~3차 산업혁명에 이어 4차 산업혁명이 도래한다고 했는데, 이를 "좀 더 새롭고 다양한 방식으로 물리적(physical), 디지털(digital), 바이오(bio) 기술이 결합된, 훨씬 복잡한 형태를 지향하는 거침없는 전환"으로 설명했다. 4차 산업혁명은 단순히 디지털화를 지향하는 3차 산업혁명과는 구분된다. 4차 산업혁명에서는 우리가 일하는 방식이 크게 바뀐다고 보았는데, 융·복합적인 산업에 요구되는 창의력 있는 업무가 증가하고, 업무의 지능화 및 자동화가 확대되며, 기업과 근로자의 관계가 일종의 거래관계인 새로운 노동 패러다임이 등장할 것으로 보인다(Schwab, 2016; 김진형, 2016).

우리나라는 한국전쟁 이후 폐허의 상황에서 2000년대에는 세계에서 10위권의 경제 규모를 가진 나라가 되었다(World Bank, 2016). 40~50년 동안 이러한 급속한 경제성장이 가능했던 이유는 경제성장에 필요한 인적자원을 마련한 교육훈련의 뒷받침이 있었기 때문이다. 그런데 현재까지의 우리나라 교육 패러다임은 필요한 지식과 기술을 빠르게 흡수해서 역량을 키우는 인재를 기르는 것이었다. 이러한 인재는 그동안 산업시대의 패러다임에서는 매우 유용하게 통했고, 필요한 인재를 빠르게 양성하는 데 문제가 없었다. 하지만 미래 사회에는 단순히 흡수적인 능력을 지닌 인력만으로는 한계가 있다. 현재 우리나라는 성장의 한계에 직면하고 있다. 그렇기 때문에 4차 산업혁명이라는 급속한 산업의 변화에 좀 더 창의성을 지니고 이러한 한계를 돌파할 수 있는 혁신적인 인재가 요구된다. 단기간의 경제성장을 위해서는 지식을 흡수하는 '주입식 교육', '따라가는(catch-up) 교육', '배우는 교육'이 유효했으나, 이는 산업시대의 공장형 노동에 효과적인 훈련의 패러다임이다. 앞으로는 단순히 지식과 기술을 흡수하기만 하는 데서 나아가, 지식과 기술의 기반 위에서 현실의 한계를 돌파하고 남들보다 먼저 새로운 아이디어로 세상을 이끌어갈 수 있는 창의성을 지닌 인재가 필요하다. 창의적인 제품으로 글로벌 기업들과 대결하기 위해서는 '한계 돌파형 인재', '먼저 움직이는 사람(first mover)', '질문하는 능력을 가진 인재'를 키울 수 있어야 하며, '다양한 가치관을 중시하는 교육'을 실시해야 한다(교육부·한국직업능력개발원·한국경제신문 특별취재팀, 2015).

이와 같이 앞으로 우리나라에 필요한 인재와 교육의 방향을 고려할 때, 미래 사회에는 단순히 이미 발전된 기업에 취업해서 생활하는 임금노동자뿐만 아니라 새로운 아이디어로 창업·창직하여 직업생활을 하는 경우도 하나의 주요한 진로경로가 될 수 있다. 또한 이러한 사람들이 많이 필요한 실정이기도 하다. 창업·창직을 할 때 기업가 정신은 매우 중요한 능력이자 꼭 필요한 것이기도 하다. 따라서 그동안 진로교육에서 사람이 가지고 있는 특성 요인에 기반해 적합한 직업을 안내해 주는 것이 중요했다면, 앞으로는 이러한 한정된 직업뿐만 아니라 새로운 직업을 만들어내기도 하고 지니고 있는 지식과 기술을 토대로 고용주가 되는 창업·창직의 패러다임이 중요하게 부각된다. 앞으로 청소년의 중요한 진로경로는 취업 뿐만 아니라 창업·창직이 될 수 있다.

2 | 기업가 정신 및 창업·창직의 개념

1) 기업가 정신

우리나라에서 기업가란 기업에 자본을 대거나 기업을 경영하는 사람으로, 기업인과 같은 의미로 사용된다. 경우에 따라서는 어떤 사업을 구상해 회사를 설립하는 일을 하는 기업자, 창업자라는 말과 유사하게 사용되기도 한다(국립국어원, 2016a). 이 때문에 기업가 정신이라는 용어에 대해 기업인이나 경영자가 갖추어야 할 자질이나 능력을 의미하는 것으로 좁게 해석하는 사람들이 많다.

하지만 기업가 정신의 포괄적인 개념은 기업인으로서 갖추어야 할 정신뿐만 아니라 모든 사람들이 창의적이고 혁신적이기 위해 갖추어야 할 능력이라고 할 수 있다. 이는 기업가 정신이 어떤 요소로 구성되어 있는지를 보면 구체적으로 알 수 있다. 기업가 정신은 도전정신, 창조성과 혁신성, 리더십과 자기주도성, 가치 지향성 등으로 구성되어 있다(이윤준 외, 2014). 학자들마다 기업가 정신의 구성 요소에 대한 견해가 조금씩 다를 수 있기 때문에 앞서 제시한 요소들 외에 또 다른 요소도 고려해 볼 수 있고 더 세분화해 볼 수도 있지만, 여기에 언급한 요소들만 보더라도 기업가 정신이 의미하는 방향성을 이해할 수 있다.

기업가라는 말의 어원을 보면 그 의미를 좀 더 뚜렷하게 알 수 있다. 기업가(entrepreneur)는 '착수하다(undertake)'와 '시작하다(commence)'라는 의미의 프랑스어 'entreprendre'에서 유래했는데, 이는 '위험 부담을 지고 자신의 사업을 하는 사람'을 뜻한다. 오스트리아의 경제학자 슘페터(Schumpeter)에 의해 기업가와 기업가 정신이 대중에게 알려지기 시작했다. 기업가 정신은 "미래의 불확실성과 높은 위험에도 주도적으로 기회를 포착하고 도전하며 혁신 활동을 통해 개인적 및 사회적으로 새로운 가치를 창조하는 실천적 역량"을 의미한다(이윤준, 2015, 이윤준 외, 2012; 장현진, 2016b 재인용).

이처럼 기업가 정신은 창업이나 창직을 위해 기본적으로 갖고 있어야 할 역량이라고 할 수 있다. 물론 창업이나 창직 외에도 회사에 취업해 좀 더 창의적이고 혁신적으로 일하기 위해서는 기업가 정신이 필수적이다. 앞으로는 기업가 정신을 갖추는 것이 무엇보다도 중요해질 것으로 전망된다.

2) 창업

창업(創業)이란 사업 따위를 처음으로 이루어 시작하는 것을 말한다(국립국어원, 2016b). 창업의 과정을 통해서 새롭게 설립된 기업, 즉 창업 기업, 신생 기업을 영어로는 'start-up company' 또는 줄여서 'start-up'이라고 쉽게 표현한다. 이와 유사한 용어로 벤처기업(venture business) 또는 벤처(venture)가 있다. 벤처기업협회에 따르면, 벤처란 "개인 또는 소수의 창업인이 위험성은 크지만 성공할 경우 높은 기대수익이 예상되는 신기술과 아이디어를 독자적인 기반 위에서 사업화하려는 신생 중소기업"이라고 한다(중소기업청, 2010). 벤처는 창업 기업들 중에서 첨단 신기술이나 아이디어로 창업해서 운영하는 기술 집약형 중소기업을 말한다. 즉, 벤처는 창업한 중소기업들 중 기술 집약형 중소기업에 한정하는 용어이다. 예를 들어 대기업에 다니던 철수 아버지가 퇴직을 하고 동네에 치킨집을 차려 운영하는 것은 창업에 해당하지만, 동네 치킨집을 벤처 기업이라고 하지는 않는다.

3) 창직

창직(創職)은 창업에 비해서 비교적 최근에 사용된 용어이다. 이는 창조적인 아이디어를 통해서 자기주도적으로 기존에 없던 새로운 직업이나 직종을 새롭게 만들어내거나 기존의 직업을 재설계하는 창업 활동을 말한다(박문각, 2014). 영어로는 'job creation'이라고 해서 지속적으로 직업이 세분화되고 타 분야와 융합되면서 분화되거나 새롭게 만들어지는 직종을 의미한다. 예를 들어 애완동물 장의사, 매너 컨설턴트, 미스터리쇼퍼 등 새롭게 등장하는 직업이 창직에 해당할 수 있다. 김중진과 박봉수(2012)는 창직의 발현 시점과 양태 등 개념의 모호성이 존재해서, 연구자나 학자에 따라 그 정의를 달리하고 있다고 했다. 이들은 해당 연구에서 창직(創職)이란 "청년층 개인이 고유하면서도 창조적인 아이디어와 활동을 통해 스스로 새로운 직업을 발굴해서 일자리를 창출하고 노동시장에 진입하는 것"이라고 조작적으로 정의했다. 이와 같이 창직은 시간과 환경 변화에 따라 달라질 수 있는 개념이기 때문에 정의하기에 다소 모호할 수 있다. 처음에는 창직일 수 있지만 그 직업이 시간이 지나면서 어느 정도 자리를 잡아 가면 일반적인 직업 중의 하나가 된다. 다만 창직이라고 말할 수 있기 위해서는 몇 가지 특징이 필요하다. 창직은 '창조적인 아이디어'가 기반이 되어야 하며, 기존에 없던 '새로운 직업, 직종 또는 일자리를 창출'해야 한다.

이처럼 창직이 새로운 일자리 창출의 대안으로 대두된 것은 청년 고용 문제와 관련되어 있다. 경제가 성장해도 청년의 눈높이에 맞는 양질의 일자리는 부족한 반면 일자리를 구하는 청년들이 지속적으로 유입되면서 새로운 분야의 직업 발굴이 필요해졌다. 이에 따라 고용노동부 중심으로 창직 지원 사업이 확대되어 왔다(김중진, 박봉수, 2012). 앞으로는 기술이 발달하면서 직업의 분화, 융합, 생성 등이 좀 더 활발하게 이루어질 것으로 전망된다. 이로 인해 새로운 직업, 직종 및 일자리를 창출하는 창직은 좀 더 확대될 것으로 보인다.

기업가 정신 및 창업·창직 교육의 특징

기업가 정신 교육이나 창업·창직 교육을 누구에게 어떤 목적으로 제공할 수 있을까? 또한 기업가 정신이나 창업·창직 역량을 교육을 통해 향상시킬 수 있을까? 이러한 의문에서 기업가 정신 교육이나 창업·창직 교육이 지니는 특징을 생각해 보는 것은 이러한 교육 자체가 얼마나 필요하고 가능성이 있는지를 살펴보는 데 중요하다.

먼저 기업가 정신 교육이나 창업·창직 교육은 창업을 하거나 기업을 운영하려는 사람에게만 필요한가? 앞에서 살펴본 기업가 정신의 구성 요소 중 도전정신, 혁신성, 자기주도성 등은 창업을 하기 위해 갖추면 좋은 역량이며, 어쩌면 이러한 역량을 지니고 있어서 도움이 되지 않을 직업은 거의 없을 정도로 중요하게 생각되는 역량이다. 또한 앞으로 미래 사회에서는 창의력과 새로운 아이디어가 좀 더 중요해지고 이러한 요소를 갖추고 직업 생활을 하는 사람들이 유리해진다고 하니, 앞으로 기업가 정신 같은 역량을 갖추는 것이 더욱 중요해질 것이다. 이는 어떤 특정한 대상뿐만 아니라 거의 모든 직업인에게 중요하게 부각될 것이다. 일반적으로 기업에 취직해서 일하는 사람의 경우에도 창의적으로 생각하고 혁신적인 아이디어를 내어 주어진 일에 적용하는 것은 단순히 반복적이고 기계적인 일을 하는 것에 비해 좀 더 경쟁우위를 점할 수 있는 능력이 될 것이다. 또한 그런 능력을 갖춘 사람들이 많아지면 그 직업사회가 좀 더 튼튼해지고 나아가 부강한 국가를 만드는 데에도 원동력이 될 수 있다.

기업가 정신 교육이나 창업·창직 교육이 사람들의 창업·창직 역량을 높이고 그런 사람의 수를 늘리는 데 도움이 될 수 있을까? 또한 기업가 정신을 길러 줄 수 있을까? 피터먼과 케네디(Peterman & Kennedy, 2003)의 연구에 따르면, 기업가 정신은 교육에 의해 함양된다고 한다. 즉, 기업가 정신의 발현을 위해서는 기업가 정신 교육이 출발점이 되어야 한다고 주장한다. 기업가 정신을 하나의 역량(군)의 개념으로 볼 때, 역량은 관찰과 측정, 지도 가능한 행위로 표현되는 내재적 특성이기 때문에 교육을 통해 충분히 길러질 수 있는 속성을 가지고 있다(장현진, 2016b). 스펜서와 스펜서(Spencer &

Spencer, 1993)의 역량에 관한 모델(빙산 모델, iceberg model) 개념을 빌려 오면, 수면 위로 드러나 보이는 행동, 기술, 지식이 있는가 하면, 잘 보이지는 않지만 수면 아래에서 중요한 차이를 만드는 가치(관), 사고방식, 특질, 태도 등이 있다고 한다. 기업가 정신의 교육에는 이렇게 표면적으로 드러나는 모습뿐만 아니라 그 기반이 되는 말단의 정신까지 포괄될 수 있을 것이다. 40년 동안 창업자들을 대상으로 한 연구에 따르면, 기업가는 태어날 때부터 정해진 것이 아니라 모두 기업가가 될 수 있는 잠재력을 가지고 있다고 한다. 획일화된 유형의 기업가뿐만 아니라 서로 다른 성격과 특성을 지닌 기업가가 있을 수 있다는 것이다(교육부·한국직업능력개발원·한국경제신문 특별취재팀, 2015). 이를 통해 볼 때 창업·창직 역량이나 기업가 정신은 교육을 통해 길러질 수 있고, 이러한 교육이 필요하다는 점을 알 수 있다. 아울러 진로 및 직업이해 교육에서 이를 활용해 능력을 길러 주는 것이 미래에 필요한 진로개발역량을 갖추는 것과도 연관될 수 있다.

해외의 기업가 정신 및 창업·창직 교육 동향

여기에서는 먼저 기업가 정신 및 창업 교육에 대한 적용이 고등교육 단계부터 이루어지는 미국에 대해 살펴본다. 이후 기업가 정신 및 창업·창직 교육이 고등교육을 넘어 초·중등교육 등 교육 전반으로 확산되는 데 활발한 논의와 실천이 이루어진 유럽연합 국가들에 대해 알아본다. 아울러 OECD의 관점에서 기업가 정신 및 창업 교육에 대한 지원과 연구 및 논의 동향이 어떠한지에 대해 살펴본다. 기업가 정신 및 창업·창직 교육에 대한 논의가 전세계적으로 어떻게 이루어지고 있는지 전반적인 흐름과 동향을 이해하는 데 중점을 둔다.

1) 미국

기업가 정신 및 창업에 관한 내용을 교육하기 위한 노력은 지난 수세기 동안 꾸준히 진행되어 왔다. 초기에는 미국에서 고등교육 단계의 경영전문대학원을 중심으로 기업가 정신 및 창업 관련 교육이 이루어졌다(김문희, 2016). 미국의 경제정책 입안자들은 경제 회복과 일자리 창출의 주요 방안 중 하나로 기업가 정신 교육에 주목했다. 특히 미국 내 제조업의 일자리 감소 현상을 해결하기 위한 대안으로 창업과 기업가 정신 교육을 강조하고 있다(박종규, 2014).

미국에서는 최근 들어 기업가 정신 및 창업에 대한 관심이 크게 증가했다. 세계 기업가 정신 모니터(Global Entrepreneurship Monitor : GEM)에 따르면, 미국 내 창업 관련 인구 비중은 전체 인구 대비 10~12% 수준으로 지난 수십 년 동안 정체 상태를 보였지만, 창업에 대한 관심도와 창업을 준비하는 사람, 이를 지원하는 기업가 정신 교육의 기회는 같은 기간 동안 크게 증가한 것으로 보고되었다. 미국의 고등교육 통계 데이터에 따르면, 석·박사과정을 모두 갖추고 있는 888개의 미국 대학 중 약 90%가 기업가 정신에 관한 학위과정을 운영하는 것으로 나타났다. 미국 일리노이 주립대학교 부설 기업가 정신 센터(Academy for Entrepreneurial Leadership)의 현황 조사에 따르면, 미국 대학에서 창업 및 기업가 정신 강의를 수강한 학생은 1985년에는 연간 1만6천여 명으로 253개의 과정을 수강했으나, 2006년에는 연간 약 20만 명이 1,906개 정도의 과정을 수강한 것으로 나타났다. 아울러 전통적으로 기업가 정신 교육 프로그램을 운영하던 경영대학뿐만 아니라 공과대학, 농과대학, 간호대학, 법과대학까지 거의 모든 단과대학에서 기업가 정신 및 창업과 관련한 과목을 개설하는 추세이다(Rideout & Gray, 2013; 박종규, 2014 재인용).

표 9-1 미국 대학의 기업가 정신 교육 확대 추이

구분	1985년	2005~2006년	변화율
프로그램 및 학위과정 제공 단과대학 수	253	1,906	65% 증가
등록 학생 수	16,000	200,000	1,150% 증가
관련 전공 수	0	22	175% 증가

출처 : Academy of for Entrepreneurial Leadership, University of Illinois at Urbana-Champaign(2008). *Enterpreneurship: An American perspective*, 박종규(2014: 256)에서 인용해 재구성

이처럼 미국의 기업가 정신 및 창업 교육의 확대 추세는 고등교육기관에서뿐만 아니라 초·중등학교에서도 이어지고 있다. 2011년에 갤럽에서 조사한 결과에 따르면, 5~12학년의 미국 학생들 가운데 70%가 창업에 관심이 있다고 응답했다. 학술적으로도 연구가 활발하게 이루어지고 있는데, 총 44개의 기업가 정신 관련 학술지와 150여 개의 연구소가 있는 것으로 조사되었다(Rideout & Gray, 2013; 박종규, 2014 재인용).

기업가 정신 및 창업 교육의 목적과 내용은 대부분 창업의 실제 사례를 탐구하거나 실제 창업에 필요한 지식과 기술을 개발하는 데 있다. 이러한 지식과 기술은 협상능력, 리더십, 새로운 제품 및 서비스 개발, 창의적인 사고, 기술혁신능력 등 창업해서 기업을 지속적으로 운영해 가는 데 필요한 능력들이다. 일부 프로그램에서는 벤처 캐피털, 아이디어 도출, 기업가의 자질, 신사업 단계별 도전과 극복 등 특수한 주제를 다루기도 한다.

하지만 최근에는 단순한 지식과 기술을 넘어 기업가에게 필요한 역량이 무엇인지 파악해서 필요한 역량을 전반적으로 개발하는 것을 중심으로 한 교육 프로그램이 증가하고 있다. 이러한 역량은 성과를 창출하기 위한 구체적인 행동 양식이나 드러나는 지식과 기술, 성격 등을 모두 포괄하는 개념이다. 기업가 정신을 구성하는 기저 역량이 무엇인지에 대해서는 학자나 연구에 따라 조금씩 다르기는 하지만, 일반적으로 기회 인식, 위기관리, 자기효능감, 네트워크 구축 및 활용 능력, 가치창조, 창의적 문제해결능력 등을 포함한다(Morris et al, 2013). 기업가 정신과 창업 지원을 위해 무엇이 효과적인 교육 방법인지에 대해서는 아직 논란이 많고 합의되지 않았다. 최근에는 여러 학문 영역을 융합한 학제적 관점의 프로그램도 주목받고 있다. 비즈니스 영역 외에 순수과학, 예술, 공학 등이 융합된 형태의 다양한 프로그램이 마련되고 있다. 아울러 실무적인 경험을 통한 학습도 강조되고 있다. 실제로 창업을 체험해 봄으로써 많은 실패를 통해 배우는 방식도 유용한 학습방법으로 인정받고 있다. 미국에서도 기업가 정신 및 창업 교육에 적합한 교육방법에 대한 논의와 연구가 지속적으로 필요하다고 본다.

2) 유럽연합

유럽연합은 미래 사회의 변화와 불확실성 속에서 생존하기 위해서 현재의 학교교육 방식으로는 한계가 있다고 인식했다. 특히 세계화의 확산과 신자유주의에 따른 문제를 극복하기 위해서는 기업가 정신 교육이 필수라고 보았다. 여기에서 기업가 정신 교육은 반드시 기업을 직접 운영하는 것뿐만 아니라 일반적인 직업 역량을 겸비하는 것을 의미한다(European Union, 2013). 특히 미국에서 고등교육 단계의 기업가 정신 및 창업 교육이 먼저 강조되었으나, 근래에 들어 특정 집단의 학생뿐만 아니라 모든 학생을 대상으로 전체 교육 시스템 내에서 다루어야 한다는 논의가 유럽 국가를 중심으로 확대되고 있다(김문희, 2016).

유럽의 기업가 정신 교육은 '오슬로 아젠다(The Oslo Agenda for Entrepreneurship Education in Europe)'에서 출발한다. 오슬로 아젠다는 2006년 유럽위원회와 노르웨이 정부가 주관한 '유럽의 기업가 정신 교육: 교육과 학습을 통한 기업가 정신 진흥'이라는 학술대회에서 제시된 유럽연합의 정책 문서이다. 이 문서에서는 초등학교부터 대학에 이르기까지 모든 교육과정을 통해서 아동과 청소년의 기업가 정신 함양과 실천을 위한 정책을 제안했다. 구체적으로 유럽연합 수준, 회원국 수준, 각국의 교육부 수준, 지방정부 수준, 학교 수준, 중개사무소 수준, 기업 수준에서 기업가 정신 함양을 위한 실천 과제를 제시했다(European Commission, 2006). 이를 토대로 각국의 상황에 맞는 기업가 정신 교육이 적용되고 있다. 기본적으로는 학교와 지역사회, 기업 간의 연계 강화를 독려하고 있다. 또한 학교 내에서의 활동뿐만 아니라 학교 밖 청소년 활동, 비형식활동 등까지 포함하고 있다(European Commission, 2012; 박선영, 2015 재인용).

오슬로 아젠다는 교육 내외적으로 중요한 의미를 지닌다. 첫째, 진로교육 과정의 개혁과 지평을 넓히는 계기가 되고, 산학 협력의 증대를 촉진한다. 단순한 직업정보 안내와 직업선택 지도에 국한된 진로교육이 아니라 좀 더 확장된 개념으로 나아갈 수 있는 계기를 제공한다. 둘째, 기업가 정신 교육은 반드시 창업 준비 교육만이 아니라 개인이 삶의 주인으로서 리더십을 가지고 주체적인 사람이 되도록 하는 기회를 제공하고 지도한다. 셋째, 사회통합에 기여한다. 기업가 정신 교육을 강조하는 데는 유럽연합의 경제위기 타파 외에도 경제, 정치, 사회의 통합과 세계화 및 신자유주의에 따른 문제를 극복하려는 의도가 고려되었다. 우리나라의 경우에도 사회통합의 관점에서 적용 가능할 것으로 보인다(박선영, 2015).

기업가 정신 함양 교육의 적용은 유럽연합 내에서도 국가마다 다소 차이를 보인다. 일부 국가는 별도의 기업가 정신 함양 교육 정책을 마련하고, 어떤 국가는 다른 교육정책의 하위 내용으로 다루기도 한다. 별도의 기업가 정신 육성 정책을 세운 국가는 덴마크, 에스토니아, 리투아니아, 네덜란드, 스웨덴, 노르웨이의 6개국이며, 별도의 정책을 갖기는 하지만 일부 지역에만 적용하는 벨기에와 영국이 있다. 이들 국가를 제외하면, 대부분의 유럽 국가는 평생교육정책, 청소년정책 등 국가의 교육정책에 포함하거나 경제개발 정책에서 다루기도 한다(European Commission, 2012).

학교교육과정 내에서 기업가 정신 교육은 독립 교과목을 통한 방법, 모든 교육과정을 통해 실시되는 방법, 기존 교과목 안에서 세부 교육내용으로 다루는 방법 등 국가가 처한 상황과 문화에 따라 다르게 행해진다. 또한 학교급에 따라서도 다른 적용 경향을 보인다. 초등학교에서는 대체로 통합교육과정으로 기업가 정신 함양 교육이 이루어진다. 중학교에서는 통합교육과정의 형태가 많기는 하지만, 기업가 정신 교육을 필수교육과정으로 하는 경우도 많다. 고등학교(upper secondary)에서는 유럽연합의 모든 회원국이 기업가 정신 교육을 제공하고 있다. 주로 통합교육과정 형태가 많지만, 스웨덴의 경우에는 기업가 정신을 별도의 독립교과이면서 필수과목으로 지정하고 있다(European Commission, 2012).

유럽위원회는 유럽 국가들의 기업가 정신 교육 정책을 분석하고, 기업가 정신 교육의 세부 교육목표를 제시했다. 이는 하이노넨과 포이키조키(Heinonen & Poikki-joki(2006)의 연구를 바탕으로 한 것으로, 태도, 지식, 기술 영역으로 나누어 제시했다. 여기에서 제시된 각 요소들은 국가마다 처한 상황이나 특성에 따라 선별적으로 적용되고 있다. 다만 유럽연합은 이러한 요소들이 아동기와 청소년기를 거치면서 교육과정을 통해 습득될 수 있도록 교육과정을 제공하기를 권고한다. 유럽연합 국가들의 적용 실태를 분석한 결과에 따르면, 초등학교에서는 주로 태도 측면을 다루는 반면, 중등학교에서는 태도, 지식, 기술을 모두 다루는 것으로 나타난다(European Commission, 2012; 박선영, 2015 재인용).

표 9-2 기업가 정신 교육의 세부 목표

영역	목표 및 내용
태도	① 자기인식과 자신감 : 기업가 정신에 필요한 가장 중요한 태도. 자신의 능력을 찾고 창의적 생각을 실행에 옮기는 역할을 함 ② 주도권, 위험 감수, 비판적 사고, 창의성, 문제해결 능력 : 기업가 정신의 기본적인 태도
지식	① 직업세계와 직업의 기회 : 다양한 종류의 일과 일의 특성을 이해하는 것, 이를 통해 청소년이 미래와 직업을 준비함 ② 경제문해와 재정문해 : 기업 운영에 필요한 기본적인 경제 및 재정 지식
기술	① 의사소통, 프레젠테이션, 기획, 팀워크 : 기업가가 갖추어야 할 기본 기술 ② 기업 운영에 필요한 기회를 실질적으로 탐구하고 실천 : 사업 정착 과정의 모든 단계에 사용되는 기술, 사업계획과 기획에 필요한 기술

출처: European Commission(2012: 19). *Entrepreneurship Education at School in Europe: National Strategies, Curricula ans Learning Outcomes.* EACEA: Edurydice, European Union. 박선영(2015: 79)에서 재인용

유럽연합은 기업가 정신 교육 지원을 위해 '에라스무스'라는 프로그램을 제공하고 있다. 정식 명칭은 '청소년과 청년을 위한 에라스무스(Erasmus for Young Entrepreneurs)'이며, 유럽연합의 청소년이 중소 규모 기업을 운영하고자 할 경우 유럽연합의 다른 국가의 기업에서 기업 활동을 체험하도록 지원하는 프로그램이다. 이는 기업가 정신 함양을 위해 좀 더 실천적인 방법으로 교류하는 프로그램이라고 할 수 있다. 에라스무스의 주요 목적은, 첫째, 현장직무교육(On-the-job training : OJT)의 활성화, 둘째, 사업을 하려는 사람들 간의 경험과 정보의 교환을 통한 장애 극복, 셋째, 유럽연합 회원국 내에서의 시장 진입 기회 확대와 잠재적 파트너 발굴, 넷째, 다른 나라의 경험과 정보를 공유한 네트워크 형성이다(European Commission, 2014). 에라스무스 프로그램은 기업을 하려는 청년들에게 실제적인 경험을 제공하고, 기업을 하려는 사람과 기존의 기업가들을 서로 연계하도록 지원하는 기능도 갖는다. 에라스무스 예비 기업가 교육 프로그램은 표 9-3과 같이 지원, 연계, 계약체결 및 준비, 실행의 4단계로 이루어져 있으며, 각 단계마다 구체적인 활동을 해 볼 수 있도록 지원하고 있다.

표 9-3 에라스무스 예비 기업가 교육 프로그램 운영 단계

	단계	내용
1	지원	• 온라인 등록을 통해 예비 기업가와 기존 기업가가 프로그램을 지원 • 중개사무소가 서류심사 후 합격자 통보
2	연계	• 예비 기업가와 기존 기업가가 연락하도록 지원 • 예비 기업가와 기존 기업가가 중개사무소 데이터베이스를 사용해 원하는 파트너 찾기 • 중개사무소를 통해 원하는 파트너 신청
3	계약체결 및 준비	• 중개사무소, 예비 기업가, 기존 기업가가 에라스무스 프로그램 동의서 작성. 실습계획과 과제, 책임, 재정 상황, 법적 영향력 등에 대한 동의서 및 계획서 작성 • 유럽연합 사무국이 연계에 대해 최종 승인 • 예비 기업가와 기존 기업가가 중개사무소가 주관하는 사전 교육 참가
4	실행	• 예비 기업가와 기존 기업가가 현장실무교육을 시행하고, 기간별로 활동 상황을 보고 • 중개사무소는 활동을 모니터링하고 결과 평가의 책임을 짐

출처: European Commission(2014). 박선영(2015: 81)에서 재인용

3) OECD

OECD에서 기업가 정신 및 창업 교육과 관련한 논의는 1990년대 이후 중소기업 및 지역 경제의 활성화 분야에서 본격적으로 시작되었다. 1998년에 발표된 OECD 고용 전략(job strategy)에는 창업 활성화를 위한 각국의 지원 내용이 포함되었다. 2006년부터는 시범 사업을 통해 국제 비교가 가능한 창업 관련 지표 개발 및 통계를 지속적으로 수집하고 있다. 2011년부터는 매년 'Entrepreneurship at a Glance'를 발표하는데, 여기에서 기업의 성과와 관련한 핵심 지표와 창업을 결정하는 핵심요인 지표들을 국제적으로 수집해서 비교하고 있다(김문희, 2016). 15~64세까지의 성인을 대상으로 학교교육이 주도성과 기업가적 태도를 기르는 데 도움이 되었다고 생각하는 비율을 조사한 결과는 그림 9-1과 같다. 브라질, 노르웨이, 포르투갈은 75% 이상의 성인이 학교교육이 주도성과 기업가적 태도 형성에 영향을 미쳤다고 했으며, 일본은 20% 미만의 성인만이 도움이 되었다고 응답했다. 우리나라는 여러 나라 중에서 중간 정도에 위치하는 것으로 나타났다(OECD, 2013).

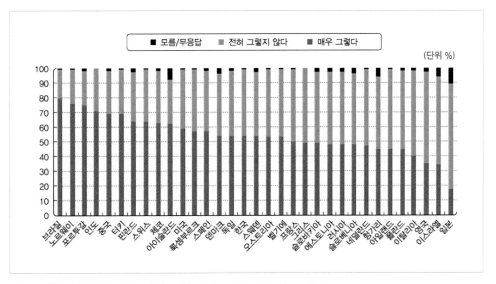

그림 9-1 학교가 주도성 및 기업가적 태도 개발에 도움이 되었다고 생각하는 비율

출처: OECD(2013). *Entrepreneurship at a Glance 2013*, OECD Publishing, Paris. http://dx.doi.org/10.1787/entrepreneur_aag-2013-en.
통계 원자료 출처: http://dx.doi.org/10.1787/888932829438

학교교육이 창업에 필요한 역량과 노하우를 제공하는지를 조사한 결과도 국가 간
에 큰 차이를 보였다. 브라질, 인도, 포르투갈은 70% 정도의 성인이 학교교육이 창업
에 필요한 역량과 노하우를 교육한다고 응답했다. 반면에 일본, 영국, 이스라엘의 경우
30% 이하의 성인만이 학교교육에서 창업에 필요한 역량과 노하우를 가르친다고 응답
했다. 우리나라는 여러 나라들 중에 중간 이하로 40% 미만의 성인만이 긍정적으로 응
답했다(OECD, 2013).

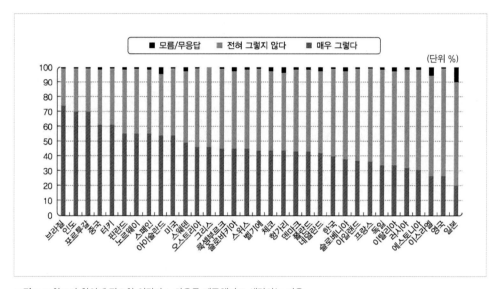

그림 9-2 학교가 창업에 필요한 역량과 노하우를 제공했다고 생각하는 비율

출처: OECD(2013). *Entrepreneurship at a Glance 2013*, OECD Publishing, Paris. http://dx.doi.org/10.1787/entrepreneur_aag-2013-en.
통계 원자료 출처: http://dx.doi.org/10.1787/888932829457

기업가 정신과 창업에 대한 교육의 역할에 대한 OECD의 초기 논의는 주로 고등
교육기관을 중심으로 이루어졌다. 2005년에는 고등교육 관련 프로그램 IMHE(OECD
Programme on Institutional Management in Higher Education)에서 고등교육기관에서
의 기업가 정신과 창업 관련 연구 보고서를 출간했다. 2008년에는 LEED 프로그램(The
OECD Programme on Local Economic and Employment Development)에서 고등교육기
관의 기업가 정신 및 창업 교육에 대한 유럽과 미국의 사례를 소개하고 이러한 교육 활
성화를 위해 갖추어야 할 체제를 제시하며 국제 세미나 등을 통해 알리고 있다. 이러한

활동은 금융위기 이후 청년의 고용 및 인적역량 개발 정책과 연계해 더욱 활성화되고 있다(김문희, 2016).

한편 OECD에서는 최근 들어 기업가 정신 및 창업 교육을 초·중등학교 및 직업훈련기관 등 전 교육 분야에서 추구해야 한다는 논의가 확산되었다. OECD는 2014년부터 유럽공동체와 함께 'Entrepreneurship360' 프로젝트를 진행하고 있다. 이 프로젝트는 기업가 정신 및 창업 교육의 의미, 교사 및 행정가를 위한 가이드라인 개발, 역량 개발 연구 및 우수사례 공유 등으로 다양하게 구성되어 있다. 모든 교육 단계에서 기업가 정신 및 창업에 관한 교육을 강화함으로써 학생들이 향후 창업을 하거나 사회적 기업 및 협회를 만들거나 창의적이고 혁신적인 고용자가 될 수 있도록 돕는다. OECD는 여러 활동을 통해 구축한 우수 사례와 연구 결과 및 자체적인 진단 도구 등 다양한 자료를 웹사이트(www.oecd.org/site/entrepreneurship360)에서 공유하고 있다(김문희, 2016; Lackeus, 2015).

　　여기에서는 국내의 초·중등학교를 중심으로 실제로 활용할 수 있는 기업가 정신 및 창업·창직 교육 사례와 지도방법을 다룬다. 먼저 교육부와 한국직업능력개발원을 중심으로 최근 개발되어 학교 진로활동 시간 등에 활용할 수 있는 'Wi-Fi 창업과 진로 프로그램'에 대해 살펴본다. 또한 최근에 진로체험이 강조되면서 동아리 및 수업 시간에 활용할 수 있는 '청소년 기업가 체험 프로그램(YEEP)'을 다룬다. 아울러 중소기업청 및 창업진흥원에서 개발해 초·중등교육에서 일찍부터 활용되어 온 '청소년 비즈쿨 프로그램'에 대해 살펴본다. 이러한 프로그램들은 청소년을 대상으로 하는 직업이해 교육 및 진로교육에 쉽게 적용할 수 있다.

1) Wi-Fi 창업과 진로 프로그램

(1) 개요

　　학교 진로교육 프로그램(SC'EP)은 초·중등학교에서 체계적인 진로교육 활동을 할 수 있도록 교육부와 한국직업능력개발원이 개발 및 보급하고 있다. 이는 '학교 진로교육 목표와 성취기준'을 토대로 교실 활동이 가능하도록 개발된 프로그램으로, 2011년부터 일선 학교에 보급되어 지속적인 개선을 거쳐 왔다. 이 프로그램은 책자를 활용해 교실 내 활동을 할 수 있도록 구성된 '창의적 진로개발 프로그램', 스마트 패드를 활용해 수업할 수 있도록 구성된 '스마트북', 심화 프로그램인 '연극을 통한 꿈 찾기'와 'Wi-Fi 창업과 진로 프로그램', 자유학기제 한 학기 동안 운영할 수 있도록 재구성한 '자유학기제 지원 프로그램' 등으로 구성되어 있다(커리어넷, 2016).

표 9-4 학교 진로교육 프로그램(SC⁺EP)의 구성

구성	내용	구분 활동지 프로그램	전산 프로그램
창의적 진로개발	– 진로교육 목표와 성취기준에 따른 메인 프로그램 – SC⁺EP의 기본이 되는 진로교육 활동으로 구성	○	
'진로와 직업' 스마트북	– 스마트 패드용 프로그램		○
연극을 통한 꿈찾기	– SC⁺EP의 심화버전 추가 프로그램 – 연극 활동을 통한 진로교육 활동으로 구성	○	
Wi-Fi 창업과 진로	– SC⁺EP의 심화버전 추가 프로그램 – 기업가 정신 및 창업에 관한 활동으로 구성	○	
자유학기제 지원	– SC⁺EP의 자유학기제용 간축본 – 1학기용 수업 프로그램	○	

출처 : 커리어넷(2016). SCEP 창의적 진로개발. http://scep.career.go.kr/scep.do#program

이러한 프로그램들은 기업가 정신의 함양과 어느 정도 연관되어 있는데, 특히 'Wi-Fi 창업과 진로'는 초·중등학생을 위한 창업 및 기업가 정신 교육에 특화되어 개발되었다. 'Wi-Fi'란 'World icon Find idea'의 약자로, 기업가 정신에 기초하여 창업에 필요한 자질을 배움으로써 자신의 내면 또는 우리 마을, 더 나아가 전 지구적으로 변화와 혁신을 일으킬 수 있는 역량을 키운다는 의미를 담고 있다. 진로교육이 학생의 창의적 진로개발역량을 기르는 것이라고 할 때, 이 프로그램은 기업가 정신에서 담고 있는 역량과 정신을 진로교육에서 함양해 적용할 필요성에 따라 개발되었다. 구체적으로는 학습자가 모의 창업 활동을 통해 기업가 정신을 함양할 수 있는 활동으로 구성되어 있다(커리어넷, 2016; 교육과학기술부·한국직업능력개발원, 2012a).

(2) 지도방법

'학교 진로교육 프로그램'이나 'Wi-Fi 창업과 진로 프로그램'은 교육부와 한국직업능력개발원에서 운영하는 커리어넷 사이트(www.career.go.kr)에서 활동지 책자와 설명을 제공한다. 각 프로그램은 교사용과 학생용으로 구분되어 있고, 교사용에는 각 활동별로 어디에 주안점을 두고 수행해야 하는지를 적시하고 있다. 구체적으로, 커리어넷 안에 SCEP 창의적 진로개발 홈페이지(http://scep.career.go.kr/scep.do)가 있다. 특히 'Wi-Fi 창업과 진로 프로그램'은 중학교, 일반고등학교, 특성화고등학교로 구분되어 학생 및 교사용 교재를 제공하고 있다(커리어넷, 2016).

이 프로그램에 대해서는 별도의 연수를 제공하고 있지 않지만, 시·도 교육청에 따라서 진로전담교사에 대한 직무연수 과정에 학교 진로교육 프로그램을 포함해 운영하는 경우가 있다. 그렇지 않은 경우에는 각 교사들이 해당 사이트에서 자료를 다운받아

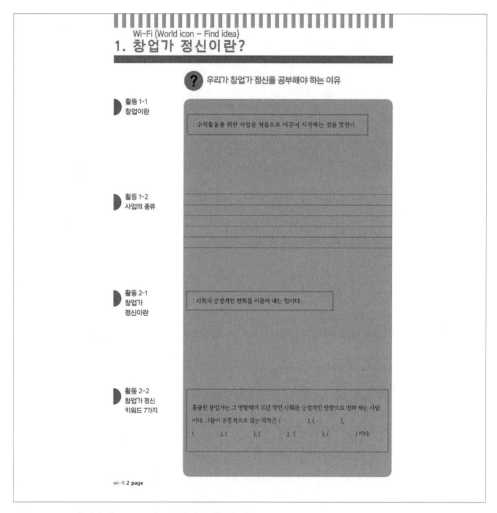

그림 9-3 Wi-Fi 창업과 진로 프로그램 – 중학생용 활동지 예시
출처 : 교육과학기술부·한국직업능력개발원(2012b).

수업연구를 통해 적용할 필요가 있다.

그림 9-3의 구체적인 활동 사례를 예로 들어 보자. 'Wi-Fi 창업과 진로 프로그램' 가운데 중학생용 활동지에는 가상국가를 건설하고 그 안에서 독창적인 사업 아이템을 발견하는 활동 등이 제공되고 있다. 학생들에게 해당 활동지를 제공하기 전에, 국가가 무엇이고 만약 국가를 세우게 된다면 어떤 부분을 강조할 수 있는지 사전교육을 한다. 이후에 활동지를 제공하고 작성하는 방법 또는 모둠별로 활동할 수 있는지의 여부를 안내한다. 보통은 개별적으로 고민해서 작성해 보도록 한 뒤, 적절한 시간 안배를 한 이

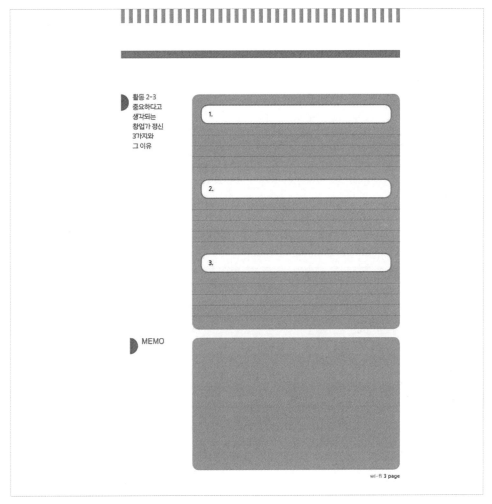

그림 9-3 (계속) Wi-Fi 창업과 진로 프로그램 – 중학생용 활동지 예시
출처 : 교육과학기술부·한국직업능력개발원(2012b).

후에 모둠별로 모여서 서로의 내용을 발표하고 질의 응답하는 시간을 갖도록 한다. 마지막에는 각 조에서 가장 훌륭하다고 판단되는 내용을 선정해 조별 발표를 하도록 유도하는 것도 좋다. 이러한 활동을 통해서 사고력과 의사소통능력, 협동심도 함께 기를 수 있다는 장점이 있다(교육과학기술부·한국직업능력개발원, 2012a).

좀 더 효과적인 수업을 하기 위해서는 각 학교 내에서 진로교육을 담당하는 교사들이나 인근 지역의 진로전담교사들끼리 모임을 통해 수업연구 동아리나 연구회를 결성해 각 프로그램을 효과적으로 지도하기 위한 교수·학습방법이나 수업자료를 개발하는 등 사전 준비를 통해 시너지 효과를 낼 수 있다.

2) 청소년 기업가 체험 프로그램(YEEP)

(1) 개요

청소년 기업가 체험 프로그램(Youth Entrepreneurship Experience Program : YEEP)은 학교 내에서 체험학습을 통해 청소년의 도전정신과 창의적 진로개발역량을 키워주는 온·오프라인 융합형 진로체험 프로그램이다. 교육부가 지원하고 한국직업능력개발원에서 프로그램을 개발 및 운영해 진행하고 있다. 그동안 '학교 진로교육 프로그램(SC⁺EP)'과 'Wi-Fi 창업과 진로 프로그램'이 교내에서 진로활동 시간을 운영하는 데 초점을 두었다면, 청소년 기업가 체험 프로그램은 일반 수업과 자율동아리 측면으로 확대하고 새롭게 구성했다. 학생들이 창업을 직접 체험하면서 도전정신을 함양하고 진로경로를 설계할 수 있도록 구성한 체험 프로그램이라고 할 수 있다.

이 프로그램은 청소년들의 기업가 정신과 창업 의식을 고취하기 위하여 가상 창업 체험을 제공하는 프로그램이다. 2015년에 211개 학교에 시범운영으로 2만 6천 명의 학생이 참여하였으며, 2016년에 프로그램 확대 운영과 문제점 분석을 통해 2017년부터 보다 더 확대할 계획이다. 구체적인 운영 방식은 전국의 중학교 및 고등학교 각 학급과 동아리 학생들을 대상으로 신청을 받아서 '수업 프로그램'과 '자율동아리 프로그램'을 통해 청소년 기업가 체험 프로그램을 운영하도록 하고 있다. 창업 관련 전문 멘토단을 구성해 창업, 기업가 정신, 각종 기업 활동에 대한 전문적인 조언을 제공하고, 콜센터를 통해 여러 학교의 운영을 지원하고 있다. 그리고 창업 분야의 자율동아리 30개를 선발해서 창업경진대회를 개최함으로써 활성화를 추구하고 있다. 또한 온라인 시스템을 개발해서 온라인 플랫폼과 모바일 디바이스 연동을 통해 사용자들이 온라인을 통해서도 자기주도적으로 체험학습을 할 수 있도록 준비 중이다(교육부·한국직업능력개발원, 2016a; 교육부, 2016).

(2) 지도방법

이 프로그램은 학교의 동아리나 수업을 기준으로 신청을 받아 예산을 지원하고 있다. YEEP 온라인 사이트(www.yeep.kr)를 시범 운영하고 있으며, 이곳에 참여하는 동아리나 수업 팀에서 수행해야 할 미션을 탑재해 진행하도록 추진하고 있다. 학생들의 참여가 활발하면 할수록 경험치가 쌓이고 향후 경진대회의 평가에도 긍정적으로 반영되는 등 온라인 시스템을 통해 게임을 하는 것과 같이 구성해서 수요자들의 최근 관심경향을 반영했다. 또한 동아리들이 활동한 결과물을 웹 사이트에서 공유함으로써 자신들의 결과물뿐만 아니라 다른 팀들의 결과물도 보면서 함께 성장할 수 있도록 구성했다. YEEP 동아리 활동 미션과 수행 결과를 온라인 사이트에 탑재한 사례는 그림 9-4와 같다. 미션과 완료 조건, 수행을 위한 팁이 주어지고, 이렇게 수행한 결과를 탑재하도록하고 있다. 그림 9-4의 사례의 경우, 마인드맵을 통해서 팀 활동 결과를 탑재했다. 이처럼 다양한 미션과 학생 활동 결과가 실시간으로 온라인 사이트를 통해서 구동될 수 있다는 점에서 유용하다(교육부·한국직업능력개발원, 2016b).

이 프로그램을 진행하기 위해서는 담당교사가 해당 사업의 신청기간에 동아리나 수업 팀을 구성·신청해서 지도해야 한다. 학생들 개인의 활동이기보다는 동아리나 수업 팀 단위의 활동이기 때문에, 적합한 팀을 구성하고 그 안에서 협업을 하도록 유도하는 지도방법이 중요하다. 또한 지속적으로 단계별 진행을 하기 위해서는 진로수업이나 일반교과수업 시간에 주기적으로 진행 상태를 점검하고 학생들과 함께 논의해 단계적으로 계획된 기간 동안 성장해 가도록 지도할 필요가 있다.

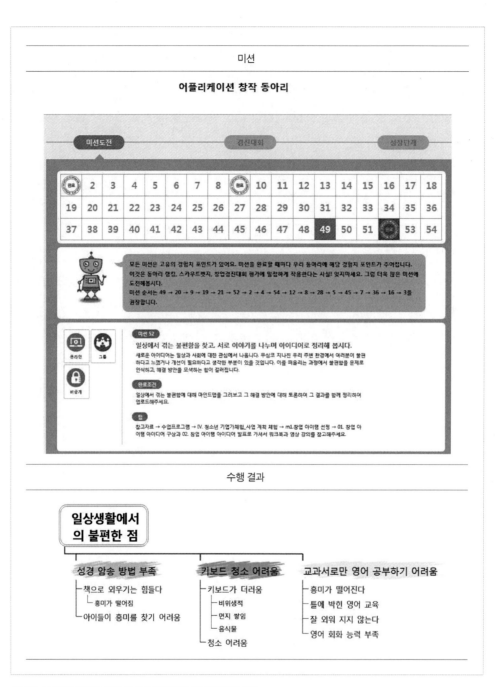

그림 9-4 YEEP 동아리 활동 미션과 수행 결과 온라인 탑재 사례

출처: 교육부·한국직업능력개발원(2016b). YEEP 학생 활동 자료 사례. URL: https://www.yeep.kr/club/338/quest/view/page?questId=52

3) 청소년 비즈쿨

(1) 개요

청소년 비즈쿨(Bizcool)은 중소기업청과 창업진흥원에서 청소년의 기업가 정신 함양과 창업 교육을 지원하는 사업이다. 비즈쿨(Bizcool)은 비즈니스(Business)와 스쿨(School)의 합성어로, 비즈니스로 세상을 배운다거나 학교교육과정에서 비즈니스를 배운다는 의미를 담고 있다(중소기업청·창업진흥원, 2014; 창업진흥원, 2014; 창업진흥원, 2016). 청소년 비즈쿨은 경제혁신 3개년 계획에 따라 초·중·고등학생의 기업가 정신 함양과 창업 교육을 통해 꿈, 끼, 도전정신, 진취성을 갖춘 융합형 창의인재를 양성하려는 목적으로 시행되고 있다(김경재, 2016).

비즈쿨 지원 내용은 기업가 정신 및 창업 관련 이론 교육, 체험활동 지원, 창업동아리 활동 지원, 외부 전문가 특강 등이며, 학교의 비즈쿨 유형에 따라서 사업비를 차등하여 지원하고 있다(중소기업청·창업진흥원, 2017).비즈쿨은 학생의 교육 단계에 따라서 다양한 프로그램과 지원 사업을 제공한다. 초등학교는 실생활과 밀접한 체험학습, 중학교는 중급 이론 교육 및 올바른 경제관 교육, 고등학교는 비즈니스 마인드 함양과 실전 창업체험 등을 실시하고 있다(중소기업청·창업진흥원, 2014).

표 9-5 학교급별 비즈쿨 일반교육의 내용

구분	일반교육 내용
초등학교	어린이 경제, 금융 기초이론 및 실생활과 연계한 실천적 비즈니스 체험학습 교육
중학교	청소년 비즈니스 마인드 함양을 위한 중급 이론 교육 및 올바른 경제관 확립을 위한 인식 전환 교육
고등학교	비즈니스 마인드 함양을 위한 고급이론 교육 및 실전 창업체험 학습을 통한 실무능력 배양 교육

출처: 중소기업청·창업진흥원(2014). 2014년 청소년 비즈쿨 지원사업 소개 발표자료

(2) 지도방법

비즈쿨 지원 사업은 교사가 학교 단위로 신청을 하여 학교 또는 학급을 대상으로

해당 프로그램을 운영할 수 있도록 지원하고 있다. 비즈쿨 학교 운영은 기업가 정신 및 창업관련 이론 교육을 연간 34차시 이상 운영하며, 교내·외 체험활동을 실시한다. 외부 전문가의 기업가 정신 특강을 운영 하고, 창업 동아리를 최소 2~6개 이상 운영하도록 하고 있다. 비즈쿨 캠프는 다양한 청소년들을 대상으로 경제교육 및 창업경영 시뮬레이션 등 청소년 연령별 창업캠프를 운영한다. 이 외에도 비즈쿨 인프라 구축을 위하여 전국 비즈쿨 활동 사례를 공유하는 비즈쿨 페스티벌을 운영한다. 기업가 정신 함양을 위한 이론교육 및 사례수업 교재를 배포한다. 이 외에도 창업 및 기업가 정신에 대한 교수법 등 교원 연수를 제공한다(중소기업청·창업진흥원, 2017). 이 외에 보다 구체적인 내용은 K-Startup 홈페이지(www.k-startup.go.kr)를 통해 확인할 수 있다(창업진흥원, 2017).

이와 같이 초·중등학교 교사들은 청소년에게 다양한 기업가 정신 및 창업에 대한 마인드와 실전 연습까지 제공하는 비즈쿨 지원 사업을 활용해 학생들을 위한 창업·창직 교육 및 기업가 정신 교육을 실시할 수 있다. 학교 단위로 신청하기 때문에 담당교사의 의지와 노력, 학교장의 인식 등이 중요하다. 따라서 적용대상 학생과 학교 내 교육 운영시간 등을 설계하고 학교장 및 동료 교사들과의 협의를 통해 비즈쿨 지원 사업에 신청해서 필요한 도움을 받을 수 있다. 교사의 역량을 제고하는 연수도 제공하기 때문에, 구체적인 계획을 세우고 접근하면 학생들에게 효과적인 교육을 제공할 수 있다.

4) 기타 프로그램

앞서 살펴본 프로그램 외에도 특허청과 발명진흥회에서 운영하는 '차세대 영재 기업인 육성 사업'이 있다. 이 외에도 최근 부처나 공공기관에 따라 기업가 정신이나 창업 교육과 연계한 사업이나 프로그램들을 도입하고 확대하는 추세이다.

또한 정부 부처나 공공기관을 통해 제공되는 프로그램 외에도 각종 사회적 기업, 비영리단체, 또는 사설기관들을 통해서 제공되는 창업·창직 및 기업가 정신 향상 교육 프로그램들도 있다. 예를 들어, 국제적인 비영리 청소년 교육기관인 JA(Junior achievement) Korea에서는 경제교육 기반의 창업 및 기업가 정신 교육을 제공하고 있다. 초등학생에게는 가게를 차려 운영하는 것, 중학생에게는 자신만의 브랜드 개발, 고등학생에게는 직접적인 창업교육 등의 프로그램을 제공하고 있다. 이 외에도 다양한 기관이나 단체에서 제공하는 프로그램들을 교사가 면밀히 체험하거나 시범 적용해 봄으로써 적절성을 판단하고 활용할 수 있을 것이다.

실제로 창업·창직을 하려는 청소년 및 청년이 필요한 정보를 얻거나 이를 지원하는 교육을 받기 위해서는 다양한 정보나 교육을 제공하는 곳을 알아 둘 필요가 있다. 공공부문의 정보나 지원은 앞서 살펴본 것과 같이 주로 초·중등학교 교사를 통해 학생들에게 제공되는 것이 많다. 한편 민간부문의 정보나 지원은 주로 대학생을 대상으로 하는 경우가 많고, 개별 학생이나 팀 단위로 신청을 하거나 제공하는 것이 많다. 대체로 이러한 정보나 교육들은 실제로 창업을 지원하거나 그러한 역량을 함양하도록 하기 위한 것이다. 대학생 이상의 청년을 주요 대상으로 해서 제공하는 경우가 많고, 개인이 신청해서 수행하는 것이 대부분이다. 아울러 이러한 정보는 해마다 정부 정책이나 경기 변동에 영향을 받기도 하기 때문에, 지속적으로 최신 정보가 바뀔 수 있다. 따라서 창업·창직 및 기업가 정신을 지도하는 교사는 이 장에 나오는 정보들을 참고하되, 이를 활용할 때에는 최신 정보를 파악해서 접근할 필요가 있다. 아울러 이 장에서 제공하는 정보 외에도 다양한 지원과 정보가 더 발생할 수 있기 때문에, 최신 정보를 찾아 필요한 학생들에게 제공해 준다면 효과적일 수 있다.

1) 공공부문의 지원 내용

공공부문에서는 다양한 기업가 정신 및 창업·창직 교육과 지원을 제공하고 있다. 먼저 교육부와 한국직업능력개발원에서 초·중등학교 학생들을 대상으로 'Wi-Fi 창업과 진로 프로그램', '청소년 기업가 체험 프로그램(YEEP)' 등을 제공한다. 개발된 프로그램을 학교 교사가 수업시간에 활용해 지도할 수 있다. 중소기업청과 창업진흥원은 '청소년 비즈쿨 프로그램'을 지원하고 있으며, 창업에듀 사이트를 통해서 온라인으로 창업 교육을 제공하는 'K-스타트업' 교육 지원도 있다. 특허청과 발명진흥회에서는 한국과학기술원 및 포항공과대학교의 영재기업인 교육원을 통해 향후 우수한 기업인을 육성하기 위한 '차세대 영재기업인' 육성 프로그램을 제공하고 있다. 한국여성경제인연합회에서는 여대생을 대상으로 기업가 정신과 창업 마인드를 높이는 '차세대 여성 CEO 양성교육'을 제공하고 있다.

표 9-6 공공부문의 기업가 정신 및 창업·창직 지원 정보

프로그램 및 사업	주요 정보
Wi-Fi 창업과 진로	• 주관 : 교육부 • 개발·운영 : 한국직업능력개발원 • 내용 : 기업가 정신에서 담고 있는 역량과 정신을 진로교육에서 함양하여 적용할 필요성에 따라 개발된 것으로, 학습자가 모의 창업 활동을 통해 창업가 정신(기업가 정신)을 함양할 수 있는 활동으로 구성됨.
청소년 기업가 체험 프로그램(YEEP)	• 주관 : 교육부 • 개발·운영 : 한국직업능력개발원 • 내용 : 학교 내에서 체험학습을 통해 청소년의 도전정신과 창의적 진로개발역량을 키워 주는 온·오프라인 융합형 진로체험 프로그램임.
청소년 비즈쿨	• 주관 : 중소기업청 • 개발·운영 : 창업진흥원 • 내용: 청소년의 기업가 정신 함양과 창업 교육을 지원하는 사업으로, 교사가 학교 단위로 신청을 해서 학교 또는 학급을 대상으로 해당 프로그램을 운영할 수 있도록 지원함.
K-Startup	• 주관 : 중소기업청 • 개발·운영 : 창업진흥원 • 내용 : 온라인에서 창업교육을 무료로 제공하며, 주요 내용은 창업기초, 창업실전, 창업특화, 창업교양 등의 내용임. • 참고 : 창업에듀 사이트(https://edu.k-startup.go.kr/)
차세대 영재기업인	• 주관 : 특허청 • 개발·운영 : 발명진흥회, 한국과학기술원(KAIST) 및 포항공과대학교의 영재기업인 교육원 • 내용 : 중·고등학생 발명영재를 향후 신성장산업을 창출할 지식재산 기반의 영재기업인으로 육성하기 위한 사업으로, 추수 단계로 대학교에서의 창업까지를 지원함.
차세대 여성 CEO 양성교육	• 주관·운영 : 한국여성경제인연합회 • 내용 : 여대생의 기업가 정신을 함양하고 창업 마인드를 고취시켜 역량 있는 차세대 여성 CEO를 양성하기 위해 창업교육을 제공(창업실무 체험, 사업 외부환경 분석, 사업계획서 작성 등을 하며 대학의 학점 인정도 가능) • 참고: http://www.wbiz.or.kr/

2) 민간부문의 지원 내용

민간부문에서도 최근 들어 다양한 기업가 정신 및 창업·창직 교육과 지원을 제공하고 있다. 민간 부분의 지원은 대체로 대학생을 대상으로 하는 경우가 많으며, 초·중등학생에 대한 교육 및 지원에 비해 좀 더 실제적인 창업 지원에 가까운 경우도 많다. 민간부문의 지원은 주요 대기업들이 사회공헌 측면에서 접근하는데, 이러한 지원을 통해 해당 기업의 사업 분야에 대한 발전이나 홍보 등과 연계해 확대되는 추세이다.

민간부문의 지원 사례는 다양하다. 먼저 SK그룹은 'SK 청년비상 프로젝트'라는 대학생의 창업 교육 및 창업 동아리 지원 프로그램을 운영하고 있다. 2015~2016년 동안 600여 개 창업 동아리를 발굴 및 지원했고, 우수 동아리 40팀을 선발해 창업 교육 및 사업화를 지원하며, 최종 8개 팀에게는 해외진출 기회도 부여하고 있다. (주)포스코는 '포스코 벤처파트너스'라는 사업을 통해 아이디어를 접수해 사업화를 지원하고, 지속적인 전문가 멘토링을 통해 사업계획서를 완성하도록 한다. 미래에셋대우(주)와 (사)사회연대은행은 창업을 원하는 청년에게 창업 교육과 자금을 지원하는 '점프 업 청년 사회적 기업 프로젝트'를 운영하고 있다. 아산나눔재단은 '아산 기업가 정신 리뷰'라는 기업가 정신 함양을 위한 사례집과 수업용 노트를 개발해서 무료로 발간 및 배포하고 있다. 이러한 사업이나 프로그램은 민간기업이 자체적으로 운영하고 있다.

아울러 민간기업이 정부에서 추진하는 사업이나 프로그램에 예산을 지원하고 운영에 참여하는 방식으로 협력하는 경우도 있다. 예를 들어 (주)KT는 중소기업청, 동반성장위원회와 함께 '상생 서포터즈'라는 청년 창업 프로그램 참여 협약을 맺었다. 이는 3년 동안 재원을 투입해서 KT와 경기창조경제혁신센터가 연계해 역량 있는 스타트 업 및 우수 벤처기업의 해외진출을 지원하고 핵심 파트너로 성장하도록 지원하는 사업이다. 이처럼 민간부문에서는 다양한 측면에서 활동하고 있다. 이러한 정보들은 대체로 해마다 신속하게 바뀌거나 달라지는 경향이 있기 때문에, 실제로 활용하기 위해서는 당해 연도에 직접 해당 정보를 찾아서 명확히 확인할 필요가 있다.

1) 기업가 정신 및 창업 · 창직 교육의 방향

우리나라에서 청년들이 기업가 정신을 가지고 창업 · 창직을 활발하게 하도록 하기 위해서는 교육 측면에서 몇 가지 방향성을 가지고 접근할 필요가 있다.

첫째, 교육제도 안에서 자연스럽게 기업가 정신을 키우고 연습 가능한 플랫폼을 갖출 필요가 있다. 과거의 지식 주입식의 단순한 교육방식에서 벗어나 학생들이 학교에서 학습하는 과정에서 자연스럽게 기업가 정신을 키울 수 있는 환경과 분위기를 갖추어야 한다. 또한 구체적인 기업가 정신을 발휘할 수 있는 상황과 체험이 가능하도록 해서 기업가 정신을 연습할 수 있는 기회를 다양하게 제공해야 한다. 이러한 기업가 정신 함양을 위한 자연스러운 모습이 우리나라의 교육제도에 깊게 자리 잡을 수 있어야 하며, 우리나라 교육제도에 적용 가능한 플랫폼을 마련해야 한다.

둘째, 특정한 학생만 창업 · 창직을 하는 것이 아니라 다양한 성격과 특성을 지닌 모든 학생이 창업 · 창직이 가능한 대상임을 고려한 기업가 정신 교육이 필요하다. 기업가에 대한 선행연구들에 따르면, 기업가가 된 사람들의 성격 특성과 흥미, 적성 등은 매우 다양한 것으로 나타나고 있다. 즉, 소위 진취적이고 적극적이며 경영이나 판매에 능한 사람들이 기업가가 될 것이라고 생각하기 쉽지만, 실제로 기업가가 된 사람들의 특성은 매우 다양해서 일정한 패턴을 찾기가 어려웠다고 한다. 그만큼 창업 · 창직이 가능한 사람이 따로 있는 것이 아니라 각 분야의 다양한 성격과 특성을 지닌 사람들이 모두 창업 · 창직의 대상일 수 있다는 뜻이다. 따라서 다수의 학생들이 창업 · 창직의 대상이 될 수 있음을 고려해서 기업가 정신과 창업 · 창직 교육이 진로교육 내 · 외에서 보편적으로 이루어질 수 있도록 해야 한다.

셋째, 학생들이 쉽게 창업 · 창직을 경험할 수 있어야 한다. 학교교육을 통해 벤처를 만들어보고 제대로 운영이 안 될 경우 쉽게 폐업을 해 보기도 하는 등 다양한 경험을 할 수 있도록 해야 한다. 창업·창직을 경험해 본 학생들은 이에 대한 막연한 두려움이 적어지고, 실패 경험을 통해 배운 것을 토대로 실전에서 좀 더 제대로 된 창업·창직을 할 수 있게 된다. 학교에서는 창업을 했다가 실패를 하더라도 하나의 학습과정으로 쉽게 용인된다. 따라서 학교교육을 통해서 이러한 창업·창직의 경험을 축적한다면, 청년들이 사회에 나와서도 좀 더 적극적으로 기업가 정신을 발휘해 창업·창직을 할 수 있게 될 것이다.

2) 진로교육 관점에서 본 기업가 정신 및 창업·창직 교육

기업가 정신 및 창업·창직 교육은 진로교육 관점에서 좀 더 관심을 둘 필요가 있다. 과거의 전통적인 진로교육에 대해 그동안 제기되어 왔던 비판은 진로교육이 취업 준비에만 초점을 둔 진로설계와 진로준비 교육이라는 것이었다. 그런데 창업·창직을 진로교육에 적용하면서 취업경로 외에 좀 더 다양한 진로경로를 준비하고 미래 지향적인 패러다임을 갖출 수 있게 되었다. 즉, 진로교육에서 기업가 정신 및 창업·창직을 논하고 이러한 개념이나 교육방법을 활용해서 교육함으로써 진로 및 직업이해 교육에서 좀 더 폭넓고 혁신적인 교육이 가능하게 된다. 기업가 정신 및 창업·창직 교육을 위해 이미 개발된 다양한 프로그램이나 방법을 적용하면 진로교육의 방법론도 좀 더 풍부해질 수 있다. 또한 기업가 정신 및 창업·창직 교육에서 개발된 프로그램과 자료들은 학생의 참여와 활동 중심으로 이루어지는 진로교육에 쉽게 적용할 수 있다.

이러한 관점에서 교육부(2015)의 '학교 진로교육 목표와 성취기준'에도 기업가 정신 및 창업·창직 교육에 관한 내용이 세부 목표와 성취기준으로 반영되어 있다. 먼저 학교 진로교육의 목표가 학생의 창의적인 진로개발역량 향상인데, 이 역량은 진취성, 자기주도성, 의사결정능력 등 기업가 정신의 구성요소들과 연관성이 높다. 아울러 중학교, 일반고등학교, 특성화고등학교의 진로교육 세부 목표와 성취기준에도 기업가 정신 및 창업의 내용을 다루는 항목이 있다(표 9-7 참조). 또한 직접적으로 기업가 정신을 언급한 목표 및 성취기준 외에도, 학생의 수준에서 기업가 정신의 하위요소들에 해당하는 세부 역량이나 태도들은 다른 진로교육 세부 목표와 성취기준에 다수 반영되어 있다(장현진, 2016b). 이와 같이 진로교육 및 직업이해 교육에 기업가 정신 및 창업·창직 교육을 접목해서 좀 더 풍부하고 다양한 차원의 교육이 이루어질 수 있도록 해야 한다.

표 9-7 '2015 학교 진로교육 목표와 성취기준'의 기업가 정신 반영 내용

영역	대영역 II. 일과 직업세계 이해 – 중영역 1. 변화하는 직업세계 이해	
교급	중학교	고등학교(일반고, 특성화고)
세부 목표	**창업과 창직의 의미를 이해**하고 관련 **모의 활동**을 해 **본다.**	**창업과 창직의 필요성을 이해**하고 관련 **계획을 세워 본다.**
성취 기준	1) 다양한 진취적 역량(창의성, 협업능력, 창업가 정신 및 리더십 등)들을 **이해할 수 있다.**	1) 다양한 진취적 역량(창의성, 협업능력, 창업가 정신 및 리더십 등)의 의미와 **중요성을 설명할 수 있다.**
	2) 다양한 창업과 창직 **사례를 탐색할 수 있다.**	2) 관심 분야의 **동향 및 전망을 파악**하고 관련 창업과 창직 **사례를 탐색할 수 있다.**
	3) **새로운 종류의 직업이나 사업을 상상하고 만드는 모의 활동**을 할 수 있다.	3) **관심 있는 분야의 직업이나 사업을 구상**하고 **계획하는 모의 활동**을 할 수 있다.

주 1) 학교 진로교육 목표와 성취기준에 대해 연구자가 분석해서 제시한 것임.
　2) 초등학교 및 이 외의 영역에는 직접 창업·창직을 명시한 항목이 없지만, 기업가 정신의 세부 요소가 진로교육 세부 목표 및 성취기준 일부에 반영됨.
　3) 창업 및 창직에 관한 세부 목표 및 성취기준은 일반고와 특성화고에 동일하게 설정됨.
출처 : 교육부(2015); 장현진(2016b). 재구성

참고문헌

교육과학기술부 · 한국직업능력개발원(2012a). Wi-Fi 창업과 진로 세부 교수지도안(중학교).

교육과학기술부 · 한국직업능력개발원(2012b). Wi-Fi 창업과 진로(중학교).

교육부(2015). 2015 학교 진로교육 목표와 성취기준.

교육부(2016). 제2차 진로교육 5개년 기본계획(2016~2020). 2016년 4월 5일 발표.

교육부 · 한국직업능력개발원 · 한국경제신문 특별취재팀(2015). 글로벌 인재포럼 2015: 다양한 인재가 세상을 바꾼다. 한국경제신문 한경 BP.

교육부 · 한국직업능력개발원(2016a). YEEP 청소년 기업가 체험 프로그램 홈페이지. URL: https://www.yeep.kr/login.

교육부 · 한국직업능력개발원(2016b). YEEP 학생 활동 자료 사례. URL: https://www.yeep.kr/club/338/quest/view/page?questId=52

국립국어원(2016a). 표준국어대사전 '기업가' 검색. URL: http://stdweb2.korean.go.kr/search/List_dic.jsp

국립국어원(2016b). 표준국어대사전 '창업' 검색. URL: http://stdweb2.korean.go.kr/search/List_dic.jsp

김경재(2016). 창업교육 더 이상 정부지원만이 아니다. 2016 창업교육 이슈페이퍼. 교육부 · 한국연구재단 · 한국기업가정신재단

김문희(2016). 기업가정신 및 창업교육 관련 OECD 논의 동향 및 사례. The HRD Review, 2016년 5월호, 104-122.

김중진, 박봉수(2012). 진로선택 대안으로서 창직. 고용이슈, 2012년 7월호. 한국고용정보원.

김진형(2016). 4차 산업혁명 시대 인공지능은 새로운 기회. The HRD Review, 2016년 11월호. 한국직업능력개발원.

박문각(2014). 시사상식사전 '창직' 검색. URL: http://terms.naver.com/entry.nhn?docId=2175275&cid=43667&categoryId=43667.

박선영(2015). 유럽연합의 기업가정신 함양교육 분석. 청소년문화포럼, 41, 66-85.

박종규(2014). 기업가정신 교육의 현황 및 극복 과제. The HRD Review, 2014년 1월호, 256-266.

이윤준(2015). 창조경제와 기업가정신. 과학기술정책, 9(3 · 4), 48-55.

이윤준 외(2012). 기업가정신 고취를 통한 기술창업 활성화 방안. 과학기술정책연구원.

이윤준 외(2014). 글로벌 기업가정신 지수 개발. 과학기술정책연구원.

장현진(2016a). 제1차시. 미래사회와 기술변화. 초등 담임교사 진로교육 원격연수 자료.

장현진(2016b). 초·중등 진로교육에서 기업가 정신, 어떻게 함양할 것인가? 제42차 한국진로교육학회 춘계 학술대회 자료집.

중소기업청(2010). 중소기업청 전문용어. '벤처' 검색. URL: http://terms.naver.com/entry.nhn?docId =298980&cid=42103&categoryId=42103.

중소기업청·창업진흥원(2014). 2014년 청소년 비즈쿨 지원사업 소개 발표자료.

중소기업청·창업진흥원(2017). 청소년 비즈쿨 운영학교 모집 발표자료.

창업진흥원(2014). 청소년 비즈쿨 지원사업 운영 지침. 2014년 3월 21일 발표자료.

창업진흥원(2016). 청소년비즈쿨 지원사업 안내. URL: http://www.kised.or.kr/bus/edu1.asp

창업진흥원(2017). K-Startup 홈페이지. URL: https://www.k-startup.go.kr/main.do

커리어넷(2016). SCEP 창업적 진로개발. http://scep.career.go.kr/scep.do#program

통계 원자료 출처: http://dx.doi.org/10.1787/888932829438

통계 원자료 출처: http://dx.doi.org/10.1787/888932829457

Academy of for Entrepreneurial Leadership, University of Illinois at Urbana-Champaign (2008). *Entrepreneurship: An American perspective.*

European Commission (2006). *ntrepreneurship education in Europe: Fostering entrepreneurial mindsets through education and learning.* Final Proceedings.

European Commission (2014). *The European Entrepreneur Exchange Programme.* Erasmus for Young Entrepreneurs Support Office.

European Union (2013). *Entrepreneurship Education: A Guide for Educations.* Entrepreneurship and Social Economy Unit Directorate-General for Enterprise and Industry. European Commission.

Heinonen, J. & Poikkijoki, SA. (2016). An entrepreneurial-directed approach to entrepreneurship education: mission impossible? *Journal of Management Development, 25*(1), 80-94.

Lackeus, M. (2015). *Entrepreneurship in Education: What, Why, When, How.* Entrepreneurship360 Background Report, OECD-European Commission.

Morris, M. H., Webb, J. W., & Singhal, S. (2013). A competency-based perspective on entrepreneurship education: conceptual and empirical insight. *Journal of Small Business Manage-*

ment, 51(3), 352-369.

OECD (2013a). Entrepreneurship at a Glance 2013, OECD Publishing, Paris. http://dx.doi. org/10.1787/entrepreneur_aag-2013-en.

OECD (2013b). Entrepreneurship at a Glance 2013, OECD Publishing, Paris. http://dx.doi. org/10.1787/entrepreneur_aag-2013-en.

Peterman, N. E. & Kennedy, J. (2003). Enterprise education: Influencing students' perceptions fo enterepreneurship. *Enterpreneurship Theory and Practice, 28*(2), 129-144.

Rideout, E. C., & Gray, D. O. (2013). Dose entrepreneurship education really work? A review and methodological critique of the empirical literature on the effects of university based entrepreneurship education. *Journal of Small Business Management, 51*(3), 329-351.

Schwab. K. (2016). 클라우스 슈밥의 제4차 산업혁명. (송경진 역). 서울: 새로운 현재.

Spencer L. M. & Spencer, S. M. (1993). *Competence at work.* New York: Wiley.

World Bank (2016). GDP ranking. URL: http://data.worldbank.org/

10장

기업 채용 트렌드 탐색 및 활용

김소현

경영 환경의 변화는 기업의 인력관리에 매우 큰 영향을 미치며, 이는 기업이 원하는 인재 특성과 채용방식의 변화로 이어진다. 그러므로 최근 기업 환경의 변화를 살펴보고, 채용시장의 여러 변화를 이해하며, 향후 채용시장 변화의 주요 방향성을 탐색하는 것은 진로결정과 진로준비를 위한 효율적인 준비계획 수립에 필수적이다.

이러한 관점에서, 가장 먼저 기업의 변화와 그에 따른 인력관리의 특성을 파악하면서, 최근 기업이 핵심인재를 어떻게 선발하고 육성하며 관리하는지에 대해 구체적으로 살펴본다. 이어서, 기업의 채용 트렌드 중 가장 핵심이라고 할 수 있는 직무별 또는 직무역량 중심의 채용 변화에 맞추어 주요 직무별 특성을 탐색하고 그에 따른 맞춤형 진로지도 방안에 대해 알아본다.

1) 주요 경영 환경 변화에 따른 기업의 인력관리

기업의 경영 환경은 크게 내부와 외부의 환경으로 나누어 생각해 볼 수 있다. 먼저 기업을 하나의 조직이라고 할 때, 내부 환경은 그 조직의 전략과 조직의 업종·산업의 라이프 사이클, 주요한 지배구조나 조직구조의 특성, 조직 규모 등을 의미한다. 다음으로, 외부 환경은 정치·법률적 환경이나 정부의 제도, 해당 시기의 전반적인 경제 상황, 노동시장의 특성, 사회·문화적 환경, 정부의 제도(규제나 장려), 정보기술의 발전이나 국제적인 환경 등이 미치는 영향과 관련되어 있다. 이 장에서는 기업별 조직의 특수성에 영향을 받는 내부 환경보다는 외부 환경에 초점을 맞추어 최근 기업 변화의 주요 흐름과 인력관리에 미치는 영향력을 분석했다.

인사관리와 관련된 기업의 외부 환경과 그로 인한 인력관리의 특성, 변화의 방향성을 요소별로 살펴보면 다음과 같다.

(1) 정치·법률적 환경과 정부 제도의 영향

정치와 법률은 경영 환경 및 기업의 인력관리와 매우 긴밀하게 연관된다. 이를테면 정권 교체나 권력 집중의 정도, 정치조직의 성격, 정치 민주화 정도, 정부의 각종 정책의 방향성은 기업의 인사관리에도 매우 큰 영향을 미칠 수밖에 없다. 이렇듯 인사관리에 영향을 미치는 법률로는 상법, 노동관계법, 공정거래법, 세법 등이 있는데, 이 가운데 노동관계법이 근무시간, 작업조건, 퇴직금, 보건위생, 임금, 근로계약, 재해보상, 복지후생 등과 가장 밀접한 법률적 환경에 영향을 미친다.

최근에 정년 60세 연장 법안이 통과되었고, 내년부터는 공기업과 상시 근로자 300인 이상 사업장 등에 관련 법안이 적용된다. 이는 기업의 인력 계획이나 임금체제 변화에 이미 큰 영향을 미치고 있다. 또한 장시간·저효율 근로 관행을 개선하기 위해 현행 68시간인 근로 시간을 52시간으로 단축하는 법안을 포함해 고용 차별 개선, 노동시장 유연성 제고 방안 등도 기업이 인력 규모를 결정하고 고용관계 및 임금체계를 설정하는 등의 전반적인 인력 운영 방향을 수립하는 데 큰 영향 요인으로 작용한다고 볼 수 있다(박종성, 2015).

그 중에서도 임금피크제[1]는 임금 조정을 통해 고령 근로자의 계속 고용을 보장하고 신규 인력 채용을 확대해 잡 셰어링(job-sharing)을 한다는 취지로 정책화되었다. 그러나 실제로 국내 기업에서는 신규 채용자의 경우 더 길어진 정년을 보장해 주기보다는 '계약직' 등 비정규직 채용률을 높게 만들 확률이 크고, 장년의 경우 임금피크제 대상 인원을 줄이기 위한 대규모 감원이 야기되는 등의 부작용도 예견된다. 이처럼 국가 정책의 방향은 '고용의 유연화'라는 사회 트렌드와 맞물려 기업의 인사관리 전반에 매우 큰 파장을 미친다.

(2) 경제 · 사회 · 문화적 환경

간단히 말해, 기업의 인력관리에서 경제적 환경은 기업의 경영활동에서 경영시스템에 전반적인 영향을 미치는 경제 상황, 경영활동의 체계나 산업구조의 영향을 의미한다. 예를 들어 자본주의 경제체제에서 모든 경영활동의 의사결정은 시장의 수요와 공급에 따라 이루어지지만 사회주의 경제에서는 정부에 의하여 결정되므로, 이러한 체제 차이가 인사관리에 다르게 영향을 미칠 것이다. 산업구조 변화의 예를 들어 보자. 육체노동자의 비중이 줄고 정신노동자의 수가 증가하면 기업의 고용, 훈련, 보상, 후생제도에도 큰 변화가 생긴다. 또한 경제성장 경기의 호황은 고용 확대로 이어지지만, 불황은 경쟁력 유지를 위해 비교적 더 보수적이고 투자를 자제하는 인력관리 경향으로 이어진다.

사회·문화적 환경 측면에서 보면, 기업에서는 삶의 질을 중시하고 일과 여가를 구

---

1   임금피크제는 근로자의 계속 고용을 위하여 노사 간 합의를 통해 일정 연령을 기준으로 임금을 조정하고, 소정의 기간 동안 계속 고용을 보장하는 제도로, 근로자가 일정한 연령에 도달한 시점에 임금을 점진적으로 삭감하는 대신 근로자의 고용을 보장하기 위한 목적으로 추진된 제도이다. 나무위키, https://namu.wiki/w/%EC%9E%84%EA%B8%88%ED%94%BC%ED%81%AC%EC%A0%9C

분하려는 새로운 가치관을 지니며 개성과 자율을 추구하는 신세대 지식노동자가 등장하고 있다. 소위 밀레니엄 세대로 일컫는 이들 젊은 종업원들에게는 과거처럼 조직의 발전을 위해 조직에 개인을 몰입시키는 것을 기대하기 어렵다. 이들은 이전 세대와 확연히 다른 직업가치관을 갖고 있고, 조직보다는 개인을 우선시하는 특성을 지니고 있다. 또한 지금까지 그 어느 세대보다 기술에 가장 집착하는 세대이고, 매우 사교적이면서 사회적인 응집력도 잘 발휘하는 특성을 지니고 있다. 최근의 조사 결과에 따르면, 이들이 2020년까지 인력의 46%를 구성할 것으로 예측된다.[2] 실제로 취업자 평균 연령이 40.5세(2013년 5인 이상 사업장 기준)로 높아지면서 세대 다양성도 증가하고 있고, 이미 한 부서에 베이비부머 세대, X세대, Y세대가 공존하고 있는 실정이다.

이에 따라 기업도 이들을 고려한 새로운 인력관리 체계를 미리 준비하고 있다. 기업은 기존 세대와 새로운 X, Y 세대 종업원 간의 갈등을 관리하고, 특히 신세대 종업원의 조직 불만족과 이탈률을 줄이기 위해 아래와 같은 방식으로 노력하고 있다.

- 단순 반복적이거나 시스템 위주의 직무 프로세스를 개선해 좀 더 개인을 중시하거나 인간중심적인 차원에서 더 편안하게 작업할 수 있는 직무 재설계
- 과업 중심적이고 상명하달적인 조직 문화에서 벗어나 존중받고 격려받는 조직 내 관계 개선방안의 도입
- 좀 더 공정하고 투명한 성과 평가제도 및 승진 및 보상 기준의 재정립
- 야근이나 무리한 과업을 요구하지 않는 노동생활의 질을 제도화

또한 기업 내 인적 구성도 날로 다양해지고 있다. 속도는 더디지만 여성 인력이 점차 증가하고 있고, 생산직에 국한되었던 외국인 인력도 점차 사무직, 전문직으로 활동 영역을 넓혀 나가고 있다. 기업은 다양한 특성의 인력에 대해 다각적인 맞춤형 인력관리를 지향하며, 선발 과정에서부터 역량 평가, 경력개발에 이르기까지 각기 다른 기준과 방식으로 인력관리를 하고자 노력하고 있다.

---

2   http://www8.hp.com/h30458/kr/ko/smb/1433495.html

(3) 노동시장 및 IT 기술의 변화

노동 가능 인력의 연령이 점차 중·고령화되는 가운데, 사회 전체적인 노동 가능 인력을 최대한 활용해야 하는 우리나라는 앞에서 언급한 임금피크제와 함께 최근 정년퇴직 연한을 만 60세로 조정한 바 있다. 이는 저출산·고령화 사회에서 향후 국가적 차원의 노동력 필요 수요를 감안할 때, 그동안 노동시장을 주도했던 장년층의 정년을 실질적으로 연장시켜 이들이 계속 일할 수 있는 구조를 확보하려는 의도가 포함된 것이라 볼 수 있다. 그렇기 때문에 기업 역시 인력관리에 이러한 변화를 반영하여 노동 인력의 활용 방안을 마련하고 연공서열 시스템 외에 유연한 인력 운영 시스템을 구축하는 등 좀 더 다각적으로 대응하고 있다. 비정규직 고용방식이 한편으로는 인건비 절감을 위한 저숙련 인력 활용에 적용되지만, 다른 한편으로는 계약직과 시간제 근로 전문 인력의 활용도를 높이는 수단이 될 수 있다.

그리고 IT 기술을 비롯한 신성장 경제 동력의 발달은 새로운 노동 수요 발생, 숙련 노동 수요 증가, 노동 대체 현상 가속화 등 기업의 인력 수요와 인력관리에 영향을 미칠 수 있다. 향후 IT 기술의 발달은 지식 기반 산업의 원동력이 되어 노동 및 고용구조의 탄력성과 유연성을 촉진시킬 것으로 전망된다. 또한 IT 기술에 대한 접근도가 높은 청년 인력의 새로운 고용 창출과 고숙련 노동이 확대되겠지만 초과 공급이 누적될 터이므로 청년 인력의 수급 불균형이 심화될 것이다. 이와 함께 여성 친화적인 지식 기반 직무가 증가함에 따라 여성 인력의 취업 비중이 안정적인 증가세를 나타낼 것이다.

이 같은 노동시장의 특성과 IT 기술의 발전 및 지식 기반 사회의 동향은 저출산·고령화 사회와 맞물려서 각 기업이 이전보다 더 여성 인력을 활용하고 정규직뿐만 아니라 계약직이나 파트타임 등의 유연한 노동력 확보에 더 많은 관심을 가지게끔 할 것으로 예측된다. 무엇보다 장기적인 차원에서의 안정적인 노동력 확보와 전문 인재 유치에 여성 인력을 활용하는 방안은 매우 중요한 인력관리의 화두가 될 것이다.

'밀레니엄 세대 활용 방법'

최근 기업들은, 실제 이와 같은 밀레니엄 세대들과의 갈등으로 고민하는 관리자들을 위해, 이들 밀레니엄 세대의 특성을 이해시키고 이들을 잘 활용할 수 있는 방법까지 안내하고 있다. HP사가 발행하는 웹진 'HP Technology at Work', 2014년 10월 호에 '밀레니엄 세대 활용 방법'이라는 제목으로 실린 기사 중 핵심은 아래와 같다.

21세기의 첫 번째 세대인 밀레니엄 세대를 가장 잘 활용하는 5가지 팁(Tip).
: 밀레니엄 세대에 익숙하지 않은 관리자들을 위한 가이드

– 협업이 핵심

밀레니엄 세대는 팀 스포츠를 하고, 온갖 종류의 학교 위원회 및 클럽에서 시간을 보내며 성장했습니다. 다른 사람들과 함께 공동의 목표를 달성하고 팀의 성공을 자신의 성공으로 생각하는 데 익숙한 세대입니다. 이러한 점은 귀하와 직원 중 '외로운 보안관' 같은 상사가 배워야 할 좋은 특성입니다. 역동적인 팀은 생산성을 향상시킬 뿐만 아니라 직원의 사기를 진작시키는 효과도 갖고 있습니다.

– 최첨단 기술은 밀레니엄 세대의 펜과 종이

대부분의 밀레니엄 세대는 최신 기술에 노출되는 데 익숙하며, 최신 기술을 활용해 훨씬 빠르게 작업을 완료하는 데 뛰어난 기술을 보유하고 있습니다. 한편으로 이러한 점은 밀레니엄 세대가 사무실에서 그들의 기준을 충족하거나 그 이상의 역량을 발휘하는 데 기술을 활용한다는 것을 의미합니다. 다른 한편으로는 높은 수준의 기술 전문가를 활용할 수 있다는 것을 뜻합니다.

– 유연성과 다양성으로 생산성 향상

지루함은 좋지 않습니다. 밀레니엄 세대는 매우 어린 나이 때부터 다양한 미디어,

기술, 활동 등의 자극을 받아 왔습니다. 또한 부모에게서 마음먹은 일은 무엇이든 할 수 있다는 말을 들었으며 실제로 그렇게 할 수 있습니다. 하지만 그렇게 하기 위해서는 본인이 하는 일에 도전정신과 흥미를 갖고 영감을 받아야 합니다. 그리고 본인에게 가장 적합한 방식으로 할 수 있는 유연성이 필요합니다. 유연한 업무 시간, 원격 작업, 본인의 장치를 업무에 사용하는 것 등은 밀레니엄 세대의 열정과 생산성을 이끌어내는 간단한 방식일 수 있습니다.

- 관리자를 코치로 여김

밀레니엄 세대는 관리자를 작업 내용에 대한 명령만 하고 본인과 상관없는 상관이라고만 생각하지 않습니다. 그들은 관리자를 코치로 생각합니다. 따라서 시간과 에너지를 투자하고 정기적으로 피드백을 제공하여 밀레니엄 세대의 능력을 최대한 이끌어내는 사람을 원합니다. 또한 관리자가 수년 간 쌓은 경험을 매우 존중하며, 이러한 경험을 전수할 책임이 있다고 생각합니다. 이렇게 할 경우, 관리자의 성공의 한계가 그들의 기반이 되어 전혀 가능하지 않다고 생각했던 수준으로 비즈니스를 성공시킬 수 있습니다.

- 관리자를 놀라게 할 멀티태스킹 전문가

한 번에 여러 작업을 완료해야 하는 상황은 밀레니엄 세대에게 전혀 문제가 되지 않습니다. 오히려 활기를 더해 줍니다. 이메일에 답장하면서 전화 통화하고, 동시에 인스턴트 메시지에 답하는 일은 눈 하나 깜짝하지 않고 처리할 수 있습니다. 이것은 일상적인 일입니다. 업무, 프로젝트, 일정 등을 계획할 때 이 점을 고려해야 합니다. 그리고 계획 단계에 참여시킵니다. 본인의 역량을 솔직하게 알려 줄 것입니다.

한편 일주일에 60~70시간 근무는 이들이 생각하는 즐거움이 아닙니다. 잘하는 일이 많고 개인 생활을 위한 시간도 원합니다. 하지만 업무를 즐긴다면 예상보다 훨씬 빨리 일을 마무리할 가능성이 높습니다.

비결은 체계적이면서도 밀레니엄 세대에게 본인의 강점을 활용할 자유를 주는 업무 환경을 만드는 것입니다. 지식을 전달하고 가르치면서 본인의 아이디어를 끄집어내고 구현하도록 권장해야 합니다. 관리자와는 전혀 다른 방식으로 일을 처리할 수 있지만, 관리자도 밀레니엄 세대로부터 많은 것을 배울 수 있습니다. 가장 중요한 점은 비즈니스에 엄청난 수익을 안겨 줄 수 있다는 것입니다.

2) 최근 기업 인력관리의 화두

앞에서 살펴본 기업의 외부 환경 변화를 토대로 기업의 인력관리에서 주된 화두가 되면서, 특히 패러다임이 변화되고 있는 부분을 정리하면 다음과 같다.

대부분의 기업은 급변하는 경영 환경에 대응하기 위해 선진국에서 시행되고 있는 각종 새로운 인사제도의 연구와 도입을 활발하게 추진하고 있다. 이러한 경영 환경의 변화는 기업의 인사관리와 핵심인재에 대한 관점의 변화로 이어지고 있으며, 최근 기업들은 표준형 인재에서 전문형 인재를 지향하고 있다. 이를테면 대체로 어떤 일에도 무난하고 무엇이든지 두루두루 중간 정도 할 수 있는 인재가 아니라, 특정 분야에서 확실한 전문실력을 발휘하는 인재를 양성하고 관리하는 데 더 초점을 맞추고 있다.

또한 집단 중심, 연공서열 중심에서 개인성과 중심으로 인사제도나 평가 기준이 변화되고 있다. 기존의 학력, 근속, 연령에 기초한 인사관리에서 탈피해 개인의 다양성과 공헌도를 공정하게 평가해서 보상해 주는 성과 중심 또는 능력 중시의 인적자원 관리가 대세이다. 결과적으로 이는 개인적인 배경이나 관계를 중시하는 조직 문화에서 벗어나 각 직무역량별, 직무별 가치와 요구 특성을 먼저 고려하고 그에 맞는 사람을 선정해 개발하는 직무 중심의 인사체계를 갖추도록 한다. 직무 중심, 역량 중심의 채용으로 이어지고 있는 것이다.

같은 맥락에서, 기업은 이전보다 더 엄격한 채용과 개인별 특성에 맞는 보상을 하는 등 성과관리를 위해 노력하고 있다. 예를 들어 평가 시스템을 성과 평가와 역량 평가로 크게 구분하고, 다시 역량 평가는 모든 구성원에게 필요한 기본 역량과 업무 수행에 필요한 전문 역량으로 나누어 평가하는 방법을 활용하고 있다. 성과 평가는 연봉과 인센티브 결정에, 역량 평가는 승진이나 직책 보임 여부 결정 등에 구분하여 활용하는 경우도 많아지고 있다.

산업구조가 복잡해지는 저출산·고령화 시대의 노동시장에서는 특히 여성 인력의 노동시장 유입과 지속적 근무를 어떻게 지원할 것인지가 기업 인사 부서의 커다란 화두이다. 실제로, 현재 비경제활동 상태에 있는 경력단절 여성이 시간제 근로에 참가할 경우 연간 5.8조원의 근로소득이 예상되며, 전일제로 근무할 때 12.2조원의 경제 유발 효과가 있다(현대경제연구원 연구결과).[3] 따라서 기업은 여성 인력의 채용에 이전보다 매우 높은 관심을 갖고 있으며, 여성 인력을 위한 인사관리 시스템이나 지원제도를 더욱 심도 있게 고민하고 있다.

2014년에 대전상공회의소에서 대전 충남지역 125개 회사를 대상으로 실시한 '기업 여성 인력 활용 현황 및 애로 조사' 결과에 따르면, 여성 특유의 섬세함, 감성적 마인드, 창의적 능력은 남성 직원에 비해 우수한 역량이며, 이는 '성실성', '조직 내 친화력', '업무 몰입도' 등의 핵심 역량으로 표출되는 것으로 나타났다. 그리고 기존에 여성 인력을 고용한 기업들의 설문 분석 결과를 살펴보면, 여성 인력의 활용이 기업의 성과 향상에 기여한 정도를 묻는 질문에 '매우 높음(21.0%)'과 '높음(53.2%)'을 대답한 업체가 전체의 74.2%를 차지해, 여성 인력 활용에 따른 만족도가 대체로 높은 것으로 나타났다. 여성의 특화된 장점을 활용할 수 있도록 여성의 경제활동 참여비율을 늘리고 경력단절을 방지하는 것은 국가경제 및 기업의 성장에 큰 도움이 될 것이다. 또한 진로지도에 있어서도 여성 인력의 일, 직업생활에 대한 긍정적 가치 제고가 더욱 필요한 시점이다.

마지막으로, 이제 기업의 성장이 국내 시장이 아니라 글로벌 시장에서 집중적으로 확대되어야 한다는 점이 인식되면서, 한국 인력뿐만 아니라 해외 현지 인력의 채용에

---

3   여성 인력 활용의 선진 사례와 시사점, 현대경제연구원, 2013년 11월 20일

도 적극적이다. 국적을 불문하고 글로벌 인력의 선발과 인재 육성을 우선시하며, 이전보다 더 실질적이고 글로벌화된 경력개발을 지원하고 있다.

3) 선진기업의 인력관리 주요 사례

지금까지 살펴본 기업의 인력관리 변화 트렌드와 현황을 좀 더 실질적으로 파악하기 위해, 선진기업에서 활용되고 있는 인력관리 방안이나 정책, 실제 사례를 검토해 볼 필요가 있다. 여기에서는 크게 성과 중심의 인사관리, 경력개발 지원, 여성 및 글로벌 인재관리 등 3가지 부문으로 살펴본다.

(1) 성과 중심의 인사관리 제도와 최근 경향

많은 기업이 이미 성과 중심의 인사관리 제도를 활용하고 있고, 이는 앞으로도 더 확산될 추세이다. 성과 중심의 인사관리 경향을 정리하면 아래와 같다.

■ 연공서열보다 직무급(성과 평가) 중심의 보상제도

기업에서는 글로벌 시장 경쟁 시대에 연공서열형 인사제도보다는 임직원의 성과 향상을 최우선 목표로 삼고, 인력을 확보하고 유지하기 위해 성과에 대한 명확한 개인별 보상과 엄격한 관리를 중요시하고 있다.

이전의 연공서열형이 근무기간이 늘어나거나 직위가 오르면 그만큼 연봉이 일정한 비율로 상승되는 구조였다면, 성과중심형은 근무기간이나 직위 상승에 따른 고정된 임금상승율이 낮고 일정한 기본급보다 개인별 성과에 따른 인센티브가 더 크게 상승하는 구조이다. 즉, 성과중심형은 개인별 성과에 따라 더욱 즉각적인 보상 수준에 차등을 두는 것을 일반화하는 시스템이다.

기존의 연공서열형 인사제도는 승진지향적 구조로 수직적인 직위·직책에 따른 보상을 중시한다. 이는 연공서열의 의식을 강조하면서 승진이라는 방식으로 개인에 대한 보상에 차별을 두는 관점이었다. 이에 반해 최근의 성과지향적 구조는 개인의 공헌도

(성과)에 의한 보상 차별을 당연시하는 것으로, 현재의 직무·역할에서 역량의 개발과 발휘를 어떻게 하는지가 보상을 결정하는 중점 요소임을 뜻한다. 이 구조에서 승진 자체는 더 높은 보상을 보장하는 것이 아니라 새로운 직무·역할에서 역량을 발휘할 새로운 기회라고 본다. 승진을 통해 직급이 달라지는 것보다는 자신의 지위와 역할에서 얼마만큼의 성과를 실제로 발휘하는지가 그 개인에 대한 성과 평가와 보상과 직결된다.

■ 협력과 팀워크를 강조하는 조직문화 또한 강화

한편으로 성과 중심 경향은 개인의 성과를 지나치게 중시하다 보니 조직 응집력을 약화시키고 기업 문화를 너무 메마르게 만들며 불필요한 내부경쟁을 야기한다는 부작용도 크다. 기업에서는 이러한 점을 고려해서 성과를 중요하게 여기면서도 구성원 간 협력(collaboration)을 중시하는 팀워크를 강조하는 경향도 함께 확산되고 있다(김기서, 2014).

세계적인 컨설팅사인 맥킨지는 구성원 간의 협력을 향후 경영 키워드 중 하나로 제시했다. 휴렛팩커드의 전 CEO인 칼리 피오리나(Carly Fiorina)는 기업의 7가지 성공비결 중 하나로 팀워크를 강조하면서 "누구도 혼자서는 성공할 수 없다"고 단언한 바 있다. 또한 세계적인 IT 시스템 기업인 시스코의 CEO 존 챔버스(John Chambers)는 "뛰어난 팀워크가 인재들의 집합보다 낫다"고 주장했다. 팀 역할 이론에서 탁월한 연구 업적을 남긴 영국 헨리 경영연구소의 분석에서도 이른바 똑똑한 사람들로만 구성된 팀보다는 다양한 능력과 배경을 가진 팀의 성공 확률이 더 높다는 결과를 도출했다.

이처럼 최근 기업들은 성과 중심의 시스템을 기본적으로 구축하는 동시에 팀워크와 협력성을 갖춘 인재 선발과 육성 정책도 동시에 활성화하고 있다.

(2) 개인 맞춤형 경력관리 제도 운영 현황

선진기업은 종업원의 직무 특성이나 개인적 특성을 고려해 다각적으로 경력개발을 지원하고 있다. 주요 사례는 다음과 같다.

■ 자율적 경력관리(Career Self-Reliance) 제도

HP, VISA, Wal-Mart, IBM 등 선진기업들은 개인이 경력관리를 위해 활동하는 데
대해 회사가 매우 개방적인 태도를 보인다. 또한 주도적인 경력관리를 할 수 있도록 적
극적으로 지원한다. 이를테면 회사 내부 인력의 이동을 제한하지 않고 인력 개발을 통
한 직무·부서 이동의 기회를 열어 주며, 타 직군이나 직종으로의 전환도 가능하도록
한다. 원하는 부서에 결원이 생기면 얼마든지 응모할 수 있고, 웹(Web)을 통해 결원 부
서나 직무를 검색해 직접 지원할 수도 있다. 대부분 다국적기업(Multi-National Com-
pany)인 이들 선진기업들은 국가 간, 지사 간 이동도 비교적 용이하다. 특히 핵심인재
에 대해서는 다양한 직무나 부서, 현지 경험을 쌓을 수 있도록 더욱 적극적으로 기회를
제공해 주고 있다.

■ 비금전적 보상 강화와 더불어 명확한 경력경로(Career path) 제시 및 지원

경기와 기업 경영 환경의 불투명화 때문에, 기업의 인재에 대한 금전적 보상은 이
전보다 쉽지 않다. 그렇기 때문에 인정과 칭찬, 격려, 일과 생활의 균형, 자기계발 기회
부여 같은 비금전적 보상을 적극 활용하는 기업이 많아지고 있다.

금전적 보상의 효과가 상대적으로 단기에 그치고, 돈 때문에 머문 인재는 언제든지
같은 이유로 떠날 가능성도 높다는 점에서, 보상보다는 직원 개인별 비전이 실현될 수
있는 기회를 제공하는 것이 더 중요한 보상 방식으로 대두되고 있다.

특히 경력개발 트렌드는 과거 회사 주도형에서 개인 주도형으로 변모했다. 실제로
우수 직원을 유지하는 중요한 수단으로 직원에 대한 경력개발 기회 제공이 활용되고
있다. GE나 IBM 등 많은 선진기업들은 직원의 경력경로에 맞추어 직무나 직책을 주거
나 각 분야의 우수한 인재들을 대상으로 후계자 승계관리(Succession Plan) 제도를 운
영하고 있다. 승계 계획은 기존의 핵심인재 육성 프로그램과도 밀접한 연관성이 있는
데, 선진기업에서는 장·단기 사업 전략이 결정되면 그에 따라 인재 배치를 신속히 하
고 핵심 포지션에 대해서는 후계자까지 미리 선정하여 사전에 육성해 둔다. 이는 경영
의 연속성과의 안정성을 추구하는 방안으로 활용하고 있다.

최근 기업의 조직이 전문화·세분화되고 업무별로 경력경로가 정해져 있기 때문

에, 직원들이 이를 주도적으로 달성할 수 있도록 지원하고 있다. 자체 홈페이지에 업무별 경력경로를 제시함으로써 채용 단계부터 이를 명확히 인식하고 실천하도록 유도하기도 한다. 한 사례로, 미국 사우스다코타 주 수폴스에 위치한 퍼스트내셔널은행(First National Bank)의 경우, 직무섀도우(Job-Shadow) 제도를 통해 직원의 경력개발을 지원하고 있다. 이 제도는 직원이 향후 담당하고자 하는 업무를 미리 경험하게 함으로써 경력개발 계획을 지원한다. 이를 통해 직원의 경력개발 의욕을 고취하기도 하고, 만족하지 못한 경우 사전에 경력개발 계획을 바꾸도록 유도하고 있다(김기서, 2014).

이처럼 최근에 기업들은 직원들 스스로가 세운 진로와 자기계발 계획을 효과적으로 수행할 수 있도록 지원함으로써 직원 만족도 제고와 인력 운용의 효율성을 높이는 데 주력하고 있다.

(3) 여성 인력 및 글로벌 인재 육성 전략과 사례

■ 다양한 여성 인력의 활용과 지원제도

많은 기업이 여성의 채용 비율 제고, 여성 맞춤형 경력개발 지원, 출산이나 육아 등 여성의 애로사항을 지원하기 위해 다양한 제도를 시행하고 있다. 여성 인력 확보·육성에 성공한 선진 기업들의 공통점은 정부의 정책 시행보다 더 적극적으로 제도적 지원을 보장한다는 점이다. 이들은 비용 관점이 아닌 투자 관점으로 여성 인재들이 업무에 전념할 수 있는 환경을 조성한다.

해외의 경우, 몬트리올 은행은 현재 연방법에서 규정하는 6개월의 육아 휴가 기간을 2배로 적용해 최소 1년을 제공하고 있다. 존슨&존슨사를 비롯해 시스코사처럼 육아 휴직 기간을 줄이는 대신 사업장마다 최소 200~2,500여 명의 유아를 수용할 수 있는 영유아 보육시설(childcare center)을 설립해 운영하는 기업도 있다. 이 외에도 유연근무시간제, 재택근무, 직무공유제, 파트타임제 등의 제도적 지원책을 적절히 활용하는 것도 고려해 볼 수 있다. 또한 듀폰은 한국을 포함해 각 나라의 상황에 맞게 여성 관리자 비율을 설정한 D&I(Diversity & Inclusion) 지표를 바탕으로 부장·팀장급 여성 비율을 27%, 여성 임원 비율은 20%까지 올리기 위해 주력하고 있다.

이와 더불어 국내 대기업에서도 다양한 여성 인력 유치와 활용을 위해 노력하고 있다.[4] 롯데닷컴과 현대증권, CJ그룹은 '가족 사랑의 날'을 지정하여 실천하고, 아모레퍼시픽은 예비맘 배려 프로그램을 운영하며, 포스코는 가족친화경영을 표방하고 있다. 그리고 OCI는 가족 참여 프로그램을 다양하게 운영하고 있고, SK이노베이션은 사내 심리상담센터를 통한 가족상담을 확대 운영하여 워킹맘 & 워킹대디 프로그램을 다양하게 제공하면서 일·가정 양립을 지원하고 있다.

양성평등 문화 확산과 관련해 신세계는 여성의 생애 주기를 고려한 인사제도를 설계했고, 한솔케미컬은 여성위원회를 운영하고 있으며, 한화그룹은 여성 인력에 비전을 제시하는 'WITH 컨퍼런스'를 주최하고 있다. 매일유업도 조직 내 양성평등을 위한 일·가정 양립위원회를 설치하여 운영 중이다. 현대엘리베이터는 고졸 채용 및 여성 인재 채용을 확대하고 있으며, 현대백화점에서는 여성 직원 생애주기별 가이드북을 제작해서 공유하고 있다. 이렇듯 여성 고용 확대에 대한 사례가 확산되고 있다.

뿐만 아니라 공공기관 및 단체 중에서 부산광역시, 한국보훈복지의료공단, 한국서부발전, 한국철도공사 등이 경력단절 여성에게 일자리를 제공하기 위해 업무 협약을 체결한 바 있고, 한국남동발전의 경우 난임휴직 활용을 확대해 일·가정 양립을 도모하고 있다. 이 외에도 최근 국내 대기업을 중심으로 '선배 사원 리쿠르터 제도'나 '우수 동아리 발굴 및 지원' 등을 통해 우수한 여성 인력을 조기에 선점하려는 노력이 이루어지고 있다.

■ 글로벌 인재 육성과 지원

최근 우리 기업들의 글로벌 인재 관리에 대한 관심이 매우 높아지고 있다. 글로벌화가 가속화되면서 기업의 무대는 국내에서 세계로 확대되었고, 새로운 비즈니스 패러다임을 가지고 뻗어 나갈 준비된 인재가 필수적인 시대가 된 것이다(Dalton, Ernst, Deal, & Leslie, 2002). 이때 기업에서 말하는 글로벌 인재란 국내외를 가리지 않고 언제

---

4   여성가족부의 '여성 인재 활용과 양성평등 실천 태스크포스'(TF)가 발표한 우리나라 기업의 여성 인재 활용 실천사례집(2015)

어디서나 자신의 비즈니스를 관리하고 성과를 낼 수 있는 사람으로, 주로 글로벌 비즈니스 역량을 가진 사람을 의미하는 용어로 사용되고 있다[5].

실제로 동국제강은 글로벌 인재육성 제도로 'Global Expert Pool' 제도를 운영하고 있다. 이 제도에 선발된 사람에 한해서 Global MBA, 해외어학연수, 해외 MBA, 해외 컨퍼런스, 해외 주재원 등 다양한 혜택을 부여하고 있으며, 직무능력이 뛰어난 직원, 어학 능력이 뛰어난 직원들을 교육 대상으로 포함시킨다. 이들이 연세대, 고려대, 서강대, 성균관대의 MBA 프로그램에 합격하면 등록금 전액을 회사에서 지원해 주며, 1년 동안 아무 조건 없이 미국, 일본, 중국, 브라질로 해외 어학연수를 보내 주기도 한다. 또한 현재 미국에 1개 학교(University of Southern California)를 지정해 두고 G-MAT나 TOEFL 점수가 학교의 합격선에 부합하는 직원이면 해외 MBA를 보내주고, 해외 컨퍼런스에도 참여할 기회를 수시로 주고 있다. 이 밖에도 동국제강은 미국, 일본, 브라질 등에 해외지사를 운영하고 있는데, 해외지사 주재원으로 단기적으로는 1년, 장기적으로는 4~5년 동안 보내 주는 제도를 시행하고 있다. 신입사원의 경우 제대로 된 외국어 실력을 갖춘 인력을 선발하는 데 중점을 두며, 영어 외에 제2외국어 역량도 높이 평가한다. 특히 일본어, 중국어, 포르투갈어를 구사할 수 있는 인력이면 채용할 때 가산점을 주고 있다.[6]

위에서 살펴본 바와 같이 빠르게 변하는 환경에서는 국내 기업들도 채용 단계에서부터 글로벌 인재 선발의 비중을 더욱 높게 둘 수밖에 없다. 이를 위해 지원자들은 공통적으로 영어와 학점으로 기본 성실성을 입증하되 창의성, 적극성, 유연성 등의 내적 역량과 감수성, 협력과 소통 등의 관계형성 능력이 있음을 어필하여 글로벌 인재로서의 요구 역량에 부합된다는 점을 강조할 필요가 있다.

---

5 기업의 글로벌 인재육성(HRD)을 위한 글로벌 비즈니스 역량 분석– 기업과 대학생의 인식을 중심으로, 박소연, 송영수, 人力開發硏究, The Korean Journal for Human Resource Development 2008, Vol.10, No.3, pp. 65-85.
6 글로벌 인재육성을 위한 효과적인 영어교육 및 평가의 중요성, 동국제강 글로벌 인재육성 제도, 인재개발팀 권오윤 팀장 발표자료집.

채용시장의 트렌드

1) 기업의 일반적 채용 특성

선진 기업은 기업에 필요하고 기업이 원하는 인재를 뽑기 위한 나름의 채용시스템을 구축하고 있다. 이때 채용(recruitment)의 전반적인 과정을 세분화해 보면 아래와 같이 3단계로 나눠 볼 수 있다.

먼저, 채용을 준비하는 단계이다. 기업은 채용하려는 인재상을 명확히 정의하고, 어떤 전형을 통해 선발할지(필기시험 준비, 문제 출제, 평가과제 개발 등)를 계획하며, 관련된 사전준비를 한다. 두 번째로는, 인재모집 방식을 결정하고 되도록이면 양질의 지원자를 확보하기 위한 전략을 세우고 실행하는 단계이다. 예를 들어 단순한 채용공고 위주의 모집 광고나 일괄 채용제도가 아닌, 각종 비즈니스 SNS 등을 통한 온라인 채용이나 수시 채용 또는 상시 채용도 확대되고 있다. 세 번째로는, 실제 채용전형의 단계로, 서류전형과 면접전형으로 나뉜다. 서류전형은 직무와 무관한 자격증 등 보여주기용 스펙이 아니라 직무수행에 꼭 필요한 지식과 경험, 열정을 가진 인재인지를 검증할 수 있는 전형이 되도록 운영한다. 면접전형은 서류만으로 표현할 수 없었던 지원자의 역량과 경험을 체계적으로 검증할 기회를 주기 위해 질문이나 롤플레이(role play) 등을 통해 충분히 유도함으로써 좀 더 합리적인 채용 결정이 되도록 운영한다. 최근 기업의 면접에서는 단순한 점수 합산이 아닌 여러 시각을 가진 면접위원 간의 입체적인 의사결정에 의해 선발을 결정하는 경우도 많다.

이처럼, 기업은 인재상에 적합한 인재를 모으고, 입사 후 빠른 정착을 하도록 하며, 이직률을 줄이기 위해 단계적인 채용을 고민하면서 좀 더 효과적인 채용 성과를 얻고자 노력하고 있다. 무엇보다 채용에 노력을 더 기울이면 오히려 사후관리가 더 수월해진다(Hire hard, Manage Easy)는 점에서, 채용 과정에 더욱 많은 투자를 하고 있다. 기업의 인재 채용에 대한 높은 관심과 투자는 직업세계의 세분화와 전문화로 기업에서 원하는 인재상의 관점이 변화된 것과 크게 관련된다. 이러한 현상에 대해, 미국의 유명한 경영컨설턴트 톰 피터스(Tom Peters)는 이미 수십 년 전에 자신의 책『인재』[7]를 통해 많은 회사들이 '좋은 인재(Best people)'보다는 '적합한 인재(Right people)'를 선호하고 있음을 지적한 바 있다. 특히 그는 기업이 우수한 범용형 인재를 선호하던 방식에서 '우리 회사', '우리 업계', '해당 직무'에 딱 맞는 '적합한 인재'를 선호하는 경향으로 바뀐 점을 매우 중요한 트렌드로 언급한 바 있다.[8]

이와 관련하여 기업의 채용 트렌드를 인재 선발의 단계별로 채용 준비 단계, 지원자 모집 단계, 채용전형 실시 단계로 나누어 정리해 보면 다음과 같다.

우선 채용 준비 단계에서 살펴보면, 기업은 기존의 획일적인 지원자 선발전형보다 직무·조직 특성에 맞추어 심층적인 검토가 가능한 채용 방식을 고민하고 있다. 기업에서는 최근 갈수록 전문화·세분화되는 직무를 수행하게 될 지원자를 심층적·종합적으로 검증하기 위해 기존의 입사지원서 양식이 아닌 새로운 역량 기반의 지원서를 개발해 도입하는 경우도 늘어나고 있다. 학력 중심 양식보다는 세부 학업 내역을 포함해 직무에 필요한 전문 역량을 쌓기 위한 준비과정, 본인만의 노력이나 주요 성과 등을 성취 업적으로 표현한 자기소개서를 요구하는 것도 유사한 맥락이다.

다음으로, 지원자 모집 단계도 이전처럼 공채 위주의 방식에서 벗어나 수시, 상시 채용의 방식으로 변화하고 있다. 이는 원하는 시점에 즉시 선발하거나 지원자의 지원 의도를 충분히 검토해서 선발하고자 하는 의도가 반영된 것이다. 이제는 공채 방식으로 특정 시기에 다수의 지원자를 한꺼번에 검토하는 것이 아니라 비교적 충분한 시간을 두는 수시 채용과 상시 채용을 통해 사전에 검토하고 적시에 필요한 지원자를 선발한다. 수시, 상시 채용은 공채 진행에 따른 불필요한 비용이나 인력 소모를 크게 줄일 수 있다는 점에서 더 확산될 것으로 보인다.

---

7   톰 피터스(2006), 톰 피터스 Essesntials 인재, 21세기 북스.

8   말하자면, 이전 시대에 좋은 인재(Best People)란 학력과 지능이 높아서 다양한 영역의 일을 가르치면 두루두루 잘 해내는 이를 뜻했다면, 적합한 인재(Right People)란 일정한 전문성과 그와 관련된 경험이나 실행력도 뛰어나지만, 특히 그 조직에 잘 적응하고 스스로 동기부여를 잘 할 수 있으며 성실하고 책임감 있게 성과를 만들어내는 사람을 뜻한다.

마지막으로, 채용전형 실시 단계에서 기업은 직무와 조직에서 요구하는 성향이나 태도 및 능력, 행동, 지식 등과 관련된 공통분모를 가장 많이 갖고 있는 사람을 채용하기를 원한다. 이는 어떤 개인이 가지고 있는 능력이나 특성이 기업의 업무과정이나 목적, 사업추진 방향, 기업문화 등과 가까울수록 더 높게 평가된다는 의미이다. 또한 직무를 수행할 때 필요한 지식이나 자격, 태도 등이 잘 매칭되어야 이들이 입사 이후에 잘 적응하고 만족하며 직무를 수행할 수 있기 때문에, 조직적합도와 직무적합도에 성향이나 능력이 잘 맞는 사람을 채용하기 위해 다양한 노력과 시도를 하고 있다.

2) 최신 채용 트렌드

앞에서 전반적인 기업의 채용 특성에 대해 소개했다면, 이제는 좀 더 구체적으로 기업의 청년 공채 방식의 변화 흐름과 최신 트렌드를 짚어 보도록 한다.

(1) 기업의 채용전형의 주요 변화 트렌드

과거 1980년대에는 기본 소양이 있는 범인형 인재를 선호했기 때문에 일괄 공채 방식으로 선발했으나, IMF 이후에는 경기침체 등으로 소수 수시 채용에 적합한 방식으로 변화되면서 글로벌 인재나 업무 전문성을 갖춘 인재를 선호하는 경향이 나타나기 시작했다. 2010년 이후에는 대부분의 대기업이 계열사별 수시 채용 이외에도 부서나 직무에 따라 채용하거나, 공채를 하더라도 부서와 직무군에 따라 별도로 선발 및 채용하는 방식을 활용하고 있다. 이는 직무 특성을 중심으로 해서 이전보다 엄격한 채용 과정을 실시함으로써 입사 후 조직 이탈률을 최소화하고 업무와 회사에 대한 몰입도를 사전에 충분히 검토하기 위해서이다. 하지만 이때까지만 해도 상당수 기업에서는 이와 같은 직무군별 선발 및 채용 방식이 형식에 불과한 경우도 많았다. 결국 채용 과정이 복잡해진 데 반해, 지원자에게는 대규모 공채의 높은 경쟁률을 뚫기 위한 맹목적인 스펙 쌓기와 불필요한 스펙 경쟁만 가중시킨 결과를 낳았다. 이러한 이유로 최근에 기업에서는 합격자의 스펙과 실제 업무능력 사이의 간극을 좁힐 수 있는 채용 방식을 다각적으로 찾게 되었다.

표 10-1 기업의 채용전형 방식의 변화

	1980년대	1990년대	2000년대	2010년대

채용
패턴
	• 대규모 정기공채
	• 그물형 채용방식
	• 그룹 일괄 공채
		• 상시, 수시 채용
		• 낚시형 채용방식
		• 그룹 일괄 공채 및
		  계열사별 공채
			• 인턴채용 급증
			• 캠퍼스 리쿠르팅 및
			  추천 채용
			• 계열사별 공채
				• **역량중심채용 확대**
				• 인턴·공채 병행
				• 계열사별 공채 및
				  부서·직무별 채용

인재상	• 범인형 인재	• 특이형, 글로벌형, 디지털형 인재	• 전문가적 인재	• 통섭형 전문인재

채용
형태
	• 기초능력필기시험
	• 자질·인격 등
	• 기본 소양 평가
		• 종합적성검사
		• 토론 면접, PT면접 등
		  면접 다양화
			• 인·적성검사
			• 직무 역량면접 강화
			• 인턴채용 등을 통한
			  선검증 후채용
			• 기술·영어면접 시행
				• **조직적합성, 직무적합성**
				  중심(서류, 테스트,
				  면접) 검증
				• 다양한 방식으로 인성,
				  직무전문성 검증

출처 : 이종구, 김홍유(2011). 신입사원 공채 문화의 변화와 전망. **임금연구**, 가을호.

다시 말해, 기업의 입장에서는 이전보다 훨씬 높아진 지원 경쟁률에 비례하여 전반적으로 지원자의 스펙이 상향평준화될 수 있으나, 이는 기업의 채용 결정에 혼선만 줄 뿐 실제 지원자의 스펙과 실제 역량이 불일치할 수 있다는 점에 주목하고 있다. 따라서 자기소개나 면접 중심으로 공정한 지원자 평가를 최우선 원칙으로 하고, 지원자에 대한 기본정보(신상정보, 학력사항 등)를 삭제하여 지원자에 대해 선입견을 갖지 않고 봄으로써 직무역량 중심의 심층적인 평가를 하고자 노력하게 되었다.

실제로도 기업에서는 지원자가 업무를 잘 수행할 수 있는지, 채용하려는 직무에 적합한지를 중시한다. 또 지원자가 회사에 채용되면 오래 근속하며 잘 다닐 것인지와 관련한 조직적합성을 중시한다. 결국은 해당 회사의 조직문화나 업종 특성 등에 지원자와 잘 맞는지, 정말 관심이 있으며 오랫동안 근무하고 싶어 하는지 등과 관련된 사항을 파악하고자 하는 것이다. 이처럼 조직과 직무에 적합한 사람인지, 빨리 이직하지 않고 열의를 갖고 일을 잘 수행해 나갈 것인지를 중점적으로 살펴보기 위해 선발 방식에서 가장 크게 변화된 부분은 다음과 같다.

표 10-2 기업의 인재 채용방식의 변화

1. 지원서류 검토 강화	조직 및 직무적합성 중심의 서류 전형 변경 및 서류 검토 강화
2. 면접 다양화 및 강화	역량면접 중심의 다양하고 강화된 면접을 통한 인재 검증 강화
3. 실무능력 및 역량 중심	과거보다 성별, 학력 등에서 벗어나 업무수행능력과 역량을 중시
4. 인턴십 후 채용 경향	실무능력 검증 및 조직적합성을 파악하기 위해 인턴십 후 채용하는 형태 강화
5. 조직적합형 인재 선호	팀워크를 중시하는 인재를 채용하려는 추세
6. 실무 관련 유경험자 선호	아르바이트, 직장 체험, 교내 과제수행 등에서 관련 경험이 있는 경우를 선호

(2) 핵심은 역량 중심의 열린 채용

최근 기업 채용 트렌드의 핵심은 역량 중심의 열린 채용이라고 할 수 있다. 스펜서(Spencer & spencer)의 정의에 따르면, '역량(competencies)'은 단순한 능력(abilities)과 구별되는 말로, 어떤 직무에서 효과적 또는 탁월한 수행을 보이는 한 개인의 기저 특성을 의미한다. 스마트 혁명 시대에 요구되는 또 다른 역량은 전문성이다. 글로벌 무한 경쟁을 피할 수 없는 기업은 인재를 좀 더 다양하고 합리적인 방법으로 채용하고자 한다. 일부 대기업은 대량 지원에 따른 대량 탈락 부작용을 방지하기 위해 직무 전문성 중심의 채용을 강화하고 있다. 글로벌 시대와 다양성의 시대에 부합하는 인재는 불필요한 스펙을 가진 인재가 아닌 열정과 전문적 능력을 갖춘 사람들이기 때문이다(이명구, 2015). 따라서 기업은 기존의 스펙이나 학력 중심의 선발 구조를 탈피하여 지원자의 실질적인 직무적합성과 뚜렷한 지원동기, 경력목표 등에 더 초점을 맞춘 선발전형을 진행하고자 노력하고 있다고 할 수 있다.

특히 비교적 부정적이고 장기적인 관점의 경기 전망에 영향을 받아 기업들의 채용 규모는 늘어나기 어려운 반면, 지원자를 평가하는 기업의 눈은 더욱 세밀해지고 까다로워졌다. 최근 기업의 채용 방식은 이전보다 한 차원 더 엄격해지고 다각화되는 추세이다. 이를테면 직무전문성과 해당 직무에 적합한 인성, 해당 조직에 장기근속하며 기

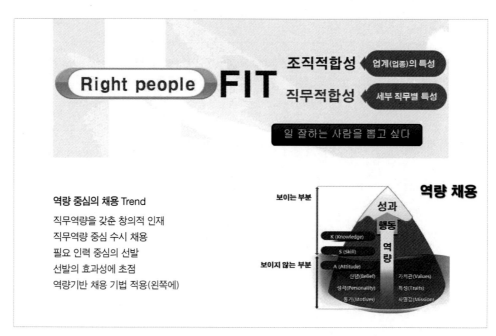

그림 10-1 채용담당자의 포커스 : Fit (직무적합성, 조직적합성)

여할 수 있는 조직적합성 등을 다면적으로 판단하기 위해 기업들은 직무별 역량모델을 활용한다. 해당 자료를 준거로 해서 신입사원들의 보유 역량을 판별하기 위한 방식을 더욱 적극적으로 시행하고 있다. 실제 직무별 요구 역량을 파악할 수 있는 항목으로 구성된 입사지원서 양식을 제시하거나, 해당 회사와 직무에 적합한 역량 보유도를 파악하기 위해 과제를 부과한 후 해결하는 방식의 다양한 면접 방식을 시도하는 것 등이 그 예이다.

이와 같은 채용전형 경향은 기업 인사담당자의 관점에서 다음과 같은 의미와 목적을 지니고 있다. 우선 인사담당자는 자기소개서를 통해 개인의 직무 적합성과 입사 지원동기 및 포부를 파악하는 데 초점을 맞출 수 있다. 자기소개서의 경우를 보면, 최근 들어 그 기업만의 독특한 질문 문항을 포함하는 경우가 많고, 기업은 해당 질문을 통해 우리 회사에 대해 얼마나 이해하고 우리 회사에 얼마나 들어오고 싶어 하는지를 확인하고자 한다.

아울러 대기업들은 일련의 세팅을 갖춘 구조화 면접을 선호한다. 미리 정해 둔 질문리스트를 활용해서 면접관이 누구이든 유사한 방식과 질문을 사용해 면접을 진행하는 것이다. 사실 비구조화 면접을 할 때에는 면접관의 주관적 판단이나 선호가 포함되기 쉽지만, 구조화된 질문으로 면접을 진행할 경우에는 조직이 확인하고 싶어 하는 역량을 정확하게 파악할 수 있다. 이는 어떤 면접관이라도 같은 질문을 통해 역량 파악을 일관성 있게 할 수 있다는 점에서 비교적 더 정확한 평가가 될 수 있다는 장점이 된다. 또한 최근 PT면접을 활용하는 기업이 많아지고 있는데, 이는 지원자의 실력을 그대로 확인할 수 있는 면접기법이다. 거짓말이나 자기포장, 임기응변 등이 발휘될 수 없는 반면, 분석적 사고, 논리적 사고, 문제해결력, 창의성 등을 명확히 확인할 수 있다는 장점을 갖고 있다. 이를테면 발표와 질의응답 과정에서는 커뮤니케이션 능력을 파악하고, PPT 결과물에서는 보고서 작성 능력, 자료 해석, 경영 이해도 등 다양한 영역의 역량을 파악할 수 있다.

실제 채용 과정에서 역량 검증을 적극적으로 채용전형으로 활용하고 있는 기업들의 몇 가지 사례는 다음과 같다. 기존에도 심층적인 역량 검증과 실무진 중심 면접을 지속적으로 진행해 왔던 LG전자는 최근 경쟁력 있는 소프트웨어 인력 선발을 위해 'LG 코드챌린저'를 실시한 바 있다. 이는 소프트웨어 프로그래밍 경연 대회로, 입상자에 대해서는 서류전형 없이 바로 인·적성 검사와 면접을 실시했다. 지원자들끼리 스펙이 아닌 역량으로 경쟁하게 만든 것의 한 예이다. 또한 기존 채용 프로세스에 직무적합성 평가와 창의성 면접을 추가한 삼성의 채용 프로세스도 이와 같은 채용 트렌드를 반영한 것이다. 이 밖에도 신세계그룹, 대림 그룹 외 대부분의 상장기업들도 직무별 채용, 역량 중심 채용을 도입하고 실제 채용 과정에 적용하면서 지원자의 역량 검증을 더 강화하고 있다.

참고자료 2015 상반기 주요 기업 채용방식

〈바뀐 채용전형의 주요 사례〉

▶ 현대자동차 : 지원자의 활동사항 입력란 축소로 지원자 부담 최소화(기존 5개)봉사활동, 동아리, 학생회, 학회활동, 기타 → (현행 1개) 학회활동

▶ 현대중공업 : 자체 개발한 인·적성검사(HATCH) 도입(직무능력과 직업성격검사 포함), 인문계 지원자의 한자능력시험은 폐지

▶ 현대해상화재보험 : 과도한 스펙 경쟁 방지를 위해 자격·면허정보 수집 최소화

▶ 대림산업 주식회사 : 기존의 '전공 중심'에서 '직무 중심'으로 채용 단위 전환, 카카오톡·페이스북을 활용한 입사정보 제공 루트 다양화 예정

▶ 대한항공 : 객실승무원 채용 시 신장 제한 폐지, 업무수행능력 검증을 위한 면접전형 강화

참고자료 기업의 독특한 채용전형 사례

〈구글의 창의적이고 협력적인 인재 채용전형〉

세계 최고의 IT기업인 구글 역시 창의적이지만 협력적인 인재를 더 선호한다. 전세계적으로 해마다 200만 명 정도가 입사지원서를 내지만, 이 가운데 2%에 해당하는 2만5천 개의 이력서만 최종 검토대상에 오른다. 구글도 회사가 작았을 때는 하버드나 스탠퍼드, MIT 출신 여부를 따졌으나, 이제는 그것이 잘못된 고용전략이라고 말한다. 경험상 일류 대학이 아니더라도 어떤 대학이든 그 대학 최고의 인재를 선발하면 아이비리그 대학 출신을 뽑은 것 이상으로 좋은 결과를 얻을 수 있었다는 것이다.

심지어 구글은 이제 학점에도 큰 의미를 두지 않는다. 구글의 데이터에 따르면 학점은 입사 2년까지만 의미가 있고 그 다음부터는 관련성이 적었다고 한다. 아울러 면접 시 맨홀 뚜껑은 왜 둥글까와 같은 넌센스 퀴즈도 내지 않는다고 한다. 넌센스 퀴즈

는 외우면 얼마든지 맞출 수 있기 때문이다. 대신 얼마나 좋은 문제해결능력을 갖고 있는지, 리더로서의 자질을 갖추고 있는지 등을 따진다. 또한 주인처럼 생각하는 주인의식이 있는 직원도 높은 점수를 받는다고 한다.

〈현대자동차그룹의 오디션형 채용전형〉

현대자동차그룹은 얼마 전 새로운 채용방식을 도입했다. 요즘 유행하는 오디션 방식의 채용방법인데, 입사지원서에 이름과 나이 등의 스펙을 기재하는 대신 스토리 심사를 받기 위한 동영상이나 프레젠테이션 자료 등 자기홍보 서류를 제출한다. 스토리 심사를 통과하면 인·적성 검사 없이 곧바로 오디션 면접을 거쳐 최종선발 여부를 결정한다. 이러한 선발 방식은 따로 과제가 주어지는 게 아니라 스스로를 잘 드러낼 수 있는 주제를 지원자가 자유롭게 선택해 프레젠테이션 발표를 한다는 점에서 창조적 인재를 선발하는 데 효과적이다. 그동안 전체 채용 인력의 10% 정도를 차지하던 이 전형의 비중을 이제는 20%로 끌어올릴 계획이라고 한다. 이런 추세에 따라 다른 대기업도 전체 채용인력의 10% 이상을 의무적으로 온라인과 SNS를 통해 채용하고 있다.

(3) NCS 기반의 능력중심채용

최근에는 민간의 선진기업뿐만 아니라 주요한 공공기관과 공기업에서도 '열린 채용'과 '능력중심사회'를 슬로건으로 내세우며 스펙을 초월한 능력중심사회의 저변 확대라는 정책의 핵심가치 이행을 위해 서류전형을 없애거나 오직 역량 면접(competency-based behavioral interview)만을 통해 신입사원을 공개 채용하고 있다.

대상자별로는, 고졸 신입사원의 경우 간단한 실무면접과 인성면접을 실시하거나 채용의 공정성 확보를 위해 부서장급 간부사원과 외부 전문가를 면접관으로 참여시키는 경우도 많아졌다. 또한 대졸 신입사원의 경우 실무면접 외 심층적인 상황면접(case interview)과 인성면접을 통해 엄밀하게 선발하고 있다. 일부 공기업은 지원자가 많아 서류전형을 실시하는 경우가 있으나 이 역시 학교와 성별, 어학점수, 학점은 서류전형의 기준이 아니며, 인성 위주로 구성된 자기소개서를 검토하면서 전공, 진로준비가 지원 분야와 일치하는지를 확인하는 것이 목적이다. 공기업들도 이제는 실무면접과 인성면접에서도 역량 위주의 면접을 실시하며, 여기에 외부 전문가를 면접위원으로 참석시켜 공정한 면접을 진행하는 것을 지향하고 있다. 그리고 실제로 이렇게 채용전형을 진행한 결과, 수도권이 아닌 지방대 학생과 평소 학교수업에 충실하고 성실한 품성을 지닌 지원자의 합격 비율이 크게 높아졌다고 한다.

이처럼 민간기업은 물론 공공기관에서도, 조직은 빠른 경영 환경 변화에 능동적이고 적극적으로 대응할 수 있는 인재를 선발하기 위한 채용 시스템을 구축하는 것에 매우 높은 관심을 보이고 지속적인 투자를 하고 있다. 따라서 학생들은 자신이 지원하고자 하는 업종에서 어떤 인재를 원하는지, 또 자신이 지원할 포지션이 어떤 인재상을 원하는지에 대해 충분한 시간을 갖고 구체적으로 알아보며 채용전형에 맞추어 철저히 준비할 필요가 있다. 특히 공공기관이나 공기업 등의 경우, NCS(국가직무능력표준)와 연계해 채용 직무에 대한 상세한 직무 특성과 교육훈련정보를 포함한 직무역량 정보들을 상세히 공시하는 것이 특징이다. 지원자들은 이를 정확히 파악해서 지원할 필요가 있다.

1) 진로·취업준비 전략 수립 지도 방안

앞에서 살펴본 바와 같이, 기업은 기존의 스펙 중심 채용 방식에서 실제 업무수행 능력과 적합한 성향을 더욱 중요시하고 이를 파악하기 위한 채용 방식을 활용하는 경향을 보이고 있다. 따라서 청소년의 진로지도 단계에서도 진로목표 설정 후 관련된 전공 선택을 지원하고, 해당 전공·진로의 특성에 따른 맞춤형 진로설정과 진로개발을 지원하는 것이 중요하다.

(1) 역량 중심 선발에 따른 대비

채용포털사이트인 잡코리아의 최근 설문조사 결과에 따르면(잡코리아, 2016), 기업들은 우수한 인재를 채용하기 위해 스펙 기준을 완화하고 채용 절차를 간소화하는 대신 심층면접을 강화하는 경향이 있는 것으로 보인다. 다음은 기업 채용담당자 700명을 대상으로 '2016년 하반기 채용 프로세스 현황'에 대해 조사한 결과이다.

해당 조사의 결과에 따르면, 기업들은 하반기 우수 인재를 채용하기 위해 지원자들의 학력이나 학점, 어학성적 등 △스펙 기준을 완화한다고 답한 기업이 응답률(*복수응답) 35.0%로 가장 많았으며, 다음으로 △채용 절차 간소화(34.3%) △이력서 항목 수 축소(30.1%) △심층면접 강화(24.1%) △오디션·현장 채용(21.3%) △블라인드(무자료) 면접 (20.7%) △직무 에세이 및 과제 제출(15.4%), 마이스터고 채용 등 △수시·특화채용 도입(6.9%) 등의 순이었다.

무엇보다 기업들이 신입사원을 채용할 때 가장 중점적으로 평가하는 부분은 △성실하고 책임감이 있는지의 여부(61.7%)와 함께 △일에 대한 관심과 전문성 유무(51.7%)를 평가한다는 응답이 가장 높았으며, 이 외에 △직장 동료들과 잘 어울릴 수 있을지의 팀워크 여부(33.9%) △회사에 대한 충성심 및 입사하고자 하는 의지(21.4%) 등을 검증하고 싶어 하는 것으로 조사되었다.

이를 위해 대기업의 경우는 채용과정에서 지원자들에게 주어진 미션 수행을 하게 하거나 합숙면접을 통해 역량을 검증하는 심층면접을 강화하고 이력서 항목은 축소했다. 또한 직무 에세이나 유관한 과제 제출을 도입하는 기업도 늘어나고 있다. 이를 위해 (*복수응답) △2~3단계의 면접 절차를 거쳐 인재를 가려낸다(45.6%)거나 △여러 명이 지원자의 입사지원서를 꼼꼼히 검토(43.0%)하고 있다고 응답했으며, 이 외에 △인턴십 프로그램을 거친 후 정규직으로 선발한다(24.6%), △인·적성검사 및 직무적성검사를 실시한다(24.4%), △포트폴리오를 꼼꼼히 살핀다(17.9%) △추천서 제출 및 평판 조회를 실시한다(14.4%)는 기업들도 있었다.

이제는 단순히 서류가 통과되면 담당자 면접, 임원면접을 보던 채용전형 방법이 아닌, 자기소개서, 인·적성검사, 1~3차로 이어지는 면접 등 다양한 방법으로 바뀌었다는 점을 감안해, 단계적인 채용전형별 맞춤형 취업준비와 지도가 필요하다.

(2) 진로·취업목표 별 직무역량 및 입직 방법에 대한 상세한 탐색 지도 필요

역량 중심 채용 트렌드를 고려한 학생 개개인의 진로·취업목표에 대한 맞춤형 지도를 하기 위해서는 우선 희망 직무와 요구 역량에 대해 정확하게 탐색하고 희망 분야에 입직하기 위한 구체적인 방법을 파악할 필요가 있다.

전반적인 진로·취업목표, 직업이나 직무 특성에 대한 정보는 워크넷을 활용할 수도 있고, NCS의 통합적인 정보를 파악할 수 있는 사이트(www.ncs.go.kr)를 활용하는 것도 큰 도움이 된다. 특히 NCS 사이트는 산업분야별로 세부적으로 검색해 세부 직종과 직무에 대한 정보, 핵심 역량, 경력개발경로, 교육 및 훈련정보까지 비교적 상세하고 통합적으로 파악할 수 있도록 되어 있어 매우 유용하다. 이와 같이 통합적인 진로·취업목표 분석을 통해 원하는 진로 분야에 진입하기 위해서는 구체적으로 어떤 역량이 필요한지를 파악하고 교육이나 훈련, 자격 취득 등 관련된 진로 준비를 어떻게 해야 할지 계획하도록 해야 한다.

(3) 맞춤형 진로 · 취업준비 전략 및 계획 작성

요컨대, 최근의 채용방식 변화에 맞추어 진로·취업지도를 하기 위해서는 다음과 같은 단계로 구분하여 필요한 정보의 탐색과 분석 작업을 해야 한다. 또한 구체적인 진로·취업목표 별로 현재의 역량 수준과 향후 필요하고 보완해야 할 역량들(진학정보나 교육훈련, 자격증 취득 등)을 구체적으로 고려한 준비계획 수립을 지원해야 한다.

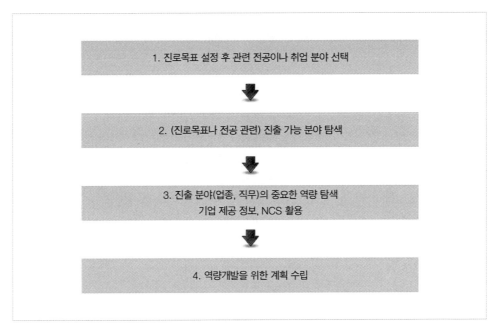

그림 10-2 채용방식 변화에 대응하는 진로취업지도 단계

특히 역량개발 계획을 수립할 때에는 아래와 같은 양식처럼 필요한 역량과 수준, 현재 역량 수준의 차이 분석을 토대로 이를 보완할 수 있는 진로준비계획으로 연계하는 것이 중요하다.

항 목		요구 사항	현재 상태	보완 계획
학력 및 전공 (필요 시, 학점 기준)				
직무 관련 수업 / 교과목 (전공 / 교양)				
외국어 능력	토익 관련			
	회화 관련			
자격증	공통 관련			
	직무 관련			
직무 관련 경험 및 경력 관련				
직무 관련 활동 (교내, 대외 활동)				
직무 관련 교육 참여				
공모전 / 수상 실적 등				

2) 진로·취업준비를 지도할 때의 유의사항

(1) 무분별한 스펙 쌓기 지양

최근 기업 채용전형에서는 과도한 스펙(Over Spec)에 대해서는 부정적인 평가를 하는 경향이 강하다. 그렇기 때문에 실제 직무에 활용 가능한 적합한 직무역량과 관련 스펙을 더 높이 평가하고 있다는 점에 유의해야 한다.

개별 학생의 취업을 지도할 경우, 아래 자료를 참조하여 불필요한 스펙을 쌓기 위해 시간과 노력을 낭비하지 않고 좀 더 실질적인 취업준비를 할 수 있도록 안내하는 것이 중요하다.

불필요한 스펙(Over-Spec)이란?

채용과정에서 해당 직무수행과 무관한 지식, 기술, 능력, 자격, 경력·경험 등의 인격 요건을 요구하는 것

▶ 직무에서 요구되는 것 이상의 스펙
  - 해당 직무수행에 필요한 요건 이상의 자격을 요구하는 것
  - 예) 고졸 수준에서 가능한 직무에 대졸 이상을 요구하는 것

▶ 직무수행과 무관한 스펙
  - 해당 직무수행에 활용되지 않는 능력, 지식, 기술을 요구하는 것
  - 예)영어를 사용하지 않는 직무에 영어 실력을 요구하는 것

▶ 직무수행과 직접적 연관성이 낮은 스펙
  - 직무수행에 필요한 지식, 스킬, 능력 자체가 아닌, 그것과 연관성이 있다고 판단 되는 소속 등을 요구하는 것
  - 예)법률적 지식이 요구되는 직무에 법대생으로 지원 자격을 한정하는 것

(2) 직무뿐만 아니라 지원 기업에 대한 맞춤형 대비도 중요

같은 직무라 하더라도 기업별로 요구하는 역량에 차이가 있을 수 있다. 취업·진로 목표에 맞춘 진로지도를 할 때 지원 기업에 대한 탐색과 해당 기업의 인재 채용방식에 대한 이해를 갖추는 것 또한 매우 중요하다.

최근 공기업이나 공사의 경우 '능력중심채용' 방식을 주도하고 있어 이에 맞추어 입사 준비를 해야 한다. 이는 NCS 기반의 능력중심채용에 따라 아래와 같은 준비가 필요하다는 점을 의미한다.

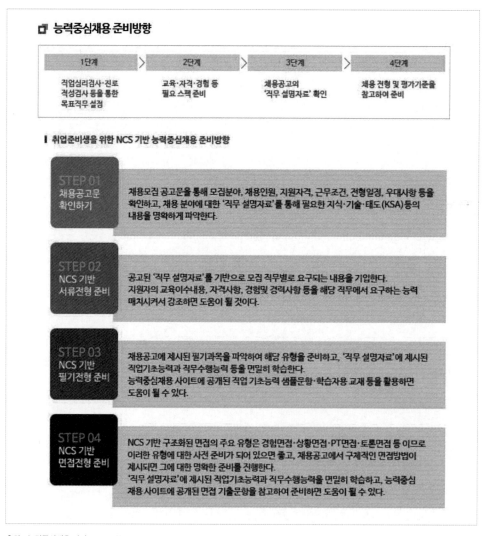

출처 : 능력중심채용 사이트, http://www.ncs.go.kr/onspec/main.do

사실 이와 같은 NCS 기반의 역량중심채용에 대비한 취업·진로준비 지도는 민간 기업들의 역량중심채용 흐름과 일맥상통하는 것이기도 하다. 진로·취업지도를 할 때에는 직무나 직업 특성 자체만이 아니라 지원 기업별 채용의 특성과 실제 각 기업별로 직무별 역량을 소개한 채용사이트, 채용설명회 등의 정보를 참조해야 하며, 기업별 맞춤형 채용 준비를 할 수 있도록 지도해야 함을 유의해야 한다.

참고문헌

강재태, 배종훈(2000). 진로지도 워크북. 교육과학사.

김기서(2014). 은행업의 인력관리 트렌드. 월간 금융, 2014. 03호. 은행연합회.

김소현(2016). 백석대학교 교수용 진로지도상담매뉴얼. 취업뽀개기.

김태황(2004). 노동 및 고용구조의 새 패러다임. 정보통신연구회.

김홍국(2000). 경력개발의 이론과 실제. 다산출판사.

니혼게이자이신문사(2005). 일한다는 것. 리더스북.

문수현(2006). 전략적 여성인력활용의 성공적 수행을 위한 연구. 한국여성정책연구원.

마이크 맥더스(2004). 가슴 두근거리는 삶을 살아라. 시대의 창.

박종석(2015). 한국 기업들이 주목해야 할 2015년 인사·조직 관리 이슈. LG경제연구원.

양면숙, 이소연(2003). 지식기반산업의 여성 지식근로지의 경력개발. 한국여성개발원.

오승환(2015). 직업정보론. 서울고시각.

이명구(2015). 채용 트렌드 변화에 따른 시스템 구축 전략. HR Insight 2015. 06호(2015.07.20.). 삼성경제
　　연구소.

이종구, 김홍유(2011). 신입사원 공채 문화의 변화와 전망. 임금연구, 가을호.

이진규(1991). 경력관리에 관한 이론적 고찰. 인사관리연구, 제15집.

잡코리아(2016). 하반기 기업별 채용 특징과 주요 평가항목. Job Times 2016년 8월.

장금성 (2002). 경력개발이론에 관한 고찰. Webhealth Research, Vo1. 5. p.1-17.

중·고등학교 '진로와 직업' 교과서. I. 삶과 직업 2. 진로와 직업.

진미석, 윤형한(2005). 성인대상 진로개발 지원인력의 양성·활용실태와 개선방안. 한국직업능력개발원.

탁진국(2002). 경력개발 및 관리. 시그마프레스.

한국노동연구원(2000). 21세기형 인적자원관리. 명경사.

국가직무능력표준 NCS 내 능력중심채용 사이트 http://www.ncs.go.kr/onspec/main.do

11장

주요 직업군 특성 탐색 및 활용

김소현

21세기 지식·정보화 사회의 급격하고 빠른 변화는 직업세계와 기업의 고용 환경, 채용 트렌드에 매우 큰 영향을 미치고 있다. 과거에는 새롭게 생성되는 직업의 종류가 그리 많지 않았고 그 직업의 수명도 비교적 긴 편이었다면, 최근에는 매우 다양한 분야에서 새롭게 시시각각 등장하고 있고 동시에 많은 직업이 직업세계에서 사라지는 등 그 변천이 매우 빠르며 앞으로 더욱 빨라질 전망이다. 이와 같은 직업시장의 상황 속에서, 청소년[1]이 예정된 교육과정을 통해 안정적이고 성공적인 직업적 성취를 하려면, 다시 말해 자신이 원하는 직업에 종사하려면, 어려운 과정을 거쳐야 할 뿐만 아니라 그 일을 지속하기 위해 더 많은 노력을 해야 한다.

이미 국내에서도, 진로와 진학에 대한 고민을 해결하지 못해 어려움을 겪거나 미래지향적인 진로방향성을 찾지 못해 미래의 직업시장의 변화에 혼란을 겪는 데 대처할 수 있도록 공교육기관인 초·중·고교 외에 여러 관련 기관에서 다양한 방식과 내용으로 진로교육에 힘쓰고 있다. 그리고 청소년 각자가 자신에게 내재된 다른 재능을 계발하여 자신의 진로를 결정하도록 하거나 이전에 없었던 새로운 진로방향 설정의 동기를 부여하는 것이야말로 진로지도를 담당하는 교사에게 주어진 가장 중요한 역할이라고 할 수 있다.

이 장에서는 청소년층의 직업선호도의 전반적인 변화 추이를 살펴보면서, 현재 기업 내의 주요 직무·직업군에 대한 정보를 통합적으로 활용해 맞춤형 진로지도를 할 수 있는 실질적인 방안을 탐색해 본다.

---

1   이 장에서 '청소년'은 청년과 소년을 통칭하는 용어로, 「청소년 기본법」에 규정된 9세 이상 24세 이하인 사람을 이르는 의미로 활용하고자 한다.

청소년의 진로결정에 크게 영향을 미치는 요인이면서 시대와 세대 특성이 통합적으로 반영되는 직업선호도의 추이를 파악하는 것은 청소년의 진로결정에 미치는 다양한 요인을 고찰해 보는 데 큰 의미를 갖고 있다.

1) 청소년의 직업선택 특성 분석

선행연구 중 '한국교육고용패널'의 4차부터 9차 자료를 중심으로 살펴보았을 때, 전문계 고등학교 졸업자의 진로선택과 첫 취업 성과를 분석한 연구의 주요 분석 결과는 다음과 같다. 전문고 졸업자가 취업 대신 대학 진학을 선택하는 데는 전문고 입학 이유가 유의미한 영향을 미치며, 전문대 진학과는 달리 4년제 대학에 진학할 때에는 고등학교 성적과 부모의 소득, 학력이 의미 있는 영향을 미친다. 취업을 하기 위해 또는 원하는 분야의 전문지식을 익히기 위해 전문고를 선택한 학생에 비해, 중학교 성적 때문에 또는 대학 진학을 위해서 전문고에 진학한 학생이 취업 대신 대학 진학을 선택할 가능성이 더 높았다. 고등학교 성적이 좋고 부모의 소득과 학력이 높으면 취업 대신 4년제 대학 진학을 선택할 가능성이 더 높다는 것이다.

졸업생의 진로에 관한 영역 연구에서는 주로 전문고 졸업자가 대학에 진학하는 데 영향을 미치는 요인을 분석했다. 이러한 요인으로는 부모의 교육 수준, 사교육비 지출, 학업 성취도, 학생의 희망 교육수준, 징계 경험, 아르바이트 경험, 전문고 선택 동기(변수용, 김경근, 2012), 전문고 계열, 성, 가정경제 수준, 졸업 후 진로계획(임효신, 정철영, 2010), 학교 성적, 근로 경험, 가구소득, 부모 생존 여부, 보호자 학력(채창균, 2009) 등이 있다.

한국고용정보원(2011)이 개발한 특성화고 진로지도프로그램(특성화고 CDP) 개발

연구 보고서에 따르면, 전문계 또는 특성화고에 진학한 고등학생의 가장 큰 고민거리 중 하나는 진로에 대한 것이다. 즉, 직업과 취업에 대한 정보가 부족하고, 직장생활에 필요한 기술이 부족하며, 자신의 적성과 흥미, 능력을 제대로 파악하지 못하고 있다는 것이다(마상진, 2004; 이지혜, 2010; 정철영, 2005).

이와 관련해 전문계 고교생은 직업을 선택할 때 적성, 흥미, 발전 가능성 등을 중요한 고려사항으로 인식했고(김홍규, 1997; 이상만, 2004; 박정미, 2006), 좋은 직업을 갖기 위한 필요 요소로 적성과 실력을 생각하는 경향이 강하며(정명규, 2003), 직업 생활에 성공하기 위해서는 자신의 노력과 성실성이 가장 중요하다고 인식하는(이건남·정철영, 2005) 것으로 나타났다.

다만 최동선, 방혜진(2009)의 연구 결과에 따르면, 인문계고 학생들이 적성과 능력에 높은 가치를 두는 경향과 비교할 때 전문계고 학생들은 근무환경 및 근무조건, 즉 많은 돈을 버는 것, 쉽게 실직되지 않고 오랫동안 그 직장에서 일할 수 있는 것, 쾌적한 근무환경에서 일하는 것, 규칙적인 출퇴근 시간과 휴가가 보장되는 곳에서 일하는 것, 일이 간단하고 쉬운 곳에서 일하는 것에 더 높은 가치를 둔다는 점이 확인되었다.

이와 관련해, 진로지도를 할 때 전문계고 학생들은 학년이 올라가면서 대학 진학을 선호하거나 계획하는 비율이 증가하는 경향을 보인다(최동선, 2009)는 점도 참조할 필요가 있다. 한국교육고용패널 중 3학년생 코호트를 연도별로 추적하면, 전문계고 1학년 때의 대학 진학 희망비율은 61.1%이었지만, 2학년에는 66.2%, 3학년에는 69.5%로 증가했다. 이와 반비례해 취업 및 창업을 계획하거나 희망하는 비율은 1학년 21.2%, 3학년 20.5%, 3학년 16.9%로 감소했다. 3학년에 이르러 오히려 대학 진학을 희망하는 비율이 감소하고 있는 일반계 고교와는 차이가 있다.

이와 같은 진학 희망 이유에 대해, 선행연구에서는 더 좋은 직업을 갖기 위해서(김상범, 2003; 이경민, 2007), 학력을 요구하는 현실 때문이라는 의견이 많았다(김상범, 2003). 진학에 대한 요구는 직업 포부로 이어지는데, 고교생의 미래 희망직업은 계열에 상관없이 그들의 교육 기대수준에 가장 큰 영향을 받는다고 할 수 있다(홍영란, 1983). 하지만 전문계 고교생의 경우 전문대학에 진학하는 경향이 높아 고등학교의 계열화가 고등교육의 위계화로 이어지고 있는 것으로 나타났다(성기선, 1988).

연구에 따르면, 청소년 진로지도를 하기 위해서는 계열별, 전공별 진출 분야에 대한 정보도 제공할 필요가 있다. 특히 특성화고 재학생의 경우 고교 학과와 관련된 대학의 학과, 관련 직업까지 유기적인 정보가 제공될 필요가 있으며, 일반적인 기존 직업군 외에 새롭고 다양한 직업을 창의적으로 탐색하고 창업 등의 기회와 연계할 수 있도록 지원해 줄 필요가 있다. 따라서 진출 분야에 대한 정보를 제공하고 탐색 활동을 할 때 학생들이 현실적으로 진출하는 직업과 경력개발 후 진출 가능한 직업을 적절히 함께 소개하는 것을 더 충분히 고려해야 한다.

2) 청소년 및 청년층의 직업선호도의 변화 특성

우리의 직업사는 시대 상황을 그대로 반영한다고 할 수 있다. 이를테면 1980년대의 선호직업은 금융업과 서비스 업종으로 분류된다. 이는 1980년대의 산업구조조정정책과 산업육성정책으로 중화학공업 중심의 구조고도화 상황의 영향이다. 특히 이때 실물경제의 꽃으로 불리는 금융권이 활황세를 타면서 많은 대졸자가 경쟁적으로 금융권에 입사했다. 그래서 1980년대는 증권의 시대로 불릴 만큼 증권인이 대학생이 선호하는 최고의 직업이었다. 또한 중화학공업의 약진으로 국민경제의 성장과 수준이 높아졌고, 이에 따라 여가문화도 급속해 확산되면서 여가산업 역시 선호직업군으로 부상했다.

이어 1990년대는 IT혁명의 영향으로 벤처창업과 IT 혁명, 그룹사들의 집단적인 정보통신산업 진출, 반도체, 컴퓨터 등 이른바 IT 산업군과 연관된 파생 직업들이 새롭게 등장했다. 특히 1990년대에는 정보통신 직업과 금융권 직업이 속출한 가운데, 대학생이 선호하는 최고 인기직업 또한 금융권과 정보통신 직군으로 집중되는 경향을 보이기도 했다(김종원, 이호원, 2008).

그리고 2000년대 대학생의 직업선호도는 1990년대 말 IMF 사태와 더불어 고용안정이 보장되는 직업으로 급격히 선회했다. 공기업이 '신의 직장'으로 불릴 만큼 최고의 인기직업 반열에 올랐으며, 비교적 장기근속이 보장되는 은행권도 대학생이 선호하는 직장으로 각광을 받았다. 또한 1990년대 중반 이래 꾸준히 선호받고 있는 정보통신, 반도체, 서비스, 유통 관련 직군과 21세기 첨단 직군으로 떠오르고 있는 환경공학, 생명공학, 지식경영 분야의 일부 직군도 동시에 인기를 끌었다(김종원, 이호원, 2008).

그렇다면, 최근의 직업선호 경향은 어떨까? 비교적 최근의 분석 자료로, 2014년에 실시된 대학생을 위한 웹진 비바이트의 설문조사가 있다. 이 결과에 따르면[2], "본인이 현재 선호하는 직군은 무엇입니까"라는 질문에 응답자 중 가장 큰 비중인 41.7%가 '회사원(해외취업 포함)'이라고 답했다. '공무원 및 공직'이라고 응답한 학생은 26.6%로, 그 뒤를 이었다. 두 응답을 제외한 '각종 국가고시 준비(10.1%)', '창업 및 사업 경영(7.9%)', '전문기술직(6.5%)'은 큰 차이를 나타내지 않았다. 반면, '예술계통(연예직종 포함)'은 1.4%로 가장 낮은 선호도를 나타냈다.

그리고 "현재 직업탐색 과정에서 가장 중요하게 생각하는 것은 무엇입니까"라는 질문에는 절반에 가까운 48.2%가 '개인적 흥미와 보람'이라고 답했고, '수익성 및 경제적 안정'이 28.8%로 뒤를 이었다. '사회적 명예와 명성'과 '근무환경 및 복지'는 7.9%로 동일했고, '고용안정성'은 5.8%로 가장 낮게 나타났다.

"공무원 시험을 준비한 경험이 있습니까"라는 질문에 '예(11%, 16명)'라고 응답한 학생 중 48.4%가 '고용의 안정성'을 공무원 선호 이유로 꼽았다. 다른 이유로는 '소질과 적성에 부합하기 때문'과 '공무원 복지 및 연금제도'가 동일하게 16.1%로 나타났고, 규칙적인 출퇴근과 업무시간(12.9%)', '사회적 명성(6.5%)'이 뒤를 이었다.

고용노동부와 한국고용정보원이 지난 2월 청년층 실업자와 취업준비생 1천 명을 대상으로 설문조사를 실시한 결과에서도 공공부문의 취업을 선호하는 청년층이 23.6%에 달해 중소기업(18.5%)보다 높았다.

이 같은 설문 결과를 보면, 대학생의 직업 선택 기준으로 '개인적 흥미와 보람(48.2%)'이 가장 높으며, 현실적으로 '회사원'과 '공무원'에 다수의 학생들이 지원하는 '쏠림현상'을 입증하고 있다.

이 외에도, 아르바이트 구인·구직 포털 '알바천국'에서 2012년에 대학생 954명

---

2   웹진 비바이트에서 전국 대학생 및 취업준비생 300명을 대상으로 실시한 '직업선호도' 설문조사의 결과 분석 자료 활용. http://www.i-bait.com/read.php?cataId=NLC014001&num=4825

을 대상으로 '취업 시 직업 선택 기준'을 조사한 결과에서도 '적성' 35.29% 1위, 이어 '안정성' 21.76%, '비전' 17.29%, '성취감' 13.21% 순이었고, '연봉'이 11.72% 5위로 가장 낮은 것으로 나타났다. 직업을 구할 때 이전 세대가 가장 중요시했던 '연봉'이 오히려 가장 낮은 순위를 차지한 것은 불황으로 달라진 구직패턴 때문인 것으로 보인다. 이를테면, 일이 마음에 들어도 연봉이 낮으면 바로 돌아섰던 예전의 구직패턴에서 이제는 극심한 불경기와 조기퇴직, 정년보장이 없는 일자리 특성이라는 시대 상황에 맞추어 청년층의 취업선호도가 안정 위주로 달라진 것이다. 결과적으

그림 11-1 전국 대학생 및 취업준비생 직업선호도 설문조사 결과(웹진비바이트, 2014)

로, 고용의 안정성을 생각하는 '공무원' 지원 비율의 급등은 우리 청소년과 대학생이 현재의 불안정한 경영 환경과 저성장 시대에 '안정성'과 '적성'에 좀 더 높은 가치를 두고 직업 선택을 하고 있는 경향을 대변한다고 할 수 있다.

중등교육 과정에서 학생들이 구체적으로 자신의 미래 진로에 대해 관심을 가지고 원하는 직업이나 직업군에 대해 다양한 방법으로 정보를 탐색하는 것이 중요하다는 것은 이미 여러 차례 강조했다. 그 중에서도 자신이 원하는 직업과 연계해 대학 진학에 대한 정보를 탐색하는 과제를 하거나 실제 직업시장과 입직에 대한 정보를 탐색하는 것은 매우 중요한 활동이다.

이처럼 진로탐색의 과정에서 학생들은 삶과 진로에 대해 긍정적으로 인식하고 수용적인 태도를 형성해 자신의 진로에서 학업 성취가 중요함을 알아야 한다. 또한 지속적인 진로개발을 위해 평생학습의 중요성을 이해하고 여러 기회를 탐색할 수 있어야 한다. 특히 직업세계의 탐색을 통해 직업의 종류 및 특징, 직업세계의 변화 양상은 물론 희망 직업의 특징과 직업경로, 학업 및 자격을 구체적으로 파악해야 진로의사결정을 바르게 할 수 있다(한국직업능력개발원). 이러한 관점에서, 기업의 주요 직업·직무군에 대한 이해도를 높이고 실제 직무특성과 요구 역량을 폭넓게 탐색하고 분석해 보는 것이 중요하다. 이를 위해 주요 직무군별 직무특성과 요구 역량에 대한 분석 자료와 직업관의 변화에 따른 선호직업군의 변화 추이를 살펴볼 필요가 있다. 여기에서는 주요 직무군별 직무특성과 요구 역량을 분석해 보기로 한다.

1) 기업의 일반 공통 직무군

대부분의 기업에서 공통적으로 찾아볼 수 있는 직무군으로, 경영지원, 영업 관련 직무군을 먼저 소개한다.

(1) 경영지원 직무군

표 11-1 경영지원 직무군의 업무특성과 요구 역량

직무명	직무 주요 특성 및 업무	필요 역량	관련 준비(자격증, 참조 사이트 등)
기획 /경영 전략	• 대내외 경영 환경 분석 및 회사의 비전과 경영전략 수립 • 회사의 모든 업무 활동이 전략적 방향에 맞게 이루어질 수 있도록 점검·지원 • 경영성과 극대화 및 회사 비전을 달성할 수 있도록 방향타 역할 • 경영전략 실행을 위한 중기·단기(연간) 사업계획과 신규사업 검토, 타당성 분석, 경영방침 수립	• 분석력 • 전략적 사고 • 대인관계력 • 의사소통력 • 계획, 조직화	• 경영지도사(한국산업인력공단) • 공인노무사(한국산업인력공단) • 공인회계사(금융감독원)
인사	• 인사관리 　– 효율적인 조직체계로의 성장 및 기업(조직)의 구성원이 능동적으로 기업 목표달성에 기여할 수 있도록 지원하는 일련의 관리활동을 총칭 　– 직무관리, 복리후생, 교육훈련, 성과관리, 인간관계, 고용관리, 노무관리, 보건·안전관리, 이동관리 등	• 분석력 • 전략적 사고 • 대인관계력 • 의사소통력 • 교섭력, 준법성 등	• PHR(Professional in Human Resources)(Human Resource Certification Institute) • HPI(Human Performance Improvement)(ASTD&ISPI) • 인적자원관리사 (한국생산성본부) • 인사조직컨설턴트 (한국능률협회/ 한국생산성본부)
재무 /회계	• 재무·자금 　– 회사의 경영과 투자 활동에 필요한 자금을 조달, 운용 　– 안정된 재무구조와 원활한 현금 흐름을 유지함으로써 성공적인 사업수행 지원 　– 자금계획 수립, 자금 조달 및 운용, 외환관리, IR 등 • 회계·경리 　– 회사의 경영 실적과 재무상태에 대한 회계정보를 생성하고 분석 　– 회계정보를 경영층, 주주, 고객에게 제공함으로써 경영, 투자 활동에 최적의 의사결정을 내릴 수 있게 함 　– 회계결산(재무회계), 세무업무(세무회계) 처리 등	• 공통 사항: 분석력, 의사소통력 • 자금·재무: 대인관계력, 전략적 사고, 의사결정력 • 회계·경리: IT 활용능력, 문제해결력	• 전산회계운용사 (대한상공회의소) • 재경관리사(전경련) • 공인회계사(금융감독원)

직무명	직무 주요 특성 및 업무	필요 역량	관련 자격증
마케팅	• 고객의 욕구를 파악해 각 기업이 원하는 목표(매출 증가, 브랜드 충성도 제고 등)를 이루고, 그 결과를 분석해 향후 개선전략 도출, 기업의 영속성을 유지·발전시키기 위한 활동 • 전문적인 마케팅전략 수립 및 계획 (4P 중심: Product, Price, Place, Promotion) • 시장조사, 자료분석, 원인 도출, 개선안 수립, 전략 수립, 프로모션·실행 • 기업별 업종이나 조직 특성 등에 따라 직무 범위나 내용이 상이할 수 있음	• 시장 분석·통계 기법 • 분석력·전략적 사고·기획력·창의력 • 프레젠테이션 능력 • 협상·중재·설득력 • 추진력·도전정신	• 마케팅관리사 (한국생산성본부·한국능률협회 등의 직무교육기관) • 사회조사분석사 (한국산업인력공단) • 경영지도사(한국산업인력공단) • 브랜드관리사 (한국브랜드마케팅협회) • 마케팅지도사 (한국소상공인마케팅협회)
홍보 /광고	• 회사의 경영 활동과 회사의 상품을 대·내외 고객에게 알리는 업무 • 주로 회사 이미지와 상품 가치 제고, 기업 경쟁력을 확보할 수 있도록 지원 • 대외 활동으로는 각종 매체를 통해 고객에게 기업·상품을 홍보·광고하는 활동 • 대내 활동으로는 사내방송, 사보 등을 활용한 사내 커뮤니케이션 활동 수행 • 기업 PR, 언론 홍보, 사내 커뮤니케이션, 상품 광고	• 대인관계력 • 유연·창의력 • 의사소통력 • 분석력 • 협상·설득력 • 정보수집·활용력	• 한국 PR협회 (www.koreapr.org) • 특정 자격증보다는 유관 활동 및 공모전 경력이 중요

(2) 영업 직무군

영업 직무군에서는 일반적으로 특정한 자격증보다는 직무특성이나 대상 고객의 특성에 맞는 유관 경험을 매우 중요시하는 경향이 있다는 점을 참조해서 직무 내용을 활용하는 것이 좋다.

표 11-2 영업 직무군의 업무특성과 요구 역량

직무명	직무 주요 특성 및 업무	필요 역량
국내영업	• 고객과 시장의 접점에서 회사 제품 또는 서비스에 대한 영업 및 영업관리 활동을 전개 • 시장의 접점에서 고객만족을 실현하고 판매를 촉진시켜 회사 수익을 창출하는 직접적인 직무 • 영업계획 수립, 영업 활동 및 실적관리, 고객·거래선 관리, 신규시장 개척, 상품정보 수집·공유, 매출채권 관리	• 대인관계력 • 협상·설득력 • 의사소통력 • 도전정신 • 고객지향

해외영업	• 일정한 물품을 국내에서 국외로 판매하는 행위(주로 단품 위주의 상품)인 과거와는 달리 현재는 대상 지역에 최적화된 제품·서비스 등을 직접 기획, 생산하는 업무를 통칭 • 단순 상품을 넘어 에너지나 자원개발, 공공기반 설비구축 등의 영역 확대 • 원자재를 더 적극적으로 공급할 수 있는 부분으로도 업무 영역 확대 추세 • B2B(Business to Business) VS B2C (Business to Customer) 해외영업 　– B2B는 매출관리, 물량관리, 기타 해외법인 판매 확대 지원 　– B2C는 수주관리, 수주 프로젝트 관리, 기타 선 수주 확보 활동	• 국제적인 감각 및 어학능력 • 제품 및 기술 이해 • 수출입·무역지식 • 매출(손익)관리력 • 해외지역 이해
기술영업	• 일반 영업에 비해 technical한(기술적인?) 지식 필요 • 회사 제품에 대한 기술적인 사항뿐만 아니라 고객의 요구사항에 맞추어 대응할 수 있는 실력 요구 • 제품의 기술적 특성이나 고객사의 요구 및 제품에 대한 문의나 문제점 해결 등 고객이 필요로 하는 기술적인 문제도 지원해 주는 역할 수행 • 제품 기술상담, 기술적인 견적·제안, 기술 동향 파악 및 적용(각종 정보, 수주내역, 기술동향 등), 기술영업 차원에서의 기술상담, 기타 제품 개발과 연계된 정보관리 등	• 해당 분야의 전문지식 필요 • 판단력과 분석력 • 논리성·커뮤니케이션 역량 • 책임감·신의

2) 업종별 주요 직무군

　기업의 업종에 따라 모든 기업에 공통적으로 있는 직무군은 아니지만 제조업에서는 보편적 직무군인 물류/유통과 생산 직무군을 소개한 후 IT 업종 기업과 문화체육, 의료보건 업종의 대표적이거나 특수한 직무군을 소개한다.

(1) 물류/유통과 생산 직무군

표 11-3 물류/유통/생산 직무군의 업무특성과 요구 역량

직무명		직무 주요 특성 및 업무	요구 역량	관련 준비(자격증, 참조 사이트 등)
물류/유통		• 물류의 표준화, 규격화, 정보화에 대한 계획, 물류전략 수립 등 업무 담당 • 시장 창조와 경영합리화에 공헌할 수 있도록 지원 • 기업의 성장을 가속화시키면서 고객이 더 낮은 비용으로 더 높은 서비스를 받을 수 있도록 함 • 국제 경쟁력을 강화시키는 데 중요한 역할 수행 • 물류계획 수립, 배송, 물류시스템 구축·입출고, 출하관리, 물류 혁신 활동	• 고객지향 • 대인관계력 • 전략적 사고	• 물류관리사 (한국산업인력공단) • 유통관리사 (대한상공회의소) • 전자상거래관리사 (대한상공회의소) • 전자상거래운용사 (대한상공회의소) • 국제무역사 (한국무역협회) • 사이버무역사 (한국무역협회)
생산 직군	생산 관리/ 생산 기술	• 생산관리 　– 사업목표와 연계하여 생산량 계획 　– 인적·물적 생산자원을 관리 　– 생산성을 향상하고 원가를 절감해 회사 이익 제고에 직접 기여하는 활동 　– 생산계획 수립, 생산 실행 및 인원관리, 원자재 수급관리, 공정관리 및 개선, 원가관리 • 생산기술 　– 생산 공정·설비를 설계하거나 도입 　– 생산설비를 개선하고 관리 　– 생산성 향상과 원가절감에 기여 　– 공정설계, 공정개선, 생산설비 도입·개선, 설비 관리 및 정비	• 생산관리 　– 대인관계력 　– 리더십 　– 분석력 　– 목표·성취지향 　– 의사소통력 　– SCM(Supply Chain Management) 관련 지식 　– 전산활용능력 • 생산기술 　– 분석력 　– 유연·창의력 　– 문제해결력 　– 국제감각·어학능력 　– 진취성	• 화공기사(한국산업인력공단) • 품질경영기사 (한국산업인력공단) • 산업안전기사 (한국산업인력공단) • 위험물산업기사 (한국산업인력공단)
	품질 관리· 품질 기술	• 안정된 품질과 규격표준을 유지하기 위해 생산 전 단계에 걸쳐 품질관리 • 회사 제품의 품질을 향상시키고 품질 경쟁력을 확보하는 역할 • 품질정책 및 계획 수립(품질기획), 품질관리(QC), 품질보증(QA), 품질개선	• 정보수집·활용력 • 분석력 • 의사소통력 • 대인관계력(다른 유관부서와의 커뮤니케이션이 많이 필요) • 리더십 • 목표·성취지향	• 품질경영기사 (한국산업인력공단) • ISO9000인증심사원 (한국품질환경인증협회) • ISO14000인증심사원 (한국품질환경인증협회)

(2) IT 관련 직무군

표 11-4 IT 직무군의 업무특성과 요구 역량

직무명	직무 주요 특성 및 업무	요구 역량	관련 준비(자격증, 참조 사이트 등)
IT 업종	• IT기획·운영 　– 빠르게 변하는 인터넷 비즈니스 및 다양한 시스템 요구사항에 대해 신속하게 대응 　– 효율적인 IT 전략을 수립하고 비즈니스 및 프로세스를 정립하여 최적화된 시스템을 구축 　– 개발 업무 및 프로젝트에 대한 IT 전반적인 관리·감독 • 시스템 운영 　– 고객에 대한 안정적인 IT 서비스를 제공하기 위해서 정보시스템의 요구사항 분석, 시스템 설계, 구축 등의 업무 수행 　– 시스템 운영상의 문제점 및 이슈를 신속하게 해결함으로써 그룹의 정보화 리드 • 정보시스템 관리·운영 • 시스템 관리와 운영에 관한 지침서 마련 • 문제점 발생 시 즉시 원인 파악, 최단시간 내 복구 • 사용자의 불편 및 요구사항 모니터링, 개선책 모색 • 컴퓨터시스템 구성요소 파악, 유지보수 관리방안 마련	• IT 활용능력 • 문제해결력 • 정보수집·활용능력 • 팀워크·리더십 • 대인관계능력 • 고객지향성	• 매우 다양한 국가공인자격증이 있으며, Q-NET(www.q-net. or.kr)에서 좀 더 상세한 정보를 확인할 수 있음.
게임 기획자	• 콘티, 콘셉트, 시나리오 등 게임의 방향성을 제안 • PC 게임, 네트워크 게임 등 게임용 소프트웨어 제작과 관련된 모든 사항을 총괄적으로 지휘·감독	• 통찰력 • 창의력, 기획력 • 컴퓨터 사용능력 (프로그래밍 지식) • 게임산업에 대한 지식과 이해 • 마케팅 및 홍보 지식 • 문화콘텐츠 지식 • 팀워크, 대인관계능력, 의사소통능력 • 탐구형과 진취형 • 혁신, 리더십	• 게임국가기술자격검정 (www.kgq.or.kr) • 한국게임개발자협회 (www.kgda.or.kr) • 한국콘텐츠진흥원 (www.kocca.kr)

빅데이터 전문가	• 엄청난 양의 빅데이터를 수집·분석해 처리하고 의미 있는 결과를 도출해 새로운 부가가치를 창출하는 것 • 빅데이터 기획, 빅데이터 처리, 빅데이터 분석, 빅데이터 시각화, 빅데이터 운영관리 업무 수행 • 공학과 인문학의 융·복합적 성향 직군, 인문학 전공자라면 통계학을 추가로 공부하는 것이 필요	• 통계학 또는 컴퓨터공학, 산업공학 전공자 우대 • 경영학이나 마케팅 분야 지식과 경험 우대 • 호기심과 아이디어, 창의성 요구 • 분석력과 인내심	• 데이터분석전문가 관련 자격 • 데이터 전문가 지식포털 (www.dbguide.net)
웹 디자이너	• 컴퓨터그래픽을 활용하여 인터넷 홈페이지를 도안하거나 방송, 영화, 게임에 필요한 그림이나 자막 등을 디자인 • 웹사이트가 전달하고자 하는 정보를 가장 효과적으로 전달할 수 있도록 시각적 요소를 구성하고 디자인(이미지 형태, 사이즈, 동영상, 애니메이션, 텍스트, 서체, 레이아웃 등) • 크게 디자인과 코딩으로 나뉘며, 디자인 영역은 다시 홈페이지 디자인, 유저인터페이스 디자인, 아이콘 디자인 등으로 세분화 • 주로 포토샵, 일러스트레이터, 2D스튜디오, 어도비 프리미어와 같은 그래픽 프로그램을 사용하며, 인터넷 프로그램 언어인 HTML과 자바(JAVA), 애니메이션 등을 응용하여 작업	• 그래픽 소프트웨어 툴(tool) 활용 외에 컴퓨터 관련 지식(HTML·XML·자바 등의 프로그래밍 언어, 다이내믹 HTML플래시·가상현실(VR) 등의 그래픽 활용력) • 디자인 및 예술적 감각 • 혁신성 및 창의력 • 꼼꼼함과 섬세함 • 팀워크, 커뮤니케이션 능력, 대인관계능력 요구	• 웹디자인기능사 (한국산업인력공단) • 컴퓨터그래픽스운용기능사 (한국산업인력공단) • 한국디자인진흥원 (www.kidp.or.kr) • (사)한국시각정보디자인협회(www.vidak.or.kr) • (사)한국웹에이전시협회 (www.kwaa.or.kr) • 큐넷(www.Q-net.or.kr)

(3) 문화체육/의료복지 직무군

최근에는 문화체육이나 의료복지 분야도 유망산업으로 성장하고 있다. 이 중 청소년층의 흥미가 높은 직무 위주로 선정해 아래와 같이 소개한다.

지금까지 일반적으로 기업 내 주요한 직무군과 선호도가 높은 직무군에 대해 살펴보았다. 좀 더 상세한 직무특성이나 요구 역량 분석, 관련된 교육훈련 정보 등은 NCS 사이트(www.ncs.go.kr)에서 직접 확인할 수 있다.

표 11-5 문화체육/의료복지 직무군의 업무특성과 요구 역량

직무명	직무 주요 특성 및 업무	요구 역량	관련 준비(자격증, 참조 사이트 등)
박물관/미술관 학예사	• 박물관이나 미술관에서 전시회를 기획·개최하고, 작품 또는 유물을 구입·수집·관리 • '박물관 및 미술관 진흥법'에서 자격 요건을 규정. • 학예사(學藝士)나 큐레이터(curator)로 지칭 • 예술작품과 유물에 관한 전문적 지식은 물론, 전시 의도를 관람객에게 잘 전달할 수 있도록 기획하는 것이 주요 역할	• 예술적인 안목 • 창의성, 혁신적 사고 • 관찰력과 탐구력 • 문화 전반에 대한 흥미 및 전시품에 관한 전문지식 • 꼼꼼함, 적응성, 분석적 사고 유리 • 비즈니스 감각 및 외국어능력 중요 • 약물처리 등 전시물 관리 지식	• 학예사(국립중앙박물관)
운동 처방사	• 병을 예방하거나 치료하는 차원에서 개개인의 특성에 따라 가장 효과적인 운동법을 처방하는 일 • 운동선수의 운동 효과 증대와 건강관리에서 시작해, 최근에는 체력 증진이나 건강관리가 필요한 환자 및 일반인에게도 치료 목적으로 보편화되고 있음	• 신체운동능력 및 자기성찰능력 • 긍정적이며 적극적 성격에 적합 • 대인관계 및 의사소통능력 • 리더십 • 자기통제능력, 배려, 사회성	-
물리 치료사	• 의사의 처방에 따라 적합한 물리적 방법을 통해 만성통증 및 신체기능장애 환자의 증상을 완화하고 회복시킴 • 각종 재해 및 사고, 급성 또는 만성적 질환에 의한 신체의 통증을 완화하고 손상된 기능을 회복시킴으로써 재활 보조 • 온열치료, 전기치료, 광선치료, 수치료, 기계 및 기구치료, 마사지, 기능훈련, 신체교정운동 및 재활훈련과 이에 필요한 기기, 의약품의 사용·관리, 기타 물리요법적 치료 업무에 종사	• 장애 범위 및 연령별 환자 특성 이해 • 원활한 의사소통능력 • 봉사정신과 서비스 요구 • 자기통제능력, 남에 대한 배려, 사회성 • 증상별 대응력과 융통성 • 신뢰, 책임감, 진취적 성격 요구	• 물리치료사 (한국보건의료인국가시험원)
병원 코디 네이터	• 의사가 진료에 집중하고 환자는 제대로 된 치료를 받을 수 있도록 도움 • 방문한 환자에게 진찰을 받을 수 있는 시간이나 수술시간을 정하는 등의 상담업무 수행 • 환자와 의료진뿐만 아니라 병원 내 직원과의 화합과 친목을 도모 • 병원 직원에게 친절 서비스 교육 • 환자 간의 유대를 통해 신뢰감을 구축해서 환자가 편안하게 치료받을 수 있도록 도움 • 대 고객 서비스, 진료 스케줄 관리, 직원 친절 서비스 교육, 병원 안내 및 홍보, 내부 고객 만족도 개선 등의 업무	• 적극적 커뮤니케이션 역량 • 상황판단력과 순발력 • 고객서비스 역량 • 팀워크 및 리더십 • 병원 마케팅에 대한 기본지식과 활용력 • 상담, 심리 및 의료분야 기본지식 • 배려와 책임감 • 스트레스 관리력, 긍정적이고 활달한 성격 • 병원 실무행정 및 병원 경영이해도	• 병원코디네이터 (사설 교육기관) • 국제의료관광코디네이터 (사설 교육기관) • 병원관리사 (사설 교육기관) • 병원서비스총괄매니저 (사설 교육기관) • 대한병원코디네이터협회 (www.khca.or.kr) • 한국병원코디네이터협회 (www.hcak.co.kr)

진로목표 유형별 맞춤형 지도의 실제

조직은 자신의 조직에 좀 더 적합한 인재를 선발하기 위해 다각적으로 노력하고 있다. 이와 더불어 대학의 선발 과정에서도 기업의 채용전략 변화와 맞춤형 인재 양성 중시에 발맞추고자 각 전공별로 학생을 유치하고 선발하기 위해 노력하고 있다. 그 일환으로, 해당 전공 이수 후의 진로선택에 뚜렷한 목표의식이 있는 학생을 선발하기 위한 전형을 다양하게 도입해서 활용하고 있다. 학생들의 진로목표 설정은 취업과 연관된 단기목표일수록 더 구체적일 필요가 있기 때문에, 진로지도 현장에서도 목표 설정에 따른 맞춤형 진로준비와 취업 전략에 대한 가이드의 필요성이 더욱 커지고 있다.

여기에서는 금융업, 그 중에서도 선취업군이나 대학진학자 모두 높은 관심을 갖고 있는 은행 업종의 취업준비와 지도에 대한 맞춤형 가이드 예시를 다루어 보고자 한다.

1) 목표 분야의 직무 및 채용 특성 분석 : 은행권 텔러

선진 은행들 역시 업무에 적합한 인재이면서 조직의 문화나 가치에 맞는 인재를 선발하려는 경향을 뚜렷하게 보이고 있으며, 향후 더 직무 중심적이고 역량 중심적인 채용이 강화될 것으로 예상된다(김기서, 2014). 은행의 경우, 과거 예금 및 대출업무 비중이 높았던 시대와 달리, 미래에는 자산관리와 투자관리의 비중이 더 높아질 것으로 예상되기 때문에, 관련된 전문인력 확보와 유지가 중요하다고 볼 수 있다. 은행 업종의 주요한 직무 내용과 특성, 요구 역량, 기본적인 우대 자격증을 정리해 보면 다음과 같다.

- 직무특성 분석 및 요구 역량, 자격증 분석

표 11-6 금융 직무군의 업무특성과 요구 역량

직무명	직무 주요 특성 및 업무	요구 역량	관련 준비(자격증, 참조 사이트 등)
금융 직무군	• 개인금융 – 일정 규모 이하의 경제주체를 주요 대상으로 영업활동을 수행 – 예금, 대출, 송금, 카드, 외환업무 등을 주요 업무로 하며, 최근에는 고액자산가를 대상으로 하는 프라이빗 뱅킹, 즉 PB(Private Banking)영업을 중시 • 기업금융 – 일정 규모 이상의 경제주체인 기업을 주요 대상으로 지원하는 은행 업무의 큰 분야 – 기업을 상대로 한 대출심사 및 마케팅 업무가 주요 업무 – 범위가 매우 넓고 좀 더 전문적인 업무로, 안전하면서도 발전 가능성이 있는 기업을 상대로 적정한 리스크와 이윤을 고려해 대출해 주는 역할을 하는 것이 매우 중요 • 외환업무·대출, 고객예금 등으로 조달된 자금을 자금수요자인 개인 또는 기업에게 대여·예금·신탁, 투자신탁·보험, 펀드 상품 판매·마케팅 기획·유효고객 지속적으로 창출	• 고객 응대기술 • 세일즈 역량 (커뮤니케이션 능력 포함) • 윤리정신 및 책임의식 • 성실성 및 자기계발과 관리 • 정확성 및 세심함과 인내력 • 업무강도와 보수적인 조직문화에 대한 적응력 • 팀워크, 리더십 • 경제 및 시사 관련 기본 상식 및 금융 전문지식	• 지점영업: 은행텔러, 증권투자상담사, 펀드투자상담사, 파생상품투자상담사, 은행FP • 자산운용: 투자자산운용사, 재무위험관리사, CFA, CFP, 외환관리사 • 리스크관리: 재무위험관리사, 금융투자분석사, CFA • 채권추심: 채무관리사, 법무사

요컨대 은행업계 업무의 핵심은 영업이며, 전체 업무의 70%를 차지한다. 그렇기 때문에 은행은 소속된 지점의 성과를 위해서 무엇을 할 것인지 생각하고 고객과의 소통을 통해 만족을 이끌어내 금융상품 판매를 촉진하고 충성고객을 만들겠다는 마인드를 갖춘 인재를 선발하고자 한다. 여기에 은행의 신뢰도를 떨어뜨리지 않도록 실수하지 않는 꼼꼼한 면 등 실제 업무 처리에 중요한 개인 역량도 포괄적으로 고려해야 한다.

▶ 포괄적이면서 다양한 취업시장, 진로목표에 대한 정보와 자기분석 결과를 통해 종
합적 분석을 한다. 이렇듯 전반적인 금융업무의 특성이나 요구 인재상에 부합되는
면과 강·약점 등을 분석한 것을 토대로 진로적합성에 대한 종합적인 평가를 우선
적으로 해야 한다.

또한 은행권이 선호하는 인재상에 대한 분석도 중요하다. 각 은행업계의 채용 사이
트를 참조해 은행업에서 선호하는 인재상의 공통된 특성을 간략히 정리해 보면 다
음과 같다.

⊙ 은행업계의 공통 인재상

- 성과지향적인 마인드 : 금융 영업실적의 중요성

- 커뮤니케이션 능력 : 고객과의 접점 서비스를 통해 판매촉진을 이끌어내야 함

- 서비스 마인드 : 고객만족을 높여 충성고객을 확보함으로써 은행의 장기적인 이
익을 높여야 함

- 팀워크 : 업무량이 많은 편이기 때문에 업무의 분배와 몰입을 위해 필요함

- 창의력 : 은행의 수익 증가를 위해 고객이 선호할 만한 상품을 개발하거나 금융
상품 판매를 촉진시켜야 함

2) 구체적인 취업목표 분석 : 선발 및 요구 역량 특성 분석

맞춤형 취업지도를 위해서는 요구 역량 중심의 선발 요건에 대한 구체적인 분석이
중요하다. 은행업계의 경우 채용 인력 중 대졸자가 58.4%로 가장 큰 비율을 차지하며,
주로 상경계열 학과를 졸업하거나 법학을 전공하면 채용과 업무수행에 유리하다고 볼
수 있다. 대졸사원으로 금융권에 입사하기 위해서는 경영 및 경제 관련 지식과 외국어
능력이 요구된다. 또한 은행은 전통적으로 보수성, 도덕성, 안정성 등을 중요한 덕목으

로 생각하는 분야이다. 학점은 곧 성실성과도 연결되기 때문에 합격자들의 평균학점도 상당히 높은 편이다.

특히 금융 및 보험 관련 분야의 관계기관에서 실시하는 자격증을 취득하면 취업할 때 유리하다. 그 중 실무수행과 관련해 한국금융연수원에서 주관하는 은행텔러 자격증을 취득하면 우대받을 수 있다. 은행텔러 자격증은 창구에서 일어나는 제반 업무에 대해 신속하고 친절한 업무수행, 정확한 업무처리를 할 수 있음을 검정해 준다. 은행텔러 자격을 취득하려면 텔러 업무에 대한 기본지식과 창구 실무에 관한 시험과목을 치러야 한다.

예전에는 은행권에 대한 관심도를 보여주기 위해 관련 자격증을 취득하는 경우가 많았으나, 요즘은 은행원으로서의 기본 소양을 갖추었다는 의미로 자격증을 중요시한다. 일례로 최근에는 탈 스펙 문화가 정착되면서 대부분의 은행에서 이력서의 자격증 기입란을 없앴다.

가이드

▶ 대략적인 은행업계의 직무특성과 요구 역량을 바탕으로 자기분석을 한 후, 진로목표를 좀 더 구체화해 관련된 내용을 추가적으로 분석해 보아야 한다. 확정한 진로목표에 대해서도 더 심층적인 세부 목표를 설정하고, 해당 진로목표를 달성하려면 실질적으로 어떤 역량과 자격증 등이 필요한지 살펴본다. 이렇듯 어떠한 취업준비 요건을 갖추어야 할 것인지를 구체적으로 더 파악해 진로준비 계획을 세우는 것이 효과적이다. 이때 되도록 상세한 진로준비 계획을 세울 수 있도록 안내할 필요가 있다.

◎ 구체적인 진로목표 분석
　예) 은행텔러(출납창구사무원)

• 업무특성 상세분석
은행텔러는 은행 창구에서 발생하는 각종 업무를 신속하고 정확하게 처리해 고객에

게 도움을 주고 상담을 통해 문제해결을 하도록 도와주는 직업인이다. 이들은 금융회사 지점에서 주로 근무하며 고객만족 경영을 위한 중요한 업무를 맡고 있다. 금전의 수납, 환전 및 지불 또는 우편서비스와 관련해 은행, 우체국, 신용금고, 새마을금고, 기타 유사금융기관 등에서 고객과 직접 거래한다.

• 업무의 역할 및 책임

금융회사에서 고객과 가장 먼저 만나는 직원이 바로 은행텔러이다. 고객의 의견을 지속적으로 수집하고 고객의 니즈를 파악하여 도움을 주는 금융회사의 얼굴이자 안내자인 것이다. 고객과 직접 대면하기 때문에 간혹 대화에서 받는 스트레스도 있지만, 전문가로서 모든 고객에게 최상의 서비스를 제공하기 위해 노력해야 한다. 전문성을 높이기 위해 최신 금융정보를 늘 숙지하는 노력도 필요하다.

• 실제 경력개발 단계 및 승진체계

은행텔러의 경우 결원이 생기면 수시채용을 통해 입사하고, 은행텔러 또는 창구텔러 등으로 고용되어 계약직으로 근무하는 경우도 많다. 대졸사원 공채는 서류, 인성적성 검사(또는 필기), 면접 등의 과정을 거쳐 이루어진다. 인터넷을 통해 미리 원서를 접수해 놓고 결원이 생기면 인력을 채용하는 상시채용제도(또는 인력풀제도)를 시행하는 곳도 있다.

대체로 공채를 통해 입사를 하게 되며, 입사 후 보통 '사원 → 계장 → 대리 → 과장 → 차장→ 부장(지점장)'의 순으로 진급한다. 과거에는 순환보직을 맡아 여러 업무를 수행했지만, 최근에는 신입사원 때부터 자신이 원하는 영역에 배치하여 전문가를 양성하는 체계를 갖춘 기관이 늘고 있다. 다만 인원과 보직이 한정되어 있어 일반 기업에 비해 승진하는 데 오랜 시간이 소요되는 편이며, 승진하기 위해 시험을 치러야 하는 회사도 있다.

3) 맞춤형 진로·취업지도 가이드 실제

진로목표에 따라 맞춤형 준비 목표와 전략, 계획에 대한 가이드를 제공하기 위해서는 앞에서 정리한 직무 분석이나 역량 분석, 자기 분석에 이어 실제 채용전형의 특성까지 종합적으로 분석할 필요가 있다. 이때 맞춤형 취업준비 전략을 세우고 준비하기 위해 단순히 직무나 직업목표만 설정하는 것이 아니라 업종이나 목표 기업에 대해 좀 더 상세한 목표설정을 할 필요가 있다. 맞춤형 진로취업 가이드를 금융권, 은행텔러 지원자로 예정한다면 아래와 같이 설명할 수 있다.

가이드

▶ 맞춤형 취업 전략을 수립하기 위해서는 지원 기업까지 고려해야 한다. 그리고 되도록 지원 기업의 가장 최근 채용공고 등을 참조해서 지원자격이나 준비요건을 더 구체적으로 파악해 볼 필요가 있다. 더 효과적으로 맞춤형 취업준비를 할 수 있도록 가이드하려면 단순히 지원 기업에 대한 정보뿐만 아니라 경쟁사와의 비교분석을 통해 "왜 다른 회사가 아니고 우리 회사인가?"에 대한 파악, 즉 명확한 지원 동기를 찾아 지원 기업에서 중요시하는 역량을 부각하고 준비할 수 있도록 해야 한다.
선취업 희망 학생군이나 대학 진학 후 좀 더 효과적인 취업준비 전략과 계획을 수립하려는 학생들을 위한 맞춤형 취업지원을 하기 위해서는 우선 실제 채용공고나 기업의 채용 특성을 면밀히 파악하여, 직무뿐 아니라 업종이나 기업의 특성도 충분히 알아보아야 한다.

표 11-7 B은행 2016 하반기 채용공고

채용 인원 및 모집 부문

• 채용 인원: 정규직(L1) ○○○명 내외

신입			신입/경력
일반(주1)	IT(주2)		전문자격증(주3)
	일반	정보보호	
○○○명	○○명		○○명

※ (주) 일반: 지원자격 제한없음.
　(외국국적자 지원가능. 단, 현지 근무조건이며 급여, 보수, 직급 등 현지 채용조건과 동일함.)
※ (주2) IT: CISA(정보시스템감사), 정보보호전문가, 정보처리기사 등 관련 자격증 보유자
※ (주3) 전문자격증: 변호사, 공인회계사(KICPA), 세무사, 보험계리사, 감정평가사, 재무분석사, 공인노무사, 변리사, CIA(국제공인내부감사자), 국제FRM(재무 위험관리사) 자격증 보유자

• IT/전문자격증 부문 지원 시 참고사항

구분	지원자격
IT	– 일정기간 영업점 근무 후 IT 관련 부서 배치
전문자격증	– 자격증 취득 이후 관련직무 6개월 이상 수행 시 경력인정(최대 3년) 　(경력증명서와 건강보험자격득실확인서 제출로 증빙 가능 경력에 한함) – 일정기간 영업점 근무 후 행내 공모 절차를 통하여 관련부서 등 배치

지원자격(아래의 요건을 모두 충족하는 자)

구분	지원자격
공통자격	– 학력/전공/연령 제한사항 없음 　(단, 2017년 2월 졸업예정자인 경우 해당기간 내 졸업 가능자에 한함) – 병역필 또는 면제자로서 해외여행 결격 사유가 없는 자 – 당행 내규상 채용에 결격 사유가 없는 자
IT/전문자격증	– IT 관련 자격증 또는 전문자격증 취득자

다시 말해 같은 직무라도 은행의 특성에 맞추어 준비전략이 달라야 하는 부분을 파악해야 한다. 예를 들어 2016년을 기준으로 볼 때, 은행권의 채용 프로세스는 크게 두 가지로 나뉜다는 점도 참조해야 한다.

유형1) 국민, 농협, 기업, 하나 은행의 경우, 서류 – 필기 -1차 면접 - 2차 면접
유형2) 신한, 우리 은행의 경우, 서류 – 1차 면접 - 2차 면접

맞춤형 취업전략을 쉽게 이해할 수 있도록 목표 기업을 A은행과 B은행이라고 설

정했다. 두 은행의 채용 프로세스를 정리해 비교해 보면 아래와 같이 차이를 파악할 수 있다.

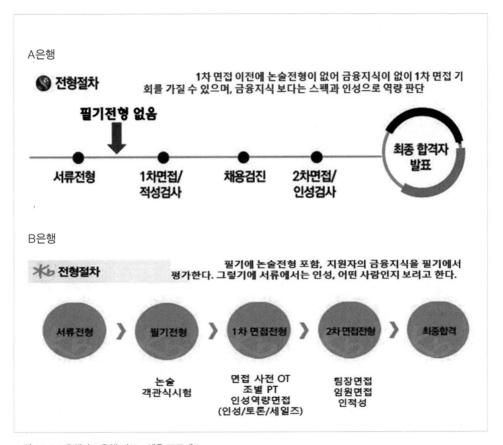

그림 11-2 A은행과 B은행 비교 : 채용 프로세스

이를 상세히 분석해 보면, 두 은행의 필기와 금융지식 요구 수준에 차이가 있다는 점을 파악할 수 있고, 이에 맞추어 지원전략이나 준비계획이 달라져야 함을 알 수 있다.

표 11-8 A은행과 B은행 비교 : 필기시험 특성 및 금융지식 요구 수준 차이

A 은행

- O 서류전형 후 면접과 적성검사 동시 실시
- O 시중은행 가운데 인적성 비중이 가장 낮음
- O 면접 역시 금융지식관련 질문은 거의 없음

B 은행

- O 서류전형 후 인적성과 함께 경제, 금융관련 필기 시험 실시
- O 타 시중은행에 비해 금융지식이 많이 요구되며 전반적인 공부가 필요
- O 기본적인 금융지식뿐만 아니라 금융과 관련된 시사이슈들이 논술에 출제될 수 있음

또한 서류전형에서도 두 은행의 차이를 파악해서 대비해야 한다.

표 11-9 A은행과 B은행 비교 : 서류전형 특성

A 은행	B 은행
2016 하반기 기준, 스펙 기입란이 있다.	**신입 공채 행원(L1)의 경우** **학교, 전공, 학점을 제외하고 자격증, 해외** **연수, 어학점수, 인턴 등 스펙기입란 없다.**
입력내용	입력내용
- 기본 인적사항 - 특기, 취미, 가훈 또는 좌우명 - **학년별, 학기별 학점 모두 기입** - **경력사항 (아르바이트 불가)** - **공모전 수상경력** - **기타외국어 (영어,일어,중국어 제외)**	- 기본 인적사항 - 병역사항 - 학력사항 - 입행 지원 시 채용사항

A은행 입력양식 아래:

＊ⓚ 우대 사항

- ⌄ KB 최우수/우수인턴, KB캠퍼스스타 우수활동자, 東Star 주식투자대회 수상자 우대
- ⌄ 금융감독원 주관 해외 Job Fair 우수참가자 우대

- KB 인턴 우대 사항은 우수/최우수 인턴만 해당
  최우수인턴 - 서류/필기전형 면제
  우수인턴 – 서류 전형 면제

"철저한 자소서 기반 채용"

마지막으로, 채용설명회나 채용담당자의 인터뷰 기사 등을 참조해 두 은행의 채용 기준에 대해서도 더 충분히 파악해서 대비하도록 해야 한다.

표 11-10 A은행과 B은행 비교: 지원시 강점 및 선호 특성

A 은행	B 은행
지원강점	**지원강점**
국민과는 달리 1년에 두 번 채용 -> 상반기에 승부를 보고자 하는 사람	이력서에 자격증, 해외연수, 어학점수, 인턴 등 스펙기입란 없는 대신 필기시험이 있음 -> 스펙 대신 금융 지식으로 승부하고자 하는 사람
상반기엔 이공계와 자격증 소지자, 하반기엔 외국어 우수자를 우대 -> 이공계거나, 자격증 소지하거나, 외국어 우수자인 사람	
	원하는 지원자
학년별 학점 모두 기입, 수상경력 등의 스펙 기입란이 있으나 면접 전에 사전 금융지식을 평가하는 필기시험이 없음 -> 금융지식 보다는 스펙으로 승부하고자 하는 사람	세일즈 면접이나 롤플레잉이 있다 -> 반짝이는 아이디어를 가진 사람
원하는 지원자	
세일즈 면접이 없고 토론면접이 상대적으로 더 중요함 -> 반짝이는 아이디어 보다는 말솜씨가 더 자신 있는 사람	

진로목표를 수립하고 취업준비를 효과적으로 할 수 있도록 가이드하기 위해서는 철저한 맞춤형 취업준비와 충분한 정보 분석을 하는 것이 중요하다. 앞에서 예로 든 금융권의 취업준비생의 경우, 공통적으로 시사상식 스터디나 철저한 면접 대비, 관련 금융지식을 준비할 수 있도록 신문, 금융 관련 자료를 충분히 탐독해 두어야 한다. 더불어 금융 관련 자격증을 준비하는 것이 효과적임을 미리 파악하고 준비하도록 가이드해 줄 필요도 있다. 또한 금융권에서 인턴 경험을 하면 실제 채용전형에서 우대받는 경우가 많다는 점을 감안해서 구체적인 취업준비 계획을 수립할 수 있도록 가이드해 주는 것도 중요하다.

참고문헌

강재태 외(2005). 진로교육과 진로지도. 경남: 경상대학교 출판부.

교육부(2013). 내담자의 성장을 촉진하는 효과적 진로상담 기법.

권은경(2013). 사회인지진로이론에 근거한 대학생 진로상담 프로그램 개발 및 효과 검증. 경남대학교 대학원 박사학위논문.

김기서. 은행업의 인력관리 트렌드. 월간 금융, 2014. 03호. 은행연합회.

김봉환(2003). 진로상담의 실제. 학지사: 서울.

김종원, 이호원(2008). 한국 취업문화의 사적 전개과정과 시대별 특성비교분석에 관한 탐색적 연구. 기업경영연구 제15권 제3호(2008. 12).

리상섭 외(2014). 직업·진로설계. 경기도: 양서원.

신윤호 외(2005). 생활지도와 진로개발. 서울: 교육과학사.

양난미(2005). 한국 대학생의 사회인지 진로선택 모형 검증. 이화여자대학교 대학원 박사학위논문.

이지훈, 이종구(2006). 세대별 행태변화에 따른 욕구의식과 직업적 기준유형. 경희비즈니스연구, 3(1), 127. 경희대학교 경영패러다임연구센터.

지용근 외(2005). 진로상담의 이해. 동문사.

최재우, 강운선(2015). 4년제 대학졸업 구직자의 구직선호 유형과 결정요인. 제10회 한국교육고용패널 학술대회 자료집. 2015년 2월, 한국직업능력개발원.

한국고용정보원(2008). 대학생 직업선호 실태조사.

한국고용정보원 직업연구센터(2010). 성공적 이직 및 재취업을 위한 가이드.

한국고용정보원(2011). 특성화고 진로지도프로그램(특성화고 CDP) 개발 연구 보고서. 2011년 11월

한국고용정보원(2012). 2013 직종별 직업사전.

한국고용정보원(2014). 2014 미래를 함께 할 새로운 직업.

한국고용정보원(2014). 2015 한국직업전망 .

한국인재연구원(2007). 전국대학교 진로 및 취업지도 계획수립 참고자료.

한국직업능력개발원(2001). 정보통신분야 직업세계와 직무분석 활용 방안 세미나 자료.

한국직업능력개발원(2001). 고등교육단계에서의 효율적인 진로지도 방안 연구.

한국직업능력개발원(2010). 10년 후 한국의 직업세계 전망 세미나 자료.

한국직업능력개발원. 일반고 교사용 고등학생용 창의적 진로개발, 학교진로교육프로그램(SCEP). 교육

과학기술부.

한국진로교육학회(2012). 진로교육의 이론과 실제. 경기도: 교육과학사.

황매향 외(2005). 진로탐색과 생애설계. 서울: 학지사.

국가직무능력표준 NCS, www.ncs.go.kr

워크넷 한국직업정보시스템

    http://www.work.go.kr/consltJobCarpa/srch/jobInfoSrch/srchJobInfo.do

워크넷 한국직업사전

    http://www.work.go.kr/consltJobCarpa/srch/jobDic/jobDicIntro.do

워크넷 한국직업전망

    http://www.work.go.kr/consltJobCarpa/srch/korJobProspect/korJobProspectSrchByJobCl.

    do

커리어넷, www.careernet.re.kr

12장

평생학습정보 탐색 및 활용

김영빈

인생 100세와 평생직업의 시대에 적응하는 가장 효과적인 방법은 '평생학습'이다. 이제는 중·고등학교의 형식적 교육을 넘어서, 자신의 삶을 풍요롭게 하고 직업인으로서의 전문성을 갖추기 위해 전생애에 걸쳐 '학습'을 자유롭게 활용할 수 있어야 한다. 이를 위해 모든 사람에게 의무적으로 제공되는 교육의 기회인 학교에서는, 학생들에게 교육내용과 지식 못지 않게 학습에 대한 긍정적 태도와 자기주도학습능력을 길러주어, 필요한 때에 평생학습정보를 탐색하고 활용할 수 있도록 지도하는 것이 필요하다.

평생학습정보에는 형식학습이 이루어지는 초·중·고등학교 및 대학과 대학원에 대한 정보, 비형식학습이 이루어지는 평생교육기관, 직장교육기관, 문화센터 등에 대한 정보, 무형식학습이 이루어지는 다양한 온-오프라인 교육처 및 교육자료 등이 포함된다. 이 장에서는 평생학습의 개념과 정보수집 방법과 더불어 학생들에게 길러 주어야 하는 평생학습 역량 및 지도방법에 대해 살펴본다.

1) 평생학습사회와 진로교육

사회는 급속도로 변화하고, 한 개인이 살아가야 하는 시간은 더욱 늘어났다. 이러한 조합 때문에 중·고등학교에서 학습한 지식만으로 세상에 적응하며 살아가는 데에는 한계가 있다. 변화하는 현대 사회에 적응하는 가장 효과적인 방법은 바로 '평생학습'이라는 데 의견이 모아지고 있다. 변화에 적응하기 위해서는 학습이 필요하며, 지속적인 발달을 위해 언제 어디서나 원하는 학습을 할 수 있는 사회가 되어야 한다. 의무로서의 학습과 권리로서의 학습이 공존하는 평생학습사회는 이제 시대의 거스를 수 없는 추세가 되었다(윤여각·정민승·오혁진, 2009).

평생학습에 대한 강조는 진로교육 분야에서도 이미 오래전부터 이루어졌다. 홀(Hall)은 고용의 불안정성을 비롯한 다양한 직업세계의 변화 때문에 개인이 더 이상 조직의 경력목표에 의존해 경력계획을 세우기가 어려워졌다고 지적하면서, 조직에서의 수직적 성공이 아닌 개인의 심리적 성공을 경력목표로 하는 프로티언 커리어(protean career)를 제안했다. 프로티언 커리어란 자신이 지향하는 가치와 주관적인 성공 기준에 따라 개인이 자신의 진로를 주도해 나가고 관리해 나가는 방식으로, 지속적인 학습, 전 생애에 걸친 관점, 적응을 위한 자아 정체성의 변화를 특징으로 한다(Hall, 1996). 산업화 시대에는 일하는 방법(know-how)을 아는 것을 중시했다면, 일 환경이 지속적으로 변화하는 정보화 시대에는 학습방법(learn-how)을 아는 것이 더 중요하다.

크럼볼츠(Krumboltz, 1975) 역시 진로상담에서 학습을 강조한 대표적인 학자이다. 그는 진로상담의 목표를 "끊임없이 변화하는 직업 환경 속에서 내담자가 스스로 자신의 삶을 충족시키기 위해 필요한 기술, 흥미, 신념, 업무 습관, 개인적 자질 등을 학습할 수 있도록 촉진하는 것"(Krumboltz, 1996:61)이라고 정의하면서, 진로상담자의 역할은 내담자의 학습을 증진시키는 것이라고 강조했다. 이러한 관점은 진로상담의 과정에도 녹아 있다. 크럼볼츠는 사회학습진로이론에서, 심리검사를 사용하는 이유가 개인의 고정된 특성을 발견하기 위해서가 아니라, 내담자에게 새로운 학습 기회를 제공하고 미래의 학습에 대한 가능성을 찾기 위해서라고 말한 바 있다(Krumboltz & Jackson, 1993).

이러한 관점에서 볼 때, 진로교육에서 학습자에게 키워 주어야 하는 주요 역량에는 일반적인 역량, 전문화된 직업 역량뿐만 아니라 평생학습 역량이 포함되어야 한다. 학습이 학교에서만 이루어지고 교사나 어른으로부터 주어지는 내용에 국한된다는 생각에서 벗어나, 언제 어디서든 필요할 때 학습할 수 있는, 학습에 대한 긍정적 감정과 태도를 가질 수 있도록, 그리고 필요할 때 평생학습정보를 탐색하고 활용할 수 있도록 학습에 대한 생각을 확장시켜 줄 필요가 있다.

2) 평생학습의 개념

평생교육이란 평생에 걸쳐 순환적으로 가르침과 배움을 확장해 가는 과정이다. 전통적인 교육의 관점에서 보면 학습자는 수동적으로 학습내용을 수용하는 존재이지만, 평생학습의 관점에서 보면 학습자는 자신의 학습과정을 주재할 수 있는 능동적인 존재로 파악된다. 평생교육은 교육의 주축을 교수자에서 학습자로, 정해진 교과내용에서 학습경험으로, 제도적 분할교육에서 일상적 생활학습으로 전환하는 의미를 갖는다(정민승, 2001). 평생교육이란 학교교육 이후의 성인교육만을 의미하는 것이 아니라, 학교교육과 가정교육, 사회교육을 학습자의 생애라는 시각에서 총체적으로 조명하는 것이다. 또한 제도화의 구획으로 인한 비효율성과 분절성을 극복하는 것, 교육의 수단적 가치와 본질적 가치를 통합하는 것, 일상과 결합된 무형식적 학습의 영역과 형식적 학습의 영역을 가로지르는 것이라고 볼 수 있다(김신일·한숭희, 2001). 그동안 별개의 것으로 각각 취급해 왔던 유아교육, 초등교육, 중등교육, 고등교육, 일반교육, 직업교육, 성인교육, 사회교육, 계속교육 등이 하나의 교육망(education web) 안에 통합될 수 있는 것은 바로 '학습자'를 중심에 놓고 교육을 생각할 때 가능하다(윤여각·정민승·오혁진, 2009).

이러한 의미에서 평생교육과 평생학습은 같은 의미라고 볼 수 있다.

인간은 태어나서 죽을 때까지 학습활동을 지속한다. 학습은 학교나 학원같이 교육을 주요 목적으로 하는 공간뿐만 아니라 생활의 전 영역에서 일어난다. 평생학습은 인간이 생애 전반에 걸쳐 지속하는 이러한 다양한 학습활동을 포괄하는 개념이다.

3) 평생학습의 유형

(1) 형식학습, 비형식학습, 무형식학습

평생학습은 공식적인 학력 부여 여부와 형식성의 정도에 따라 형식학습, 비형식학습, 무형식학습으로 구분할 수 있다.

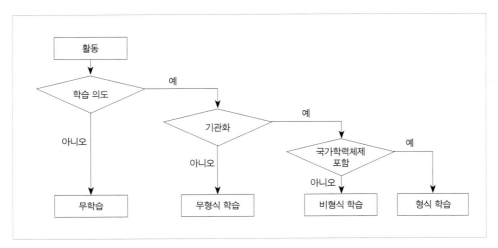

그림 12-1 학습활동의 유형 구분
출처 : European Commission(2006). *Classification of learning activities-Manual*. Luxembourg : Office for Official Publication of European Communities. p.19.

① 형식학습

학습활동 중 학습의도가 있고 형식성이 높으며 국가학력체제가 포함되어 있는 것을 형식학습(formal learning)이라고 한다. 형식학습은 유치원, 초·중·고등학교, 대학 등 학력을 인정받을 수 있는 교육기관에서 행해지며, 비교적 장기간에 걸쳐 이루어진다. 우리나라는 초등학교와 중학교 총 9년을 의무교육으로 규정하고 있고, 중학교 졸업자의 대부분이 고등학교에 진학하기 때문에 대부분의 국민은 12년 이상의 형식학습을 했다고 볼 수 있다. 형식학습은 위계적으로 구성된 표준교육과정을 따르는 경우가 많으며, 교육과정을 운영하는 학교는 국가와 지방정부에 의해 관료적으로 관리되는 경우가 많다(Lindeman, 2013).

하지만 이렇게 학교교육이 확대되었음에도 중·고령자 가운데는 의무교육의 혜택을 누리지 못한 이들이 적지 않다. 형식학습을 제대로 하지 못한 이들은 기초문해능력이 떨어지고 이로 인해 관공서나 은행 업무, 대중교통 이용 등 일상생활에 필요한 일을 처리하는 데 어려움을 겪는 경우가 많다. 우리나라 성인인구의 약 7%는 여전히 형식학습을 제대로 했다면 당연히 갖추고 있어야 할 능력이 부족한 것으로 조사되었다(통계청, 2010). 문해능력의 개념에 읽기, 쓰기, 셈하기의 기본학습능력뿐만 아니라 실제적 문제에 독립적으로 대처하고 해결할 수 있는 능력까지 포함하기도 하는데, 최근 랑거(Langer)는 기초적인 읽기, 쓰기뿐 아니라 특정 상황과 원리에 맞게 언어, 내용, 추리를 활용하는 능력을 포함해 상위문해(high literacy)라고 명명하기도 했다. 이러한 관점에서 보면, 의무교육으로서의 학교교육을 받은 연령대에서도 모든 사람이 문해능력을 갖추었다고 보기 어려울 수 있다. 이러한 학습자들의 필요를 반영해서 평생교육의 주요 6대 영역에 기초문해교육과 학력보완교육이 포함되어 있다.

② 비형식학습

비형식학습(nonformal learning)은 학위를 수여하지 않는다는 점에서 형식학습과 가장 큰 차이를 갖는다. 형식학습이 장기간에 걸쳐 표준화된 교육과정을 이수하는 형태라면, 비형식학습은 비교적 단기간에 특정한 목적을 위해 구성된 교육과정을 이수하는 형태이다. 비형식학습은 학위와 직접적인 관계가 없기 때문에 시간제로 진행되는 경우가 많으며, 학습자의 요구에 따라 또는 학습자가 소속된 기관이나 조직의 필요에 따라 유연하게 교육과정을 운영하는 경우가 많다. 따라서 비형식학습은 형식학습과 비교해서는 형식성이 낮지만 그렇다고 전혀 형식이 없는 것은 아니고, 어느 정도의 형식성을 갖춘 상태에서 일어나는 학습이라고 할 수 있다.

비형식학습은 다양한 시설과 기관에서 제공된다. 평생교육을 주된 목적으로 하는 대표적인 시설에는 지방자치단체가 운영하는 평생학습관, 평생학습센터, 시민대학 등이 있다. 그리고 주민센터, 복지관, 박물관, 도서관, 미술관, 과학관, 공연장 등에서도 다양한 교육프로그램을 제공한다. 대학 부설 평생교육원, 민간 평생교육기관, 직업교육을 실시하는 학원, 백화점이나 언론사 부설 문화센터 등도 비형식학습의 기회를 제공하는 대표적인 기관들이다. 최근에는 학교가 중심이 되어 학부모나 지역주민을 대상으로 평생교육 프로그램을 실시하는 경우도 있다.

비형식학습은 형식학습이 전제하는 자격증이나 학위를 넘어서서 학습 그 자체에 중점을 둔다. 이러한 특징 때문에 학습자들의 평가에 대한 의존도가 적다. 교육을 제공하는 입장에서 보면 학습자의 학습 참여나 집중을 강제할 방안이 없어 교육의 질 관리에 문제가 생길 수 있지만, 다른 관점에서 보면 학습자들의 요구와 자발성에 의해 학습이 이루어지는 만큼 그 과정에서 학습자의 자기주도적 학습의지가 강조되고, 길러질 수 있는 기회이기도 하다.

③ 무형식학습

무형식학습(informal learning)은 비형식학습이 가진 약간의 형식성마저 사라진 학습을 말한다. 가르쳐 주는 사람이나 정해진 프로그램이 없어도 생활 속에서 배워 나가는 것, 즉 학습자가 일상생활을 하는 가운데 자연스럽게 학습하는 것이 무형식학습이다. 박물관이나 미술관, 공연장에서 작품을 관람하는 것, TV를 시청하는 것, 스마트폰을 사용하는 것, 지인들과 대화를 나누는 것 등은 그저 우리의 '환경'에 불과한 것으로 인식되고 있지만, 무형식학습 장면의 좋은 예이다. 그렇다고 해서 무형식학습이 미리 계획한 학습을 완전히 배제하는 것은 아니다. 학습자가 특정 목적을 달성하기 위해 도서관에서 책이나 논문, 잡지 등을 찾아 읽으며 스스로 계획한 학습을 하는 것도 무형식학습에 해당된다.

사실 무형식학습은 형식학습이나 비형식학습의 장면에서도 일어난다. 학생들은 학교나 평생교육기관에서 교육자와 교육기획자가 의도하고 계획한 교육과정에 따라 학습을 하기도 하지만, 다른 학생이나 교사를 만나서 인간관계를 맺는 가운데 새로운 것을 경험하거나 알게 되기도 하고 학교의 문화와 분위기를 익히며 자신도 모르는 사이에 그 안에서 새로운 것들을 학습하게 된다. 평생교육에서는 이를 '무형식학습'이라고 부르고, 학교교육에서는 '잠재적 교육과정'이라고 표현한다. 이렇게 보면 형식학습의 장면에서도 형식학습과 비형식학습, 무형식학습이 모두 일어나고 있고, 비형식학습과 무형식학습 장면에서도 형식, 비형식, 무형식의 세 가지 특성을 모두 발견할 수 있다. 따라서 학습의 형식성에 집착하기보다는 학습자가 자신에게 의미 있는 학습을 찾아서 학습하고, 그 과정과 결과를 통해 학습동기와 학습자신감을 높일 수 있도록 학습환경을 조성하는 것이 중요하다.

(2) 평생교육의 공식성과 형식성

앞에서 다룬 평생교육의 형식성에 따른 분류에서는 기관화를 전제로 학력 인정 여부에 따라 형식학습과 무형식학습을 구분했으나, 최근에는 기관화가 전제되지 않은 상태에서 학력 인정을 받는 경우도 생겨났다. 이러한 평생교육의 유형을 설명하기 위해, 형식성과 공식성을 두 개의 축으로 해서 4가지 차원으로 평생학습을 분류하기도 한다.

공식성이란 학습결과를 학력이나 자격 등의 명목으로 공적으로 인정하는지와 관련된다. 학습결과를 제도적으로 인정받는 경우, 우리는 이를 공식적 학습이라고 한다. 반면 학습결과가 제도적 인정과 무관하게 이루어진다면 비공식적 학습이라고 할 수 있다.

다음으로, 형식성이란 학습의 과정이 얼마나 구조화, 체계화되어 있는지와 관련된다. 교과과정, 운영체제 등이 체계화되어 있는 경우를 형식적 학습이라고 할 수 있고, 교과과정, 운영체제 등에 융통성이 많고 상대적으로 자유로운 경우를 비형식적 학습이라고 할 수 있다.

윤여각 외(2009)는 이 두 차원을 중심으로 제도화와 관련하여 이론상 나타날 수 있는 학습의 유형을 4가지로 분류했다.

첫째, 공식적, 형식적 학습에는 중·고등학교, 대학교 등 정규 교육기관에서 이루어지는 학습이 해당된다.

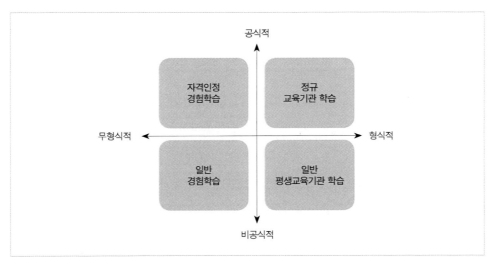

그림 12-2 제도화 정도에 따른 학습의 분류

둘째, 비공식적, 형식적 학습은 정규 학교교육처럼 학습결과를 공식적으로 인증받는 것은 아니지만 상당한 정도로 체계화된 교육과정을 통해 학습이 이루어지는 경우가 많다. 대부분의 평생교육기관과 직무연수기관에서 이루어지는 학습이 이에 해당된다.

셋째, 비공식적, 무형식적 학습은 일상생활이나 직장에서 학습결과의 인증과 관계없이 학습하게 되는 경우를 말한다. 대부분의 자기주도학습, 학습동아리 활동, 도제학습, 현직훈련 등이 이에 포함된다.

넷째, 공식적이지만 무형식적 학습이 있다. 자격인정 경험학습이 여기에 해당된다. 즉, 학습의 결과는 공적으로 인증받을 수 있지만 학습과정은 무형식적으로 이루어지는 경우를 말한다. 기존의 각종 검정고시제도가 대표적이며, 최근에는 대학 학력까지 인정하는 독학사제도, 문하생 학력인정제도 등이 새롭게 제도화되고 있다.

평생교육의 유형을 이와 같이 2개의 축에 따라 4개의 유형으로 분류했을 때, 현대 사회의 학습형태별 동향에는 다음과 같은 특징이 있다(윤여각 외, 2009).

첫째, 학교교육에서 형식화와 비형식화가 함께 이루어지고 있다. 대안교육, 홈스쿨링, 교육방송이나 인터넷방송 활용 등 전통적인 교수방법에서 벗어나 형식과 방법이 좀 더 유연화되는 추세이다. 학교 안에서 이루어지는 교육에서도 자유학기제, 혁신학교 등 교육과정과 운영체계에서 융통성이 허용되는 사례들이 생겨나고 있다.

둘째, 일반적인 평생교육의 공식화와 형식화가 강화되는 추세이다. 학점은행제, 원격대학, 사내대학 등과 같이 학습결과가 국가적 또는 사회적으로 인증되고 그 과정에서도 점차 법적인 규제를 강하게 따르는 경향이 있다.

셋째, 일반 경험학습의 보편화이다. 좀 더 정확히 말하자면, 일반 경험학습의 중요성에 대한 인식이 확대되고 있다. 정규학습을 통해서만이 아니라 일상생활 속에서 이루어지는 학습의 가능성과 중요성에 대한 사람들의 인식이 높아지면서 일터에서의 학습, 학습동아리 활동, 자기주도학습이 보편화되고 있는 추세이다.

넷째, 자격인정 경험학습의 확산이다. 사전경험의 인증은 기존의 일반 경험학습의 영역에 머물러 있었던 학습자의 경험을 자격인정 경험학습의 영역으로 인정하려는 움직임의 하나라고 볼 수 있다. 비공식적이고 무형식적으로 이루어졌던 학습경험을 학점이나 학력으로 인증하는 변화의 예로 독학사제도를 들 수 있다. 독학사란 독학자가 일정 시험을 통해 학사학위를 받는 것을 말한다. 또한 사내자격제도의 경우도 일의 세계에서 얻은 비공식적, 무형식적 학습에 대해 일의 세계에서 공식적으로 인정될 수 있는 자격을 부여하는 좋은 예이다.

이를 종합해 볼 때, 최근 우리나라의 평생교육 및 평생학습은 교과과정상 유연성을 허용하는 비형식화가 강화되는 한편, 교육의 결과를 공적으로 인증하는 공식화가 강화되는 경향을 나타낸다고 할 수 있다.

초·중·고등학교 학생들의 경우, 학교라는 형식기관에 속해 있고 학습의 의미나 목적, 학습의 내용과 방법에 대한 선택의 기회 없이 주어진 교육내용을 받아들여야 하는 입장에 처해 있는 경우가 많기 때문에, 자칫 교육과 학습의 범위를 공식적, 형식적 학습에 한정해서 생각하기 쉽다. 이러한 교육과 학습에 대한 한정된 생각과 학습과 관련된 부정적 경험을 지닌 채 학교를 떠나면, 성인이 된 이후의 진로발달이나 생활의 적응을 위한 다양한 학습의 필요장면에서 '학습'이라는 방법과 기회를 떠올리지 못할 수 있다. 따라서 학생들이 형식교육의 대표적 기관인 학교를 떠나기 전에, 이와 같이 학습에 대한 생각과 관점을 확장시켜 주는 것이 무엇보다도 중요하다고 할 수 있다.

4) 평생학습 참여 실태[1]

그렇다면 우리나라 성인의 평생학습 참여 실태는 어떠할까. 교육부와 한국교육개발원의 '2015 한국 성인의 평생학습 실태' 조사 결과를 살펴보면 다음과 같다.

(1) 평생학습 참여율

평생학습 참여율이란 조사기준이 되는 1년간 만 25세 이상 만 64세 이하의 한국 성인인구 중 형식교육이나 비형식교육에 참여한 성인의 비율을 말한다. 2015년 기준 우리나라 성인의 평생학습 참여율은 40.6%로 10명 중 4명의 성인이 평생학습에 참여하고 있는 것으로 나타났다. 학습영역별로는 형식교육 참여율이 3.5%, 비형식교육 참여율이 39.1%이고, 비형식교육 중 직업관련 교육의 참여율은 27.7%로 나타났다. 이러한 평생학습 참여율은 2008년 이후 지속적으로 증가하는 추세이다.

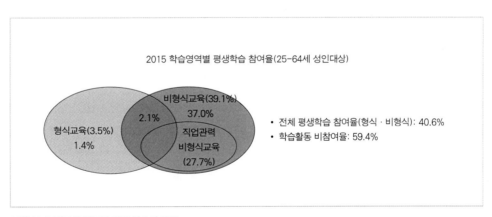

그림 12-3 제도화 정도에 따른 학습의 분류

배경변인별로 보면, 여자보다 남자가, 학력이 높을수록, 취업상태일수록, 가구소득이 높을수록 평생학습의 참여율이 높았다. 학력으로는 대졸 이상인 사람의 50.4%가 평생학습에 참여했고, 경제활동 상태로는 취업자의 42.9%가 평생학습에 참여했다. 이러

---

1   한국교육개발원(2015). 한국 성인의 평생학습 실태의 내용을 요약·정리한 것으로, 그림의 출처 역시 동일하다.

한 배경변인별 현황은 여전히 사회경제적 조건에 따라 학습에 더 접근하기 쉬운 계층 또는 특성을 가진 사람이 존재함을 보여준다. 경제적으로 여유 있고 직장이 있으며 학력이 높은 사람일수록 평생학습에 대한 정보나 접근 가능성이 더 높고 실제로 평생학습 참여율이 높다면, 경제조건, 취업상황, 학력 등이 열악한 사람들에게 정보 제공이나 접근 가능성을 확대하고, 이들이 직면하는 평생학습에의 저해요인을 파악해 대안을 마련하는 것이 필요하다. 사회적으로 정보 제공이나 저해요인의 제거와 더불어, 청소년 시기부터 평생학습에 대해 열린 마음을 갖게 하는 교육을 실시하는 것은 이러한 의미에서 전생애적인 진로발달 지원 및 직업·진로교육의 중요한 주제가 될 수 있다.

비형식교육 중에서도 직업과 관련된 교육에 대한 참여율이 27.7%를 차지한다. 여자보다 남자가 많이 참여했고, 연령대가 낮을수록, 학력이 높을수록, 현재 경제활동을 하고 있을수록 참여율이 높았다. 이는 직업과 관련된 비형식교육 중에 직장 내에서 이루어지는 교육 및 직장인을 대상으로 하는 직업훈련교육이 상당 비율을 차지하기 때문에 도출된 결과로 보인다. 또한 비형식교육 중 자격증 취득이 가능한 평생교육에 참여한 비율이 17.3%인데, 실업상태에서 취업을 위한 준비로 자격증 취득을 위한 비형식교육에 참여하는 경우가 많은 것으로 생각된다. 이 경우는 위에서 살펴본 직업 관련 교육과는 달리 남자보다 여자의 참여율이 높고, 연령과 월 가구소득이 낮을수록 참여율이 높았다. 또한 취업자와 비경제활동인구보다 실업자의 참여율이 매우 높았고, 농어촌이 서울 및 광역시와 중소도시보다 높았다.

취업자들의 평생교육 참여율은 42.9%였으며, 형식교육 2.2%, 비형식교육 42.2%, 직업 관련 비형식교육 34.5%로 나타났다. 취업자 중에는 정규직 임금근로자의 비형식교육 참여율(50.7%)이 비정규직 임금근로자(33.4%)보다 높았으며, 특히 직업 관련 비형식교육에서 정규직 임금근로자(43.1%)와 비정규직 임금근로자(26.8%)의 참여율 격차가 컸다. 자영업자나 비임금 근로자(예를 들어, 무급가족종사자)는 정규직 임금근로자와 비정규직 임금근로자에 비해 비형식교육 참여율이 낮았다. 직업 유형에 따라서는 전문가 및 관련 종사자(63.9%)와 사무종사자(56.8%)가 가장 높았으며, 직장의 규모가 클수록 평생학습 참여율이 높은 것으로 나타났다.

(2) 평생학습 참여 프로그램

평생학습 참여 프로그램 중 형식교육의 교육과정별 참여율은 대학교(4년제)에 다니는 비율이 42.2%로 가장 높았고, 대학원(석사, 박사) 24.0%, 사이버·원격대학 14.8% 순으로 나타났다.

비형식교육에는 표 12-1과 같은 교육이 포함된다. 전체 응답자의 비형식교육 영역별 참여율을 살펴보면, 직업능력향상교육(26.1%), 문화예술스포츠교육(10.8%), 인문교양교육(8.4%) 순으로 높았다. 직업능력향상교육은 연령이 낮을수록, 학력과 월 가구소득이 높을수록 참여율이 높은 것으로 나타났으며, 지역별로는 중소도시(27.8%), 서울 및 광역시(25.4%), 농어촌(24.0%)의 순이었다. 비형식교육의 참여 형태별 참여율은 '일

표 12-1 비형식교육 프로그램 분류표

영역	프로그램
학력보완교육	고등학력보완교육(학점은행제, 독학학위제 등) 검정고시 강좌(초·중·고등학교) 진학준비 강좌(편입, 대학원 준비 등)
성인기초 및 문자해득교육	문해교육(한글교실, 한문교실, 어르신컴퓨터, 산수교실 등)
직업능력향상교육	외국어강좌(토익, 토플 등) 컴퓨터 자격증강좌(컴퓨터활용능력, 워드프로세서 등) 자격증인증과정(공인중개사, 요리사, 평생교육사 등) 취업 및 창업 준비과정(공무원 시험 대비반 등) 직무능력 향상교육과정(직무연수, 경력개발 등)
인문교양교육	경제·경영강좌(펀드, 재무설계, 부동산 등) 외국어강좌(생활 외국어 등) 컴퓨터강좌(정보 인터넷 소양 교육 등) 종교교육강좌(성경/불경 모음 등) 인문교양강좌(역사강좌, 철학강좌, 미술사 강좌, 문학강좌 등) 가정생활강좌(요리, 자녀교육, 꽃꽂이 등) 건강 및 의료강좌(보건교육, 금연교육 등)
문화예술스포츠교육	음악강좌(피아노, 플룻, 노래교실 등) 미술강좌(풍선아트강좌, 사진, 공예, 천연염색 등) 스포츠강좌(수영, 댄스, 에어로빅, 요가, 배드민턴 등)
시민참여교육	지도자과정(마을리더, 주민자치위원 교육 등) 시민참여교육강좌(시민교육, 인권교육, 평화교육 등) 환경생태강좌(자연과학, 환경, 생태강좌 등)

정 장소에서 강사가 강의하는 강좌(17.8%)'의 참여율이 가장 높았고, 그 다음은 '직장 내 직무연수 프로그램(16.7%)'으로 조사되었다.

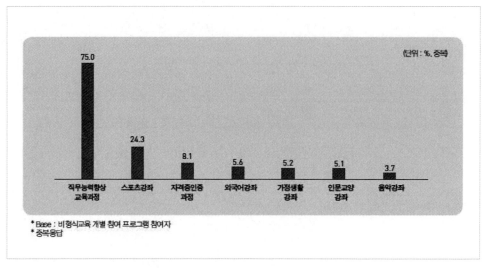

그림 12-4 비형식교육 프로그램별 참여율

(3) 평생교육 참여 목적

형식교육 평생학습 참여 목적은 '직업 관련'이 73.8%로 제일 높았고, 직업 목적이 아닌 경우에는 '교양 함양이나 지식 습득 등 자기계발'(87.1%)이 제일 높았다. '심리적 만족 및 행복감'의 참여 목적 비율은 연령이 높을수록, 학력이 낮을수록 높았고, '교양 함양이나 지식 습득 등 자기계발'은 연령이 낮을수록, 학력이 높을수록 높았다.

비형식교육 평생학습 참여목적 역시 '직업 관련'이 102.1%로 제일 높았고,[2] 직업 목적이 아닌 경우에는 '건강'(51.0%), '교양 함양이나 지식 습득 등 자기계발'(44.8%), '심리적 만족 및 행복감'(24.4%) 순이었다.

---

2   중복응답의 합산 방식이어서 100%가 넘는 수치가 나올 수 있음

(4) 비형식교육 참여 교육기관

비형식교육 참여자들은 직장을 이용하는 비율이 37.5%로 가장 높았고, 그 다음은 평생교육기관(37.3%), 학원(10.7%), 인터넷강의(6.8%), 개인교습(3.9%), 종교시설(2.9%), 학습동아리(0.9%) 순으로 나타났다. 평생교육기관으로는 주민자치센터 이용 비율이 가장 높았고, 그다음은 지식·인력개발형태 평생교육기관, 사업장 부설 평생교육기관, 대학교(원) 부설 평생교육기관 순이었다.

비형식교육 영역별로의 참여기관을 살펴보면, 학력보완교육은 인터넷강의, 대학교 부설 평생교육기관, 학원 순으로 나타났고, 성인기초 및 문자해득교육은 복지관, 시민사회단체 부설 평생교육기관, 인터넷강의의 순이었다. 직업능력향상교육은 직장, 지식·인력개발형태 평생교육기관의 순이었고, 인문교양교육은 종교시설, 인터넷강의, 주민자치센터, 직장 순이었다. 문화예술스포츠교육은 학원, 주민자치센터, 개인교습, 사업장 부설 평생교육기관 순이었으며, 시민참여교육은 주민자치센터, 시민사회단체 부설 평생교육기관, 지식·인력개발형태 평생교육기관 순으로 나타났다.

(5) 평생학습 정보접근성

우리나라 성인의 39.3%가 학습 관련 정보를 찾아본 경험이 있으며, 그 중 53.1%는 정보 접근 후 프로그램에 참여했다. 정보접근율은 여자(44.0%)가 남자(34.7%)보다 높았으나, 정보 접근 후 프로그램 참여율은 남자(53.5%)가 여자(52.7%)보다 다소 높았다. 학력과 월 가구소득이 높을수록 정보접근율이 높았지만 정보 접근 후 프로그램 참여율에서는 특별한 양상을 보이지 않았다.

정보접근에 성공한 응답자의 정보획득 방법은 '가족, 이웃, 친구'(42.5%)가 가장 많았으며, 그 다음으로는 '인터넷'(41.0%), '대중매체'(33.8%) 순이었다. 성별에 따라서는 남자는 '직장동료 및 상사'(44.8%), 여자는 '가족, 이웃, 친구'(47.5%)를 통한 정보접근 비율이 가장 높았다. 연령이 낮을수록 인터넷을 통한 정보 접근율이 높았고, 연령이 높을수록 대중매체와 가족, 이웃, 친구를 통한 정보접근율이 높았다. 지역별로는, 농어촌이 '가족, 이웃, 친구'(53.4%)를 통한 정보접근율이 높았고, 서울 및 광역시는 '인터넷이나 기관 홈페이지'(45.6%)와 '대중매체'(41.4%)를 통한 정보접근율이 높았다.

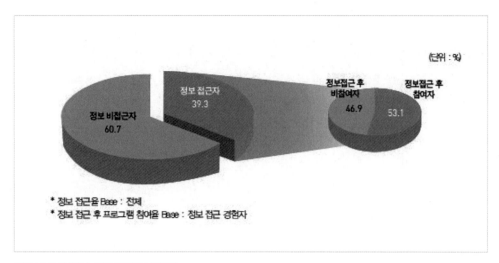

(단위 : %)

그림 12-5 평생학습 관련 정보접근성 비교

청소년이 진로와 관련된 정보수집을 가족, 친척, 친구로부터 많이 하고, 정보 탐색 및 의사결정을 할 때 가족의 영향을 많이 받는 것과 마찬가지로, 성인의 정보 수집 및 의사결정에서도 가족과 친척, 친구의 영향이 큰 것으로 나타났다. 그렇다면 가족이나 친구가 유용한 평생학습 정보를 많이 갖고 있는 경우와 그렇지 않은 경우, 즉 자신이 속한 사회의 정보력으로부터 많은 영향을 받게 된다. 따라서 모든 사람이 평생학습의 기회를 가질 수 있도록 하려면 모든 사람에게 평생학습의 정보접근 가능성을 높이기 위

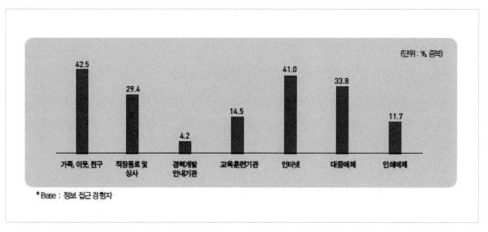

그림 12-6 평생학습 관련 정보접근 경로 비율

한 노력과 교육이 필요하다. 그 다음으로는 인터넷과 대중매체를 통해 정보를 얻게 되는데, 수많은 정보로부터 유용하고 의미 있는 정보를 선별하고 사용할 수 있도록 하는 정보활용 교육이 필요함을 알 수 있다.

(6) 무형식학습 참여율

무형식학습이란 교육자의 지도 없이 학습자의 자발적 또는 우연한 활동이나 참여를 통해 무언가를 새롭게 배우거나 알게 되는 경험을 포함한다. 우리나라 성인이 빈번하게 참여하는 무형식학습에는 '컴퓨터나 인터넷을 활용한 학습'(63.8%)과 '텔레비전·라디오·비디오 활용을 통한 지식 습득'(61.1%), '가족, 친구 또는 직장동료나 상사의 도움이나 조언을 통한 지식 습득'(60.7%) 등의 비율이 높았다. 무형식학습 참여율은 전반적으로 연령이 낮을수록, 학력이 높을수록 높아지는 경향을 보였다.

2 평생학습정보의 내용과 정보수집 방법

1) 학습정보의 분야 및 제공 체제

(1) 학습정보의 분야

학습정보는 학습하는 내용 및 그에 대한 정보와 학습활동을 진행하는 절차에 관련된 정보로 크게 구분할 있다. 학습정보를 제공한다고 할 때에는 보통 학습자의 자발적인 학습활동을 지원하기 위해 주로 학습활동 진행 절차와 관련된 안내 정보를 중심으로 각종 학습기회 및 학습자원과 개개인의 학습요구를 결합시키려는 목적을 두는 경우가 많다(권두승, 조아미, 2012). 개개인의 학습을 지원하기 위한 안내정보는 학습기회, 시

표 12-2 학습정보 분류의 예시

구분	예시	항목
학습기회	대학 평생교육원 강좌, 노인교실, 청소년교실, 스포츠교실, 학점은행제, 학교 개방교실, 문화센터 강좌, 문화강연회, 전시회, 견학 등	학습내용, 주최자, 기간, 장소, 참가방법, 수강자 수, 수강료 등
시설	대학 평생교육원, 직업교육시설, 청소년회관, 지역 평생학습관, 도서관, 박물관, 청소년교육시설, 여성교육시설, 노인교육시설, 사회복지관, 체육관, 문화회관, 문화의 집, 학교 등	소재지, 시설·설비 상황, 이용방법, 교통, 사용료 등
단체·집단	사회교육단체, 청소년단체, 문화단체, 학습집단, 스포츠집단 등	활동내용, 참가방법, 대표자 등
지도자	각종 전문강좌 등의 강사, 자원봉사활동의 지도자, 스포츠지도자	경력·자격증, 지도내용, 연락방법 등
교재	학습에 이용할 수 있는 책, 동영상·사진·음악 등 시청각교재, 컴퓨터, 스포츠 용구, 기구 등	학습내용, 종류, 이용방법, 사용료 등
각종 자격	국가자격시험, 민간자격시험, 각종 기능검정	종류, 취득방법 등
프로그램	우수학습활동 실천사례, 모범학습 프로그램 안 등	종류, 실천평가 등
기타	교육시설, 지도자, 학습자 간 연락정보, 학습동아리 등 후속모임 등	연락처, 후속활동 등

출처: 권두승, 조아미(2012)

설, 단체 및 집단, 지도자, 교재, 자격에 대한 정보 등을 포함한다.

(2) 학습정보의 제공체제

학습기회에 관한 정보제공 체제는 그림 12-7과 같이 제시할 수 있다. 학습정보는 공공기관으로부터 얻기도 하고 민간기관으로부터 얻기도 한다. 광역 수준의 학습정보를 제공하기 위해서는 학습정보센터에서 광역 수준으로 학습정보를 수집해서 데이터베이스를 구축한다. 이 정보는 특정 기관이나 전문가를 통해서뿐만 아니라 컴퓨터를 통해서 학습자에게 직접 제공할 수도 있다. 광역 수준의 학습정보센터에 지역의 학습정보시스템을 연결하고 타 분야, 타 지역의 데이터베이스도 함께 활용할 수 있도록 구성한다면, 학습자의 필요에 따라 더 다양하고 적합한 정보를 탐색하고 활용할 수 있을 것이다.

평생학습정보는 출판물로 제공되거나 기관에서 가공해 다양한 방식으로 제공될 수 있겠지만, 이 장에서는 평생학습정보가 제공되는 인터넷사이트를 중심으로 소개한다.

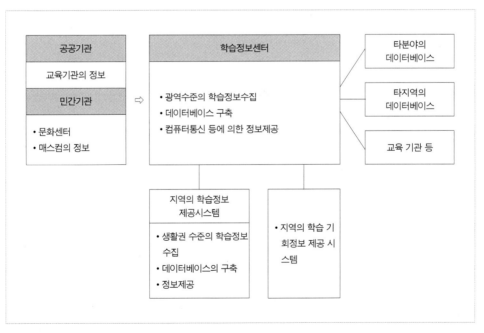

그림 12-7 광역 수준의 학습정보제공 시스템
출처: 권두승, 조아미(2012)

2) 고등학교 및 대학 교육정보

평생학습의 유형 중 공식성과 형식성을 가진 대표적인 예는 학교이다. 큰 틀에서는 국공립학교와 사립학교, 대안학교, 홈스쿨링 등 다양한 방법을 선택할 수 있어서, 학생과 학부모의 정보 요구도 및 선택에의 고려사항이 많아졌다고 할 수 있다.

이 장에서는 의무교육인 초등학교와 중학교를 졸업한 이후의 고등학교와 대학교육 선택에 초점을 두고 공식적, 형식적 교육정보에 대해 살펴본다.

(1) 고등학교 정보

최근에는 고등학교도 학생의 개성과 소질을 길러낼 수 있도록 다양화되는 추세여서, 선택할 수 있는 고등학교의 유형이 다양해졌다. 일반고는 일반적인 교육과정을 운영하고 여전히 가장 많은 학생들이 진학하는 유형이다. 입학전형 방법은 평준화 지역의 경우에는 추첨을 통해 학교를 배정하고, 비평준화지역의 경우에는 내신이나 별도의

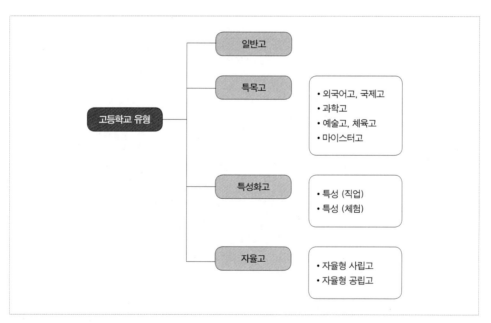

그림 12-8 고등학교 유형

선발고사를 통해 합격자를 결정한다. 이 밖에도 외국어고, 국제고, 과학고, 예술고, 체육고, 마이스터고 등 특수목적고등학교가 있고, 특성화고등학교, 자율고등학교, 기타 학교(영재학교 등)도 있다.

　이러한 고등학교 유형의 다양화는 글로벌 시대가 요구하는 창의적 인재 양성을 목적으로 하며, 학생의 다양한 교육적 수요를 충족하고 학생의 선택권을 확대한다는 취지에서 도입되었다. 하지만 준비되지 않은 학생과 학부모 입장에서는 중학교 졸업을 앞두고 고등학교 선택에 상당한 혼란과 염려가 야기되는 것도 사실이다. 고등학교 입학을 준비하는 데 더 많은 노력을 하고 사교육을 받아야 한다는 부담감은 중학생뿐만 아니라 초등학생에게까지 영향을 미치기도 한다. 이러한 불안과 걱정은 고등학교 및 고입에 대한 정보 부족에서 오는 경우도 많다. 부모의 정보력이 떨어져서 자녀에게 좋은 기회를 주지 못한다는 불안감 때문에, 학부모가 사설 컨설팅업체를 찾기도 한다. 따라서 형식교육의 시스템과 다양한 학교 유형, 준비방법에 대한 정보가 대중적으로 전달될 수 있도록 정보를 가진 사람이 노력하고 보편화시키는 것이 필요하다. 더불어 학교에서도 학생과 학부모를 대상으로 평생학습에 대한 정보교육의 일환으로 고등학교에 대한 정보를 손쉽게 접할 수 있도록 지원할 필요가 있다. 고등학교 유형에 대한 1차적인 정보(지역별 학교명, 입시 정보 등)는 고입정보포털(www.hischool.go.kr)을 통해 파악할 수 있다. 물론 인터넷을 통한 정보는 2차적으로 해당 학교를 통한 정보 확인, 관련된 사람을 통한 보다 생생한 정보의 보충이 함께 이루어질 때 유용하고 효과적이다. 특수한 유형의 고등학교에 진학하지 않더라도, 중학교 시기에 고등학교 유형에 대한 정보를 탐색하고 진학에 대한 의사결정을 하는 것은, 중학교 진로교사의 도움 하에 인생에서의 첫 진로 의사결정을 연습할 수 있는 좋은 기회가 될 것이다.

(2) 대학 정보

　대학 진학을 목표로 할 경우, 대학과 학과에 대한 정보, 대학 입학에 필요한 지원요건 및 입학전형에 대한 정보가 필요하다. 대학은 4년제, 3년제, 2년제로 구분할 수 있다.

　대학을 선택할 때, 학교 인지도와 학생의 합격 가능성만을 고려해서 결정하는 경우가 많은데, 이 밖에 학교 특성, 지원하려는 학과의 특성과 교육과정, 지역, 학비, 학생의

표 12-3 대학의 종류 및 인터넷사이트 예시

구분	종류	참고 사이트 예시
4년제 대학	일반대학, 교육대학, 산업대학, 특수대학, 원격대학(한국방송통신대, 사이버대학) 등	한국대학교육협의회(univ.kcue.or.kr)
3년제 대학	전문대학 등	한국전문대학교육협의회 (kcce.or.kr)
2년제 대학	전문대학, 한국폴리텍대학, 사이버대학 등	한국폴리텍대학 (kopo.ac.kr)
특수대학	사관학교, 경찰대학, 국군간호사관학교, 한국종합예술학교, 철도대학 등	육군사관학교 (www.kma.ac.kr)

특성(출신 지역, 가정의 경제적 형편, 특기 등)에 따라 받을 수 있는 혜택, 취업 후 진로 등을 충분히 고려할 필요가 있다. 전반적인 학과정보로 커리어넷(www.career.go.kr)의 학과사전을 참고할 수 있고, 대학입학전형정보는 한국대학교육협의회(대교협)에서 운영하는 대입정보포털(adiga.kr)을 통해 확인할 수 있다. 이러한 사이트를 활용하여 전반적인 정보를 파악하여 대학 및 학과를 종합적으로 정했다면, 좀 더 구체적이고 직접적인 정보는 해당 학교 및 학과 홈페이지를 통해 수집하거나 동문 및 재학생, 교직원을 통해 파악하는 것이 바람직하다. 이 과정에서 중·고등학교의 진로교사, 대학의 입학사정관 및 입학처 직원, 해당 학교의 교수 및 조교, 학생 등의 도움을 받을 수 있다(김봉환 외, 2013).

이 밖에 취업과 학업을 병행하고자 한다면, 독학에 의한 학사학위취득제도나 학점은행제를 통한 학위취득제도 등을 이용할 수 있다. 그리고 한국방송통신대학교나 사이버대학 등 인터넷을 이용하여 대학교육을 받는 방법도 있다. 따라서 대학교육을 어디에서 받을지에 대한 결정뿐만 아니라, 언제 어떻게 받을지, 특히 전생애적 관점에서 고등학교 졸업 후 대학 학업과 취업을 어떻게 계획할지에 대한 학습자의 다양한 선택이 가능해졌다고 할 수 있다.

3) 직장교육정보

실태조사에서 제시된 바와 같이, 비형식학습의 큰 비중을 차지하는 것이 직업 관련 평생학습이다. 직업 관련 평생학습 중에는 취업을 희망하는 사람들이 자격을 취득하거나 취업준비를 위해 교육에 참여하는 경우도 있지만, 자신이 속한 조직 내에서 직장이 제공하는 교육을 받는 경우, 직업과 관련된 협의체 등을 통해 교육정보를 제공받고 참여하는 경우도 있다.

기존의 기업교육에서는 인적자원개발(Human Resource Development)의 초점을 크게 교육훈련, 조직개발, 경력개발에 두고, 조직이 교육내용과 방법을 결정하면 조직 구성원은 타율적으로 훈련받도록 했다면, 지금은 학습과 성과 측면에서 자기주도형 학습이 강조되고 이러닝(e-learning)이 확산되면서 성과 중심의 평가가 강화되었다는 특징을 보인다. 또한 학습조직 면에서도 개인을 중심으로 한 학습이 아니라 팀이나 조직을 중심으로 하는 학습이 강조되고, 전문가 양성, 다기능적 인재, 국제화된 인재 양성을 중요하게 다룬다(나일주, 임철일, 이인숙, 2003).

따라서 조직의 연수원, 교육훈련기관 등에서 개발해서 제공하는 교육뿐만 아니라 조직 내 또는 외부에서 개발한 교육콘텐츠에 온라인으로 참여하는 교육 형태도 많이 늘어났으며, 회사 내 인터넷정보란을 통해 교육정보가 제공되는 경우도 많이 있다.

이 밖에 직업훈련과 관련된 정보는 이 책의 4장을 참고하기 바란다.

4) 평생교육 지원체제 및 정보

우리나라는 평생교육 진흥을 국가의 의무로 헌법에 명문화하고 있으며, 이는 세계적으로 매우 드물다. 그만큼 국가가 국민의 평생교육을 진흥하기 위해 법적·제도적인 지원을 하겠다는 의미로 해석할 수 있다. 국가에서는 평생교육을 진흥·관장하기 위해 국가평생교육진흥원을 두어 평생교육 관련 주요 정책과 평생교육 업무를 심의하도록 하고 있다. 또한 지역에서 평생교육 업무를 추진하는 전담기구로 광역단위의 '시·도

평생교육진흥원'과 기초단위의 '시·군·구 평생학습관'을 설치해 지역주민에게 평생교육을 제공하고 정보 제공, 상담, 프로그램 운영을 추진하도록 하고 있다. 각 기구의 주요 업무와 역할은 그림 12-9와 같다(이해주, 윤여각, 이규선, 2010).

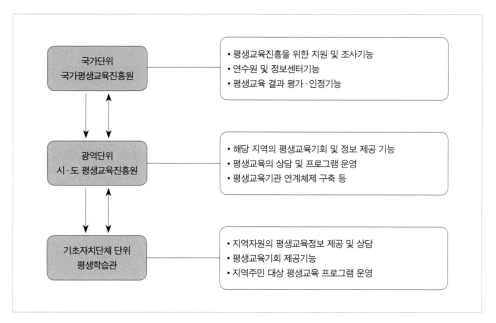

그림 12-9 평생교육 전담·지원기구 및 역할

(1) 중앙단위의 국가평생교육진흥원

국가평생교육진흥원은 국가의 평생교육진흥 업무를 총괄적으로 수행하고, 학점은행센터, 평생교육센터, 독학위검정원 등을 통합운영하기 위해 만들어진 기구이다. 이를 위해 국가평생교육진흥원에서는 평생교육진흥을 위한 지원 및 조사, 기본계획 수립 및 평생교육 프로그램 개발 지원, 평생교육사를 포함한 평생교육 종사자의 양성 및 연수, 평생교육기관 간 연계체제 구축, 시·도 평생교육진흥원 지원, 평생교육 종합정보 시스템 구축 및 운영, 학력인정 관련 사항, 학습계좌의 통합관리 및 운영 등을 담당한다.

국가평생교육진흥원 홈페이지는 www.nile.or.kr이며, 주요사업인 평생학습계좌제, 학점은행제, 독학학위제, 한국형 온라인 공개강좌, 국가평생학습포털 '늘배움'을 포함한 다양한 평생교육 담당기관 및 관련센터 정보를 찾아볼 수 있다.

(2) 시 · 도 평생교육진흥원

평생교육법에서는 지역주민의 평생교육을 위해 시·도지사가 시·도 평생교육진흥원을 운영할 수 있도록 했다. 이에 따라 대부분의 시·도에서 평생교육진흥원을 운영하고 있으며, 해당 지역의 평생교육 기회 및 정보를 제공하고, 평생교육상담, 평생교육 프로그램 운영, 평생교육기관 간 연계 등의 업무를 담당한다. 평생교육진흥원 홈페이지에 해당 지역의 평생교육 정보를 담고 있기도 하고, 다모아정보망이라는 이름으로 별도의 평생학습정보사이트를 운영하는 경우도 있다. 지역에 따라 사이트의 활성화나 정보의 양에 차이가 있지만, 해당 지역의 평생학습정보를 비교적 한눈에 볼 수 있는 유용한 출처이다.

표 12-4 시·도별 평생교육정보망 사이트

지역 및 사이트명	인터넷사이트 주소
경기도 평생교육진흥원 학습지원센터	www.gseek.kr
경상남도 평생교육진흥원 다모아정보망	www.gndamoa.or.kr
경상북도 평생교육진흥원 다모아정보망	www.gbdamoa.or.kr
광주평생교육진흥원 다모아정보망	www.gie.kr
대전광역시 평생교육정보망	daejeon.damoa.dile.or.kr
세종특별자치시 평생학습센터	damoa.sejong.go.kr
인천 다모아평생교육정보망	www.damoa.incehon.kr
전라남도 다모아평생교육정보망	www.jndamoa.or.kr
전라북도 다모아평생교육정보망	jbdamoa.jeonbuk.go.kr
제주평생교육정보 제주특별자치도평생교육진흥원	jile.or.kr
충청남도 다모아평생교육정보망	damoa.chungnam.net
충청북도 평생교육진흥원	www.cblll.or.kr

(3) 시 · 군 · 구 평생학습관

평생학습관은 시·군·구 또는 읍·면·동 단위로 지역주민들에게 평생교육 프로그램을 개발해 운영한다. 행복학습센터라는 이름을 쓰기도 하며, 평생교육 전문인력 및 행복학습매니저가 배치되어, 평생교육을 잘 모르는 주민들의 학습 선택과 참여를 돕는다. 평생학습도시 네트워크인 전국평생학습도시협의회 홈페이지(www.kallc.or.kr)에서 해당 지역을 검색하거나 웹 검색 사이트에 '지방자치단체명'과 '평생학습관(또는 평생학습센터, 평생학습원, 행복학습센터)'을 입력하면 홈페이지를 통해 해당 지역의 평생학습 정보를 찾아볼 수 있다. 2016년 6월 기준으로 전국의 92개 시·군·구에 설치되어 있다. 평생학습관 홈페이지를 통해 해당 지역의 평생교육 강좌, 기관, 강사 정보, 학습동아리 현황 등을 알 수 있다.

이 밖에 지역의 평생학습 정보를 파악하며, 학습자들의 평생학습을 지원하는 전문가로서 '평생교육사'가 있다. 평생교육사란 평생교육의 기획, 진행, 분석, 평가 및 교수 업무 등 평생학습 관련 업무 전반을 담당하는 현장전문가를 가리킨다. 평생학습 실태조사에 따르면, 평생학습정보의 출처로 가족, 이웃, 친구에게서 정보를 얻는 경우가 가장 높게 나타났다. 일상생활 속에서 자신의 관심이나 학습요구를 이야기하는 과정에서 주변 사람에게서 평생학습정보를 얻게 되는 경우가 가장 많을 것이다. 특히 컴퓨터를 활용한 정보 수집이 어렵거나 정보가 있더라도 자신의 형편과 상황에 더 적합한 평생

그림 12-10 경기도 평생교육학습관 홈페이지(www.gglec.go.kr)

학습방법을 안내받고자 할 때, 평생교육사의 도움을 받을 수 있다. 평생학습이 학습자의 자기주도성을 전제로 하지만, 평생교육이 원활하게 이루어질 수 있도록, 학습자 조사 및 환경 분석, 학습자원 간 네트워킹, 프로그램 및 기관의 운영 지원, 평가보고와 성과분석, 계획수립과 프로그램 개발, 실제 강의나 상담, 교수학습 과정의 진행, 행정경영, 학습참여의 활성화와 변화를 촉진하는 역할을 한다. 이들은 소속 기관이나 지역에 대한 평생학습정보를 많이 가지고 있고 학습자와 기관을 연계하는 업무도 담당하기 때문에, 평생교육사를 통해 정보를 수집하거나 선택에 대한 조언을 얻을 수 있다.

5) 다양한 평생교육사업정보

국가평생교육진흥원에서 운영하고 있는 평생교육사업들을 중심으로 해당 정보들을 소개하면 다음과 같다.

(1) 평생학습계좌제

평생학습계좌제란 평생교육법 제23조에 따라 국민의 다양한 학습경험을 온라인 학습계좌에 누적 관리하고 이를 학력·자격인정과 연계하거나 고용정보로 활용함으로써, 학습이수 결과에 대한 사회적 인정 및 활용 기반을 확대하기 위한 제도이다. 앞에서 설명한 비형식교육 인증화의 한 예라고 할 수 있다. 평생학습계좌제 홈페이지(www.all.go.kr)에서는 본인의 계좌를 개설해 학력 및 장학사항, 근무·강의·프로젝트 등의 경력, 자격, 평생학습 이수 경험, 기타 활동사항 등의 이력을 등록하고 이에 대한 증명서를 발급받아 사용 목적에 따라 활용할 수 있다.

평생학습계좌제는 자신의 평생학습정보를 누적해 관리한다는 측면과 더불어 자신의 학습이력을 진단해서 연관된 직업정보를 습득하거나 향후 학습방향을 설계할 수 있다는 측면에서 학습정보의 하나로 볼 수 있다. 또한 누적한 자신의 정보를 전직, 이직, 창직에 활용할 수 있다는 면에서 평생학습과 진로·직업교육을 연계하는 좋은 방법이다.

(2) 학점은행제

학점은행제는 '학점인정 등에 관한 법률'에 의거하여 학교에서뿐만 아니라 학교 밖에서 이루어지는 다양한 형태의 학습 및 자격을 학점으로 인정받고 학점을 누적해 일정 기준을 충족하면 학위를 취득하게 하는 제도이다.

학점은행제 홈페이지(www.cb.or.kr)에서 학습자 등록을 하고 학습경험에 대한 학점 신청을 하면 인정받을 수 있으며, 학점을 누적 관리하여 일정 요건을 충족한 후에 학위 수여를 할 수 있다. 관심 있는 학사나 전문학사 등의 교육목표와 세부 교육과정 정보를 확인하고, 전공별, 지역별·과목별로 교육기관을 검색할 수 있다.

(3) 독학학위제

독학학위제란 '독학에 의한 학위 취득에 관한 법률'에 의거하여 국가에서 실시하는 학위취득시험에 합격한 독학자(獨學者)에게 학사학위를 수여하는 제도이다. 현재 독학학위제 전공 분야는 국어국문학, 영어영문학, 심리학, 경영학, 법학, 컴퓨터과학, 간호학 등 11개 전공이다. 독학학위제 홈페이지(www.bdes.or.kr)에서 제도 설명, 시험안내, 학습정보 등을 얻을 수 있다.

(4) 한국형 온라인 공개강좌(K-MOOC)

이미 인터넷을 통해 관심 분야의 유용한 강의들을 많이 볼 수 있는데, 그중에서도 K-MOOC는 남녀노소 누구에게나 열려 있는 고등교육 기반 공개강좌 운영서비스이다. MOOC는 수강인원의 제한 없이(Massive) 모든 사람이 수강 가능하며(Open), 웹 기반으로(Online) 미리 정의된 학습목표를 위해 구성된 강좌(Course)라는 개념의 약자이다. 일반적인 동영상 강의와 달리, 온라인으로 운영되면서도 교수-학생 간 질의응답, 토론, 퀴즈, 과제피드백 등의 학습관리가 이루어지고, 학습 커뮤니티의 운영을 통해 교수-학습자 간, 학습자들 간의 양방향 학습이 가능하다는 특징을 갖는다. K-MOOC 홈페이지(www.kmooc.kr)을 통해 참여대학 목록과 강좌를 볼 수 있다.

(5) 국가평생학습포털 '늘배움'

국가평생학습포털 '늘배움'(www.lifelongedu.go.kr)은 여기저기 흩어져 있는 교육 콘텐츠와 평생학습정보를 쉽게 이용할 수 있도록 평생학습서비스를 종합해 제공하려는 목적으로 만들어진 인터넷사이트이다. 국가평생교육진흥원, 특허청, 한국고전번역원, 한국교육방송공사 등 다양한 제공기관의 교육자료를 바로 볼 수 있고, 시·도 평생교육 정보망과 연계해 지역에서 제공되는 강좌정보와 기관정보, 강사정보도 확인할 수 있다.

그림 12-11 국가평생학습포털 늘배움 홈페이지(www.lifelongedu.go.kr)

(6) 중앙다문화교육센터

우리나라의 결혼이민자 및 인지·귀화자는 28만 명 이상이며, 체류 외국인은 160 만 명 이상으로 이들을 위한 체계적인 학습 지원이 필요하다. 다문화교육지원은 교육 부와 중앙다문화교육센터, 시·도교육청과 시·도 다문화교육지원센터가 연계하고, 지 자체나 지역 기업, NGO, 대학 및 연구소 등이 협력해 단위학교에 교육을 제공하는 체 계를 갖추고 있다.

중앙다문화교육센터 홈페이지(www.nime.or.kr)를 통해 다문화교육관련 정책, 법령, 통계자료, 정책학교의 도움자료 및 지역별 다문화교육센터 기관명을 확보할 수 있다.

3 평생학습정보의 활용

1) 경력연계학습모형의 활용

런던과 스미더(London & Smither, 1999)는 3단계 경력연계학습모형을 제시했다. 평생학습의 목적이 경력연계에 국한되는 것은 아니지만, 학습자의 평생학습을 지원하는 교육자나 상담자의 이 모형에 근거하여 생각해볼 수 있다.

첫 번째 단계는 학습 전 단계로, 현재 또는 미래의 직무에 요구되는 능력과 개인의 능력 차이를 인식하고 분석하는 진단 단계이다. 학습자의 학습요구와 필요를 진단할 때, 직무능력과 현재 학습자의 능력을 파악해서, 필요한 학습의 내용과 방법을 선택하고 제안할 수 있다.

두 번째 단계는 학습단계로, 학습자가 새로운 기술과 지식을 습득하고 학습에 대한 모니터링이 이루어지는 단계이다. 이 과정에서 적절한 학습이 이루어지지 않는다면 학습내용이나 방법을 점검하고 다른 방법을 찾거나 현재의 학습이 더 잘 이루어지기 위한 인지적·행동적·정서적 지원을 할 수 있다.

세 번째 단계는 학습 적용 단계로, 업무에 학습내용을 적용하고 지속적인 학습에 대한 평가를 진행하며 학습편익을 획득하는 단계이다.

이러한 경력연계학습의 관점에서 볼 때, 인지과정과 행동과정은 분리되어 있지 않고 연속적이다. 또한 학습의 평가와 목표 수정이 순환적으로 이루어지며, 공식적이고 형식적인 학습형태뿐만 아니라 다양한 비체계적 학습형태가 가능하다. 경력연계학습에서는 특히 학습자의 자기주도력이 요구된다고 할 수 있다(손은령, 2016).

2) 학습자의 자기주도성

노울즈(Knowles, 1975)는 학습이란 학습자 개인이 자발적으로 학습경험을 디자인하고 요구를 진단하며 자료를 수집하고 학습한 것에 대해 평가하는 '자기주도성'에 입각한 활동이라고 했다. 이러한 특징의 학습을 '자기주도학습(self-directed learning)'이라고 부르는데, 학습이 우발적이고 임의적으로 이루어지는 것이 아니라, 학습자에 의해 처음부터 정교하게 계획되는 것을 의미한다. 교육학에서 자기주도학습은 1971년 터프(Tough)의 성인학습자 연구에서부터 주목받기 시작했다. 터프는 66명의 성인을 면담한 결과, 성인이 살아가면서 스스로 학습과제를 선정하고 실행하고 있음을 밝혀냈으며, 그 구체적인 과정을 기술했다. 성인은 기본적으로 '학습적'이다. 즉, 살아가면서 많은 양의 학습을 하고 있다. 1979년에 200명을 대상으로 한 면접에서는 학습자들이 학습과제를 위해 연간 700~800시간을 보낸다고 보고했다. 성인은 하나의 학습과제에 평균 100시간 정도의 시간을 보내며, 열성적인 학습자는 1년에 5가지 정도의 학습과제를 수행하였다.

학습과제(learning project)란 '어떤 명백한 지식이나 기술을 획득하고 분류하거나 다른 방식으로 바꾸어 보려는 매우 신중히 고안된 노력(Tough, 1978)'으로, 최소 7시간 이상 지속해서 수행하는 의도적인 학습을 일컫는다. 학습자들은 이러한 학습과제를 수행할 때 스스로의 계획에 의해 학습을 진행한다. 연구 결과로 볼 때, 학습은 성인이 가지고 있는 하나의 특성이라고 말할 수 있을 것이다. 성인의 학습은 교육기관이나 훈련된 교육자, 전문가에 의해서가 아니라 학습자 자신에 의해 대부분 계획되고 수행되고 있었다. 특히 자기주도적 학습자는 외적 보상이나 벌 때문이 아니라 학습활동 자체에 만족감을 느끼는 내재적 동기를 갖고 있고, 학습자로서의 자신에 대해 긍정적인 자신감, 즉 효율적인 학습자로서의 자아개념과 자기수용적 태도를 지니고 있다. 또한 경험에 대해 개방적이며 자율적인 특징을 보인다. 자기주도학습이 이루어지는 단계는 다음과 같이 정리해볼 수 있다.

1단계 : 어떤 지식과 기술을 구체적으로 학습할 것인지 결정
2단계 : 학습을 위한 구체적 활동, 방법, 자원 및 장비 결정

3단계 : 학습장소 결정

4단계 : 구체적인 시간이나 학습대상 선정

5단계 : 학습시기 결정

6단계 : 학습 진행속도 결정

7단계 : 바람직한 지식 및 기술의 습득에서 현재 개인의 지식, 기술 또는 진척도 평가

8단계 : 학습 저해요인과 현행 절차상의 미비점 탐색

9단계 : 바람직한 자원이나 장비 획득

10단계 : 학습을 위한 교실 마련이나 학습 준비, 기타 물리적 조건 배치

11단계 : 인적·물적 자원을 활용하는 데 필요한 자금 비축 및 습득

12단계 : 학습시간 모색

13단계 : 학습동기를 고양시키기 위한 단계 설정

3) 학습자의 참여동기에 따른 정보의 활용

성인 학습자의 학습활동 참여동기와 목적, 참여과정에 영향을 미치는 요인은 매우 다양하다. 그중에서도 어떤 목표를 가지고 학습에 임하는지에 따라 학습자의 유형을 6가지로 분류해 볼 수 있다(권두승, 조아미, 2012).

첫째, 학습장면에 참여하지 않으려고 하는 거부형 학습자이다. 이들을 대상으로 학습을 지원하기 위해서는 우선 이들의 참여동기를 향상시키고 학습에 관심을 갖게 하는 것이 중요하다. 학습을 거부하는 이유에는 여러 가지가 있지만, 무지에서 오는 무관심 때문인 경우가 많으므로, 거부형 학습자에게는 학습에 관련된 정보를 제공하는 것이 효과적일 수 있다. 이들의 현실적인 필요사항을 탐색하고 어떤 학습활동을 통해 그 필요를 성취할 수 있는지에 대해 설명해 줄 수 있다면, 정보 제공으로 인해 학습동기를 향상시키는 데 더욱 효과적일 것이다.

둘째, 무목표 학습자이다. 이들은 구체적인 학습목표를 가지고 있지 않으며, 그저 시간 죽이기(time-killing)의 한 방편으로 학습활동에 참가한다. 교육자나 정보 제공자

는 이들이 학습목표를 갖도록 도와줄 필요가 있다. 학습활동을 통해 구체적으로 무엇을 얻고자 하는지 탐색하고 원하는 바에 대해 생각할 수 있도록 질문함으로써 목표 없이 해왔던 학습활동의 성과를 높일 수 있다.

셋째, 사교적 학습자이다. 이들은 학습활동을 통해 다른 사람과의 인간적인 교류를 넓히는 것을 주된 목적으로 한다. 물론 학습자에게 인간관계는 매우 중요하다. 따라서 이들이 인간관계와 사교활동을 중요하게 여기는 인식을 존중해 주되, 구체적인 학습성과의 측면에도 주의를 기울일 수 있도록 도울 필요가 있다. 학습내용과 방법, 과정에 대한 모니터링 정보를 제공함으로써 이들을 도울 수 있다.

넷째, 자극 탐구적 학습자이다. 이들은 단조로운 일상생활에서 탈피하기 위해 새로운 자극을 찾아서 학습활동에 자발적으로 참여한다. 교육자는 학습과 관련된 다양한 정보를 제공하거나 그들이 이러한 정보를 탐색할 수 있도록 도와주어야 하며, 어떻게 학습하는 것이 학습 효과를 높이고 자신을 성장시킬 수 있는지에 대해 구체적인 전략을 제시하거나 함께 찾고, 이를 실천할 수 있도록 도울 필요가 있다. 교육내용과 방법, 교육시기와 장소에 대한 정보와 더불어 학습전략에 대한 정보 제공이 효과적일 수 있다.

다섯째, 직업지향적 학습자이다. 이들은 직업생활에서 당면한 문제를 해결하기 위해, 또는 직업생활에 필요한 기술이나 지식을 습득하기 위해 학습활동에 참여한다. 우리나라의 평생학습 실태조사 결과를 보더라도, 직업과 관련해서 평생학습에 참여하는 비율이 다른 목적에 비해 월등히 높다. 학습자가 실직상태여서 바로 경제활동이 필요한 경우, 취업 또는 직장활동의 지속을 위해 자격취득이나 직업훈련 이수가 시급히 필요한 경우 등 당면 문제가 시급할 때는 임시방편으로라도 조속하게 해당 문제를 해결할 수 있도록 학습환경을 조성하고 정보를 제공하여야겠지만, 그러나 여기에서 그치지 말고, 학습자가 직업적 목표를 넘어서 자아실현을 위해 계속적으로 학습활동을 유지해 나갈 수 있도록 돕는 것이 병행되어야 한다. 이를 위해서는 학습활동을 어떤 구체적인 문제 해결을 위한 하나의 수단으로 보지 않고 자신의 삶의 과정이자 목표로 인식할 수 있도록 격려하고 지원할 필요가 있다.

끝으로, 생활변혁지향적 학습자이다. 이들은 자기계발과 수양을 통해 자신의 정체성을 완성해 가고 생활상의 획기적인 변화를 꾀하고자 한다. 교육자는 이들이 자기주도적으로 학습활동을 이끌어 나갈 수 있도록 조력하고, 이들의 구체적인 학습성과를 확인하고 격려하는 역할을 한다. 자기주도적인 학습의 과정에서 필요한 정보를 제공하거나 어디에서 정보를 수집하고 활용할 수 있는지를 안내하면 된다.

성인 학습자가 어느 한 유형에만 속하는 것은 아니다. 시기에 따라 다른 유형에 속할 수 있고, 동시에 두 가지 이상의 유형 특성을 보이기도 한다. 평생학습을 도와주는 입장에서는, 학습활동에 참여하는 성인 학습자의 유형을 진단해서 그에 맞는 조력을 하는 것과 더불어, 이들이 궁극적으로는 생활변혁지향적인 학습자, 즉 자기주도적인 학습자가 될 수 있도록 이끌고 도와주어야 할 것이다. 이러한 과정에 평생학습정보가 유용하게 활용될 수 있다. 학습자의 유형과 상황에 따라 평생학습정보를 제공함으로써 학습에 관심을 갖고 참여동기를 높이거나, 효과적인 학습방법을 찾거나, 학습과정과 성과를 평가하는 데에 다양한 도움을 받을 수 있다.

참고문헌

권두승, 조아미 (2012). 성인학습 및 상담. 서울: 교육과학사.

김봉환, 강은희, 강혜영, 공윤정, 김영빈, 김희수, 선혜연, 손은령, 송재홍, 유현실, 이제경, 김신일, 한승희 편(2001). 평생교육학: 동향과 과제. 서울: 교육과학사.

임은미, 황매향(2013). 진로상담. 서울: 학지사.

나일주, 임철일, 이인숙(2003). 기업교육론. 서울: 학지사.

손은령(2016). 한국상담학회 생애개발상담학회 제2회 학술대회 자료집.

Eduard C. Lindeman 지음. 강대중, 김동진 옮김(2013). 성인교육의 의미. 서울: 학이시습.

윤여각, 정민승, 오혁진(2009). 평생교육론. 서울: 한국방송통신대학교출판부.

이해주, 윤여각, 이규선(2010). 평생교육실습 개정판. 서울: 한국방송통신대학교출판부.

정민승(2001). 학습지원시스템으로서의 온라인 원격교육 재구성 전략. 김신일, 한승희 (편). 평생교육학: 동향과 과제, 293-326. 서울: 교육과학사.

교육부, 한국교육개발원(2015). 2015 한국 성인의 평생학습 실태. 서울: 한국교육개발원.

European Commission(2006). *Classification of learning activities-Mjanual. Luxembouorg: Office for Official Publication of European Communities.* p.19.

Hall, D. T.(1996). Protean careers of the 21st century. *Academy of Management Executive, 10*(4), 8-16.

Knowles, M. S.(1975). *Self-directed learning.* New YorkL Association Press.

Krumboltz, J. D.(1996). A learning theory of career counseling. In M. L. Savickas & W. B. Walsh(Eds.), *Handbook of career counseling theory and practice* (pp.55-80). Palo Alto, CA: Davies-Black.

Krumboltz, J. D.(1975). A social learning theory of career decision making. In A. M. Mitchell, G. B. Jones, & J. D. Krumboltz (Eds.), *A social learning theory of career decision making* (pp. 13-39). Palo Alto, CA: American Institutes for Research.

Krumboltz, J. D., & Jackson, M. A.(1993). Career assessment as a learning tool. *Journal of Career Assessment,* 1, 393-409.

Lindeman E. C. (2013). 성인교육의 의미. (강대중, 김동진 역). 서울: 학이시습.

London, M., & Smither, J. W.(1999). Empowered self-development and continuous learning. *Human Resource Management, 38*(1), 3-15.

Tough, A.(1978). Major learning efforts: Recent research and future directions. *Adult Education Quarterly, 28*(4), 250-263.

Tough, A. M.(1971). *Adults' learning projects: A fresh approach to theory and practice in adult education.* Ontario Institute for Studies in Education.

경기도 평생교육진흥원 학습지원센터(www.gseek.kr)

경기도 평생교육학습관 (www.gglec.go.kr)

경상남도 평생교육진흥원 다모아정보망(www.gndamoa.or.kr)

경상북도 평생교육진흥원 다모아정보망(www.gbdamoa.or.kr)

고입정보포털(www.hischool.go.kr)

광주평생교육진흥원 다모아정보망(www.gie.kr)

국가문해교육센터(le.or.kr)

국가평생교육진흥원(www.nile.or.kr)

늘배움(www.lifelongedu.go.kr)

대입정보포털(adiga.kr)

대전광역시 평생교육정보망(daejeon.damoa.dile.or.kr)

독학학위제 홈페이지(www.bdes.or.kr)

세종특별자치시 평생학습센터(damoa.sejong.go.kr)

육군사관학교(www.kma.ac.kr)

인천 다모아평생교육정보망(www.damoa.incehon.kr)

전국평생학습도시협의회(www.kallc.or.kr)

전라남도 다모아평생교육정보망(www.jndamoa.or.kr)

전라북도 다모아평생교육정보망(jbdamoa.jeonbuk.go.kr)

제주평생교육정보 제주특별자치도평생교육진흥원(jile.or.kr)

중앙다문화교육센터 홈페이지(www.nime.or.kr)

충청남도 다모아평생교육정보망(damoa.chungman.net)

충청북도 평생교육진흥원(www.cblll.or.kr)

커리어넷(www.career.go.kr)

평생학습계좌제 홈페이지(www.all.go.kr)

학부모온누리 홈페이지(www.parents.go.kr)

학점은행제 홈페이지(www.cb.or.kr)

한국대학교육협의회(univ.kcue.or.kr)

한국전문대학교육협의회(kcce.or.kr)

한국폴리텍대학(kopo.ac.kr)

K-MOOC 홈페이지(www.kmooc.kr)

찾아보기

저자 소개

김영빈

서울대학교 교육학과 학사, 석사 및 박사(교육상담)

(전) 서울대학교, 고려대학교 입학사정관

(전) 한국교육과정평가원 부연구위원

한국방송통신대학교 교육학과 교수

한국상담학회 생애개발상담학회 이사

청소년상담사 1급, 한국상담학회 수련감독급 전문상담사(생애개발상담분과, 대학상담분과)

김동규

서울시립대학교 건축공학과 학사 및 석사, 일본 요코하마국립대학교 건축대학원 수료

한국기술교육대학교 인력개발학과 석사(교육학), 인력경영학과 박사(경영학)

(전)노동부 중앙고용정보관리소 연구원

(전)한국산업인력공단 중앙고용정보원 선임연구원

한국고용정보원 직업연구팀 팀장/연구위원

한국직업자격학회 이사

건축기사 1급

김소현

연세대학교 교육학 학사, 한국기술교육대학교 인력개발학(진로및직업상담) 석사, 숙명여자대학교
　　교육학(상담및생활지도) 박사과정

(전) 이화여대 취업지원관

(전) 안양대학교 경력개발지도교수

(전) 글로벌전직지원컨설팅기업 DBM Korea, Rigntmanagement 컨설턴트

글로벌커리어컨설팅기업 Ayers Group 이사 / 수석컨설턴트

한국외국어대학교 진로지도 교과 초빙교수

Career Transition Master Consultant (CPI International)

박가열

중앙대학교 심리학과, 학사, 석사 및 박사(문화사회심리)

(전) 해군사관학과 심리학 전임강사

(전) 한국잡월드 전시체험 설계 자문위원

(전) 보훈처 자체평가위원

한국고용정보원 고용서비스전략본부 연구위원

한국고용복지학회 상임이사, 국방부 정책자문위원

오민홍

미주리주립대 경제학 박사(노동경제학)

(전) 한국고용정보원 연구위원

동아대학교 경제학과 부교수

지역발전위원회 전문위원, 고용노동연수원 객원교수

한국지역고용학회 편집위원장, 질서경제학회 이사

장현진

서울대학교 농·산업교육과 학사, 석사 및 박사(산업인력개발학전공)

(전) 서울대학교, 한세대학교, 순천향대학교, 공주대학교 시간강사

(전) 서울대학교 농생대 교육연수원 교육과정 총괄담당(진로진학상담교사 연수)

(전) 한국교육개발원 교육기관컨설팅연구센터 연구원

한국직업능력개발원 국가진로교육센터 부연구위원

한국진로교육학회 이사

정윤경

서울대학교 농산업교육과 학사, 석사 및 박사(교육학)

(전) 한국청소년정책연구원 연구원(계약직)

(전) 한국직업능력개발원 진로교육센터장

한국직업능력개발원 연구위원, 국가진로교육센터 진로상담·컨설팅팀장

한국진로교육학회 부회장, 교육부 교육과정심의회 교양선택교과위원회 위원

교원자격증